Agiler führen

Lizenz zum Wissen.

Sichern Sie sich umfassendes Wirtschaftswissen mit Sofortzugriff auf tausende Fachbücher und Fachzeitschriften aus den Bereichen: Management, Finance & Controlling, Business IT, Marketing, Public Relations, Vertrieb und Banking.

Exklusiv für Leser von Springer-Fachbüchern: Testen Sie Springer für Professionals 30 Tage unverbindlich. Nutzen Sie dazu im Bestellverlauf Ihren persönlichen Aktionscode C0005407 auf www.springerprofessional.de/buchkunden/

Springer für Professionals.
Digitale Fachbibliothek. Themen-Scout. Knowledge-Manager.

- Zugriff auf tausende von Fachbüchern und Fachzeitschriften
- Selektion, Komprimierung und Verknüpfung relevanter Themen durch Fachredaktionen
- Tools zur persönlichen Wissensorganisation und Vernetzung

www.entschieden-intelligenter.de

Springer für Professionals

Svenja Hofert

Agiler führen

Einfache Maßnahmen für bessere Teamarbeit, mehr Leistung und höhere Kreativität

Svenja Hofert
Karriere & Entwicklung
Hamburg, Deutschland

ISBN 978-3-658-12756-5   ISBN 978-3-658-12757-2 (eBook)
DOI 10.1007/978-3-658-12757-2

Die Deutsche Nationalbibliothek verzeichnet diese Publikation in der Deutschen Nationalbibliografie; detaillierte bibliografische Daten sind im Internet über http://dnb.d-nb.de abrufbar.

Springer Gabler
© Springer Fachmedien Wiesbaden 2016
Das Werk einschließlich aller seiner Teile ist urheberrechtlich geschützt. Jede Verwertung, die nicht ausdrücklich vom Urheberrechtsgesetz zugelassen ist, bedarf der vorherigen Zustimmung des Verlags. Das gilt insbesondere für Vervielfältigungen, Bearbeitungen, Übersetzungen, Mikroverfilmungen und die Einspeicherung und Verarbeitung in elektronischen Systemen.
Die Wiedergabe von Gebrauchsnamen, Handelsnamen, Warenbezeichnungen usw. in diesem Werk berechtigt auch ohne besondere Kennzeichnung nicht zu der Annahme, dass solche Namen im Sinne der Warenzeichen- und Markenschutz-Gesetzgebung als frei zu betrachten wären und daher von jedermann benutzt werden dürften.
Der Verlag, die Autoren und die Herausgeber gehen davon aus, dass die Angaben und Informationen in diesem Werk zum Zeitpunkt der Veröffentlichung vollständig und korrekt sind. Weder der Verlag noch die Autoren oder die Herausgeber übernehmen, ausdrücklich oder implizit, Gewähr für den Inhalt des Werkes, etwaige Fehler oder Äußerungen.

Lektorat: Juliane Wagner

Gedruckt auf säurefreiem und chlorfrei gebleichtem Papier

Springer Gabler ist Teil von Springer Nature
Die eingetragene Gesellschaft ist Springer Fachmedien Wiesbaden GmbH

The best way to move the world forward is by trusting innovative new ideas.
Edgar E. Schein im Interview mit Claus Otto Scharmer

Vorwort

„Die Führungskraft der Zukunft ist kein Häuptling mehr, sondern ein Indianer." Dieser Satz eines Führungspsychologen klang lange in mir nach. Er fiel im Rahmen von Interviews, die ich in Zusammenhang mit einer Studie führte. Diese Studie meines Unternehmens Teamworks GTQ GmbH hatte das Ziel, agil arbeitende Teams mit nicht-agilen zu vergleichen. Das ist auch der Kontext, in dem der Satz zu verstehen ist. Agile Teams sind selbst organisierte Teams. Die Führung in diesem Kontext ist darauf ausgerichtet, die Zusammenarbeit und Selbstverwaltung der Teammitglieder zu unterstützen und Hindernisse aus dem Weg zu räumen. Das Ziel dieser Vorgehensweise ist, kreative Problemlösungen in Team zu fördern. Denn: Kreativität lässt sich nicht vom Chef einfach anordnen.

Das ist ein herber Kontrast, ja ein direkter Gegenpol zu „Command and Order". Agile Führung ist also eine Art Indianer-Führung, in der es echte Häuptlinge nicht mehr gibt. Jedenfalls keine, die Ansagen von oben machen und für ihren Federschmuck bewundert werden. Sondern welche, die andere Indianer befähigen, gemeinsam neue Wege zu finden.

▶ Meine Definition ist die folgende: Agile Führung unterstützt Mitarbeiter dabei, schnell und kreativ auf wechselnde Bedürfnisse von Kunden und Märkten zu reagieren. Sie ist ein Mindset, eine Haltung. Sie nutzt eine offene Toolbox mit Coachingwerkzeugen, die die Zusammenarbeit verbessern, sowie Methoden zur Reduktion von Komplexität.

Führungs- und Unternehmenskulturen sind unter dem Zeichen der Agilität überall im Umbruch. Aber kaum jemand weiß so recht, wie viel „agil" eigentlich passt und was genau es bedeutet, als Unternehmen, Team oder Führungskraft agiler zu werden. Und was „agil" konkret bewirkt. Wir haben für unsere Studie einen kleinen Ausschnitt statistisch untersucht, das so genannte „Teamklima für Innovation". Wir wollten wissen, ob sich das Teamklima in agilen und nicht-agilen Gruppen unterscheidet. Das Teamklima für Innovation war im agilen Umfeld signifikant besser. Agil arbeitende Teams sind damit visions- und aufgabenorientierter, außerdem innovationsbereiter. Ist es nicht genau das, was die Arbeitswelt fordert – mehr Innovation?

Warum verbessern agile Elemente wie Visualisierung, Teamentscheidung, Retrospektiven, iterative Planung und Stand-up-Meetings die Zusammenarbeit? Zu vermuten ist, dass es daran liegt, dass die im agilen Arbeiten verankerten strukturellen Elemente Interaktion, Wissensaustausch und Verantwortung fördern sowie dem Wir-Gedanken zuspielen und Gegenspieler des Ego-Statusgedankens sind. Naheliegend wäre weiterhin, dass die in den agilen Konzepten integrierte häufige Reflexion und intensive Kommunikation die persönliche Entwicklung und Reife der Einzelpersonen fördert. Teamführung im agilen Kontext zielt darauf, sich selbst überflüssig zu machen. Sie ist damit per Definition eher Teamentwicklung und Coaching, also darauf an- und ausgelegt, eine fruchtbare Zusammenarbeit zu initiieren und sicherzustellen. Sie bietet Motivation, Hilfe zur Selbsthilfe, Unterstützung bei der Konzentration auf Aufgaben und Sparringpartnerschaft. Diese Form der Führung ist gerade bei hoch entwickelten Teams wirksam, bei denen es gilt, Innovationspotenziale freizusetzen.

Wenn also viel für eine agile Führung spricht: Wie können Personalverantwortliche und Führungskräfte agiler führen? Wie können sie Teams zu mehr Selbstorganisation anstiften und agile Werte wie Respekt, Kommunikation, Mut und Fokus fördern? Viele Experten fordern Revolutionen. Ich persönlich bin jedoch davon überzeugt, dass nicht jedes Unternehmen, nicht jeder Mensch und nicht jedes Team gleich viel Agilität vertragen kann. Und dass eine Revolution nicht der einzige Weg ist, die Dinge zum Besseren zu wenden. Es gibt auch Evolution.

Es geht also nicht darum, das gleiche Konzept für alle einzuführen, sondern Agilität als einen Regler zu begreifen, der unterschiedliche Stufen einnehmen kann. Entscheidend ist dabei die Ausgangsbasis: die Führungs- und Unternehmenskultur. So ist der Weg von der „Command-and-Control"-Führung in Richtung agile Selbstorganisation fraglos weiter als der Weg von einer kooperativen Führung in agile Strukturen. Auch die Selbstorganisation hat verschiedene Stufen, wie ich Ihnen zeigen möchte. Sie beginnt bei einer teilautonomen Arbeitsgruppe und endet (vorläufig) in der vollständigen Dezentralisierung einer Holakratie.

Erwarten Sie in diesem Buch bitte keine Einführung in Scrum oder Kanban. Dafür gibt es genügend andere Bücher. Erwarten Sie einen anderen Blick – etwas psychologischer als in der Managementliteratur üblich, etwas interdisziplinärer als bei Büchern aus dem IT-Bereich.

Erwarten Sie auch keine Lobeshymnen und Alles-ist-möglich-Bekenntnisse. Weit entfernt davon, selbst freakiger Nerd zu sein, habe ich die Vorteile agilen Arbeitens immer wieder in meiner Beratung erlebt und habe die Pluspunkte aus einem konservativen Denken kommend immer deutlicher gesehen.

Ich habe Geschäftsführer und Inhaber, aber auch Mitarbeiter gecoacht, die in einem agilen Kontext tätig waren, oft in IT-Unternehmen, aber auch in der ingenieurnahen Produktion. Die Führungskräfte sahen sich als Unterstützer an, deren Aufgabe es ist, die Mitarbeiter zu befähigen, Dinge selbst zu tun. Sie waren interessierter an den Mitarbeitern, trauten ihnen mehr zu. Die Mitarbeiter in diesen Unternehmen waren insgesamt oft sozialer als die Menschen, die ich beispielsweise aus einem Kontext kannte, in dem klassische Projektmanagement-Methoden und „Command and Control" noch vorherrschen.

Ebenso war es mit dem Wissensaustausch: Hier waren agil arbeitende Unternehmen ganz offensichtlich weiter. Zum Beispiel erzählten mir Experten traditioneller Unternehmen immer wieder, dass es in ihrer Branche üblich sei, Wissen zu horten und eben nicht zu teilen. Sie beschrieben den Hang zur Bewahrung von Herrschaftswissen und ein kompetitives Umfeld mit wenig Kooperation. Dagegen waren agil arbeitende Experten aufgeschlossener und teamorientierter, teilten ihr Wissen gern und sahen Selbstverbesserung auch als gemeinsame Aufgabe an. Der Unterschied war offensichtlich. Kommunikation und Reflexion stehen bei agiler Arbeit im Mittelpunkt. So ist es nicht verwunderlich, dass agile Teams oft weiterentwickelt, erwachsener und reifer scheinen. Gerade bezogen auf Reflexion ist die Studienlage dazu eindeutig. Reflektive Teams sind deutlich leistungsfähiger. Dafür müssen sie nicht mit Scrum oder Kanban arbeiten. Wahrscheinlich spielen die Methoden Scrum oder Kanban letztendlich sowieso als Methodik gar keine so große Rolle, sondern schlicht die Tatsache, dass diese Methoden Transparenz und Kommunikation fördern, eine Balance zwischen Flexibilität und Regelorientierung herstellen und sowohl Ziel- als auch Prozessorientiert sind.

Ich schöpfe in diesem Buch aus meiner jahrzehntelangen Erfahrung im Coaching von Führungskräften sowie der Beratung von Teams und Mitarbeitern auf allen Ebenen. Wir bedienen eine vielfältige Klientel: Es gibt Experten und Spezialisten, aber auch Geschäftsführer aus Vertrieb, Marketing und Finanzen, aber auch Abteilungs- und Bereichsleiter. Sie kommen aus größeren Unternehmen, aber auch aus kleinen Firmen. Wir sehen Menschen, die bereits lange agil arbeiten, und solche, die sich in sehr klassisch-hierarchischen Strukturen bewegen. Durch diese starke Unterschiedlichkeit besitze ich sicher kein vollständiges, aber doch ein recht rundes und buntes Bild der unterschiedlichen Verständnisse von Führung sowie praktischer Schwierigkeiten und Herausforderungen.

Viele meiner Kunden haben mit den Herausforderungen einer sich immer schneller drehenden Arbeitswelt und veränderter Marktbedingungen zu tun. Das Thema digitale Transformation ist für sie zentral, direkt oder indirekt. Nicht wenige fühlen sich überfordert, weil sie meinen, als Führungskraft alles wissen zu müssen. Wie entlastend wäre es für sie zu wissen, dass Führung nicht mit Allwissen verbunden sein muss, sondern im agilen Kontext einen ganz anderen Fokus haben kann. Die Führungskraft muss nicht der größte Know-how-Träger sein, sondern darf sich darum kümmern, das Know-how der Mitarbeiter freizusetzen und für die Realisierung neuer Ideen zu kanalisieren.

Gerade in den letzten Jahren habe ich gemerkt, dass sehr viele Führungskräfte nicht nur die Digitalisierung, sondern generell die Komplexität überfordert. Sie sind es gewohnt, Entscheidungen zu treffen und eine Richtung vorzugeben – und merken mehr und mehr, wie schwer dies ihnen fällt, da sie vieles selbst nicht überblicken können. Darüber zu sprechen, ist ein Tabu, zeigt es doch scheinbar Schwäche. Viele konservativ denkende Führungskräfte könnten agile Ansätze erheblich entlasten. Es wäre ihnen damit erlaubt, auch einmal zu sagen oder sich zuzugestehen: „Das wissen andere besser." Sie können Dinge ausprobieren und sich Fehler erlauben. Sie würden insgesamt aber viel mehr erreichen können, Chancen entdecken und neue Möglichkeiten.

Ich freue mich über Leserinnen und Leserinnen, die etwas verändern wollen, weil sie begriffen haben: Die Probleme von heute lassen sich nicht mit den Methoden von gestern lösen. Lassen Sie sich anregen von einem agilen Kulturwandel sowie kleinen und großen Maßnahmen aus der agilen Toolbox – von A wie Appreciative Inquiry über konsultativer Einzelentscheid bis V wie VUCA-Management.

Das Buch beginnt mit einer strukturierten Einführung in das agile Denken, führt über die Praxis des Agilerwerdens hin zu konkreten Umsetzung von Maßnahmen. Es richtet sich an traditionelle Unternehmen, HR-Experten und Personalverantwortliche. Im letzten Teil erlauben zahlreiche Interviews mit Experten aus unterschiedlichen Bereichen Einblicke in spezielle Themenfelder wie Führung, Unternehmenskultur, Diversität, Innovation und Wertewandel. Ich biete eine Anleitung für Führungskräfte und Personalentwickler, das eigene Unternehmen agiler zu machen. Ich ermutige zu kleinen Experimenten, die gerne der Anfang eines größeren Prozesses des Umdenkens sein dürfen. Sie erhalten praxis- und lebensnahe Hilfestellungen und bekommen über Interviews vertiefende Einblicke.

Liebe Leserin, lieber Leser, natürlich spreche ich beide Geschlechter an, auch wenn ich aufgrund besserer Lesbarkeit nicht explizit zwischen der weiblichen und männlichen Form trenne.

Viel Freude beim Lesen und neue Erkenntnisse wünscht

Svenja Hofert

Im letzten Teil dieses Buchs finden Sie vertiefende Interviews. Vielen Dank an diese Experten, die ich alle persönlich sehr schätze!

- Auticon über Vielfalt im Team und Stärken in der Zusammenarbeit
- Dr. Thomas Binder über Persönlichkeitsentwicklung und agiles Führen
- Prof. Dr. Gunter Dueck über Innovation und Agilität
- Dr. Bernd Geropp über Führung in Zeiten der Veränderung
- Stephan Grabmeier, Chief Innovation Evangelist bei Haufe Umantis, über Kulturwandel
- Veronika Hucke über Diversity und Inklusion in der Zusammenarbeit
- Susanne Kaiser, Chief Technical Office bei der Justsoftware AG, über Führung aus dem Hintergrund
- Rainer Krumm über Agilität und Werte
- Güven Manay über Motivation und agiles Projektmanagement
- Die Ministry GmbH über die ständige Weiterentwicklung agiler Zusammenarbeit

Inhaltsverzeichnis

1	**Einführung in das agile Denken**.		1
	1.1	Was ist agil und was Agilität?	2
		1.1.1 Agilität und New Work	3
		1.1.1.1 Agil ist sowohl als auch	4
		1.1.2 Agilität – einfacher, als viele denken	5
	1.2	Geschichte der Agilität	6
	1.3	Die soziale Seite der Agilität	9
	1.4	Agile Werte, Prinzipien und Methoden	9
		1.4.1 Agile Werte	10
	1.5	Agile Frameworks	11
		1.5.1 Agile Prinzipien	12
	1.6	Agile Methoden	17
	Literatur		17
2	**Die veränderte Arbeitswelt**		19
	2.1	Mehr Digitalisierung	20
		2.1.1 Digitalisierung von Führung	20
	2.2	Mehr VUCA	22
	2.3	Mehr Können	24
	2.4	Mehr Vielfalt	24
	2.5	Mehr Führung	26
	2.6	Mehr Teamarbeit	30
		2.6.1 High Performance Teams	31
		2.6.2 Innovation in Teams	33
		2.6.3 Selbstorganisation	35
	Literatur		37
3	**Führung neu denken**		39
	3.1	Führungskonzepte aus historischer Sicht	41
		3.1.1 Great-Man- und Eigenschaftstheorien	42
		3.1.2 Von den Eigenschaften zum Verhalten	43

		3.1.3	Vom Verhalten zum einzelnen Mitarbeiter	44
		3.1.4	Der Blick auf Ziele	45
		3.1.5	Transformationale Führung	46
			3.1.5.1 Haltung: Theorie X und Y	48
		3.1.6	Führung als agile Rolle	48
			3.1.6.1 Position, Funktion, Rolle	50
		3.1.7	Holakratie und Soziokratie	52
			3.1.7.1 Die wichtigsten acht Fragen und Antworten zur Holakratie	53
	3.2	Stufenmodell der Führung		56
	3.3	Führung im globalen Kontext		57
		3.3.1	Verschiedene Länder, verschiedene Führungssitten	59
	3.4	Psychologischer Blick auf Führung		60
		3.4.1	Entwicklungspsychologie	62
		3.4.2	Entwicklungsstufen nach Loevinger	63
		3.4.3	Untersuchung von Rooke und Torbert	69
	3.5	Motivationspsychologischer Blick auf Führung		70
		3.5.1	Motive für Führung und Agilität	72
		3.5.2	Welche Motive gibt es?	74
		3.5.3	Teamtypen	75
		3.5.4	Motive in der Praxis	75
			3.5.4.1 Fischteicheffekt	78
	3.6	Werteorientierter Blick auf Führung		80
	3.7	Persönlichkeitsorientierter Blick auf Führung		82
	3.8	Agiler Führen - das Fazit		83
		3.8.1	Agilität und Systemtheorie	84
			3.8.1.1 Theoretische Gedanken auf die Praxis angewandt	86
			3.8.1.2 Aufstellungen und ihr (Un-)Sinn	86
			3.8.1.3 Zehn Grundsätze für systemisches Handeln	87
		3.8.2	Die Theorie U von Scharmer und das „Teal-Modell" von Laloux	88
		3.8.3	Der Führungskräfte-Bias	90
	3.9	Agiler Blick auf Führung		91
		3.9.1	Agile Rollen	93
		3.9.2	X und Y	93
	Literatur			95
4	**Unsere Studie: Vergleich des Teamklimas in agilen und nicht-agilen Gruppen**			**97**
	4.1	Teamarbeit und Teamklima		98
		4.1.1	Teamklima im agilen Kontext	100
			4.1.1.1 Vorteile agiler Arbeit	101
			4.1.1.2 Risiken agiler Arbeit	101

		4.1.2	Das Teamklima-Konzept	101
		4.1.3	Unsere Hypothesen	102
			4.1.3.1 Was sind Stand-up-Meetings?	103
			4.1.3.2 Was sind Retrospektiven?	105
			4.1.3.3 Was heißt Visualisierung?	105
		4.1.4	Ergebnisse	106
		4.1.5	Interpretation	108
		4.1.6	Bedeutung für die Praxis	110
	Literatur			112
5	**Agile Ansätze in die Praxis umsetzen**			**115**
	5.1	Gruppendynamik		116
	5.2	Das Sichtbare und Verborgene in Gruppen		118
	5.3	Die Teamphasen nach Tuckman		119
		5.3.1	Die Formingphase bewältigen	120
		5.3.2	Die Stormingphase	121
		5.3.3	Die Normingphase	122
		5.3.4	Die Performingphase	123
		5.3.5	Adjourningphase	123
	5.4	Das Belbin-Modell		124
	5.5	Die Rangdynamik		126
	5.6	Dysfunktionen in der Zusammenarbeit		128
		5.6.1	Die Funktion Vertrauen	130
		5.6.2	Was ist Vertrauen?	130
		5.6.3	Vertrauen und Rangordnungen	133
		5.6.4	Wie fördern Sie Offenheit?	134
		5.6.5	Die Funktion Konfliktbereitschaft	136
		5.6.6	Selbstverpflichtung/Commitment	138
		5.6.7	Gegenseitige Verpflichtung	139
		5.6.8	Zielorientierung	139
	5.7	Wie Sie einen Kulturwandel initiieren		140
		5.7.1	Kulturwandel ist Change ohne Management	141
			5.7.1.1 Handlungsleitfaden für Veränderungen	143
			5.7.1.2 Wohin können sich Menschen entwickeln – und wohin nicht?	144
		5.7.2	Wertekonflikte	146
			5.7.2.1 Introjektion verhindern	147
		5.7.3	Praktischer Leitfaden für den Kulturwandel	149
			5.7.3.1 Erster Schritt: Wertestandort analysieren	149
			5.7.3.2 Zweiter Schritt: Dysfunktionen ausräumen	152
			5.7.3.3 Dritter Schritt: Selbstorganisations-Level orten	152
			5.7.3.4 Vierter Schritt: Agile Werte konkret entwickeln	153

		5.7.3.5	Fünfter Schritt: Von Akzeptanz zur Wertschätzung führen	160
	5.8		Wie Sie agile Führungskompetenzen entwickeln	161
		5.8.1	Personale agile Führungskompetenzen	161
			5.8.1.1 Die agile „Wollmilchsau" gibt es nicht	163
	5.9		Agiles Handwerkszeug für Führungskräfte	165
		5.9.1	Agile Teamkompetenzen für alle	168
	Literatur			169
6	**Agile Toolbox von A bis Z**			**171**
	6.1		Appreciative Inquiry	172
		6.1.1	Wann anwenden?	172
		6.1.2	Wie anwenden?	172
		6.1.3	Chancen und Risiken	174
	6.2		Chefwahl	175
		6.2.1	Wann anwenden?	175
		6.2.2	Wie anwenden?	175
		6.2.3	Chancen und Risiken	176
	6.3		Dekonstruktion und Neukonstruktion	176
		6.3.1	Wann anwenden?	177
		6.3.2	Wie anwenden?	177
		6.3.3	Chancen und Risiken	179
	6.4		Dragon-Dreaming	179
		6.4.1	Wann anwenden?	181
		6.4.2	Wie anwenden?	181
		6.4.3	Chancen und Risiken	183
	6.5		Design-Thinking	183
		6.5.1	Wann umsetzen?	184
		6.5.2	Wie umsetzen?	184
		6.5.3	Chancen und Risiken	185
	6.6		Dysfunktionen-Check	185
		6.6.1	Wann umsetzen?	185
		6.6.2	Wie umsetzen?	185
		6.6.3	Chancen und Risiken	188
	6.7		Gruppenfelder	189
		6.7.1	Wann anwenden?	189
		6.7.2	Wie anwenden?	189
		6.7.3	Chancen und Risiken	190
	6.8		Facilitation	191
		6.8.1	Wann anwenden?	191
		6.8.2	Wie anwenden?	192
		6.8.3	Chancen und Risiken	193

6.9	Kapselung und Piloten		193
	6.9.1	Wann umsetzen?	194
	6.9.2	Wie umsetzen?	194
	6.9.3	Chancen und Risiken	194
6.10	Konsultativer Einzelentscheid		195
	6.10.1	Wann umsetzen?	196
	6.10.2	Wie umsetzen?	196
	6.10.3	Chancen und Risiken	197
6.11	Lean Management		197
	6.11.1	Wann einsetzen?	198
	6.11.2	Wie einsetzen?	198
	6.11.3	Chancen und Risiken	199
6.12	Metakommunikation: Über das Reden reden		199
	6.12.1	Wann anwenden?	199
	6.12.2	Wie anwenden?	199
	6.12.3	Chancen und Risiken	200
6.13	Pairing		200
	6.13.1	Wann sinnvoll?	201
	6.13.2	Wie umsetzen?	202
	6.13.3	Chancen und Risiken	202
6.14	Persönlichkeitstests		202
	6.14.1	Wann und wie anwenden?	203
	6.14.2	Chancen und Risiken	205
6.15	Raumkonzepte		206
	6.15.1	Wann umsetzen?	207
	6.15.2	Wie umsetzen?	207
	6.15.3	Chancen und Risiken	207
6.16	Relative Ziele		208
	6.16.1	Wann umsetzen?	209
	6.16.2	Wie umsetzen?	209
	6.16.3	Chancen und Risiken	210
6.17	Reflexion und Teamfaktorenreflexion		210
	6.17.1	Wann anwenden?	211
	6.17.2	Wie anwenden?	211
	6.17.3	Teamfaktorenreflexion	212
	6.17.4	Chancen und Risiken	213
6.18	Retrospektiven		213
	6.18.1	Wann umsetzen?	213
	6.18.2	Wie umsetzen?	214
		6.18.2.1 Spielerische Retrospektiven-Variante	216
	6.18.3	Chancen und Risiken	217

6.19	Simulacrum		217
	6.19.1	Wann umsetzen?	218
	6.19.2	Wie umsetzen?	219
	6.19.3	Chancen und Risiken	219
6.20	Stand-up-Meetings und Taskboard		220
	6.20.1	Wann anwenden?	220
	6.20.2	Wie anwenden?	220
	6.20.3	Chancen und Risiken	221
6.21	Teamdesign		221
	6.21.1	Wann anwenden?	222
	6.21.2	Wie anwenden?	222
	6.21.3	Chancen und Risiken	222
6.22	Teamentscheidungen		223
	6.22.1	Wann umsetzen?	224
	6.22.2	Wie umsetzen?	225
	6.22.3	Chancen und Risiken	226
6.23	Teamrecruiting		226
	6.23.1	Wann einführen?	227
	6.23.2	Wie einführen?	227
	6.23.3	Chancen und Risiken	228
6.24	Teampotenzialanalyse		228
	6.24.1	Wann einsetzen?	229
	6.24.2	Wie einsetzen?	230
	6.24.3	Chancen und Risiken	231
6.25	Tiefer Dialog		231
	6.25.1	Wann einsetzen?	232
	6.25.2	Wie einsetzen?	232
	6.25.3	Chancen und Risiken	233
6.26	VUCA-Management		233
	6.26.1	Wann umsetzen?	235
	6.26.2	Wie umsetzen?	235
	6.26.3	Chancen und Risiken	236
6.27	Zukunftskonferenz		236
	6.27.1	Wann anwenden?	237
	6.27.2	Wie anwenden?	237
	6.27.3	Chancen und Risiken	237
6.28	Weitere Lesetipps für Tools und Methoden		238
Literatur			240

7 Experten-Interviews 243
    7.1   auticon über Inklusion und Diversität 243
    7.2   Thomas Binder über Agilität und Ich-Entwicklung 246

7.3	Gunter Dueck über Innovation und Agilität	249
7.4	Bernd Geropp: Führung als Dienstleistung	254
7.5	Stephan Grabmeier: Kulturwandel schaffen	256
7.6	Veronika Hucke: Diversity ist mehr als Frauenförderung	259
7.7	Susanne Kaiser: Führung aus dem Hintergrund	263
7.8	Rainer Krumm: Agil und Werte	265
7.9	Güven Manay zum Thema Agil im Projekt: Agil motiviert Mitarbeiter	267
7.10	Ministry zum Thema Agil im Unternehmen: „Machtmenschen haben bei uns keine Chance"	268
Literatur		272

Über die Autorin

Svenja Hofert ist Geschäftsführerin der Teamworks GTQ Gesellschaft für Teamentwicklung und Qualifizierung in Hamburg (www.teamworks-gmbh.de). Sie ist Autorin von heute mehr als 30 Büchern und schreibt seit 2006 mehr als zehn Jahren einen eigenen Blog mit großer Reichweite (www.svenja-hofert.de). Sie gründete mehrere Unternehmen, unter anderem im E-Commerce. Seit sie sich im Jahr 2000 selbstständig machte, berät und coacht sie Unternehmen und Führungskräfte. Seit 2013 bildet sie Coachs und seit 2015 Teamgestalter aus.

Mit agilen Themen begann sie sich zu beschäftigen, als sie merkte, wie viel besser und leistungs- sowie innovationsfreudiger das Arbeitsklima in Firmen mit agilen Strukturen war. Hofert studierte u. a. Geschichte und Sprachwissenschaften auf Magister Artium sowie Wirtschaftspsychologie mit dem Abschluss Master of Science.

Einführung in das agile Denken

Zusammenfassung

Was ist Agilität und was agil? Und was hat beides mit Führung zu tun? In diesem Kapitel lernen Sie agile Begriffe kennen. Sie erkennen, warum Agilität nicht nur Projektmanagementmethode, sondern mehr ist: eine Herangehensweise in der Unternehmens- und Personalführung, die den veränderten Bedingungen in der Arbeitswelt gerecht werden kann. Die durch die Digitalisierung entstehende Herausforderungen annehmen, mit Komplexität umgehen und Diversität in Perspektivenreichtum umwandeln kann. Sie verstehen den Unterschied zwischen agilen Werten, Prinzipien, Methoden und Maßnahmen. Außerdem erhalten Sie eine erste Idee von agilen Methoden und Maßnahmen, die Sie später in die Praxis umsetzen können.

„Accept Holacracy or leave", zitierten Zeitungen den CEO des amerikanischen Schuhhändlers Zappos, der mit der sogenannten Holakratie eine Art radikale Management-Agilität einführte. Radikal! Das wird oft mit „agil" verbunden.

„Agil" ist somit eine Art Reizwort, das die einen lieben, die anderen nicht verstehen und die nächsten kategorisch ablehnen. Manager hassten „agile" (engl. Ausgesprochen ätscheil), so schrieb vor nicht allzu langer Zeit die amerikanische Zeitschrift „Forbes!" [2]. Die Zeitschrift begründete die Abwehrhaltung mit der Angst der Führungskräfte vor einem Machtverlust. Denn Agilität im Management wird gerne mit dem Abbau von Führung verwechselt. Doch es geht nicht um weniger Führung, sondern nur um weniger Hierarchien.

Viele lehnen „agil" ab, ohne genau zu wissen, was eigentlich dahintersteckt. Agil bedeutet „alle machen, was sie wollen", so die gängige Interpretation derjenigen, die nur eine grobe Idee vom Thema haben. Sie fürchten schlimmstenfalls, dass eine Reihe freakiger Nerds anarchische Ansätze verbreitet und konzernweit das Chaos ausbricht. Teilweise haben sie auch schon Erfahrungen mit Agilität gemacht, die eher negativ waren. Beispielsweise wurde Scrum in einem Pilotprojekt und dann unternehmensweit eingeführt, aber nach der Anfangseuphorie blieb nach ein, zwei Jahren nicht einmal eine regelmäßige Retrospektive übrig.

Tatsächlich gibt es diese freakigen Nerds. Sie setzen agil ebenso mit einem anarchischen System gleich, in dem alle gleich sind. Aber sie sind mehr die Ausnahme als die Regel. In einem richtig agil organisierten Team würden sie sicher schnell merken, dass sie sich das irgendwie lockerer vorgestellt haben … Locker?

1.1 Was ist agil und was Agilität?

„Hat das mit Agility zu tun?", fragte mich ein Kunde. Er meinte das Hunde-Training. Ich habe selbst keinen Hund, aber in der Nachbarschaft gibt es einen Agility-Trainer. Agility soll dem Hund auf einer Parkourstrecke Bewegung bieten, und es soll ihm Spaß machen. Ohne ihn zu überfordern. In diesem Sinn hat „agiler führen" mit Agility zu tun. Mit Hunden jedoch nicht.

Hören Sie einmal in sich hinein: Was löst der Begriff „Agilität" in Ihnen aus? Welche Assoziationen haben Sie, wenn Sie den Begriff hören? Was bedeutet für Sie „agil"? Ich habe diese Assoziationsübung oft in Workshops und auf Vorträgen gemacht, wenn ich mit Teilnehmern zu tun hatte, die nicht aus der so genannten agilen Szene kamen, die also mit traditionellem BWL-Wissen ausgebildete Führungskräfte und Mitarbeiter waren. Deren Assoziationen sind immer ähnlich: Wenn sie das Wort „agil" hören, so denken sie zunächst an Adjektive wie beweglich, flexibel, schnell. Im zweiten Schritt assoziieren sie damit „ohne Hierarchie" und dann „wenig Regeln". Spaß, wie bei der Hunde-Agility, kommt so gut wie nie vor. Dabei ist Spaß im agilen Kontext wichtig. Hier kursiert der Begriff „Flow", der letztendlich bedeutet, dass jemand sich einem Thema voll motiviert hingeben kann. Das fördert die Leistung, ohne zu überfordern. Also doch sehr nah an den Hunden …

Einige assoziieren Autonomie mit agil sowie mit ähnlichen Begriffen wie Freiheit, auch Hierarchiefreiheit. Kurzum: Was Menschen in die vier Buchstaben „agil" hineininterpretieren, hat stark mit den eigenen Erfahrungen mit diesem Thema zu tun und mit medialen Berührungspunkten. Viele haben eben nur etwas gehört. Oder sie orientieren sich an der sprachlichen Wurzel des Begriffs, der laut Duden bedeutet: „agil: von großer Beweglichkeit zeugend; regsam und wendig." Englische Wörterbücher übersetzen mit „beweglich, rege, flink." Ja, aber das ist nicht alles.

Agil sein bedeutet im Wirtschaftskontext, schneller reagieren zu können, zum Beispiel auf Marktveränderungen. Unternehmen sollen eher Schnellboote als Dampfer sein. Flink, beweglich, rege – das ist also so weit richtig assoziiert. Nur heißt das eben nicht, was im nächsten Atemzug damit verbunden wird, ohne Strukturen und Regeln. Die gibt es sehr wohl. Es geht aber nicht – anders als etwa im Lean Management und im Kaizen – um andere Prozessmethoden, nur um die organisatorischen Prozesse. Die agilen Vorgehensweisen umfassen auch soziale und kommunikative Aspekte. Und das macht sie so besonders. Sie sind somit mehr als eine weitere Projekt- oder Prozessmanagementmethode – auch ein Zukunftskonzept und eine Führungsmethode.

1.1.1 Agilität und New Work

Agilität ist in den Augen mancher eng mit der neuen Arbeit verknüpft, der „New Work". Dieses Konzept geht auf den austroamerikanischen Sozialphilosophen Frithjof Bergmann [1] zurück, der in einem bahnbrechenden Buch aus dem Jahr 2004 die Ablösung der Lohnarbeit vorhersah. Bergmann begründete damit eine Bewegung, die etwa in der Forderung nach einem Grundeinkommen gipfelte, das nun mit Finnland das erste Land der Welt realisieren wird. Seit 2005 wird dieses auch von dm-Gründer Götz Werner propagiert. Das Grundeinkommen ist dabei logische Konsequenz der Veränderungen in der Arbeitswelt. Menschen sollen arbeiten, was sie von innen herausarbeiten wollen, in Übereinstimmung mit eigenen Träumen und Begabungen, intrinsisch motiviert. New-Work-Vertreter pflegen das Bild von Menschen, die gerne arbeiten, mit Freude Stärken einsetzen und mit Leidenschaft mit anderen etwas Sinnvolles schaffen wollen.

In Übereinstimmung mit eigenen Träumen und Begabungen, intrinsisch motiviert: In agilen Konzepten geht es darum, sich an Begabungen und Stärken auszurichten. Gleichmacherei ist nicht gefragt. Es ist vielmehr das Ziel, dass die Mitarbeiter aus sich heraus an etwas arbeiten, das sie interessiert, begeistert, eben in einen Flow versetzt. Agile Ideen passen deshalb gut zur New Work, auch wenn beide eine unterschiedliche Herkunft haben. Jemand, der agil arbeitet, muss nicht automatisch ein Grundeinkommen befürworten. Aber er sollte dafür sein, dass Mitarbeiter entsprechend ihren Stärken arbeiten, damit die Arbeit ihnen Freude macht.

Logische Konsequenzen der New Work sind die Abschaffung der Lohnarbeit und das Ende einer Arbeitnehmer-Arbeitgeber-Beziehung, die auf Zwang basiert. Mitarbeiter und Führungskräfte sollen sich auf gleicher Augenhöhe begegnen. „Augenhöhe" ist ein Film, der die New-Work-Bewegung repräsentiert und neue Arbeitsformen zeigen soll, bei denen sich Arbeitgeber und Arbeitnehmer als gleichberechtigte Partner begegnen.

Ich hatte eingangs von „Freaks" gesprochen. Auch hier tauchen sie bisweilen auf, etwa wenn die Ideen als Gleichmacherei missverstanden werden, zum Beispiel in Form eines „gleichen Gehalts für alle". Das ist nicht der Kern der Idee, denn damit wären wir zurück im Sozialismus. Im Verständnis Bergmanns integriert die New Work soziale Ideen auf einer höheren Ebene und ist eben keine Gleichmacherei.

Erste Kratzer bekam der Glaube an vollkommene Gehaltsgerechtigkeit mit der Insolvenz von Gravity-Payments. Der CEO Dan Price hatte sich Anfang 2015 entschieden, allen mehr als 120 Mitarbeitern mindestens 70.000 US$ Jahresgehalt zu zahlen, auch den Damen und Herren am Empfang. Durch diese Maßnahme verdoppelte er das bisherige Jahresgehalt teilweise. Dabei berief der sich auf die Forschungen von Nobelpreisträger Daniel Kahnemann, der ermittelte, dass ein Einkommen um die 75.000 US$ erheblich zum emotionalen Wohlbefinden beiträgt. Nach einer euphorischen Anfangsphase scheiterte das Vorhaben schon nach einem halben Jahr: Es kam nicht zu einem Leistungsschub. Die Lösung war auch zu teuer, Dan Price Bruder, beteiligt an der Firma, verklagte ihn auf 2,2 Mio. US$. Es entstanden weitere Zahlungsengpässe. Schließlich war die Firma pleite.

1.1.1.1 Agil ist sowohl als auch

Die Schnittstellen der agilen Ideen mit New-Work-Inhalten erklären die teilweise idealistisch-verklärte Perspektive einiger Protagonisten. Diejenigen, die die Ideen nicht wirklich verstehen, agieren in einer Entweder-oder-Mentalität, in der es nur die eine Wahrheit gibt, nämlich die agile. Sie sehen nicht, dass agil im Kern ein Sowohl-als-auch-Ansatz ist, also verschiedene Sichtweisen integriert. Sie sehen auch nicht, dass Agilität vom Entwicklungszustand des Menschen und Unternehmens abhängt und es allgemeingültige Existenzberechtigung dafür Wahrheit geben kann. Dazu komme ich noch einmal, wenn ich über die Ich- und Organisationsentwicklung schreibe. Die oft auf „entweder-oder" gepolten Vertreter tragen also dazu bei, das Bild zu verzerren, denn Agilität ist für sie so etwas, wie Punk für meine Generation X war – eine Haltung. Dies führt auf der anderen Seite, also beim Management, zu Bedenken und Sorgen. Agilität wird so viel größer und radikaler begriffen als nötig.

Für manche ist Agilität auch eine Art postmoderner Lebensform. Daraus ergibt sich, dass einige „First Mover" der Agilität noch nicht so richtig salonfähig in konservativem Umfeld sind. Sie sind Freiberufler und arbeiten in Netzwerken, sind Freiheit gewohnt und halten für sich selbst jenseits einer intrinsischen Motivation wenig für möglich und denkbar. Andere wähnen sie in einer Art Gefängnis, aus dem es sie zu befreien gilt. Solche Nerds, die gern in Hoodies auftreten, scheinen mit einer Bauzuliefererfirma oder einem Reinigungsbetrieb nichts, aber auch gar nichts zu tun zu haben.

Wieder andere stammen zum Beispiel aus der kreativen Branche, kleineren Unternehmen und dem Softwareumfeld und sind überzeugt von den Ideen der neuen Arbeit, da sie diese auch leben können. Sie arbeiten aber in einem Umfeld, das anders geprägt ist als das Durchschnittsunternehmen und sie beschäftigen ganz andere Menschen. Der Anteil inhaltsmotivierter Menschen ist in der Softwareindustrie, da bin ich sicher, höher als anderswo. Dies beinhaltet auch eine automatische Leistungsorientierung. Man ist stolz auf das, was man tut. In einem Bauunternehmen oder der Reinigungsindustrie, um bei diesen willkürlich gewählten Beispielen zu bleiben, ist dieses Stolz-Sein auf das, was man macht, oft nicht so stark verbreitet. Vom Stolz-Sein auf die inhaltliche Arbeit zu intrinsischer Motivation, Selbstorganisation und Selbstverpflichtung zu Leistung ist es ein kürzerer Weg.

Der realistische Blick auf Unterschiedlichkeit auch in der deutschen Organisationslandschaft zeigt mir: Intrinsische Motivation bei Eisenbahnern, Polieren und Reinigungskräften zu erzeugen, scheint schwerer als in der Digitalindustrie. Aber es ist machbar – durch Führung und nicht durch das Abschaffen von Führung.

Agilität bedeutet nicht notwendigerweise das Ausmerzen von Hierarchien im Sinne von Rangordnungen. Rangordnungen weisen feste oder variierende Rollen zu, auch Führungsrollen. Ein Orchester dirigiert sich nicht selbst. Allerdings wird ein Dirigent, der im Fluss ist mit seinen Musikern, bessere Leistungen erzielen. Da haben wir ihn wieder, den Flow.

> Ein guter Dirigent wird nicht seine Vorstellungen an das Orchester administrieren, sondern die Kraft seiner Musiker aufnehmen und zusammenführen, lebendig, im Moment, aufeinander eingehend.

1.1.2 Agilität – einfacher, als viele denken

Agilität wird oft einseitig auf wenige Aspekte reduziert. Mir ist das zuletzt bei einem HR-Barcamp aufgefallen, bei dem eine Session zu Agilität in der Personalabteilung stattfand. Zwei Damen führten vor, wie sie mit Kanban arbeiteten, eine agile Methode, die sich auch außerhalb der IT zunehmend verbreitet.

Die Session, Sie müssen sie sich, wenn Sie kein Barcamp-Besucher sind, vorstellen wie einen kurzen Workshop, war ausgebucht, hatte viele Neugierige angelockt. Während der rund einstündigen Veranstaltung wurde ich den Eindruck nicht los, dass kaum einer der Teilnehmenden wusste, worum es hier ging. Man erwartete irgendetwas Cooles, Modernes, Zeitgemäßes – aber was? Die Enttäuschung muss groß gewesen sein, denn die Vortragenden erzählten nur, wie sie mit einem Board arbeiteten. Das ist ein Visualisierungstool für Arbeitsprozesse, das eher unspektakulär aussieht und überhaupt nicht revolutionär. So einfach sollte Agilität, sollte agiles Arbeiten sein? Viele, die in dem Workshop saßen und sich von Agilität hatten locken lassen, hatten wohl anderes erwartet.

Was ist denn nun Agilität? Die im Barcamp vorgestellte Visualisierungsmethode ist nicht mehr als die Übersetzung agiler Gedanken in ein Vorgehensmodell. Das im Barcamp gezeigte Modell heißt Kanban und besteht in seiner ursprünglichen Form schon seit 1947. Zunächst entwickelte sich ein Produktionskanban, das die Fertigungsprozesse betraf, später ein Kanban, das in der IT genutzt wurde. Auch ein „Personal Kanban" gibt es, welches Einzelpersonen bei der Selbstorganisation hilft. Dann ist es eine Art modernes Zeitmanagement. Kanban ist Japanisch und heißt so viel wie „Karte" oder „visuelles Zeichen". Produktionskanban ist Teil der sogenannten Lean Production, die darauf zielt, Verschwendung von Prozessen und Material einzudämmen.

Seit 2005 entwickelte sich ein Kanban für die Wissensarbeit, ausgehend von der IT. Sein Kern sind ebenfalls die Karten, wie im Produktionskanban, die in ein einfaches Ablaufsystem mit drei Schritten gebracht werden: *To do, Doing* und *Done,* das heißt *zu erledigen, in Arbeit* und *erledigt.* So werden Arbeitsprozesse für jeden transparent. Jeder weiß auch, wer an was arbeitet. Revolutionär? Eben nicht. Kanban ist hilfreich, um Komplexes auf das Wesentliche zu reduzieren, denn das Gehirn verarbeitet visuelle Informationen 60.000-mal schneller als Text.

Man könnte diese Vorgehensweise als visuelles Management bezeichnen, dessen Ziel es ist, Zusammenhänge einfacher darzustellen und Prozesse zu vereinfachen. Dies ist ein Aspekt agilen Arbeitens, die Reduktion von Komplexität – und die Visualisierung ist dafür ein Mittel, während Kanban die Methode ist.

▶ Meine eigene Definition von Agilität lautet so:
Agilität ist die Fähigkeit von Teams und Organisationen, in einem unsicheren, sich verändernden und dynamischen Umfeld flexibel, anpassungsfähig und schnell zu agieren. Dazu greift Agilität auf verschiedene Methoden zurück, die es Menschen einfacher machen, sich so zu verhalten.

1.2 Geschichte der Agilität

Den Begriff Agilität nutzten im Managementumfeld erstmals der ehemalige McKinsey-Vorstand und Bestsellerautor Tom Peters [6] sowie Rosabeth Moss Kanter [5], Professorin der Harvard Business School, in den 1970er Jahren. Beide beschrieben in ihren Büchern und Aufsätzen die Fähigkeit von exzellenten Unternehmen, flexibel, aktiv und anpassungsfähig auf Marktveränderungen zu reagieren.

Peters und Moss Kanther grenzten diese agilen Fähigkeiten ab von der Starrheit bürokratischer Organisationen. In den folgenden Jahren und Jahrzehnten entwickelten sich ihre Ideen weiter, vor allem auch als Reaktion auf dynamischer werdende Märkte in den 1980er Jahren.

Viel Aufsehen erregte die Analyse von Frederic Laloux [4], ehemals McKinsey-Berater, der für sein 2014 erschienenes Buch „Reinventing Organizations" Unternehmen untersuchte, die durch agile Prinzipien auch wirtschaftlich erfolgreich sind. Er entdeckte durch eigene Untersuchungen und Recherchen, dass agile Prinzipien Unternehmen besonders erfolgreich machten, auch in typischerweise schwierigen Branchen. Eines dieser Prinzipien ist die Konzentration auf aktuelle Probleme statt auf Ziele, ein anderes die Dezentralisierung und Selbstorganisation von Teams. Diese Prinzipien setzte er in Gegensatz zum verbreiteten Denken, das von einem „Management by Objectives" geprägt ist. Die Abb. 1.1 zeigt, wie sehr das Management-by-Objectives im Vergleich zum agilen Management bei Google Trends nachgelassen hat (Online-Foto von 12/2015).

Noch einen Schritt weiter führt die Bewegung der Holakratie, die die agile Systematik aus den Teams in das gesamte Unternehmen trägt. Holakratie geht zurück auf den

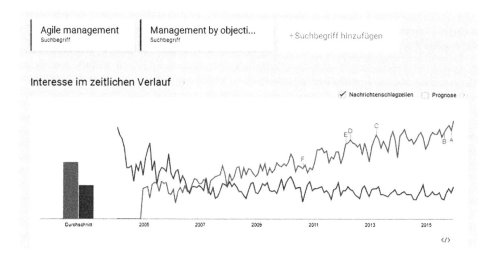

Abb. 1.1 Google-Trends Vergleich Agile Management und Management-by-Objectives

1.2 Geschichte der Agilität

Unternehmer Brian Robertson, der konsequente Dezentralisierung ohne traditionelle Führung und Management in seinem Unternehmen einführte und damit eine Bewegung begründete. Breiter bekannt geworden ist die Holakratie durch die amerikanische Firma Zappos, einen Online-Schuhhändler, der im Mai 2015 sein Unternehmen umstellte und Hierarchien zugunsten konsequenter Dezentralisierung abschaffte.

Im Projektmanagement entstand Agilität Ende der 1990er Jahre als Gegenbewegung zu klassischen Planungsmethoden wie dem Wasserfallmodell, das in dieser Zeit oft versagte. In den 1990er Jahren nahm die Anzahl von IT-Projekten erheblich zu. Es wurde eingeführt und verändert, entwickelt und erneuert. Viele dieser Projekte scheiterten, manche Zahlen sprechen von 90 %. Der Grund dafür lag, so sahen es die Vordenker, in einer zu starren Planung und einem unflexiblen Management von Time, Quality und Budget in vorgegebenen, unbeweglichen Rahmen und Ablaufdiagrammen. Ein fester Plan setzt voraus, dass der Auftraggeber jederzeit genau weiß, was er will, und dass sich Anforderungen nicht ändern. Die Grundannahme ist, dass längere Zeiträume von Monaten oder gar Jahren sowie eine steigende Komplexität durch Planung beherrschbar seien.

Wie eine Software aussehen sollte, legte theoretisch ein Pflichtenheft fest, dann wurde die Arbeit erledigt und dem Kunden präsentiert. Zwischenzeitlich veränderten sich aber Anforderungen und das Projekt wurde teurer und teurer. Wir alle kennen dieses Problem bis heute, denken Sie nur an den Flughafen Berlin oder die Elbphilharmonie in Hamburg.

Wie agile Planung im Unterschied zur traditionellen Vorgehensweise funktioniert, zeigt Abb. 1.2.

Agilität im Softwareumfeld war also eine Antwort auf gescheiterte Projekte in Form einer Bewegung, die von Softwareentwicklern initiiert wurde. Im Februar 2001

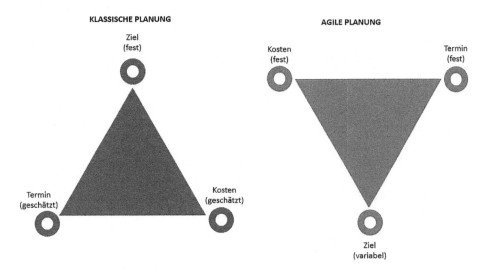

Abb. 1.2 Agil-iterative und klassische Planung

veröffentlichten Entwickler um Kent Beck das so genannte agile Manifest im Internet, wo es noch heute zu finden ist.

▶ Das agile Manifest umfasst vier Axiome:

- Individuen und Interaktionen mehr als Prozesse und Werkzeuge
- Funktionierende Software mehr als umfassende Dokumentation
- Zusammenarbeit mit dem Kunden mehr als Vertragsverhandlung
- Reagieren auf Veränderung mehr als das Befolgen eines Plans

Ein Satz, der unter diesen Sätzen steht, wird oft überlesen: „Das heißt, obwohl wir die Werte auf der rechten Seite wichtig finden, schätzen wir die Werte auf der linken Seite höher ein." Dies impliziert: Als überflüssig erachten die Entwickler weder Planung nach Vertragsverhandlung, Prozesse noch Dokumentation. Es geht ihnen vielmehr um ein Gegengewicht im dialektischen Sinn. Das ist vor allem vor dem Hintergrund einer Zeit zu verstehen, in der der rechte Ansatz dominierte. Es handelt sich zudem nicht durchweg um Gegensätze. Während wir „Reagieren auf Veränderung" oder auch Flexibilität als Gegensatz zur Planung betrachten können, handelt es sich bei den oberen drei Axiomen um verschiedene Aspekte von Arbeitsleben und Arbeitsorganisation.

Dass Dokumentation weniger wichtig ist als die funktionierende Software, ist eigentlich, aus heutiger Sicht, selbstverständlich. Und auch, dass Individuen und Interaktionen wichtiger sind als Prozesse und Werkzeuge, ist nicht revolutionär. Die Sätze sind vielmehr vor dem Hintergrund zu verstehen, dass es zu jener Zeit eine Dominanz der rechten Seite gab, die man als mechanistisch interpretieren könnte. Agile Ideen spielen auch heute noch vor allem auf der linken Seite. Das heißt, sie beziehen sich auf Kommunikation untereinander und mit den Kunden sowie auf die flexible Reaktion auf Marktveränderungen.

Das Manifest war so etwas wie der Anstoß beim Fußball. Danach kam das Spiel ins Rollen. Es entwickelten sich konkrete Handlungsrahmen, englisch Frameworks wie Extreme Programming und vor allem Scrum, für den Einsatz in Unternehmen, außerdem das bereits angesprochene Software-Kanban.

In den folgenden Jahren zogen agile Ideen mehr und mehr auch ins Management ein. Man erkannte, dass Agilität sehr gut zu den veränderten Umweltbedingungen der Unternehmen passte. Es passte auch zu systemtheoretischen Gedanken, der sich seit den 1990er Jahren immer weiter verbreitete. Die Theorie von Niklas Luhmann beschrieb soziale Systeme als geschlossene Einheiten, die sich nur aus sich selbst heraus verändern können. Auf das Thema komme ich später noch einmal im Zusammenhang mit Führung zu sprechen.

1.3 Die soziale Seite der Agilität

„Individuen und Interaktionen über Werkzeuge und Prozesse", lautet das erste Axiom des agilen Manifests. Schon daraus ergibt sich, dass Agilität eine soziale Seite haben muss, die durch Austausch und Interaktion gekennzeichnet ist. Denn durch die daraufhin entwickelten Prozess- und Projektmanagementmethoden zogen strukturierte Kommunikation, Selbstverantwortung und Visualisierung von Arbeitsprozessen in die Teamarbeit ein.

Agile Methoden verlangen zwingend eine Vielzahl von Interaktionen unter den Teammitgliedern, dazu gehören das tägliche Stand-up-Meeting und die mindestens monatlich stattfindenden Retrospektiven. Anwender agiler Methoden seien auch aufgrund dieser sozialen Seite deutlich erfolgreicher und zufriedener als jene, die auf klassisches Projektmanagement setzen, ergab die Studie „Status quo agile", die die Hochschule Koblenz unter Leitung von Ayelt Komus in den Jahren 2012 bis 2014 durchführte.

Andere wissenschaftlichen Publikationen, etwa aus dem Bereich Wirtschaftsinformatik, lassen darauf schließen, dass die agilen Methoden positiv auf Teammerkmale wie Leistung und Zielorientierung wirken. Dass höhere Leistung ein Effekt spezifischer agiler Kommunikationsstrukturen und einer erhöhten Zahl von Interaktionen ist, wies der Organisationspsychologe Chaehan So 2010 in seiner Dissertation für die Humboldt-Universität Berlin nach.

Meine persönliche Erfahrung mit agilen Teams ist, dass diese in der Tat oft deutlich reifer in ihrem Kommunikations- und Interaktionsverhalten sind. Dadurch, dass Probleme schnell angesprochen werden, kann weniger verschwiegen werden. Mitarbeiter kommunizieren bewusst und in transparenten Prozessen miteinander. Interaktionen sind also nicht zufällig, sondern gelenkt. Hindernisse sollen nicht totgeschwiegen, sondern ausgesprochen und aus dem Weg geräumt werden. Dass diese Aspekte auf den Tisch kommen, ist die Konsequenz der Einhaltung von Regeln. Für die Einführung und Einhaltung dieser Regeln ist eine Führungsperson zuständig. Im Scrum ist das der Scrum-Master.

1.4 Agile Werte, Prinzipien und Methoden

Mit diesem Buch verfolge ich das Ziel, Ihre bisherige Führungspraxis durch agile Ideen zu beleben und vielleicht sogar grundlegend zu verändern. Mit agilen Methoden sollen Sie ausprobieren können, was in Ihrem Kontext möglich ist und wie es wirkt. Ich möchte keine Revolution anzetteln, die weder nötig noch gewollt ist. Mein Ziel ist es, da anzusetzen, wo Handlungsbedarf besteht, und den Rahmen des Möglichen weiter zu stecken. Mehr nicht, aber auch nicht weniger.

Dabei fängt alles bei Ihnen selbst an. Wer agiler führen will, muss zuallererst die eigenen Werte überprüfen. Agile Ideen lassen sich nicht auf Werten aufsetzen, die den eigenen zuwiderlaufen. Agile Ideen passen auch nicht in ein Umfeld, das vollkommen gegensätzlich geprägt ist.

Wenn in einem Unternehmen kein gegenseitiger Respekt herrscht, so kann eine agile Methode wie ein Board zur Visualisierung der Arbeitsprozesse nicht funktionieren. Die Einführung des Boards würde Prozesse offenlegen. Sie würde zeigen, wer an welchem Thema arbeitet. Herrscht kein respektvoller Umgang, so würde ein Mitarbeiter, der langsamer ist oder im Verzug, an den Pranger gestellt. Ein Fehler würde offensichtlicher und Feedback unmittelbarer. In einem solchen Unternehmen wäre es viel wichtiger, erst einmal am Thema Respekt zu arbeiten und sich die Frage zu stellen, wo sich aktuell zeigt, dass wenig Respekt vorhanden ist – und wie man dies ändern kann. Vielleicht könnte es zum Beispiel sinnvoll sein, im ersten Schritt das gegenseitige Verständnis zu verbessern, denn dieses ist die Basis für gegenseitigen Respekt.

In einem Unternehmen mit schlechter Kommunikations- und Fehlerkultur machen auch Methoden wie Retrospektiven wenig Sinn. Mitarbeiter müssen zunächst lernen, wie sie kommunizieren, und Grundlagen erarbeiten, etwa wie sie Feedback geben. In einem konfliktreichen Umfeld wiederum kann die Einführung von Reflexionsrunden (siehe Kapitel „Agile Maßnahmen") oder/und gewaltfreier Kommunikation (Gfk) viel hilfreicher sein als die einer agilen Struktur, die vielleicht völlig überfordert.

▶ Bevor ein Unternehmen oder eine Abteilung also agiler wird, muss sie ihren Standort kennenlernen. Dafür empfehle ich den Blick in das Kapitel „Agile Toolbox". Hier passen der Dysfunktionen-Check, die Teamfaktorenanalyse und die Reflexion als Instrumente für fast jeden Kontext.

1.4.1 Agile Werte

Agile Werte bilden das Fundament für darauf basierende Prinzipien, aus denen sich Handlungen ableiten. Ohne Werte keine Prinzipien, ohne Prinzipien keine Handlung.

Werte sind dabei als dynamische Konstrukte zu verstehen, die von innen und außen beeinflusst werden. Sie existieren im Unterbewusstsein der Menschen und werden dort durch Bedürfnisse und Motive genährt, etwa dem Bedürfnis nach Verbundenheit. Gesellschaftliche und familiäre Traditionen und Strömungen bedingen und beeinflussen diese Werte. Werte sind damit nicht angeboren, sondern gelernt. Sie verändern sich mit den Einflüssen aus der Umwelt. Das erklärt, warum sich europäische Werte von asiatischen und deutsche von italienischen unterscheiden, obwohl die Motive und Bedürfnisse identisch sind.

Werte sind außerdem interpretierbar. So wird wohl niemand widersprechen, dass „Fairness" ein wichtiger Wert ist. Aber was genau darunter verstanden wird, unterliegt höchst unterschiedlicher Interpretation. Entscheidend ist auch, wie der Wert konkret gelebt wird.

Stellen Sie sich einen wohlgepflügten Boden vor, in dem Samen liegen, die aufgehen, wenn sie gedüngt werden. Der Boden heißt Kollegialität und Verbundenheit. Er kennzeichnet das, was fest ist und bleibt, aber genährt werden muss. Die Samen heißen

Kommunikation und Fokus. Das sind die Werte. Sie müssen auf einen fruchtbaren Boden fallen. Deshalb müssen sie auch erklärt und mit Leben gefüllt werden. Sie werden nur wachsen, wenn sie halten, was sie versprechen. Das gilt für alle Werte: Sie verkümmern, werden zur Worthülse, wenn etwa Fairness nicht mit dem Leben gefüllt wird, das diesem Wert zugesprochen worden ist.

Die wichtigsten agilen Werte sind die folgenden:

▶ 1. Selbstverpflichtung (Commitment)
 2. Rückmeldung (Feedback)
 3. Fokus (Focus)
 4. Kommunikation (Communication)
 5. Mut (Courage)
 6. Respekt (Respect)
 7. Einfachheit (Simplicity)
 8. Offenheit (Openness)

1.5 Agile Frameworks

Agile Prinzipien leiten sich aus agilen Werten ab. Kombiniert man sie und entwirft Regelwerke, entstehen Vorgehensmodelle, also Frameworks. Das sind Rahmen, die beschreiben, wie Aufgaben und Prozesse ablaufen sollen. Diese agilen Frameworks entstanden als Gegenbewegung zum klassischen Projektmanagement, das durch detaillierte und langfristige Ablaufplanung, Aufgabenstrukturierung und alljährliche Planungs- und Budgetrunden gekennzeichnet ist. Manche sagen Prozessmethoden dazu.

Agile Prozessmethoden tragen je nach dahinterstehendem Regelwerk unterschiedliche Bezeichnungen. Die aktuell bekanntesten und am weitest verbreiteten Methoden sind Scrum und Kanban. Rund 86 % des Marktes agiler Methoden werden laut einer Umfrage der Fachhochschule Koblenz von Scrum dominiert, gefolgt von Kanban. Kanban ist auch außerhalb der IT-Branche verbreitet, Scrum derzeit noch weniger. IT-ferne Einsätze machen bei Kanban 41 % aus, bei Scrum sind es 27 %. Mischformen aus agilen Methoden (Hybrid) mit 39 % und ein Mix aus agilen und klassischen Methoden (sowohl als auch) mit 25 % sind verbreitet [3].

Scrum und Kanban haben jeweils eigene Regelwerke. Ihnen gemeinsam ist eine starke Betonung der Kommunikation und Interaktion. Eines der Kernprobleme des klassischen Projektmanagements sind nicht berücksichtigte softe Faktoren wie Kommunikation und Vertrauen. Genau diese soften Faktoren stützt ein agiles Projektmanagement.

Vor allem Scrum wurde lange vor allem in der Softwareentwicklung eingesetzt. Deshalb denken viele, Agilität sei eine spezifische Errungenschaft der Softwareentwicklung und eigne sich nur für die IT, was nicht stimmt. Andere kennen Scrum als Gegenpol zu klassischen Projektmanagementmethoden. In diesem Kontext ist Scrum klassischen Methoden überlegen. Darauf deutet eine Studie der Oose Informatik von 2010.

Die Studie zeigte, dass agile Projektmethoden zu 59,2 % erfolgreich sind, klassische Projektmethoden aber nur zu 40,8 %. Damit waren agile Projekte signifikant erfolgreicher als nicht-agile [7].

Zu Scrum und anderen Methoden, die vor allem im Projektmanagement Einsatz finden, gibt es zahlreiche gute Bücher. Da ich mich hier auf agile Führung konzentriere und den Begriff Agilität weiter gefasst interpretiere, liegt der Fokus dieses Buches auf praktischen Maßnahmen außerhalb der Frameworks Scrum und Kanban.

1.5.1 Agile Prinzipien

Zwischen Werten und Prinzipien zu unterscheiden fällt auf den ersten Blick nicht leicht. Vielleicht hilft ein Blick in die Bibel: „Treue" ist ein Wert, „Du sollst nicht begehren deines Nachbarn Weib" ist hingegen ein Prinzip. Im Teamkontext lässt sich vor das Prinzip einfach ein „wir" setzen und dahinter ein Verb – und schon entsteht ein Prinzip wie „wir wollen experimentieren und ausprobieren", das aus dem Wert Mut entstanden ist.

Prinzipien sind also konkrete Ableitungen von Werten. Auch aus agilen Werten leiten sich Prinzipien ab. Man kann diese auch als Regeln, die eine Entscheidungsgrundlage für Handeln bilden, definieren. Ich habe in Tab. 1.1 aus verschiedenen Quellen eine Liste agiler Prinzipien zusammengestellt:

Tab. 1.1 Prinzipien

1	Adaption
2	Aktive Einbindung
3	Arbeit sichtbar machen
4	Baby-Schritte
5	Bevollmächtigtes Team (Empowerment)
6	Experimentieren
7	Iteration
8	Kontinuierliche Verbesserung
9	Flow
10	Zusammenarbeit aller Beteiligten
11	Ökonomie
12	Reflexion
13	Sagen statt Fragen
14	Sinn stiften
15	Selbstorganisation
16	Verantwortung
17	Verschwendung eliminieren
18	Vielfalt

Tab. 1.2 Prinzipien, Werte, Handlungen und Kernfragen

Prinzip	a. Wert	Handlungen	Kernfragen
Adaption	Einfachheit	Anpassung an die Umweltbedingungen	Wie hat sich die Umwelt verändert? Was bedeutet das für uns?
Aktive Einbindung	Kommunikation	Der Beteiligten, auch des Kunden	Wie arbeiten wir mit Kunden zusammen? Wie können wir das aktiver gestalten?
Baby-Schritte (Baby steps)	Einfachheit	Kleine Schritte machen	Wie können wir Schritte kleinteilig definieren? Was sind Minierfolge?
Bevollmächtigtes Team (Empowered Team)	Selbstverpflichtung	Das Team muss selbst entscheiden dürfen und dafür die Kompetenzen haben	Welche Entscheidungskompetenzen hat das Team? Welche kann es noch bekommen? Wo sind Grenzen?
Experimentieren	Mut, Rückmeldung	Das Team muss ausprobieren dürfen und sollen	Wie sehr unterstützen wir das Experimentieren? Wie können wir es noch besser unterstützen?
Iteration	Einfachheit	Mehrfache Wiederholung gleicher Prozesse, um sich einer Lösung anzunähern	Wie können wie bei jeder Wiederholung lernen?
Kontinuierliche Verbesserung	Einfachheit, Fokus, Selbstverpflichtung	Fortwährende kleine Verbesserungsprozesse in Anlehnung an KVP/Kaizen	Was tun wir und wie? Was wurde erreicht? Was ist noch zu tun? Wie soll es sein?
Flow	Respekt, Fokus	Alle sollen sich voll auf die Arbeit konzentrieren können, in ihr aufgehen	Was hindert bei der konzentrierten Arbeit? Wie lassen sich diese Hindernisse ausräumen?
Ökonomie	Fokus	Wir denken wirtschaftlich	Wie wirtschaftlich denkt das Team? Was braucht es, um wirtschaftliche Themen zu verstehen?
Reflexion	Offenheit, Kommunikation, Rückmeldung	Arbeitsfortschritt und Zusammenarbeit werden regelmäßig reflektiert	In welcher Form reflektieren wir, wann und wie oft?

(Fortsetzung)

Tab. 1.2 (Fortsetzung)

Prinzip	a. Wert	Handlungen	Kernfragen
Sagen statt Fragen	Offenheit, Kommunikation	Meinungsäußerungen sind gewünscht	Was können wir tun, um ein „darf ich?"- in ein „ich möchte/meine/schlage vor" zu ändern?
Selbstorganisation	Selbstverpflichtung	Das Team muss sich selbst organisieren	Wie erreichen wir es, dass das Team sich das zutraut? Wie unterstützen wir es?
Sinn stiften	Respekt	Mitarbeitern Sinn für ihre Arbeit geben	Wie können Mitarbeiter Sinn erleben? Was bindet den Mitarbeiter emotional an das Unternehmen?
Prozessorientierung	Einfachheit, Fokus, Selbstverpflichtung	Die geplante Lösung steht nicht am Anfang, sie entwickelt sich in kleinen Schritten mit viel Feedback	Wie können wir von der klassischen Zielplanung wegkommen?
Unterstützung	Einfachheit, Fokus	Das Team bekommt Hilfe zur Selbsthilfe	Wo braucht das Team Hilfe? Was ermöglicht ihm, konzentrierter zu arbeiten?
Verantwortung	Selbstverpflichtung	Die eigene Verantwortung akzeptieren	Für was sind wir verantwortlich? Stehen wir voll dahinter?
Verschwendung eliminieren	Einfachheit, Fokus, Respekt	Die Identifikation von Verschwendung (zeitlich, Material etc.) ist gewünscht	Wo verschwenden wir etwas?
Vielfalt	Respekt	Die Verschiedenartigkeit in Sachen Alter, Geschlecht, sexueller Orientierung, kultureller Zugehörigkeit etc. bereichert	Wo stehen wir diesbezüglich? Und wo wollen wir hin?
Zusammenarbeit aller Beteiligten	Kommunikation, Rückmeldung	Zusammenarbeit nicht nur im Team, sondern auch darüber hinaus mit Kunden und anderen Abteilungen	Wie weit sind wir diesbezüglich? Was können wir verbessern?

Tab. 1.3 Beispiele für agile Methoden

Agile Methode	Dahinterstehendes agiles Prinzip	Wozu?	Setzt Teamreife voraus (1 = niedrig, 2 = mittel, 3 = hoch)
Appreciative Summary	Flow Zusammenarbeit aller Beteiligten	Wertschätzendes Erkunden des „Guten" in einem Open-Space-Format	1
Dekonstruktion	Experimentieren	Neue Ansätze entwickeln	3
Design-Thinking	Visualisierung Experimentieren	Methode zur Produktentwicklung	2
Dragon-Dreaming	Selbstorganisation Flow Experimentieren	Zur Projekt- und Ideenentwicklung	1
Lean Management	Verschwendung eliminieren	Vorgehensweise zur Verschlankung von Produktion und Dienstleistung	2
Facilitating	Selbstorganisation Bevollmächtigtes Team	Verschiedene Methoden zur Erleichterung von Prozessen, z. B. im Workshop, aber auch generell	3
Metakommunikation	Sagen statt Fragen	Reden über das Reden	3
Personal Kanban	Visualisierung	Methode zur besseren Organisation	2
Persönlichkeitstests	Reflexion Vielfalt	Den anderen besser verstehen	1-3 je nach Verfahren
Pairing	Flow Vielfalt	Voneinander lernen	1
Raumkonzepte	Flow	Bedürfnisgerechte Raumgestaltung	1
Relative Ziele	Reflexion Selbstorganisation Flow Sagen nicht Fragen	Tägliche Besprechungen im Stehen	2
Retrospektiven und Teamreflexion	Reflexion Selbstorganisation Flow Sagen nicht Fragen	Gemeinsames Nachdenken, Metakommunikation	2
Selbstorganisation	Bevollmächtigtes Team	Übertragen von Verantwortung	3

(Fortsetzung)

Tab. 1.3 (Fortsetzung)

Agile Methode	Dahinterstehendes agiles Prinzip	Wozu?	Setzt Teamreife voraus (1 = niedrig, 2 = mittel, 3 = hoch)
Simulacrum	Aktive Einbindung, Sinn stiften	Abbild der Zukunft erstellen	3
Stand-up-Meeting/ Taskboard (gut zusammen einzuführen)	Reflexion Selbstorganisation Flow Sagen nicht Fragen	Tägliche Besprechungen im Stehen vor einem Aufgabenboard (Taskboard mit to do, doing, done).	2
Teamentscheidung	Selbstorganisation Bevollmächtigtes Team	z. B. Konsultative Einzelentscheidung	3
Teampotenzialanalyse	Reflexion Flow Vielfalt	Wie können wir besser werden?	3
Teamdesign	Selbstorganisation Flow	Räume für Zusammenarbeit schaffen	2
Teamraum	Selbstorganisation Flow	Räume für Zusammenarbeit schaffen	2
Teamrecruiting	Vielfalt Unterstützung	Tandems z. B. aus erfahrenem und weniger erfahrenem Mitarbeiter oder Alt und Jung	3
Tiefer Dialog	Reflexion	Einander wirklich zuhören	3
Time-Boxing	Baby-Schritte Ökonomie Flow	Komplexität reduzieren	1
VUCA-Management	Verantwortung Selbstorganisation Experimentieren	Strategieentwicklung	3
Zukunftskonferenz	Reflexion	Open-Space-Format	2

Aber wie wirken Prinzipien und Werte zusammen? Ganz einfach: Stellen Sie sich einen Pfirsich vor. Sein Kern gibt ihm Identität und Leben – aber der eigentliche Geschmack liegt in der Frucht. Werte sind allein also zentral und elementar. Sie brauchen aber das Prinzip, um Geschmack zu bekommen, sich zu entfalten. Ein Wert ist noch keine Handlung, aber Voraussetzung dafür – ein Prinzip gibt der Handlung einen Rahmen. Diesen Zusammenhang zeigt Tab. 1.2.

1.6 Agile Methoden

Während Frameworks komplexe Regelwerke beinhalten, sind Methoden handfester. Es sind gebündelte Handlungen und in Konzepte übersetzte Aktionen, die auf den agilen Prinzipien beruhend oder in einem anderen Kontext entwickelt wurden, aber zum agilen Denken passen. Man könnte Methoden auch mit „Anwendungen" übersetzen. Teilweise stammen sie aus dem systemischen Werkzeugkoffer oder dem Workflowmanagement. Einige davon habe ich oder haben wir mit Teamworks selbst entwickelt oder weiterentwickelt.

Die agile Toolbox wird diese Methoden später im Buch wieder aufgreifen und detailliert mit Blick auf die Umsetzung beschreiben. Vorher lohnt es sich aber noch einmal, die für die Umsetzung relevanten Bedingungen zu untersuchen, allen voran die neue Arbeitswelt und das Verständnis von Führung sowie Teamarbeit.

Tab. 1.3 zeigt einige Methoden, setzt sie in Beziehung zu den Prinzipien, erklärt wozu sie einsetzbar sind und ordnet ihnen Teamreife zu. Teamreife bezeichnet den Entwicklungszustand des Teams. Niedrige Teamreife zeigt sich an geringer Reflexion der Zusammenarbeit, hohe an intensiver.

Literatur

1. Bergmann, F. (2004). *Neue Arbeit, neue Kultur*. Freiburg: Arbor Verlag
2. Denning, S. (2015). Why do managers hate agile. http://www.forbes.com. Zugegriffen: 26. Jan. 2015.
3. Komus, A., & Kamlowski, W. (2014). Gemeinsamkeiten und Unterschiede von Lean Management und agilen Methoden, Working Paper des BPM-Labors Hochschule Koblenz.
4. Laloux, F. (2014). *Reinventing organizations. A guide to creating organizations inspired by the next stage of human consciousness*. Massachusetts: Nelson Parker.
5. Moss-Kanter, R. (1985). *Change masters: Innovation and entrepreneurship in the American corporation*. New York: Free Press.
6. Peters, T. (1999). *Leistung aus Leidenschaft. Über Management und Führung*. Hamburg: Hoffmann & Campe.
7. Toth, S., Vigenschow, U., & Wittwer, M. (2008). Einfluss klassischer und agiler Techniken auf den Erfolg von IT-Projekten, Oose Informatik. http://www.oose.de.

Die veränderte Arbeitswelt

Zusammenfassung

Agile Ideen sind eine Reaktion der Anpassung von Organisationen auf veränderte Umweltbedingungen, in denen hierarchische Systeme mit Command- und Order-Strukturen nicht mehr funktionieren. Mit zunehmender Komplexität rückt die Plan- und Zielorientierung in den Hintergrund und der Fokus verlagert sich auf Prozessorientierung. Dieses Kapitel gibt einen Überblick über die Zusammenhänge und skizziert erste Ideen für ein neues Management- und Führungsverständnis.

Warum sind die Dinosaurier ausgestorben? War es wirklich ein Meteorit, der mit einem Schlag die Erde in eine Staubwolke tauchte? Oder konnten sich die Dinosaurier nicht an die geänderten Umweltbedingungen anpassen? Darüber sind sich Experten uneins.

Tatsache ist: Immer und zu jeder Zeit haben die Arten überlebt, die sich geänderten Bedingungen am besten anpassen konnten. Was für die Biologie gilt, ist auch auf Organisationen zu übertragen. Denn auch sie sind komplexe Systeme, komplexe soziale Systeme. Es ist nie vorherzusehen, zu welchem Ergebnis ihre Handlungen und Interaktionen führen. Dafür gibt es zahlreiche Beispiele, eines der prominentesten ist Nokia, einst Handy-Weltmarktführer. Alle Planung hat das Unternehmen nicht gerettet. Es hat sich zu wenig auf die veränderten Bedingungen eingestellt, war zu schwerfällig, hat zu sehr auf altes Denken gesetzt.

Wer sich anpassen will, muss zunächst genau beobachten und Veränderungen nicht nur im Blick halten, sondern auch ernst nehmen. Erdmännchen können Spielzeugflugzeuge von Raubvögeln unterscheiden – Menschen haben mitunter Schwierigkeiten zu erkennen, was wirklich relevant ist. Erdmännchen beobachten aber auch nicht allein, sie sind immer in der Gruppe mit anderen unterwegs. Alle halten Wache, beobachten den Himmel. Die eigene Brille reicht längst nicht mehr. Verschiedene Perspektiven erweitern das Blickfeld auf eine Umwelt, die auf Unternehmen wirkt. Das ist eine der wichtigsten Konsequenzen für uns alle.

2.1 Mehr Digitalisierung

Was habe ich mich geärgert über Sprachcomputer, die einfach nicht verstehen wollen, dass ich gerade „Beschwerde" gesagt habe, da sie nur „drücken Sie die 1 oder die 2" kannten. Das ist längst vorbei. Die Sprachcomputer haben einen Riesenentwicklungssprung gemacht: Man kann sich wunderbar mit ihnen unterhalten. Wie frustrierend ist es, dass Apples Siri mir zwar das Wetter für Hamburg melden kann, aber nicht vermitteln kann, wie man Niklas Luhmanns Systemtheorie in fünf Sätzen einem 10-Jährigen erklärt, sodass er sie versteht. Letzteres wird kommen, seien Sie sicher. Die ständige Weiterentwicklung wird auch Auswirkungen auf das Lehren und Lernen haben, auf Führung, auf alles.

Die japanischen Henn-na Hotels beschäftigen am Empfang Roboter, die den Check-in dreisprachig erledigen, das Gepäck aufs Zimmer bringen und den Raum reinigen können. Die Konsequenzen dieser Dienstleistungs-Automatisierung sind weitreichend. Vor allem Jobs im Niedriglohnbereich lassen sich so langfristig einsparen. Wie dramatisch sich die Gehaltsschere seit Jahren öffnet, sehen wir längst. Wie viele Jobs die Digitalisierung wirklich kosten wird, bleibt unklar. Experten sprechen von 50 bis 80 %. Ein Working Paper der University of Oxford berechnet, ob und mit welcher Wahrscheinlichkeit der eigene Job bedroht ist [2]. Der Projektmanager und die Führungskraft kommen hier noch nicht vor. Aber der Steuerberater. Er sei mit 99 % vom Aussterben bedroht, rechnet der Computer vor. Einige Ergebnisse konnten für Europa bestätigt werden [3].

Ob die gleiche Zahl an neuen Jobs geschaffen werden kann? Niemand weiß es. Aber man kann es erahnen: Wenn neue Jobs entstehen, so spricht viel dafür, dass diese im sozialen Bereich und bei hoch qualifizierten Tätigkeiten liegen werden.

2.1.1 Digitalisierung von Führung

▶ „Aber die demokratisch geführten Klassen schafften es, sich selbst zu organisieren, als der Lehrer weg war. Die anderen, autokratisch geführten, versanken im Chaos." Der Organisationspsychologe Edgar E. Schein über die Experimente, die Kurt Lewin mit der unterschiedlichen Führung von Jugendgruppen machte.

Könnte in Zukunft sogar die Führung digitalisiert werden? Ließen sich strategische Entscheidungen digital vielleicht viel besser steuern? Was unvorstellbar klingt, ist längst Realität. Führung hat zwei Seiten: Personal- und Unternehmensführung. Während es zunächst schwer vorstellbar ist (aber nicht ausgeschlossen), dass sich Mitarbeiter von Robotern motivieren lassen, ist es bereits jetzt Realität, dass Software organisatorisch-koordinierende Projektaufgaben übernimmt und über Big-Data-Analysen Entscheidungen trifft. Im April 2015 schrieb der „Harvard Business Manager" erstmals über solche

Entwicklungen. Auch Managementaufgaben sind damit nicht sicher vor der Digitalisierung. Organisieren, koordinieren, administrieren und sogar entscheiden – das kann ein Computer schneller, besser und günstiger.

Devin Fidler vom Institute of the Future entwickelte die Software iCEO, die wie ein Projektmanager die Arbeiten von dezentral arbeitenden Mitarbeitern koordiniert, was er 2015 in der Harvard Business Review beschrieb (HBR).

Daraufhin führte die „Harvard Business Review" ein Experiment durch und nutzte dafür die intelligente Software, die komplexe Projektaufgaben steuern sollte. Die Aufgabe für den virtuellen Projektmanager bestand darin, eine 124-seitige wissenschaftliche Analyse zur Herstellung eines Kohlenstoffs anzufertigen. Die Software iCEO ließ Experten, die sie über Amazons Co-Working-Plattform Mechanical Turk angeworben hatte, Artikel heraussuchen und zusammenfassen. iCEO engagierte 23 Personen, die Texte, Analysen, Bilder und Grafiken erstellen sollten. Schließlich eliminierte sie automatisch Duplikate. Die Verträge und Abrechnungen gestaltete das Programm ebenso – ohne Knopfdruck, also selbststeuernd.

Fiedler schreibt in dem HBR-Artikel: „We were amazed by the quality of the end result – and the speed with which it was produced. The research alone for such a paper would typically take several weeks to complete; with iCEO, the research only took three days" [9].

Aber wenn Unternehmer ihre Organisation, Administration, Koordination von Computern erledigen lassen können, dann ist doch wenigstens die Königsdisziplin der Unternehmensführung, die Strategie, sicher? Von wegen.

Das so genannte Cognitive Computing schafft die Möglichkeit, komplexe Probleme durch Computer lösen zu lassen. Alles, was man dazu braucht, sind Daten – und die sind längst bei allen Unternehmen und unternehmensübergreifend in großer Zahl vorhanden. Die Kunst, Big Data in sinnvolle Lösungen einfließen zu lassen, ist dagegen noch jung. Vorreiter sind die „Watson"-Systeme von IBM. Auf der Plattform im Internet können Unternehmen ihre Daten zu sinnvollen Analysen nutzen und so aufgrund vorhandenen Wissens bessere Entscheidungen treffen.

Aber Manager wissen doch, was gut ist? Eben nicht. Wer sich näher mit Heuristiken und Biassen beschäftigt, weiß, dass ein Managergehirn niemals so logisch und algorithmisch denken kann wie ein Computer. Aufgrund seiner begrenzten Kapazitäten verkürzt es das Denken. Dies führt zur so wichtigen „Intuition" oder berühmten „Bauchentscheidung", die sehr oft nichts als eine gedankliche Abkürzung ist. Einer der wichtigsten Biasse ist dabei die Selbstbestätigungstendenz. Menschen werden dazu neigen, nach Argumenten zu suchen, die ihre Einschätzung bestätigen – und meist etwas finden. Und wenn nicht beharren sie auf ihrer Intuition, der vermeintlichen.

So werden Menschen eher danach streben, sich selbst oder ihre Annahmen von früher zu bestätigen. Möglicherweise gibt es die passende Studie. Und wenn nicht, bleibt ja noch die Kraft der eigenen Überzeugung … Im Kapitel über Führung bekommen Sie dazu noch weiteren Input. Auch zu der Frage, wie man hier gegensteuern kann.

▶ Was heißt das für Sie? Rechnen Sie damit, dass alles digitalisierbar ist, selbst Führungsaufgaben – vor allem im analytischen und organisatorischen Bereich. Alle Entwicklungen deuten darauf hin, dass die Bedeutung konkreten Wissens abnimmt, wohingegen die Fähigkeit zum verknüpften, also interdisziplinären Denken wichtiger wird. Vieles spricht dafür, dass Manager sich in zehn, 20 Jahren von Computern beraten lassen und ihre Entscheidungen auch datenbasiert treffen. Bei einfachen Dienstleistungen werden wir uns alle an Computer gewöhnen und irgendwann nicht mehr sauer sein, weil der Telekom-Sprachcomputer uns nicht versteht oder Apples Siri nicht immer die beste Lösung findet.

Was jedoch in Zukunft wirklich gebraucht werden wird, ist die Fähigkeit, Menschen durch diese komplexe Welt zu leiten. In einer computergesteuerten Welt fehlt der Sinn. Warum machen wir etwas? Um Sinn zu vermitteln, braucht es Menschen. Aber die, das ist die Krux, müssen ganz anders denken und führen, als wir es bisher gewohnt sind.

2.2 Mehr VUCA

Ross Ashbys „Gesetz von der erforderlichen Varietät" besagt: Wenn die Komplexität des Umfelds die Fähigkeit einer Organisation übersteigt, auf diese Herausforderungen angemessen zu reagieren, scheitert das Unternehmen. Für Unternehmen ist es überlebensnotwendig, in Komplexität handlungsfähig zu bleiben – auch das fordert agile Herangehensweisen.

Die aktuellen Veränderungen in der Arbeitswelt beruhen darauf, dass sich die Umgebung gewandelt hat. Die Mittel von gestern helfen nicht mehr, allen voran Planung und langfristige Zielorientierung.

Während wir früher mit einer Reihe schicker Managementtools berechnen konnten, was passiert, wenn Ereignis A eintritt oder Wettbewerber B den Preis senkt, müssen heute viele Führungskräfte vor der Flut an Informationen kapitulieren. Ich höre das immer wieder in der Beratung. „Frau Hofert, ganz ehrlich, ich bin überfordert mit all den Details. Aber das kann ich doch nicht sagen!" Dies sagte eine Marketingmanagerin, die aus meiner Perspektive ein detailliertes Wissen im digitalen Bereich hat. Aber für sie selbst fühlte es sich noch als zu wenig an, um gute und richtige Entscheidungen zu treffen. Dass es kein richtig und falsch gibt, sondern dass es nur gilt, eine Entscheidung zu treffen, die vor dem Hintergrund der derzeitigen Informationslage gut genug war, dass sie ihr Team in die Entscheidung einbinden könnte, war eine Essenz unseres gemeinsamen Coachings.

Viele Manager sind verunsichert, weil Informationen keinerlei prognostische Aussagekraft mehr besitzen und sich Rahmenbedingungen zu schnell ändern. Sie lassen es sich meist nicht anmerken, aber sie passen vor den vielen Variablen, Informationen, Allianzen und Szenarien. Gerade in dieser Situation ist ein agileres Management ausgesprochen hilfreich. Es entlastet von der Verantwortung, allein entscheiden zu müssen. Das Wissen

2.2 Mehr VUCA

der Vielen, die sogenannte Schwarmintelligenz, einzubeziehen, ist ein wichtiges agiles Prinzip. Das bedeutet nicht notwendig, andere entscheiden zu lassen, aber andere einzubinden in einen Entscheidungsprozess. Auch das ist für viele neu. Die oben zitierte Marketingmanagerin etwa kannte das nicht aus ihren bisherigen Positionen. Ihre Chefs erwarteten, dass sie entscheiden möge, denn genauso machten sie es auch. Das Bewusstsein, dass es keine richtigen und falschen Entscheidungen gibt, war sehr hilfreich für die Managerin. Sie konnte sich mit dem Gedanken anfreunden, dass gut genug absolut ausreichend ist – und schon anspruchsvoll genug.

Unsere Welt ist durch die Globalisierung und den Einfluss von unterschiedlichsten Faktoren weniger vorhersehbar geworden. Die Konsequenz sind Volatility (Unberechenbarkeit), Uncertainty (Ungewissheit), Complexity (Komplexität) und Ambiguity (Ambivalenz): VUCA. VUCA ist eine Strategiemethode, die das amerikanische Militär entwickelt und Managementexperten aufgegriffen haben. Sie beruht auf zwei Parametern:

- Wie sehr können Sie Situationen/Ereignisse voraussehen? (sehr/wenig)
- Wie viel wissen Sie über die Situation bzw. das Ereignis? (viel/wenig)

Daraus ergeben sich verschiedene Handlungsempfehlungen. Ich habe VUCA-Management im zweiten Teil als agile Methode noch ausführlicher dargestellt, an dieser Stelle nur so viel: Eine Empfehlung lautet bei hoher Ambiguität, Hypothesen aufzustellen und Experimente zu starten. In VUCA spiegeln sich drei agile Prinzipien:

- Verantwortung: Das Wissen vieler in die eigene Entscheidung einzubeziehen.
- Selbstorganisation: Akzeptieren, dass es kein richtig und falsch gibt, sondern dass ein „gut genug" als Basis für gemeinsame Entscheidungen oft ausreicht.
- Experimentieren: Ausprobieren und ruhig einmal mit nicht-perfekten Produkten an den Markt gehen.

Beispiel

Stellen Sie sich vor, Sie müssten die Digitalstrategie für ein Fahrradunternehmen festlegen. Sie wissen nicht, wie die Digitalisierung auf Fahrräder wirkt. Sie können eine Studie in Auftrag geben sowie verfügbare Informationen aus anderen Ländern einholen. Sie können berücksichtigen, wie sich die Bedürfnisse der Menschen mit der Digitalisierung ändern. Dabei beziehen Sie Experten ein. Vielleicht lassen Sie auch Szenarien entwickeln. Am Ende werden Sie aber immer noch nicht sicher wissen, was das für Sie als führendes Fahrradunternehmen bedeutet. Sie können nichts tun als Hypothesen aufstellen. Etwa: „Es wird selbstfahrende Fahrräder geben." Daraus lassen sich dann Experimente ableiten, so könnten Sie Ihre Forschung und Entwicklung mit einem Prototyp beauftragen. Eine Hypothese könnte auch lauten: „Der Sicherheitsgedanke wird fürs Fahrradfahren immer wichtiger." Daraus leiten sich Experimente etwa mit Fahrrad-Airbags oder besonderer Schutzkleidung ab.

Mehr VUCA bedeutet also für Sie als Führungskraft: Weniger und kurzfristiger planen, mehr offener denken, mehr Expertise von anderen einholen, auf Vielfalt setzen und experimentieren – und durch unterschiedliche Perspektiven besser werden. Womit könnte das besser gehen als mit einem möglichst diversen, heterogenen und kompetenten Team?

2.3 Mehr Können

Eine weitere Entwicklung ist die vom Wissen zum Können. Wissen ist überall im Internet verfügbar, aber es sind Talente die dieses anwenden können. Deshalb suchen Unternehmen zunehmen so genannte „Talente", also Menschen, auf aufgrund von Erfahrung und Begabung verbunden mit Anwendungswissen, Probleme lösen können.

Im Zuge dessen beobachte ich einen Trend weg vom Expertentum hin zum Könnertum, der sich in bei einigen fortschrittlichen Unternehmen bereits in der Personalauswahl zeigt. Diese Unternehmen achten weniger auf gute Noten und darauf, dass Mitarbeiter zuvor eins zu eins das gemacht haben, was sie jetzt machen werden. Interessant ist eine lose Verbindung von Erfahrung, die zu etwas Neuem zusammenwächst, etwas das ich in meinen Blogs www.svenja-hofert.de und www.teamworks-gmbh.de seit vielen Jahren immer wieder aufgreife. Durch die Verbindung von Wissen und die Ableitung in Können entstehen neue Denkmuster, die Firmen nutzen, die kreative Menschen suchen.

Gesucht werden die besten Problemlöser, nicht die besten Absolventen. Dazu gehört, dass diese Menschen sich auch in Team integrieren können müssen, was früher weniger wichtig war. Statt nach Querköpfen suchen Unternehmen so Querdenker, statt Experten suchen Sie Vordenker, statt Anpassung Selbstdenken. Natürlich sind wir hier sehr am Anfang, jedoch ist ein erster Schritt getan.

2.4 Mehr Vielfalt

Kennen Sie die Geschichte von den Affen?

Einige Affen sind in einen Käfig eingesperrt. An der Decke hängen Bananen, darunter steht eine Stufenleiter. Ein Affe steigt auf die Leiter, um an die Bananen zu kommen. Das finden die anderen nicht gut. Damit er in Zukunft die Finger von den Bananen lässt, spritzen ihn die Wärter mit Wasser von der Leiter. Auch die anderen versuchen, über die Leiter an die Banane zu kommen, werden aber ebenfalls mit dem harten Wasserstrahl attackiert. Bald geben alle auf. Neue Affen schauen nur noch kurz nach oben, wenige Gesten machen ihnen sofort klar: Nach Bananen greift man nicht. Niemand hinterfragt das, niemand löst die Situation auf. Als der Affenzirkus durch zwei Frettchen ergänzt wird, ändert sich die Situation. Die Frettchen klettern hoch und greifen nach den Bananen. Zuerst sind die Affen sauer. Doch dann trauen sie sich, dasselbe zu tun.

Falls Sie die Geschichte kennen, Ihnen aber die Sache mit den Frettchen komisch vorkommt: Ja, ich habe sie dazu gedichtet. Es macht die Geschichte runder. Was sie zeigt? Gerade in homogenen Gruppen entsteht sehr schnell ein Konformitätsdruck. Dieser führt dazu, dass eigene Denkgrundsätze gar nicht mehr infrage gestellt werden. Was die Geschichte auch zeigt: Sobald neue Gedanken dazukommen, durch eine neue „Art" wie im Beispiel die Frettchen, verändert sich auch das Denken der Gruppe. Dies geschieht nicht sofort. Es ist üblich und normal, wenn Sie Homogenität auflösen, das sich das auf das Betriebsklima auswirkt. Vielfalt führt immer auch zu mehr Reibung. Aber was wollen Sie? Flinke, lebendige und veränderungsfreudige Mitarbeiter oder träge, angepasste Veränderungsverweigerer? Die Entwicklung der Arbeitswelt lässt Ihnen keine Wahl.

> **Beispiel**
>
> In Diversity-Workshops wiederum kursiert die folgende Geschichte aus dem Tierreich: Der Elefant ist eine begehrte Fachkraft. Die Giraffe, ein ausgezeichneter Arbeitgeber, möchte künftig enger mit ihm zusammenarbeiten. Nun passt der Elefant nicht in das preisgekrönte Giraffenhaus, denn er ist zu dick. Der Elefant soll abnehmen, sagt die Giraffe, oder ins Fitnessstudio gehen. Da sagt der Elefant: „Du kannst mich mal", und geht zu den Elefanten, die ihn wenigstens als ihresgleichen aufnehmen.

Arbeitgeber sollten Umgebungen für Menschen schaffen, die für sie passen, denn dies fördert kreatives Denken. Arbeitgeber sollen nach „Können" auswählen und nicht nach Aussehen und Herkunft. Und erst recht soll die Rasse keine Rolle spielen. Oder gar das Alter, das Geschlecht, die sexuelle Orientierung … Aber wer nur Elefanten kennt, stellt meist keine Giraffen mehr ein.

Nun ist es so, dass unsere Arbeitswelt Vielfalt nicht nur braucht, sondern auch selbst produziert. Unternehmen werden immer internationaler, Karrieren ebenso. Es ist normal, dass in einem Team unterschiedliche Nationalitäten arbeiten, Männer und Frauen oder auch verschiedene Glaubensrichtungen, Christen und Muslime.

In der Theorie ist alles klar: Die Globalisierung fordert eine bunte Gesellschaft und Vielfalt. Der demografische Wandel tut das seinige: Mehr Alt kommt zu Jung. Die Charta der Vielfalt der Bundesregierung mit Schirmherrin Angela Merkel [4] legte 2006 den Grundstein, seitdem haben sich 2000 Unternehmen dazu bekannt. 2011 legten McKinsey [12] und kurz darauf Roland Berger [13] Studien vor, laut denen sich Diversity und Inklusion (D&I) für die Unternehmen mehr als lohnen:

Unternehmen mit gemischt zusammengesetzten Vorständen haben in den volatilen Jahren seit 2008 ihre Wettbewerber weit hinter sich gelassen. Renditeunterschiede von mehr als 50 % zeigt unsere breit angelegte Untersuchung in Deutschland, Frankreich, Großbritannien und den USA. Allein in Deutschland könnte ein höheres Maß an Vielfalt den drohenden Fachkräftemangel fast zur Hälfte abfedern (…) [12].

McKinsey argumentiert mit Zahlen, etwa dem Dax-Verlauf. Sie rechnen vor, dass durch mehr Diversität der demografische Wandel erheblich abgefedert werden könnte. 2012 legte Roland Berger mit ähnlichen Ergebnissen nach. Vieles aus den Studien mag überholt sein, das Thema selbst ist es nicht. Zum Zeitpunkt, als ich dieses Buch schreibe, hat sich kaum die Hälfte der Unternehmen mit diesem Thema beschäftigt [13].

Wer diese Herausforderung annimmt, kann nur gewinnen. So geben 54,7 % der Unternehmen, die sich für Diversity einsetzen, an, die Synergien zwischen den Mitarbeitern gesteigert zu haben. 50 % nennen besseres Teamwork als einen wichtigen Erfolg. Ebenfalls etwas mehr als die Hälfte verbuchen eine stärkere Mitarbeiterbindung (51,6 %). Außerdem gaben Betriebe an, ihren Umsatz gesteigert und neue Märkte erschlossen zu haben, weil sie auf Vielfalt setzen. Große Firmen beschäftigen längst Diversity&Inklusion-Manager, die Toleranz und Akzeptanz erhöhen sollen. Lesen Sie hierzu auch das Interview mit der D&I-Expertin Veronika Hucke.

2.5 Mehr Führung

Mehr Führung? Braucht die neue digitale VUCA-Welt wirklich mehr Führung? Das fragen sich viele Manager besorgt. Ich meine „ja" – mehr Führung, aber andere Führung. Dafür sollten wir erst einmal den Begriff Führung definieren, zu dem es unzählige Definitionen gibt. Für mich ist die Definition „Führung ist die Bestimmung der Richtung von Bewegung" die Treffendste [6], die zudem am nächsten am Wortsinn auch das Althochdeutschen „fuoran" „etwas bewirken", „das Handeln von jemand oder etwas bestimmen" liegt [8].

Fast alle anderen Informationen lassen sich hier unterordnen. Gleichzeitig sagt diese Definition aber auch aus, dass Führung keine laissez-faire-Haltung beinhalten kann. Der Führende gibt eine Richtung vor, auch wenn Sie unbestimmt ist, etwa „wir wollen sozial verantwortlich handeln" oder „die Mitarbeiter sollen selbstverantwortlich handeln". Die Definition ist zudem resistent gegen flüchtige Trends und dauernden Wertewandel.

▶ Führung ist die Bestimmung der Richtung von Bewegung.

Was ist nun agile Führung, die die Richtung bestimmt? Es ist nicht mehr die ordnende, managende, entscheidende und den Weg konkret vorgebende Führung, sondern die coachende, entwickelnde, moderierende und unterstützende Führung, die das Ziel am Ende des Weges oder die Vision hinter dem Horizont ausruft. Nach wie vor bleibt Führung jedoch, was sie per definitionem ist: Bestimmen einer Bewegung. Nur, dass diese Bewegung jetzt mehr vom Gedanken bestimmt ist, dass das Team mitdenken und in definierten Bereichen eigene Entscheidungen treffen muss. Wir können Führung deshalb nicht mehr wie früher denken, sondern müssen sie mit neuem Leben füllen.

Dabei zeichnen sich fünf große Bereiche ab, in denen Führung im Wortsinn der Bestimmung von Bewegung gefragt ist:

- **Führung als Teamentwicklung und Teamgestaltung:** Die Aufgabe dieser Personenführung ist es, Gruppen von Menschen dazu zu befähigen, das Beste aus sich selbst und der Gruppe herauszuholen. Die Führung hat in diesem Zusammenhang einen entwickelnden und leistungssteigernden Effekt. Sie gibt Impulse und fordert heraus, als

Partner und auf Augenhöhe. Diese Führung ist die neueste, revolutionärste und für die Zukunft wichtigste. Es ist eine laterale Führung, die kein disziplinarisches Mandat erfordert. Diese Führung fordert vor allem ausgeprägte soft skills und methodische Kenntnisse.
- **Strategische Führung:** Sie beinhaltet vor allem auch eine Führung durch Komplexität. Diese Unternehmensführung werden mehr und mehr mehrere Personen gemeinsam ausüben, die bei ihren Entscheidungen auf Big-Data-Analysen zurückgreifen. Diese strategischen Führungskräfte profitieren ihrerseits von einem Teamentwickler oder Teamcoach, der sie zusammenhält und – wiederum – das Beste aus ihrer gemeinsamen Arbeit herausholt. Diese Führung fordert zusätzlich auch konzeptionelle Fähigkeiten.
- **Visionäre Führung:** Dies ist eine kommunikative Form der Personenführung, die darauf angelegt ist, Menschen den Weg zu zeigen und sie zu motivieren. Idealerweise kann eine strategische Führung auch visionär führen, zumindest ein Mitglied im Führungsteam. Diese Führung braucht Menschen, die visionär denken und kommunizieren können.
- **Expertenführung:** Dies ist die Führung durch Fach- und Methoden-/Prozesswissen, wie es sie heute auch gibt. Nur dass diese Experten nicht mehr allein auf weiter Flur sind, sondern eingebettet in interdisziplinäre Teams, die zeit- und projektweise zusammenarbeiten, nicht mehr dauerhaft. Experten wurden früher zu Vorgesetzten gemacht. Heute führen sie mit ihrem Fachwissen ohne diese disziplinarische Funktion und geben ihr Wissen an weniger erfahrene Experten weiter.
- **Selbstführung:** Dies ist die Fähigkeit, sich selbst zu führen. Selbstführung braucht jeder Mitarbeiter, der Verantwortung übernehmen will. Sie wird erleichtert durch konkrete Rollenbeschreibungen, die es Menschen leichter machen, in einem gewissen Rahmen eigene Entscheidungen zu treffen, auch wenn sie an sich nicht der Typ für Entscheidungen sind.

Vor allem die mittlere Führungsebene fühlt sich von diesen Veränderungen und dem neuen Führungsverständnis bedroht. Diese Sandwichebene stand immer schon unter einem besonderen Druck und war emotional stets höher belastet als die untere und obere Ebene. Sandwich bedeutet eben nicht die leckere Füllung, sondern auch Druck von zwei Seiten. So waren Mittelmanager besonders häufig vom Burn-out bedroht, wie eine Studie des Instituts für angewandte Innovationsforschung (IAI) an der Ruhr-Universität Bochum ergab. Der Grund ist naheliegend: Verändert werden ist anstrengender als selbst verändern. Es wäre also eine Chance, wenn sich Führung in Zukunft anders definierte und die mittlere Führungsschicht wegfiele. Stattdessen würde Führung in die Teams wandern. Neue Rollen entstünden, die den Austausch der Teams untereinander fördern – das wären die ehemaligen Mittelmanager. Es ist damit allerdings kein Aufstieg in einer Hierarchie mehr verbunden, sondern eine horizontale Entwicklung – jedoch mit deutlich größerem Gestaltungspotenzial.

Wegfallen wird die Führung als hierarchisches Modell. Bleiben wird die Führung als Rolle, die klare Aufgaben beinhaltet. Das wird weitreichende Konsequenzen haben. Was passiert mit Führungslaufbahnen in Konzernen, die vertikal ausgerichtet sind? Womit lockt man junge Leute, wenn es nicht die nächsthöhere Position ist?

Wichtig werden mehr und mehr die Aufgaben, der höhere Sinn der Tätigkeit und das Ziel – also das, was Menschen von innen heraus antreibt.

Aber …ich höre Argumente, wie:

- In einer Küche oder auf dem Bau kommt man mit diesen Ansätzen doch nicht weiter. Da muss doch jemand die Ansagen machen.
- Wie wollen Sie einen Reinigungsmitarbeiter intrinsisch motivieren?
- Stellen Sie sich doch mal die Bundeswehr ohne hierarchische Führung vor.
- Das kann doch nicht funktionieren, weil sich nicht alle Menschen intrinsisch motivieren lassen.

In einer Küche oder auf dem Bau kommt man mit diesen Ansätzen doch nicht weiter. Da muss doch jemand die Ansagen machen.
Rollenkonzepte ermöglichen auch hier, dass Menschen Entscheidungen treffen können. So kann ein Koch weiterhin für die Desserts zuständig sein und seine Mitarbeiter für Teilbereiche. Jedoch lassen sich die Rollen anders als feste Führungsfunktionen tauschen. Heute ist Herr Meyer der bestimmende Chefkoch, morgen Herr Müller. Das steigert die Motivation von allen Mitarbeitern. Natürlich setzt es aber voraus, dass diejenigen, die eine Rolle ausfüllen, das auch kraft ihrer Erfahrung und ihres Wissens können. Hierarchie ist damit kein Automatismus mehr, sondern ein flexibler Mechanismus.

Wie wollen Sie einen Reinigungsmitarbeiter intrinsisch motivieren?
Warum soll das nicht möglich sein? Menschen können stolz darauf sein, für ein Unternehmen zu arbeiten, das besonders fair agiert, qualitätsbewusst arbeitet oder die Gemeinschaft hochhält. Menschen werden allerdings nicht stolz sein, wenn sie in einem Unternehmen arbeiten, das ihnen keinen Grund dazu bietet. Werteorientierung wird damit für alle Unternehmen immer wichtiger. Wer keinen Sinn stiftet, wird Schwierigkeiten bekommen.

Stellen Sie sich doch mal die Bundeswehr ohne hierarchische Führung vor.
In unübersichtlichen Situationen, das sagen Studien aus, ist eine zentrale, autoritäre Führung sinnvoller als eine demokratische. Hier geht es nicht um Wissen und Expertise, die über den Erfolg in einer globalen Wirtschaft entscheiden, sondern im Zweifel um das Überleben. Im Mittelpunkt steht dann die schnelle, klare Entscheidung. Es muss klar sein, welche Person diese trifft. Dezentralisierung ist an dieser Stelle schlichtweg nicht angebracht: Manchmal braucht es dann auch Positionsmacht. Heißt: Es gibt Bereiche, die in Teilen anders funktionieren müssen, als es der derzeitige Trend vorgibt. Das sind vor allem jene, bei denen es unübersichtliche Situationen zu managen gilt, die eine schnelle und entschiedene Handlung erfordern – etwa den Feuerwehreinsatz, die Seenotrettung, den Operationssaal oder das Cockpit. Es ist der Feuerwehrmann, der eine

Entscheidung trifft. Es ist der Pilot, der schnell handelt. Diese greifen auf ihr umfangreiches Erfahrungswissen zurück. Sie agieren in Situationen, in denen eine Entscheidung nicht ausgehandelt werden kann, sondern schnell getroffen. Es gilt nicht darum, etwas Neues zu entwickeln, sondern schnell zu handeln. Da kann es von Vorteil sein, dass klar ist, wer den Marschbefehl gibt und die letzte Entscheidungsbefugnis hat.

Dennoch profitieren diese nach wie vor hierarchisch geführten Bereiche, wenn Mitarbeiter nicht auf blinde Gefolgschaft, sondern auf Augenhöhe trainiert sind. Der Kopilot muss sich trauen, im Zweifel einzugreifen und gegenzusteuern. Der Unteroffizier muss unethisches Verhalten des Offiziers offen ansprechen dürfen. Der Facharzt muss sich trauen, die Weisung des Chefarztes zu hinterfragen. Andernfalls könnte das passieren, was die größte Gefahr einer Kultur von Befehl und Gehorsam ist: Angst und Duckmäusertum, die Ursache für Innovationsschwäche.

> **Beispiel**
>
> Der Moment, in dem Winterkorn verstand, dass er das US-Geschäft nicht im Griff habe, kam an einem Sommertag im Jahr 2013. Er (Winterkorn) lässt von seinen Mitarbeitern die Autos der Konkurrenz präsentieren. Da steht ein Ford, und der hat einen Plug-in-Hybrid. Volkswagen hat keinen Plug-in-Hybrid … Ein Mitarbeiter sagt, dass die Konkurrenz Erfolg habe mit der Farbe Rot. VW hat die Farbe Rot nicht im Angebot. Winterkorn tobt, Winterkorn schreit. Warum VW keinen Plug-in-Hybrid habe. Warum VW kein Rot habe. Warum VW mit allem so spät dran sei. Seine Mitarbeiter schrumpfen und schrumpfen, bis sie nur noch das Selbstbewusstsein eines Kaninchens haben [5].

Das kann doch nicht funktionieren, weil sich nicht alle Menschen intrinsisch motivieren lassen.

Dies ist oft eine Frage des Menschenbilds, das Sie vertreten. Glauben Sie selbst daran oder nicht? Tatsache ist, dass intrinsische Motivation einige Voraussetzungen braucht. Zunächst müssen die Rahmenbedingungen stimmen. Menschen müssen sich fair bezahlt fühlen. Sie wollen wertgeschätzt sein. Nach der Zweifaktorentheorie von Herzberg führen einige Faktoren zu Unzufriedenheit und erhöhen die Zufriedenheit nicht, andere erhöhen sie.

Zu Unzufriedenheit führen u. a. (in dieser Reihenfolge, auch Hygienefaktoren genannt):

- Firmenpolitik und Verwaltung
- Schlechte Beziehung zum Chef
- Miese Arbeitsbedingungen
- Schlechte Kollegenbeziehung
- Unfaires Einkommen

Zu Zufriedenheit führen u. a. (in dieser Reihenfolge):

- Erfolgserlebnis
- Arbeitsaufgabe

- Anerkennung
- Verantwortungsgefühl
- Fortschritt
- Wachstum

Herzbergs Ergebnisse waren wichtig, um ein besseres und differenzierteres Bild von Motivation und Arbeitszufriedenheit zu bekommen, sind aber empirisch nicht reproduzierbar. Inzwischen weiß man, dass auch die sogenannten Hygienefaktoren zur Zufriedenheit führen können. Weiterhin hat Herzberg nicht die unterschiedliche Motivlage von Menschen berücksichtigt. So wird ein Mensch mit idealistischer Motivation bei einem Kriegswaffenhersteller kaum Arbeitszufriedenheit entwickeln können – auch nicht bei bester Bezahlung. Menschen sind nicht durch Schema F, sondern durch unterschiedliche Faktoren intrinsisch motivierbar. Wer das versteht, kann auch einen Reinigungsmitarbeiter motivieren – durch individuelle Ansprache.

2.6 Mehr Teamarbeit

Bei Wikipedia finden Sie ein Foto von Fabrikarbeiterinnen der Brandt Zwiebacke aus dem 1970er Jahren. Es zeigt Zusammenarbeit, aber kein Team. Solche Teamarbeit war darauf ausgerichtet, dass jeder seine Arbeit verrichtete und einer über alle und alles wachte, die Führungskraft. Diese Person wusste mehr als die anderen – sie kannte das Ergebnis. Deshalb konnte sie entscheiden. Heute ist eine solche Arbeitsweise nicht mehr möglich. Manager wissen weniger als ihre Mitarbeiter, vor allem wenn es sich um Spezialisten handelt. Ihre Aufgabe ist es heute, nicht der beste Fachmann zu sein, sondern Zusammenarbeit zu organisieren.

Was einer nicht schafft, schaffen viele: Teamarbeit wird in allen Unternehmen immer wichtiger. Zu speziell sind Wissensgebiete, als dass ein Einziger alles abdecken könnte. Man braucht Teamarbeit also, sie ist mehr als nur eine Möglichkeit, sie ist ein Muss. So bahnt sich Teamarbeit seit den 1980er Jahren ihren Weg durch eine zunehmende Komplexität in der Arbeitswelt. Sie ist vor allem eine Folge der Organisation von Arbeit in Projekten – und der Abkehr von tayloristischen Arbeitsformen, bei denen jeder seine Schraube festzieht. Als die Arbeitsaufträge komplexer wurden, stieg der Anspruch an Gruppenarbeit. Die Gruppe bekam mehr Verantwortung. Erste Formen in der Produktion waren teilautonome Arbeitsgruppen in den Industriebetrieben der 1990er Jahre, die sich weitestgehend selbst verwalteten.

Vor allem in wissensintensiven Arbeitsfeldern steigt der Anteil der kollaborativen, also auf ein gemeinsames Ergebnis zielenden Teamarbeit kontinuierlich. Das betrifft lange nicht mehr nur die IT. Für vier verschiedene Wissenschaftsbereiche ermittelten Wuchty, Jones und Uzzi 2007 beispielsweise eine Zunahme von Teamarbeit von kaum 20 % in den 1960er Jahren auf über 80 % im Jahr 2000 [15]. Immer mehr Studien und Publikationen stammen also nicht mehr nur von einem Wissenschaftler, sondern von

2.6 Mehr Teamarbeit

mehreren. Oft handelt es sich um fachübergreifende Teams, was einen weiteren Trend aufzeigt: Die engen Grenzen der Fachbereiche lösen sich auf.

Viele Menschen haben frustrierende Erfahrungen mit Teamarbeit gemacht. Sie haben oft gehört: „Ein Team ist mehr als die Summe seiner Einzelteile." Und oft erlebt: „TEAM = Toll, ein anderer macht's." Für beide Aussagen gibt es wissenschaftliche Belege. Während die Studie „The Romance of Teams" [1] die Teamarbeit entmystifizierte, konnten Woolley et al. 2010 ihre Hypothese bestätigen, dass die Gruppenintelligenz höher liegen kann als der durchschnittliche Team-Intelligenzquotient (IQ) und der höchste IQ-Einzelwert eines Teammitglieds [14].

Immer dynamischere, globalisierte Märkte fordern mehr Innovation in Unternehmen. Innovation gilt als Zünglein an der Waage, als Schlüssel zum Erfolg. Nicht zuletzt deshalb gehörte das Thema „Innovative Arbeitswelt" zu den sechs Zukunftsaufgaben der „Hightech-Strategie 2020", die die Bundesregierung 2010 ins Leben gerufen hat.

▶ Ziel ist längst nicht mehr nur, die Zusammenarbeit zu organisieren, sondern diese zu gestalten und dabei zusätzlich Innovationsprozesse zu fördern.

Agilität und Teamarbeit hängen dabei eng zusammen. Die heutige Teamarbeit will gemeinsame Ergebnisse erzielen und Innovationen ermöglichen. Dieser Anspruch fordert mehr als das soziale Miteinander des Industriezeitalters, bei dem vor allem die emotionale Bindung eine Rolle spielte. Heute geht es um Kooperation mit anderen, nicht um reines Wohlfühlen. Es geht um Ergebnisse, nicht darum, Aufgaben zu erledigen. Leistung kann deshalb nicht mehr nur durch nettes Miteinander gefördert werden.

2.6.1 High Performance Teams

Zusammenarbeit ist also mehr als soziales Miteinander – Selbstverbesserung und Leistungssteigerung. Von hier ist es nur ein kurzer Weg zu High Performance Teams. Das sind Teams, die einen hohen Leistungsanspruch erfüllen müssen, weil jedes Teammitglied für das Gesamtergebnis zuständig ist.

Gewünscht ist Hochleistung. Hochleistung bedeutet effektive und effiziente Zielerreichung. Das Hochleistungsteam ist besser als ein anderes, vergleichbares. Es kommt in diesen Teams also auf ständige Selbstverbesserung an. Diese fordert einen Maßstab, einen Vergleich. Dabei kann der Vergleich innerhalb eines Unternehmens oder innerhalb von Branchen und Bereichen stattfinden. Hochleistungsteams sind damit wie Leistungssportler: Sie erreichen und übertreffen die hochgesteckten Teamziele.

In diesem Sinn ist Bayern München eher ein Hochleistungsteam als Fortuna Düsseldorf (ich hoffe, ich trete damit niemandem auf die Füße). Im Krankenhaus ist es das Ärzteteam, das siamesische Zwillinge in einer komplexen Operation mit Dutzenden Fachärzten voneinander trennt oder andere schwierige OPs durchführt. Im Unternehmen ist es das Entwickler-Team, das innovativer ist als die anderen und mehr erfolgreiche

Produkte auf den Markt bringt. High Performance setzt auch direkte Zusammenarbeit voraus, das gemeinsame Arbeiten an einem Produkt.

Aus Sachbearbeitern einer Krankenkasse, die jeweils für eigene Bereiche verantwortlich sind und wenig miteinander verzahnt sind, muss man kein Hochleistungsteam machen. Aber der Führungsstab einer Krankenkasse, die Innovationen braucht, um im Zeitalter steigender Kosten zu überleben, sollte in Hochleistungskategorien denken. Seinen Vergleichsmaßstab sollte er in anderen Krankenkassen suchen, vielleicht auch anderen Branchen.

High Performance Teams haben also zwei Besonderheiten: Erstens sind sie wie Zahnräder, die nur arbeiten, wenn jedes einzelne dreht. Zweitens sind sie wie Leistungssportler, die sich immer neue Ziele setzen. Wenn Sie das Thema Hochleistungsteams ernst nehmen, dann müssen Sie zunächst einmal mit dem Vergleichen anfangen. Wo steht Ihr Team? Was sind die Kennzahlen, an denen es sich vergleicht – mit anderen Teams im eigenen Unternehmen oder/und mit anderen Teams aus der gleichen Branche beim Wettbewerb? Aus der „agilen Toolbox" passt hierzu das Thema „flexible Ziele".

Sich als Hochleistungsteam zu begreifen, fordert ein bestimmtes Selbstverständnis. Leistungsorientierung, gemeinsame Ziele und permanente Reflexion sind notwendig. Auch hier bietet sich der Vergleich mit dem Sport an. Für Sie als Führungskraft gilt es, die Entwicklung eines Selbstverständnisses anzustiften. Es schafft sich nicht von allein, ist ein dauernder Entwicklungsprozess, siehe Bayern München.

Wichtig ist hierbei zu verstehen, dass ein Ergebnis allen gemeinsam zugeschrieben wird. Vielleicht hat einer die Idee, doch die Realisierung ist Teamarbeit. Vielleicht ist die Idee auf Basis eines gemeinsamen Prozesses entstanden, vom ersten Gedanken über den übersprühenden Funken bis zum letzten Feinschliff. Egal, das Ergebnis gehört allen – wie der Sieg im Fußball. Helden darf es dabei geben, aber nur wenn diese das Verständnis verinnerlicht haben, dass sie nur über die anderen existieren und ihr Heldsein nie entkoppelt von den anderen Teammitgliedern zu sehen ist.

Da die Zahl qualitativer Innovationen einer der wichtigsten Faktoren für den Erfolg von Hochleistungsteams ist, lässt sich Hochleistung nicht ohne Innovation denken. Ein innovationsfreudiges Team wird Hochleistungen erbringen. Hochleistungen wiederum fördern Innovationen – es ist also ein Kreislauf.

Kennzeichen von Hochleistungsteams ist oft der humorvolle Umgang unter den Teammitgliedern. Sie sind in der Lage, über sich selbst zu lachen, und nehmen die anderen respektvoll auf die Schippe.

Weiterhin kennzeichnet Hochleistungsteams Empowerment, also die Übertragung von Verantwortung. Auch das ist ein agiles Prinzip. Jedes Teammitglied trägt Verantwortung für sein Handeln. Es gibt keine Vorgesetzten, die etwas überprüfen, weil diese es auch gar nicht könnten. Meist sind Hochleistungsteams eben auch Expertenteams. Der Chefarzt kann den Herzklappenspezialisten kaum fachlich überprüfen.

Wichtig ist es, einen Charakter positiven Wettbewerbs zu schaffen. Das Hochleistungsteam bildet eine verschworene Gemeinschaft, eine In-Group, die sich gegen die Out-Group bewähren muss. Hier liegen Chance und Risiko. Durch die „Verschwörung" steigt natürlich auch der Inselcharakter, der Zusammenhalt durch das Unternehmen könnte leiden. Den FC Bayern München und die anderen Mannschaften der ersten Liga hält die Bundesliga nach dem Prinzip Gewinnen/Verlieren zusammen. Dass die Bundesliga als Dach eine relativ schwache Rolle spielt, ist hier zu verschmerzen, da ihre Existenzberechtigung ja auch der Wettbewerb, das Gewinnen und Verlieren, ist. Schwieriger wird es, wenn sich in der Agentur Alpha verschiedene Teams mit ihrer Leistung gegeneinander positionieren (Prinzip bessere Produkte), das gemeinsame Dach aber ein anderes Prinzip verfolgt, etwa den Ausgleich von schwachen und starken Bereichen vorantreiben möchte. Ein Hochleistungsteam ist deshalb nicht ohne den organisationalen Kontext denkbar.

Beispiel

Im Softwareunternehmen Says arbeiten zehn Teams an Kundenprojekten zum Thema Kollaboration. Fünf Teams haben wenige große Kunden, fünf viele kleinere. Die einen streben danach, möglichst viel zu standardisieren (für die kleinen Kunden), die anderen möglichst viel zu individualisieren (für die großen Kunden). Die Leistung ist damit nur unter jeweils fünf Teams einigermaßen vergleichbar. Der Gesamtleistung kommt das hochleistungsorientierte Arbeiten jedoch nicht zugute. Im Gegenteil, die Fronten verhärten sich. Es fehlt ein übergeordnetes Ziel, da die Kundenstruktur zu unklar ist. Hochleistung verpufft: Zwar entwickeln alle innovative Lösungen, jedoch mit ganz unterschiedlichem Fokus. Hier läge die Lösung in der Unternehmensstrategie. Das Beispiel zeigt aber auch, dass selbstständig arbeitende Hochleistungsteams nicht immer ein Segen für die Unternehmen sind. Sie sind wie Unternehmen im Unternehmen und können als solche auch in Konkurrenz zu anderen treten.

2.6.2 Innovation in Teams

Teamarbeit hat vor allem einen Sinn und Zweck: Die Förderung von Innovation. High Performance Teams sind immer auch besonders innovative Teams. Doch welche Teamfaktoren begünstigen Innovation im Team? Die Organisationspsychologen Ute Hülsheger und Neil Anderson ermittelten in einer Meta-Analyse, veröffentlicht im Journal of Applied Psychology, relevante Teamfaktoren [10]. Von 15 untersuchten Teamfaktoren hatten sieben einen deutlichen Einfluss auf Innovationen. Sechs waren Prozessfaktoren, es sind also durch entsprechende Prozesse zu gestaltende Faktoren:

- Teamvision
- Unterstützung für Innovationen
- Leistungsorientierung
- Gruppenzusammenhalt
- interne Kommunikation
- externe Kommunikation

Hinzu kam als siebter Faktor die Zielabhängigkeit.

Teamvision Sie verkörpert das Leitbild, dem sich die Teammitglieder verpflichtet fühlen. Die Teamvision hängt von allen sieben Faktoren am stärksten mit Innovationen zusammen (phi = 0,49, also für sich betrachtet ein moderater Zusammenhang, Phi ist in der Statistik ein Korrelations-, also Maß für den Zusammenhang zwischen zwei dichotomen Merkmalen. Der Phi-Koeffizient entspricht dem Produkt-Moment-Koeffizienten r, auch Vier-Felder-Produkt-Moment-Korrelation genannt). Das bedeutet, dass Menschen, die einer klaren gemeinsamen Vision folgen können, auch stärkere innovative Kräfte mobilisieren können. Wir erkennen den agilen Wert Kommunikation.

Unterstützung von Innovationen Wie viel Unterstützung erhalten Teammitglieder dafür, Neues zu entwickeln? Der Zusammenhang mit Innovationen liegt bei phi = 0,47 (ebenso moderat). Dies braucht Offenheit für Veränderungen im Unternehmen und bei der Führungskraft. Neue Ideen sind willkommen. Wir erkennen den agilen Wert Mut.

Leistungsorientierung Neue Problemlösungen interessieren alle – so entsteht mehr Kreativität (phi = 0,42, moderat). Leistungsorientierung steht weiterhin für die intrinsische Motivation, mit der Mitarbeiter von sich aus auf Leistung setzen. Das heißt, der agile Wert Fokus ist hier abgebildet.

Gruppenzusammenhalt/Kohäsion Mitglieder eines Teams mit hohem Zusammenhalt geben an, gerne im Team zu sein und sich mit Freude dafür zu engagieren. Innovationen profitieren durch dieses Zusammengehörigkeitsgefühl (phi = 0,31, moderat-schwach). Wiederum Kommunikation.

Interne Kommunikation Interne Kommunikation ist für den Austausch zwischen den Teammitgliedern lebensnotwendig. Nur so lassen sich Informationen und Ideen austauschen, Wissen teilen und können andere an Erfahrungen teilhaben. Interne Kommunikation ist notwendig, um neue Lösungsansätze zu diskutieren und sich gegenseitig Feedback zu geben (phi = 0,36, moderat-schwach). Noch einmal ein agiler Wert, und zwar erneut Kommunikation, aber auch Offenheit.

Externe Kommunikation Kommunikation mit Personen außerhalb der Arbeitsgruppe ist ebenso zentral (phi = 0,48, moderat). Über die externe Kommunikation entstehen „weak ties", also schwache Bindungen. Gerade diese schwachen Bindungen fördern den Informationsaustausch und sorgen für neue Ideen – dies ist dem agilen Wert Kommunikation zuträglich.

Zielabhängigkeit Ist diese vorhanden, ist die Zielerreichung nur möglich, wenn jeder mitwirkt. Eine Operation am offenen Herzen beinhaltet eine solche Zielabhängigkeit, die Ärzte müssen zusammenspielen.

Eigene Ziele können nur gemeinsam erreicht werden. Dies bringt automatisch mehr Absprache mit sich und so offensichtlich auch mehr Ideen. Der Zusammenhang mit Innovation ist hier mit phi $= 0{,}27$ aber geringer.

▶ Fazit: Es gibt eindeutige Faktoren, die Innovation begünstigen. Diese spiegeln agile Werte. Da Hochleistungsteams immer auch innovative Teams sind, ist ein gutes Innovationsklima eine Grundvoraussetzung, um Hochleistungsteams zu entwickeln.

2.6.3 Selbstorganisation

„Wenn die Affen den Zoo regieren" lautet ein erfolgreiches Buch der Jahrtausendwende. Stefan Kühl beschreibt darin, wie sich Unternehmensformen ändern und dass dies nicht nur zu eitel Sonnenschein führt, sondern auch zu Herausforderungen [11]. Während die frühen Unternehmen des Industriezeitalters wie eine Trompete funktionierten, wandelten sie sich unter dem Einfluss des Scientific Managements zu Pyramiden und sind heute auf dem Weg in eine zwiebelförmige Entwicklung. Der Trompete wird der Befehl oben eingetrichtert, der unten in Form von Arbeit herauskommt. Die Pyramide fußt auf einem strikten Top-down-Prinzip. Die Zwiebel schließlich beinhaltet mehrere Schichten und ist rund. Jede Schicht höher qualifizierter Arbeit muss in die andere passen.

Systemtheoretisch ist Selbstorganisation das spontane Auftreten neuer, stabiler, effizient erscheinender Strukturen und Verhaltensweisen in Form einer Musterbildung in offenen Systemen der Natur, aber auch Gesellschaft. Die interagierenden Teilnehmer handeln nach einfachen Regeln und erschaffen dabei aus Chaos Ordnung. Die gemeinsame Vision muss nicht vorher bestehen, sondern kann sich auch entwickeln. Nehmen wir die Schwarmintelligenz als Beispiel: Wikipedia wurde aus ehrenamtlichen Engagement und einer Selbstorganisationsstruktur zur größten Enzyklopädie weltweit. Die Arbeit an Wikipedia läuft weitgehend unkoordiniert, ohne Befehl von oben. Die Redakteure agieren aus Freude an der Arbeit und der Motivation, Teil von etwas Sinnvollem zu sein. Es ist niemand da, der ihnen sagt, was sie zu tun haben: Die perfekte Zwiebel. Natürlich gibt es Richtlinien und Regeln, jedoch beruhen diese auf Konsens der Beteiligten. Offene Fragen werden offen im Internet erörtert. Ist ein ehrenamtlicher Redakteur nicht mit der Arbeit eines ehrenamtlichen Autors einverstanden, überarbeitet er den Text oder stellt etwas zur Diskussion. Niemand steht aber über dem anderen und hat die Entscheidungsgewalt.

Wikipedia zeigt, was eine funktionierende Selbstorganisation braucht: Zunächst eine höhere, übergeordnete, Sinn-haltige Identifikation mit einem Thema, Anliegen oder Ziel. Und dann Regeln. Die Zusammenarbeit beginnt vielmehr mit dem gemeinsamen Anliegen, aus dem Interaktion erwächst, als Abstimmungsprozess zwischen Personen, in deren Verlauf Regeln vereinbart werden.

> **Beispiel**
> Ordnung aus Chaos: Ähnlich geschah es bei der Flüchtlingshilfe in Hamburg, aus der die bundesweit größte Kleiderkammer erwuchs, aus der schließlich auch eine Mitfahrzentrale entstand. Die Selbstorganisation entstand aus sich heraus, ohne Plan, aus dem Chaos. Strukturen entstanden durch Aufgaben- und Rollenverteilung. Später gründeten die Initiatoren sogar Geschäfte, um Kleidung zu verkaufen.

Selbstorganisation wird oft als Gegensatz zur Hierarchie gesehen. Sie ermöglicht das Entstehen autonomer Einheiten und Zellen. Gestaltende Elemente sind innerhalb des Systems aktiv, also nicht außerhalb. Sie können aber einzelne Zellen verbinden und für Interaktion sorgen – so wie der Blutkreislauf im Körper die Organe versorgt.

Bei selbst organisierten Teams in Unternehmen ist die entscheidende Größe die Möglichkeit (Dürfen) und Fähigkeit (Wollen), Verantwortung übernehmen. Nur wenn das Team eine gemeinsame Verantwortung trägt, also sehr weitgehende Entscheidungsbefugnisse hat, kann es sich einerseits wirksam selbstorganisieren. Eine disziplinarische Führungsfunktion schließt sich also aus. Andererseits ist diese aus organisatorischen und rechtlichen Zwängen mitunter einfach nötig. Gut entwickelte Unternehmen übertragen jemandem eine theoretische disziplinarische Verantwortung, die in der Praxis aber nicht gelebt und ausgeübt wird. Kündigungen werden vom Team gemeinsam beschlossen, nicht von der disziplinarisch verantwortlichen Person, die aber unterschreibt.

Führung in selbst organisierten Strukturen bedeutet, innerhalb des Systems zu gestalten oder Verbindungen nach außen zu schaffen. Sie greift nicht auf, sondern unterstützt. Sie zielt auch darauf, sich selbst überflüssig zu machen. Sie bedeutet in einem Unternehmen deshalb immer Teamentwicklung, aber nie disziplinarische Ordererteilung. Die Führungskraft in der Selbstorganisation kann von den Teammitgliedern gewählt oder durch Rollen definiert sein. Beispiele sind der Scum-Master, aber auch der Community Manager. In einer Lerncommunity ist der Community Manager Führungskraft derjenige, der auf Beiträge aufmerksam macht, Hindernisse aus dem Weg räumt oder durch Fragen motiviert.

Auch Projektleiter sollten Teamentwickler sein, sind aber noch häufig in hierarchischem Denken verhaftet, da ihr Selbstverständnis zu uneinheitlich ist und gehandhabt wird. Statt wie bisher Zielerreichung und Budgets zu managen, müssten sie sich mehr als Gestalter von Zusammenarbeit verstehen und Gestaltung von Zusammenarbeit als Führung.

> **Beispiel**
> Der Agile Coach Daniel Dubbel schreibt in seinem Blog: „(…) mittlerweile bin ich überzeugt, dass es rein menschlich ist, geführt werden zu wollen. Kaum eine Gruppe mit gemeinsamem Ziel kommt ohne Führung aus: Seien es die Kapitäne in Fußballmannschaften, die Leute mit den Megafonen bei Demonstrationen, die Raid-Leiter in Online-Rollenspielen oder die „Anführer" in einer Schulklasse und viele mehr" [7].

Literatur

1. Allen, N., & Hecht, T. (2004). The romance of team: Toward an understanding of its psychological underpinnings and implications. *Journal of Occupational and Organizational Psychology, 77*(4), 439–461.
2. Benedikt Frey, C. und Osborne, M. A. (2013). *The future of employment: How suspectible are Jobs to computerization.* University of Oxford, online unter: http://gfx.sueddeutsche.de/pages/automatisierung/ (letzter Abruf Mai 2016)
3. Bowles, J. (2014). *The Computerization of European Jobs,* online unter: http://bruegel.org/2014/07/the-computerisation-of-european-jobs/ (letzter Abruf 15.5.2016)
4. Charta der Vielfalt. (2006). Initiative deutscher Wirtschaftsvertreter mit Schirmherrin Angela Merkel. http://www.charta-der-vielfalt.de.
5. „Der Selbstmord", Artikel Ende eines Mythos. (2015). *Der Spiegel, 40,* 10.
6. Diehsmeier, E., & Paschen, M. (2014). *Psychologie der Menschenführung* (2 Aufl.). Berlin/Heidelberg: Springer.
7. Dubbel, D. (2016). Blog. http://www.inspectandadapt.de.
8. Duden, (2015). *Das umfassende Bedeutungswörterbuch der deutschen Sprache* (8 Aufl.). Berlin: Duden.
9. Fiedler, D. (2015). Here's how managers can be replaced by software. *Harvard Business Review.* https://hbr.org/2015/04/heres-how-managers-can-be-replaced-by-software.
10. Hülsheger, U. R., Maier, G. W., & Anderson, N. (2013). Innovation in Gruppen und Teams. In D. E. Krause (Hrsg.), *Kreativität, Innovation und Entrepreneurship* (S. 175–191). Berlin: Springer Gabler.
11. Kühl, S. (1998). *Wenn die Affen den Zoo regieren.* Frankfurt: Campus.
12. McKinsey-Studie. (2011). Vielfalt siegt. Warum diverse Unternehmen mehr leisten. https://www.mckinsey.de/sites/mck_files/files/Vielfalt_siegt_deutsch.pdf.
13. Roland-Berger-Studie. (2012). Diversity & inclusion. https://www.rolandberger.de/media/pdf/Roland_Berger_Diversity_and_Inclusion_D_20120716.pdf.
14. Woolley, A. W., Chabris, C. F., Pentland, A., Hashmi, N., & Malone, T. W. (2010). Evidence for a collective intelligence factor in the performance of human groups. *Science, 330*(6004), 686–688.
15. Wuchty, S., Jones, B., & Uzzi, B. (2007). The increasing dominance of teams in production of knowledge. *Science, 316*(5826), 1036–1039.

3 Führung neu denken

> **Zusammenfassung**
> Was bedeutet agiler führen? Um sich der Antwort auf diese Frage anzunähern, ist der Blick auf Führungspsychologie und Führungskonzepte unabdingbar. Neben einem historischen Abriss möchte ich Ihnen weiterhin einen Einblick in die Persönlichkeits- und Entwicklungspsychologie über Managementansätze geben. Diese gehören zur Agilität notwendig dazu. Werte, Motivation und Reife einschätzen zu können, ist ganz besonders für Führungskräfte wichtig. Denn nur wer weiß, was Menschen antreibt (oder auch bremst), kann ihre Fähigkeiten zur Entfaltung bringen.

Mit der Führung ist es ähnlich wie mit Diäten. So gut wie jedes Jahr wird eine neue „Sau" durchs Dorf getrieben. Das Letzte, was ich auf dem Buchmarkt sah, nannte sich „Dog Management", dabei sollen Führungskräfte vom Hunde-Herrchen-Verhältnis lernen. Ich halte von solchen Büchern wenig. Sie bieten meist keine wirklich neuen Erkenntnisse und interpretieren Führung einseitig oder präsentieren am Ende nur einen neuen Begriff. Ich persönlich bin der Meinung, dass Führung kein eindimensionales Konzept ist, sondern eine Haltung, die zum Beispiel Selbstorganisation als Wert erkennt. Sie ist immer geprägt von der Person, die führt, der Situation, in der diese agiert, den jeweiligen Mitarbeitern und gesellschaftlichen Prägungen. Was Führung bewirken kann, sieht man, wenn man wirklich gute Führungskräfte erlebt. Man wird dabei feststellen: Sie sind als Mensch alle sehr unterschiedlich. Sie folgen auch keinem einheitlichen „Führungskonzept". Unterschiedlichkeit ist also auch in Führung erlaubt, und somit ist auch agil führen kein Fünf-Punkte-Plan.

▶ „Exzellentes Klima, extrem motivierendes Management und Miteinander über alle Abteilungen hinweg" (Eintrag zur Firma Infineon bei Glassdoor.com).

Über Führung haben viele Managementvordenker und Wissenschaftler viele Bücher geschrieben. In ihnen finden sich unendlich viele Managementtheorien und zahllose fundierte und auch weniger fundierte Konzepte. Die meisten dieser Konzepte verdichten sich bei genauerer Betrachtung aber auf wenige Haltungen, die sich geschichtlich in eine bestimmte Periode einordnen lassen. Das Denken dieser Periode prägt auch den bevorzugten Managementstil. Gibt es Diskussionen, zeugt dies meist von einem Werteumbruch.

In diesem Kontext eines Umbruchs ist auch die agile Führung zu sehen. Sie ordnet sich ein in eine Denk-Haltung, das zu der derzeitigen Zeit passt. Sie ist somit auch kein neuer Führungsstil und kein neues Managementkonzept, sondern eine Weiterentwicklung bereits vorhandener Ideen. Was agile Führung ist, wird zudem nicht überall gleich interpretiert. Viele Anbieter springen hier auf einen Zug auf und verkaufen alten Wein in neuen Schläuchen. So lassen sich Ideen agiler Führung auch in einem Kontext finden, der noch zu einem gewissen Grad hierarchisch geprägt ist. Es ist nicht notwendig, dass bereits das gesamte Unternehmen in Netzwerkstrukturen übersetzt ist, wie es etwa die Holakratie andenkt, zu der ich später noch komme.

Oft wird Agilität zudem so mechanistisch umgesetzt, dass von der eigentlichen Idee nur ein „Bitterstoff" übrig bleibt, der agile Führung zu einer schlechten Führung machen kann. Jeder, der führt, kann ganz unabhängig von seinem „Konzept" schlecht führen oder gut. Schlecht führen bedeutet dabei meist gar nicht führen und die Dinge laufen lassen, etwa durch butterweichen kooperativen Stil, durch gedankenloses Durchboxen auf autoritäre Art oder eben durch agiles Führen ohne die für diese Form so wichtigen Kommunikationselemente, also ohne Gestaltung der Zusammenarbeit. Meist sind schlecht führende Manager wenig an ihren Mitarbeitern interessiert. Es lädt sie nicht positiv auf, mit anderen zusammenzuarbeiten. Lieber würden sie „ihr Ding machen". Ich habe oft mit solchen Menschen zu tun, die eine Führungsrolle bekommen haben, ohne eine besondere Neigung zur Führung zu haben. Das mag in einer delegierend-autoritären Funktion noch halbwegs funktionieren. Wenn es aber um agiles Führen geht, geht es immer um eine coachende, Ressourcen stärkende Führung. Diese passt gar nicht zu Menschen, die an der Weiterentwicklung des Teams und der Mitarbeiter wenig Interesse haben.

> **Beispiel**
>
> Auf einer Geburtstagsparty saß ich neben einem Informatiker und Scrum-Master, der vor einigen Monaten noch Abteilungsleiter war. Wir unterhielten uns über Mitarbeiterführung. Er reduzierte diese auf Zielerreichung und Kritik an Arbeitsleistung. Seine Leute sollten ihren Job machen und wenn das nicht gut ging, gab es Gemecker.
>
> Von Scrum war er nicht überzeugt, aber die Firma hatte es nun mal eingeführt, also musste er es auch umsetzen. Die Regeln interpretierte er sehr frei. Unter anderem hielt er nichts von Retrospektiven, da dies kommunikativer Schnickschnack sei. Auch von der Teamentscheidung war er nicht überzeugt, weshalb er am Ende immer das letzte Wort behielt. Letztendlich müsse sich jeder selbst durchsetzen.
>
> Mindset und das daraus resultierende Verhalten hat mit agiler Führung natürlich ganz und gar nichts zu tun. Der Mann führte, wie eine schlechte Führungskraft führt: ohne Blick auf die Mitarbeiter und einfach das durchsetzend, was er für richtig hält.

Agile Führung entstand unter anderem auch aufgrund zunehmender Diversität in Teams, die immer interkultureller arbeiten. Hier kommt folglich ein weiterer Aspekt hinzu: Was in dem einen Kulturkreis positiv ist, kann im anderen die Führungseffektivität behindern. Mitarbeiter haben tief verankerte Werte, die kulturell bedingt, also ihnen quasi in die Wiege gelegt worden sind. Diese Werte lassen sich nicht einfach so in nichts auflösen. Deutlich spürbar ist das bei der deutschen Führungskultur. Ein deutscher Manager auf der einen Seite, zum Beispiel ein promovierter Ingenieur, definiert sich oft vor allem über sein Fachwissen. Er wird also „von Haus aus" möglicherweise weniger Energie in die Menschenarbeit stecken. Deutsche Mitarbeiter auf der anderen Seite respektieren jemand mit Fachwissen eher als einen „nur" menschlichen Manager. Das muss bei agiler Führung auf jeden Fall berücksichtigt werden. Sie bewegt sich in einem Kontext äußerst vielfältiger und teils widersprüchlicher Werte. Wie die Agilität innerhalb dieses Kontextes interpretiert werden sollte, hat stark auch mit der Prägung des Teams zu tun – und deren Sicht auf Führung.

> **Beispiel**
>
> Die oben beschriebene Einstellung ist typisch für einen deutschen Fachexperten, der weniger aufgrund seiner kommunikativen und menschlichen Fähigkeiten als vielmehr auf Basis seines fachlichen Profils in die Führungsrolle gekommen ist. Sie ist auch typisch für jemand, der wenig Auslandserfahrung hat und seine eigene Perspektive als die maßgebliche ansieht. In das globale Führungserfolgsmuster passt diese Person nicht. Es spiegelt eine autonomieorientierte Sicht der Dinge, die mit einem agilen, auf Kooperation ausgelegten Kontext nicht harmoniert.

3.1 Führungskonzepte aus historischer Sicht

„Moderne Zeiten" ist ein Film, den mein Großvater, 1904 geboren, geliebt hat. Charlie, der Tramp, arbeitet in einer Fabrik, wo er absurde Maschinen bedient, ständig vom Direktor der Produktionsstätte per Monitor überwacht. Der Firmenchef sitzt in seinem komfortablen Büro und versucht, Puzzle zu spielen, während die Arbeiter unter Hochdruck in der Fließbandfertigung arbeiten. Mein Großvater hatte studiert; er fand den Film über das Fabrikarbeiterleben lustig. Und das ist er auch: Er zeigt eine groteske Arbeitssituation, eine überzeichnete Form anonymer Führung ohne jede Menschlichkeit.

Wenn Sie im Internet „Fließband" googeln oder den Artikel über „Zwieback" bei Wikipedia lesen, stoßen Sie auf ein altes Foto, das Frauen am Fließband der Brandt Zwieback-Fabrik zeigt – Sie kennen die Damen schon aus einem vorherigen Kapitel über Teamarbeit. Das Foto ist aus dem Jahr 1972, also gar nicht mal so alt für jemand, der wie ich 1965 geboren wurde. Sie arbeiten alle nebeneinander, jede hat ihren klar abgegrenzten Bereich. Es ist ein Job mit wenig Verantwortung. Zusammenarbeit ist auch nicht nötig. Allein soziales Miteinander ist wichtig, denn es hebt das Arbeitsklima – das hatte man in den 1940er Jahren in Studien herausgefunden. Vorher ist anscheinend niemand auf die Idee gekommen, dass Menschen mehr wollen könnten als Geld als Lohn der Arbeit!

Wenn Sie im Internet das Wort „Scrumteam" in die Bildersuche eingeben, so sehen Sie Fotos von lachenden Mitarbeitern vor bunten Boards, vor ihnen ein Arbeitstisch, der auch nach Arbeit aussieht. Es gibt einen gemeinsamen Aufgabenbereich.

Zwischen den beiden Fotos, der Zwieback-Fabrik und den Scumteams, liegen kaum 50 Jahre. Und doch scheinen es Welten zu sein. In dieser Zeit veränderte sich Arbeit maßgeblich: Immer mehr Jobs forderten hoch qualifizierte Mitarbeiter. Diese Jobs verlangten mehr und mehr eigenes Denken und den Blick über den Tellerrand hinaus. Der Routineanteil verschwand oder verkleinerte sich – und mit der Verringerung der Routinetätigkeiten stieg die Notwendigkeit, Menschen nicht mehr nur Arbeit zuzuteilen, sondern auch das eigene Denken anzuregen und die Fähigkeit, Freiräume zu nutzen, zu fördern.

3.1.1 Great-Man- und Eigenschaftstheorien

Das Verständnis von Führung entwickelte sich dabei über mehr als ein Jahrhundert entlang der drei Ebenen Eigenschaften, Verhalten und Situation. Die ersten Führungstheoretiker legten den Fokus auf Führungseigenschaften, die sie als angeboren ansahen. Nach den frühen „Great-Man-Theorien" sind bestimmte Menschen dafür geboren, die Führung zu übernehmen. Es sind „natural born leaders", Führungspersönlichkeiten, die von Natur aus so sind, wie sie sind. Selbstverständlich entspricht dieses Bild längst nicht mehr dem Stand der Forschung. Neben den Great Men war eine Great Woman außerdem nahezu undenkbar – das Bild ist nicht mit der Gleichberechtigung vereinbar.

Die jahrhundertealte Sicht veränderte sich ab den 1930er Jahren. Nunmehr trat das Verhalten in den Fokus der Aufmerksamkeit. Eigenschaften als angeborene Prädispositionen wurden dabei nicht ausgeblendet, aber in diese Sicht integriert. Die Möglichkeit, dass Führung erlernbar sei, geriet in den Fokus der Aufmerksamkeit. Irgendwann begann man Führungskräfte auch auszubilden. Eine solche Ausbildung hatte es zunächst beim Militär gegeben. Nun übernahmen das auch Konzerne und etablierten Führungsnachwuchsprogramme, die geeignete Personen rekrutierten. Der Gedanke an Eignung und Persönlichkeit geriet also nicht ganz in den Hintergrund. Aber Lernen musste auch sein!

Der 1920 verstorbene Max Weber beschrieb die reinen Formen der Herrschaft noch mit dem autokratischen, charismatischen und bürokratischen Führungsstil. Jeder der drei hat verschiedene Charakteristika und nutzt unterschiedliche Instrumente. So lenkt die autokratische Führungskraft allein und beruft sich auf ihre Macht, während die charismatische Führungskraft andere Menschen kraft ihrer Person beeinflusst. Die bürokratische Führungskraft wiederum zitiert Regeln und Vorschriften. Max Weber stellte Führung damit erstmals auch in einen organisationalen Kontext. Es ist nicht die Person allein, sondern die Situation und das Umfeld, die das Verhalten bedingen. Nicht überall ist das gleiche Führungsverhalten sinnvoll.

3.1.2 Von den Eigenschaften zum Verhalten

Die Vertreter der Great-Man-Theorie waren davon ausgegangen, dass Führung nicht erlernbar sei. Weber hatte sich über Erlernbarkeit keine Gedanken gemacht. Für ihn musste die Person zum Kontext passen. Kann aber auch das Verhalten die Situation verändern? Hier kommt Kurt Lewin [1] ins Spiel. In den 1930er Jahren untersuchte der Begründer der Sozialpsychologie die Wirkung verschiedener Führungsstile auf Jugendgruppen.

Er definierte danach wie Max Weber drei Führungsstile, nur dass diese auch auf das Umfeld einwirkten und dass er seine Studien zugrunde legte. Die Anwendung eines Stils konnte auch das Umfeld verändern oder in eine bestimmte Richtung prägen.

Lewin definierte folgende drei Führungsstile:

- Den autoritären Führungsstil
- Den kooperativen (auch demokratischen) Führungsstil
- Den Laissez-faire-Führungsstil

Bei allen drei Stilen beobachtete Lewin Vor- und Nachteile. So ermöglicht der autoritäre Führungsstil schnelles Handeln, während er auf die Menschen demotivierend wirken kann. Er beobachtete, dass der demokratische Führungsstil dafür sorgte, dass Jugendgruppen sich auch dann alleine organisieren konnten, wenn die Führungsperson wegging. Sie waren also selbstständiger und zur Selbstorganisation fähig.

Der demokratisch-kooperative Führungsstil fördert weiterhin die Motivation. Er unterstützt, dass sich Menschen selbst organisieren können. Aber, das stellte Lewin auch fest: Sind schnelle Entscheidungen nötig, ist der autoritäre Stil überlegen. Dann muss jemand sagen, wo es langgeht. Deshalb ist der demokratisch-kooperative Stil der überlegene, wenn es darum geht, Menschen zu mehr Selbstverantwortung zu führen. Er fördert eher den Austausch und die Interaktion. In einer Welt, die die Unterschiedlichkeit von Perspektiven, Erfahrungen und Wissen für Innovationen braucht, ist er also überlegen.

Ein schnelles und autoritäres „Da-geht's-lang" ist bei der Feuerwehr im Einsatz also passender als in der Softwareentwicklung.

Laissez-faire wiederum gibt den Mitarbeitern viel Freiraum, kann aber zu Desorientierung führen. Die laissez faire geführten Gruppen lernten nicht, sich selbst zu organisieren. Das spricht wiederum dafür, dass Führung ein gestaltendes Element braucht bzw. menschliche Zuwendung.

Aus seinen Iowastudien Ende der 1930er Jahre schloss Lewin weiterhin, dass es besser sei, irgendeine Führung zu haben als gar keine. Er folgerte auch, dass die autoritäre und kooperative Führung positiv auf die Arbeitsproduktivität wirken, die autoritäre jedoch negativ auf das Betriebsklima.

Diese Theorie der Führung bestimmt immer noch viele Führungskräftetrainings. Dabei wird ausgeblendet, dass die Studie unter Laborbedingungen stattfand und fast 100 Jahre alt ist. Außerdem führte Lewin seine Studien mit Jugendgruppen durch. Dennoch: Lewin bietet damit nach wie vor eine Einordnungshilfe, sollte aber nicht dazu verführen, Führungsverhalten einfach in drei Stile zu unterteilen. Führung ist komplexer, und sie ist nicht das eine oder andere, sondern das eine UND das andere.

3.1.3 Vom Verhalten zum einzelnen Mitarbeiter

Die nächsten Führungstheoretiker begannen, zwischen Aufgaben- und Mitarbeiterorientierung zu differenzieren, wobei die Aufgabenorientierung nah am autoritären Stil ist und die Mitarbeiterorientierung nah am kooperativen liegt. Diesen Gedanken entwickelten Blake und Mouton in den 1960er Jahren durch ihr Managerial Grid weiter, indem sie beide Seiten miteinander kombinierten. Eine Führungskraft ist in diesem Modell nicht mehr entweder-oder, sondern es gibt verschiedene Facetten zwischen Mitarbeiter- und Aufgabenorientierung. Dabei wird eine hohe Mitarbeiter- und zugleich Aufgabenorientierung als ideal angesehen.

In den 1970er Jahren entwickelte sich die situative Führungstheorie nach Hersey und Blanchard parallel [6] zu diesen Ansätzen, die auch noch in vielen Trainings-Scripten als State of the Art auftaucht. Diese Theorie beinhaltet eine Verfeinerung der bisherigen Gedanken und bringt außerdem die Individualität der Menschen ins Spiel. Es geht also nicht mehr nur um die Eigenschaften der Führungskraft und deren gelerntes Verhalten, sondern nunmehr auch um den geführten Menschen selbst. Die Erkenntnis: Dieser Mensch ist vielfältig und unterschiedlich und muss auch mit unterschiedlichem Verhalten geführt werden. Weiterhin kommt der Motivationsgedanke ins Spiel. Die Theoretiker gingen davon aus, dass es motivierte und nicht-motivierte Mitarbeiter gibt. In der Theorie der situativen Führung wird das Verhalten dem Können und Wollen der Mitarbeiter angepasst. Dies wird als Reifegrad der Mitarbeiter interpretiert, man geht also von einem zyklischen Wachstum aus:

- Mitarbeitern, die sowohl motiviert als auch kompetent sind, kann danach Verantwortung übertragen werden.
- Mitarbeiter, die wenig motiviert und auch wenig kompetent sind, brauchen dagegen eine starke, autoritäre Führung.
- Mitarbeiter, die motiviert, aber wenig kompetent sind, benötigen engmaschige Betreuung und einen argumentierenden, erklärenden Führungsstil.
- Und jene, die kompetent, aber wenig motiviert sind, brauchen Coaching. Einige Interpretationen dieser Theorie gehen davon aus, dass diese Mitarbeiter unsicher sind. Es geht also darum, ihnen Sicherheit zu geben und dadurch die Motivation zu steigern.

Vereinfacht ausgedrückt: Nicht jeder Mitarbeiter hat die gleichen Fähigkeiten und Kompetenzen. So braucht ein neuer Mitarbeiter eine andere Form der Führung als ein erfahrener „alter Hase". Diese Herangehensweise ist natürlich eine enorme Herausforderung für Führungskräfte, die damit aus ihrer eigenen Komfortzone treten müssen, vielleicht mehr als menschlich ist. Das Modell verführt aber auch zu Schubladendenken, da Motivation einseitig gedacht wird und nicht berücksichtigt, dass Menschen sich ganz unterschiedlich motivieren lassen. Es gibt nicht nur Wollen und Können, sondern individuelle und Persönlichkeits-abhängige Vorbedingungen für Wollen.

3.1.4 Der Blick auf Ziele

Das nächste Thema, das die wissenschaftliche Führungstheorie beherrschte, nannte sich transaktionale Führung, deren wesentliches Element Ziele sind. Die transaktionale Führung entstand aus dem „Management by Objectives". Es geht vor allem um einen Tausch: Für das Engagement und die Zielerreichung bekommt der Mitarbeiter eine Belohnung. Das Ergebnis dieses Denkens war die flächenweite Einführung von jährlichen Zielvereinbarungen, die auch heute noch von vielen Unternehmen als wichtiges Führungsinstrument begriffen werden.

Theoretische Fundierung bekam diese Herangehensweise durch die Zeitsetzungstheorie. Die Zielsetzungstheorie nach Latham und Locke aus dem Jahr 1990 beruht auf dem Gedanken, dass Ziele besser und wahrscheinlicher erreicht werden können, wenn sie konkret gesetzt und herausfordernd sind. Ziele werden dabei als Ergebnisse des Handelns konkreter vorstellbar. Eine hohe Zielbindung, auch Commitment genannt, erhöht die Wahrscheinlichkeit der Zielerreichung. Praktisch bedeutet das: Der Mitarbeiter muss wirklich wollen – es macht keinen Sinn, ihm Ziele einfach so aufzudrücken. Weiter wirken Selbstwirksamkeit und Rückmeldung positiv auf die Zielerreichung. Hieraus entwickelten sich Ansätze, die den Fokus auf Feedback legten. Aufgabenkomplexität allerdings reduziert den Zusammenhang von Zielsetzung und Leistung. Dieser Punkt fällt bei den Ziel-Fans, die gern die SMART-Formel (Ziele sollen spezifisch, messbar, aktiv, realistisch und im Zeitrahmen definiert sein) zitieren, gern unter den Tisch. Man hatte herausgefunden, dass in komplexen Arbeitsumfeldern diese Zielorientierung eben nicht funktioniert.

Durch Konkretisierung des Ziels entsteht ein größeres Commitment. Das Ziel wird leichter verinnerlicht. Damit nun Leistung (ergo Zielerreichung) entstehen kann, muss die Person eine Strategie entwickeln. Wie will sie das Ziel erreichen? Auf welche Ressourcen kann sie zurückgreifen? Gibt es eventuell Teilziele? Dies wird ihr leichter fallen, wenn die Thematik überschaubar ist, und entsprechend schwerer, wenn dies nicht der Fall ist. Zielbindung führt also bei niedriger Aufgabenkomplexität wahrscheinlicher zum Erfolg.

Aus der Zielsetzungstheorie ist abzuleiten, dass Ziele konkret und eindeutig sein müssen. Da komplexe Aufgaben die Zielerreichung schwerer machen und gefährden, heißt das, dass es nicht nur konkrete Ziele braucht, sondern auch, dass Zyklen möglichst überschaubar sein sollten. Im agilen Kontext hat die iterative Planung eine Lösung für dieses Problem geschaffen. Das Team setzt sich Ziele für einen überschaubaren Zeitraum von zwei Wochen, konzentriert sich damit auf kurze Zyklen und genießt schnellere Erfolge.

3.1.5 Transformationale Führung

Die transformationale Führung entwickelte sich aus der transaktionalen heraus. Sie ist so etwas wie die höhere Form der Führung. Sie zielt auf intrinsische Motivierung, die Förderung des Einzelnen und die Kommunikation visionär-sinngebender Ideen. Das Konzept transformationaler Führung geht zurück auf James MacGregor Burns, der Präsidenten nach ihrem Führungsstil untersuchte und erfolgreiche Prinzipien fand, vor allem die Vorbildfunktion und die Fähigkeit, Visionen zu vermitteln. Demnach soll Roosevelt ein transformationaler Leader gewesen sein, Martin Luther King auch. Hätten diese beiden bei Siemens, Linde, BMW gearbeitet? Wären sie dort je an die Spitze aufgestiegen? Eher nein.

So ist das Bild der transformationalen Führung vielmehr ein Leitbild, als dass es sich im Moment in vielen Führungspersönlichkeiten spiegelte. Es beinhaltet die folgenden Eckpunkte:

- Als integres Vorbild fungieren (idealized influence)
- Sinn und Motivation vermitteln (inspirational motivation)
- Etablierte Denkmuster aufbrechen, neue Einsichten vermitteln (intellectual stimulation)
- Fair kommunizieren (individual consideration)

Ich gehe im Geiste die Big Five durch, ein in der Psychologie weitgehend anerkanntes Persönlichkeitsmodell: hohe Extraversion, hohe Gewissenhaftigkeit, hohe Verträglichkeit, hohe Offenheit, hohe Stabilität. Ich finde bei Joye et al. eine Korrelationsstudie mit den Big Five, die mich bestätigt. Nun gibt es andere Studien, die in Unternehmern, Strategen und Top-Managern teils andere Eigenschaften finden.

Praktisch erfolgreich macht Top-Manager und Unternehmer oft eine niedrige Verträglichkeit. Sehr offene Menschen haben meist weniger Freude daran, sich ausschließlich um die Belange von Menschen zu kümmern. Sie wollen selbst etwas entwickeln, schaffen, vorantreiben.

Was macht gute Teamleiter aus? Sie sind extravertiert und verträglich. Sie können gut vermitteln. Sie beschäftigen sich mit Menschen und ziehen daraus ihre Energie. Sie sind aber meist keine besonders guten Strategen.

Was macht gute Strategen aus? Sie sind offen und wenig verträglich (darum setzen sie sich durch). Sie beschäftigen sich mit Märkten und Produkten und ziehen daraus ihre Energie.

Was macht gute Unternehmer aus? Sie denken strategisch und überlegen sich, wie sie es schaffen können, dass die Firma wächst und gegen Wettbewerber besteht. Es sind also Strategen, die einen Blick auf Märkte haben und ein Gespür für Entwicklungen und Trends. Das fordert viel Beobachtung und einen Fokus auf dieses Thema. Wer in einer Sache gut ist, vernachlässigt fast automatisch eine andere.

Jemand, der unternehmerisch denkt und handelt, kann deshalb schlecht gleichzeitig völlig auf die Mitarbeiter konzentriert sein, und jemand, der andere entwickelt, hat gar nicht die Zeit, sich mit unternehmerischen Strategien zu beschäftigen. Das passt mitunter schwer zusammen.

Tatsache ist: Die transformationale Führung versucht Eigenschaften zu integrieren, die nur selten in einer Person vereinigt sind. Im Sinne einer Stärkenorientierung in Management und Führung kann es deshalb nicht richtig sein, alles von einer Person zu fordern. Viel sinnvoller wäre es, zum Beispiel Führungs-Tandems oder sogar Trios zu bilden.

Professor Waldemar Pelz schreibt auf seiner Website www.transformationale-fuehrung.com, woran sich transformationale Führung in der Praxis zeigt (auf der Website gibt es auch einen Test für transformationale Führung) [16]:

- Alle sind stolz, zu diesem Team zu gehören.
- Jeder fühlt sich anerkannt.
- Es gibt eine offene Feedback-Kultur.
- Alle vertrauen sich.
- Die gemeinsame Aufgabe und Zukunft sind oft Thema.
- Jeder kennt die Stärken des anderen.
- Die Team-Mitglieder sind optimistisch.
- Jeder glaubt an seine Fähigkeiten.
- Im Mittelpunkt steht die beste Lösung.
- Jeder erhält Tipps, wie er sich verbessern kann.
- Jeder interessiert sich für den anderen.
- Alle erkennen Leistungen an und loben sie.

Wenn Sie sich das durchlesen, so ist es sicher ein idealer Zustand, der auch erreicht werden kann. Nur ist dieser nicht unbedingt davon abhängig, dass eine einzelne Person ihn herstellt. Könnten es nicht auch mehrere sein? Wer agil denkt, kommt schnell darauf: Es muss in einem agilen Team überhaupt keine Führungskraft geben, die dort dauerhaft anwesend ist. Was benötigt wird, ist vielmehr ein Coach und Moderator, der zeitweise in die Teams geht. Dieser muss dafür sorgen, dass das Team sich selbst führt. Dafür braucht er vor allem die folgenden Teile der transformationalen Führung:

- Etablierte Denkmuster aufbrechen, neue Einsichten vermitteln (intellectual stimulation)
- Fair kommunizieren (individual consideration)

In strategischen Bereichen und der Unternehmensführung dagegen sind jene wichtig:

- Als integres Vorbild fungieren (idealized influence)
- Sinn und Motivation vermitteln (inspirational motivation)

Setzt man diesen Gedanken um, wären auch die oberen Führungsebenen endlich entlastet. Sie müssten nicht mehr versuchen, „Eier legende Wollmilchsäue" zu sein, sondern könnten sich auf ihre Kernkompetenz konzentrieren. Sie könnten am Unternehmen arbeiten – und andere, die besser coachen können und wollen, im Unternehmen agieren lassen. Würden Sie einander wertschätzen anstatt auf den anderen herabzublicken, wäre unglaublich viel gewonnen.

3.1.5.1 Haltung: Theorie X und Y

Was nützen die schönsten Eigenschaften, der größte Verstand, die besten Talente, wenn die Haltung nicht stimmt? Vor diesem Hintergrund möchte ich ein Modell zitieren, das viele Vordenker im agilen Kontext nutzen, obwohl es schon aus den 1960er Jahren stammt und somit alles andere als neu ist. Es ist die Theorie X von Douglas McGregor, einem Management-Professor des MIT. Er untersuchte die Mitarbeitermotivation und stellte fest, dass diese wesentlich von der Haltung der Führung abhing, außerdem bei flachen Hierarchen besser sei.

Leistung kommt nicht durch Zwang und Kontrolle zustande. Sie kommt von selbst, wenn das Umfeld sie fördert. Dann entwickelt sich ein Flow und Menschen werden zu erstaunlichen Dingen fähig. Das bedeutet aber eben nicht, dass die Lösung im Laissez-faire liegt – hier kommt die transformationale Führung ins Spiel. Es gilt, Mitarbeiter zu fördern, sie zu motivieren, ein Feuer in ihnen zu entfachen. Das ist nicht einfach, aber genau das ist ein wesentlicher Aspekt der Menschenführung im transformationalen Sinn.

Die Haltung der Eltern, der Lehrer, der Führungskräfte und anderer Menschen, die auf jemanden Einfluss nehmen, ist dabei entscheidend für das, was aus jemand werden kann. Wenn Sie glauben, aus Mitarbeiter G kann nichts werden, so wird aus ihm nichts. Sie werden ihn begrenzen und sich selbst dazu.

Es kann nicht aus jedem dasselbe werden, aber durch kontinuierliche Entwicklung ist viel mehr möglich, als die meisten denken. In unseren Ausbildungen stellen wir immer wieder fest, dass selbst viele Coaches und Trainer dazu neigen, den Entwicklungsradius von Personen kleinzudenken. Sie gehen meist von sich aus und dem, was sie kennen – so wie Führungskräfte auch. Das Erste, woran sie arbeiten sollten, ist somit ihre Haltung.

Gehen Sie deshalb einmal die unten stehende Tabelle (Tab. 3.1) durch und fragen Sie sich ehrlich, ob Sie bei jedem Punkt mit allen Konsequenzen auf der X-Seite stehen. Die Punkte 1–8 sind nach McGregor formuliert, 9 und 10 habe ich hinzugefügt.

3.1.6 Führung als agile Rolle

Stets ging es bei der Führung um Einzelpersonen, ob sich die Führungstheorien nun an Eigenschaften oder Verhalten ausrichteten. Führung war an Positionsmacht gekoppelt. Sie konnte sanktionieren, loben oder bestrafen. Neu ist die Führung als Rolle, die definierte Aufgaben beinhaltet. Es geht also nicht um die Ausstattung einer Funktion mit „Macht", sondern um die Zuweisung von Aufgaben zu Rollen. Dies erlaubt es, Führung nicht mehr als an eine Person gekoppelt zu sehen. Es kann verschiedene

3.1 Führungskonzepte aus historischer Sicht

Tab. 3.1 Theorie X. Theorie Y (erweitert)

	Theorie X	Theorie Y
1	Der Mensch ist von Natur aus arbeitsscheu	Jeder Mensch möchte arbeiten
2	Der Mensch muss zu körperlicher und geistiger Arbeit mehr oder weniger von außen gezwungen werden	Körperliche und geistige Anstrengung beim Arbeiten ist so natürlich wie Spiel und Ruhe
3	Der Mensch muss kontrolliert werden	Selbstdisziplin und Selbstkontrolle kommen automatisch, wenn Menschen Ziele haben
4	Durch die Androhung von Strafe wird gewünschtes Verhalten erreicht	Menschen verhalten sich aus sich heraus richtig; weil sie es wollen
5	Menschen fühlen sich ihren Zielen verpflichtet, wenn mit deren Erreichen Belohnungen verbunden sind	Die bedeutendste Belohnung für Menschen ist die Möglichkeit, ihre Persönlichkeit zu leben und zu entfalten
6	Menschen meiden Verantwortung	Unter entsprechenden Bedingungen möchte jeder Verantwortung übernehmen und kann es auch
7	Menschen sind von allein nicht kreativ	Jeder Mensch besitzt Vorstellungskraft, Urteilsvermögen und Erfindungsgabe für die Lösung organisatorischer Probleme
8	Menschen nutzen ihren Verstand nicht immer	Jeder Mensch kann seinen Verstand nutzen, oft mehr, als es auf den ersten Blick scheint
9	Der Mensch ist, wie er ist	Jeder Mensch kann sich entwickeln
10	Was man früh versäumt hat, lässt sich nicht nachholen	Etwas Neues lernen ist zu jeder Zeit möglich

Führungsaufgaben geben, die auf unterschiedliche Rollen verteilt sind. So ist im Scrum der Product-Owner für die Weiterentwicklung des Produkts zuständig, der Scrum-Master hat die Aufgabe, Probleme und Hindernisse aus dem Weg zu räumen.

Deshalb wird oft von dienender Führung gesprochen: Ziel ist es, die Mitarbeiter eines Teams zu unterstützen, konzentriert zu arbeiten. Es geht nicht darum, zu dominieren oder in eine bestimmte Richtung zu lenken. Dies beinhaltet eine gestaltende Funktion: In unserer Ausbildung zum Teamgestalter bei der Teamworks GTQ GmbH in Hamburg haben wir den Ansatz, Menschen dazu zu befähigen, Teams aufzubauen, zu leiten und zu entwickeln – so, dass diese ihre organische Funktion optimal ausüben können. Diese Führungskraft ist, ob hierarchisch legitimiert oder nicht, immer auch ein Teamentwickler.

Team wurde früher oft begriffen als Gruppierung von Individuen, die gut miteinander auskommen sollten. Entsprechend wurde aufgrund von Kenntnissen und Erfahrungen eingestellt, nicht weil sie ein Team ergänzen. In diesem Sinn interpretierten Unternehmen auch Teamfähigkeit, teilweise noch heute. Es ist nicht die Fähigkeit, sich mit den individuellen Stärken in die Lösung von Problemen einzubringen, sondern ein soziales Vermögen, sich anderen anzupassen. Nicht die Fähigkeit des Einzelnen steht mehr im Mittelpunkt, sondern die des gesamten Teams.

Hier müssen wir kurz die Organisationsperspektive einnehmen, also die Sicht auf den Bau und Zuschnitt von Unternehmen. Die Organisationstheorie geht seit den 1980er Jahren mehr und mehr davon aus, dass sich bisherige Organisationsformen wie die Spartenorganisationen oder auch die noch etwas modernere Matrix überlebt hätten, da diese den dynamischen Märkten nicht mehr standhalten könnten.

Anstelle der bisherigen Konzepte tritt die modulare und dezentrale Netzwerkorganisation, in der Zellen aus Teams miteinander verbunden sind und sich gegenseitig befruchten. Nur wer schlank und beweglich ist, kann wirtschaftlich bestehen. Skandale wie bei Volkswagen haben gezeigt, wie negativ hierarchische Strukturen wirken können. Auch die Umbauvorhaben von Konzernen wie Karstadt haben gezeigt, wie mühsam es ist, in einem starren hierarchischen Konzept zu agieren und dort Veränderungen zu bewirken. Oft geht es nicht ohne einen radikalen Umbau.

Die Netzwerkorganisation als betriebswirtschaftliche Aufbauorganisation eignet sich vor allem für Unternehmen, die besonders flexibel agieren müssen und hoch spezialisiert sind. Die einzelnen Zellen bilden Module, die man sich wie Organe in einem Körper vorstellen kann. Diese Module oder Organe einer Organisation verwalten sich selbst. Führung in diesem Kontext hat auch die Aufgabe, die Module zu verbinden und den Austausch zu fördern. Sie soll außerdem die Organe vor Ballast schützen und ihre gesunde, „körpererhaltende" Funktion aufrechterhalten.

3.1.6.1 Position, Funktion, Rolle

Eine Besonderheit in agilen Führungskonzepten sind die Rollen. Anstatt eine Funktion auszuüben, nimmt der Mensch, auch die Führungskraft, eine Rolle ein. Diese Rolle ist mit Aufgaben und Verantwortungsbereichen konkret beschrieben. Insofern lässt sich das Rollenkonzept durchaus mit Schauspielerei vergleichen. Auch ein Schauspieler schlüpft in vordefinierte Rollen und interpretiert diese – in der Regel aber nicht so frei wie dies ein Vorstandvorsitzender tut, sondern in einem bestimmten, definierten Sinn. So wird es möglich, dass die gleiche Person heute den machtvollen König und morgen seinen Diener spielen kann. Dabei kann sie authentisch und bei sich selbst bleiben. Spielt der Schauspieler Antoine Monoir jr. nicht den „Tech Nick" für Saturn genauso glaubwürdig wie den Rechtsanwalt und den Mörder?

Schauen wir uns doch einmal an, was alte und neue Führung unterscheidet. Wie Sie Tab. 3.5 sehen, ist die Ausrichtung eine andere. Hierzu sollten wir einmal die Begriffe Position, Funktion und Rolle im Zusammenspiel betrachten:

Positionen beschreiben den formalen Platz, den jemand in einem System einnimmt, z. B. CEO oder Abteilungsleiter. Sie können aber auch informelle Positionen wie „Außenseiter" kennzeichnen.

Funktionen beschreiben den Zweck und die inhaltlichen Aufgaben dieser Positionen. Funktionen definieren den Bereich, für den eine bestimmte Position zuständig ist.

Rollen beschreiben Handlungs- und Prozesserwartungen, die Regeln für Vorgehensweisen beinhalten. Was soll jemand in seiner Rolle tun? Wie soll er sich verhalten? Wen soll er wann einbinden? Im agilen Kontext können Rollen ohne Positionen und Funktionen bestehen. Es kann eine Führungsrolle geben, ohne eine damit verknüpfte Position und Funktion.

Die Rolle, also Handlungs- und Prozesserwartung an einen CEO kann sein, dass er Zusammenhalt und Identifikation im Innern schafft, aber auch, dass er als Corporate Citizen gesellschaftliche und repräsentative Aufgaben übernimmt. Diese Rolle ist nicht personengebunden und sollte konkret beschrieben sein. Eine Person kann somit auch mehrere Rollen innehaben. Rollen können weiterhin auch nur zeitweise besetzt sein.

Es ist also nicht wie im hierarchischen Konzept die Person, die die Handlungen der Rolle „CEO" bestimmt, sondern die Rolle, die die Handlungen der Person ausmacht, die die Rolle „CEO" gerade bekleidet. Die Rollen sind nicht frei interpretierbar, sondern beinhalten Rollenbeschreibungen und Regeln. Das sind feine Unterschiede, die sich oft erst auf den zweiten Blick erschließen (Tab. 3.2).

> **Beispiel**
> Konkretes Beispiel: Die Rolle „CEO" beinhaltet die letztendliche Entscheidung über die Unternehmensstrategie. In einem traditionellen Unternehmen ist hier nicht impliziert, wie das zu erfolgen hat, wer einzubeziehen ist etc. (es sei denn, es sind Gesetze zu beachten). In einem agilen Unternehmen, kann die Rollenbeschreibung des CEO beinhalten, dass dieser sich vor der Entscheidung mit mindestens 3 für das entsprechende Thema gewählten Vertretern beraten muss.

Rollenkonzepte setzen voraus, dass niemand über den anderen gestellt, sondern alle in der Organisation gleichwertig sind. Die Führungskraft ist also nicht Hauptabteilungsleiter, sondern hat die Rolle des Scrum-Masters. Als Hauptabteilungsleiter ist die Führung disziplinarisch und weisungsbefugt, als Scrum-Master ist die Führung kraft der Rolle verankert. Führung wird auf diese Art und Weise entpersonalisiert. Der jeweiligen Rolle sind Aufgaben zugeschrieben, sie soll beispielsweise als Scrum-Master Hindernisse bei

Tab. 3.2 Alte Führung – neue Führung

	Alte Führung	Neue Führung
Positionsmacht (Befugnisse)	x	
Funktion (Status)	x	
Verantwortlichkeit (Aufgaben)	x	x
Ziel (was soll erreicht werden)	x	
Rollendefinition (Zweck)		x
Gewählt		x
Bestimmt	x	

der Teamarbeit aus dem Weg räumen oder als Product-Owner die Entwicklung vorantreiben. Es ist nicht die Person, die kraft einer Funktion Macht ausübt, sondern die Rolle, die Aufgaben beinhaltet. Dabei kann eine Person mehrere Rollen ausfüllen. Es besteht auch die Möglichkeit, dass Personen für Rollen vom Team gewählt werden. So wird es wahrscheinlicher, dass sich die für eine Aufgabe im Moment kompetenten Personen durchsetzen.

Die agile Führung fördert deren Selbstverantwortung. Sie räumt Hindernisse aus dem Weg und setzt Potenziale frei. Eine solche Führungskraft versteht sich nicht als Dompteur, sondern als Dienstleister für die Mitarbeiter, entlastet sie von Aufgaben, die keine Kernaufgaben sind, vertritt sie in Gremien oder beim Management. Die oberste Ebene des Unternehmens kann sich auf diese Weise voll auf die strategischen Aufgaben konzentrieren und wird von Personalführung entlastet.

▶ Die Rolle beinhaltet Aktionen und Aufgaben, die zu erledigen sind, etwa die Förderung der Potenziale einzelner Mitarbeiter und das Aus-dem-Weg-Räumen von Hindernissen. Sie kann ebenso Verhaltensregeln beinhalten – auch darauf bezogen, was jemand nicht machen soll. Überhaupt sind Regeln sehr wichtig und zentral, beispielsweise um festzulegen, wie Entscheidungen zu treffen sind.

In der historischen Entwicklung von Führungskonzepten bildet der agile Ansatz so etwas wie den vorläufigen Abschluss. Er erfindet das Rad nicht neu, sondern integriert vieles, was vorher bereits da war. Die revolutionärste Neuerung sind sicherlich das Selbstverständnis von Führung als Rolle und die konsequente Teamorientierung.

Dies müsste Auswirkungen auf die Personalauswahl haben. Manche Unternehmen haben zwar immer schon darauf geachtet, Mitarbeiter zu rekrutieren, die zum Unternehmen und zum Team passen, jedoch war dabei der Gedanke oft weniger bezogen auf die Leistungsfähigkeit des Teams als vielmehr auf soziale und kulturelle Faktoren. Im agilen Kontext, der ja vor allem auch aufgrund der Herausforderungen durch die Digitalisierung entstand, geht es aber auch und zentral darum, Innovation zu fördern und ein Team zu Höchstleistungen zu bringen. Dies erfordert Reibung und Perspektivenreichtum. In diesem Sinn muss es Ziel sein, im Recruiting nicht nach mehr vom Gleichen zu suchen, sondern nach mehr vom Anderen.

3.1.7 Holakratie und Soziokratie

Das wohl am weitesten reichende agile Konzept, das vor etwa sieben Jahren entstand, ist die Holakratie. Sie beinhaltet ebenso einen modularen Unternehmensaufbau mit den Kernelementen Selbstorganisation inklusive Teamentscheidung. Es ist ein Organisationskonzept, das das US-amerikanische Unternehmen Zappos 2015 medienwirksam übernommen hat. Im Zuge der Umstellung mussten zahlreiche Führungskräfte das Unternehmen verlassen.

Lassen wir den CEO von Zappos einmal selbst zu Wort kommen:

> Instead of a hierarchy of people that you see in a traditional corporate structure, we have a hierarchy of purpose. In holacracy jargon there are different circles. There's a general company circle. Then each circle has roles in it, and subcircles. Each circle has its own purpose. Each role has its own purpose. (Übersetzung durch die Autorin: Anstatt einer Hierarchie von Menschen, die wir aus traditionellen Unternehmensstrukturen kennen, haben wir eine Hierarchie der Ziele. Im Jargon der Holakratie gibt es verschiedene Zirkel. Es gibt einen generellen Unternehmenszirkel. Dann beinhaltet jeder Zirkel Rollen und Unterzirkel. Jeder Zirkel hat sein eigenes Ziel. Jede Rolle hat auch ihr eigenes Ziel [9].)

Praktisch übersetzt bedeutet das, dass es einen Zirkel Marketing gibt, der einen Unterzirkel Social Media hat. Klingt vertraut nach Abteilungen? Genauso ist es. Der Unterschied liegt darin, dass diese Zirkel und Unterzirkel nicht hierarchisch, sondern zirkulär organisiert sind und sich jeweils selbst verwalten. Diese Selbstverwaltung beinhaltet allerdings nur fachbezogene Aufgaben. Für kaufmännische Belange bleibt der kaufmännische Zirkel zuständig. Jedoch ist dieser nicht weisungsbefugt, sondern hat lediglich die Aufgabe, das Wissen an die Zirkel zu vermitteln, die dann selbst über das entscheiden, was ihren Zirkel betrifft. Entscheidungen treffen also die Zirkel, holen sich dafür nötiges Wissen aber aus den anderen Zirkeln.

Die Holakratie ähnelt in ihren Grundzügen der Soziokratie, die bereits in den 1970er Jahren in Europa entstanden ist. Die Soziokratie ist weniger stark formalisiert. Sie beruht aber ebenso auf dem Grundsatz der Selbstorganisation und Teamentscheidung und ist in diesem Sinn auch als agiler Unternehmensführungsansatz zu begreifen. Sie fußt auf dem Prinzip von Entscheidungen, die „gut genug" sind und gegen die keiner ein starkes Argument einbringen kann. Sie legt also nicht die konsensorientierte Entscheidung zugrunde, sondern die des so genannten „Konsents". Die Teams verabschieden in der Soziokratie Vorhaben, denen keiner wirksam widersprechen kann. Allgemeine Zustimmung in Form einer demokratischen Abstimmung ist aber auch nicht nötig. Dies vermeidet das Zerreden und verhindert auch „weichgespülte" Kompromisse.

3.1.7.1 Die wichtigsten acht Fragen und Antworten zur Holakratie

Folgende Fragen und Antworten zur Holakratie sind in meinem Blog erschienen. Ich habe sie für diese Veröffentlichung etwas erweitert und ergänzt. Zugrunde liegt das Buch von Brian Robertson „Holacracy: The revolutionary management system that abolishes hierarchy", das 2015 erschienen ist [18]:

1. Was ist Holakratie?
Robertson nennt die Holakratie „an Operating System upgrade", also ein „Upgrade für ein Betriebssystem" und das beschreibt es treffend. Dieses Bild sagt auch, dass Holakratie bei näherer Betrachtung keineswegs so revolutionär ist, wie viele glauben, die sich immer freuen, wenn eine neue Kuh durchs Dorf flitzt. Tatsächlich ist Holakratie nichts anderes als eine neue Managementversion, die auf Altem aufsetzt. Sie ist weit weniger revolutionär, als es der Erfinder Robertson an anderer Stelle behauptet. So finden sich

in der Holakratie viele Elemente aus der Soziokratie, die bereits in den 1970er Jahren erfunden wurde.

2. Wie und wo muss ich Holakratie einordnen?
Holakratie ist eine neue Organisations- und auch Managementtheorie. Sie besagt, dass in Zeiten von Unsicherheit und Unplanbarkeit der Prozess im Mittelpunkt steht und nicht die inhaltliche „Wahrheit" oder eine Person. So spielen in der Holakratie auch keine Personen mehr eine Rolle – sondern Rollen, die von Personen ausgefüllt werden. Hier hinein fügt sich der aktuelle Trend, der deutlich weg vom Ich ins Wir führt, von der individualistische Mach-dein-Ding-Mentalität der früher 2000er Jahre in eine kooperative Haltung des „alle ziehen an einem Strang". Der Begriff fügt sich auch in die derzeitige Entwicklung hin zu agilem Management ein. Agilität, bis vor Kurzem lediglich eine Projekt- oder Prozessmanagementmethode, wird dabei mehr und mehr zu einem neuen Unternehmensführungsstil und zu einem Führungskonzept. In diesen Kontext passen Stichworte wie „Führung von unten" und CEOs, die ihre Führungsaufgaben ad acta legen oder sich wählen lassen. Auch die Netzwerkorganisation mit ihren autonomen Zellen, die letztendlich ebenfalls „Holons", also sich selbst erhaltende Ganzheiten sind, würde ich als Teil dieses Trends sehen. Und natürlich die so genannte „New Work", die auf dem Gedanken des „Flows" aufbauend eine Zukunft der Arbeit definiert, in der Menschen freiwillig und aus Freude ihre Jobs machen.

3. Warum wurde die Holakratie erfunden?
Ich zitiere Robertson [18] „The industrial-age paradigm operates on a principe I call predict and control: they seek to achive stability and success through upfront planning, centralized control, and preventing deviation.… Ogranizations were not buit for these kind of changes." Holakratie setzt also im Wissenszeitalter der Unplanbarkeit an, in dem klassische Management- und Planungsmethoden versagen.

4. Wie arbeitet es sich in einer Holakratie?
Holakratie bedeutet, dass ein Unternehmen anders strukturiert und geführt wird, als wir es kennen. Es entscheidet kein Management, sondern einzelne Zellen und Circle. Statt Jobtiteln gibt es Rollen. Eine Person kann dabei mehrere Rollen innehaben. Die „Funktion" in einem klassischen Unternehmens ist damit aufgelöst. Niemand ist mehr kaufmännischer Manager, sondern er hat die Rolle „Finanzen", die A, B und C beinhaltet. Innerhalb dieser Rolle besitzt er die Autonomie zu entscheiden, was er tut, solange dabei keine andere Domain verletzt wird.

Die Domain (Bereich), Purpose (Zweck, aber auch Ziel) und Accountability (Verantwortlichkeit) beschreiben die Eckpunkte, in denen eine Rolle agieren darf. Bewusst trennt Robertson zwischen „role" und „soul". Zuständig ist nicht der Manager X, sondern die Rolle für X. Dadurch soll der übliche Ego- und Status-Ballast aus den Unternehmen verschwinden.

Statt Hierarchien agieren Zellen und Circle. Mehrere Rollen bilden einen Circle. Es kann auch einen Subcircle geben und einen Supercircle. Der Subcircle umfasst beispielsweise die Rollen in Social Media, der Circle das Online-Marketing und der Supercircle das gesamte Marketing. Das erinnert Sie an Team, Abteilung und Bereich? Richtig. Nur dass Robertson diese nicht übereinander, sondern nebeneinander anordnet und jeder Circle eigene Entscheidungen trifft.

Es gibt keine höhergestellten Circle. Damit alle Circle gleichzeitig autonom sind und miteinander verzahnt, schafft die Holakratie neue Job- bzw. Rollenprofile. So ist der „Rep Link" ein aus der Zelle gewählter Vertreter, der diese nach außen in die anderen Zellen repräsentiert, bildlich gesehen die Zellmembran durchbricht. Der „Lead Link" ist eine (bestimmte, nicht gewählte) Führungskraft, die aber kein Manager im bekannten Sinn ist. Sie ist allein dazu da, dafür zu sorgen, dass Prozesse eingehalten werden.

Eine besondere Rolle kommt dem Facilitator zu. Facilitators sind Moderatoren, die nur dem Prozess dienen. „They serve the game and not the players", sagt Robertson. Er meint damit, dass deren Aufgabe ist, auf die Einhaltung der Regeln zu achten, sonst auf nichts. Deshalb steht auch keine Evaluierung des Moderators auf dem Programm – es geht nicht um seine Person, sondern zum Beispiel nur darum, ob er den Prozess einer Vorschlagsannahme oder -ablehnung regelkonform moderiert.

5. Woher kommt der Begriff Holokratie?
Den Begriff hat Brian Robertson geprägt. Es ist seine Erfindung. Und er nutzt dies kommerziell, indem er zum Beispiel Lizenzen zur Ausbildung vergibt. Das ist legitim, sollte man aber im Kopf behalten. Wer etwas entwickelt hat und damit Geld verdient, wird schneller blind für Gegenargumente. Ob er dabei von kommerziellen oder wissenschaftlichen Interessen getrieben ist – mir scheint das oft auf dasselbe hinauszulaufen.

6. Wofür steht Holocracy?
Der Begriff Holarchy geht zurück auf den Literaten Arthur Köstler mit seinem Buch „The ghost in the machine" [11]. Eine Holarchie nach Köstler besteht aus Holons, also autonomen, sich selbst erhaltenden Einheiten. Wer jetzt an Ken Wilber und die integrale Theorie denkt, liegt richtig. Inhaltlich gibt es klare Überschneidungen. Das -cracy ist ein Köster Wortbestandteil, wie er auch in „democracy" oder „autocracy" vorhanden ist. Er signalisiert letztendlich, dass wir hier mit etwas Staatsähnlichem zu tun haben sollen, das deklariert, eine Konstitution zu haben. In dem Zusammenhang verwendet Robertson immer wieder den Begriff Governance, der oft mit Staats-, aber auch Unternehmensführung übersetzt wird und eine Steuerungs- und Regelungsfunktion meint.

7. Wie bekannt ist Holocracy?
Google Trends fördert zutage, dass dieser Begriff im deutschsprachigen Raum derzeit noch keinerlei Medienrelevanz hat. Aber international ist das komplett anders. Die Holacracy-Kurve steigt seit Mitte 2013 immer weiter an. Man muss kein Prophet sein, um vorherzusagen, dass die Welle nach Deutschland schwappen wird …

8. Ist Holakratie hierarchielos?
Nicht wirklich. Zwar gibt es keine Chefs mehr, aber z. B. mit den Lead Links und Facilitators durchaus eine Art „Wächter". Die Prozesse sind jedenfalls klarer geregelt als in jedem traditionellen Unternehmen. Dort ist wenig prozessualer Freiraum vorhanden. Doch genau da liegt der Unterschied: Der Prozess ist geregelt – nicht der Inhalt. Die Holakratie sagt also kleinteilig, WIE etwas zu tun ist, aber nicht WAS. Durch den Versuch, über die Rollen den Mensch aus der Schusslinie zu nehmen, gleich ob Manager oder Mitarbeiter, wird alles versachlicht. Ich habe Zweifel, ob diese Versachlichung wirklich vor den typischen menschlichen Konflikten und Reibereien schützen kann. Denn letztendlich ist es immer noch Klaus, der den blöden Kommentar im Forum von X geschrieben hat – und nicht seine Rolle. So interessant solche radikalen agilen Konzepte sind – sie sind sicher kein Allheilmittel.

3.2 Stufenmodell der Führung

Die unterschiedlichen Führungsmodelle, die ich vorgestellt habe, lassen sich in ein sechs Stufen umfassendes Modell fassen, das verschiedene Facetten als aufeinander aufbauendes Kontinuum beschreibt. Es beginnt mit der autoritären Führung im diktatorischen Alleinherrscherstil und endet mit der agilen Führung in kompletter, konsequenter Selbstorganisation, die keine Führung mehr braucht. Wenn Sie die agilen Ansätze betrachten, so ordnen sich diese in Stufe 5 und 6 ein. Stufe 6, die konsequente Selbstorganisation, bildet sich in der aktuellen Strömung der Holakratie ab, in der dezentralisierte Teams komplett eigenständig entscheiden und Führungsaufgaben in Rollenzuschreibungen verankert sind, nicht jedoch in Personen.

Das Stufenmodell der Führung in Abb. 3.1 zeigt, wie sich Führung von verschiedenen Standpunkten aus aufeinander aufbauen entwickeln kann. Sie erkennen, dass Stufe 5 und 6 rollenbasiert sind. Ab hier handelt die Führungskraft also nach einem Kodex und klaren Regeln – das ist im ursprünglichen Sinn agil. Sie füllt nicht mehr eine Position gemäß ihrer Persönlichkeit aus, sondern eine Rolle, die vom Unternehmen definiert ist.

▶ Tipp: Orten Sie, wo Sie als Unternehmen stehen und entwickeln Sie Ihre Führungskräfte immer nur in die nächste Stufe!

Stufe 5 begrenzt die Selbstorganisation thematisch auf Verantwortungsbereiche. Die Ziele sind von außen gesetzt. Dies ist das Modell, das die Hamburger Firma Ministry lebt, die ich im letzten Teil dieses Buches vorstelle: Die Teams entscheiden selbst, etwa über Kunden, mit denen sie zusammenarbeiten wollen, sowie über Mitarbeitereinstellungen und die Software, die sie verwenden. In betriebswirtschaftliche sowie strategische Entscheidungen sind sie eingebunden (partizipativ laut Stufe 4), die Entscheidungen treffen jedoch jene, die kompetent darin sind. COO Torsten Oltmanns sagt etwa, Betriebswirtschaft sei nicht ohne Grund ein ganzes Studium. Man wolle Mitarbeiter gern mehr

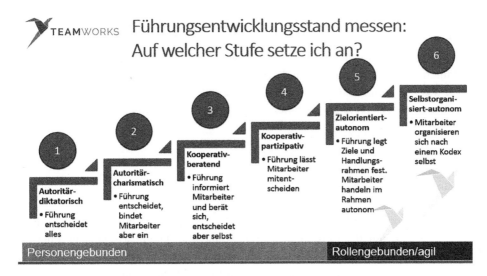

Abb. 3.1 Führungsentwicklungsstand messen

involvieren, dies erfordere jedoch bei diesen betriebs- und finanzwirtschaftliche Grundkenntnisse, die man in Zukunft den Mitarbeitern zu vermitteln gedenke.

▶ Wo stehen Sie, wenn Sie das Modell betrachten? Es sagt etwas über Ihre künftige Marschrichtung aus. Verstehen Sie diese Stufen als eine Art Regler, den Sie verschieben können, je nachdem, wo Sie gerade stehen. So werden Sie kaum von Stufe 1 auf Stufe 5 springen, wohl aber von Stufe 4 auf 5 oder von 5 auf 6.

3.3 Führung im globalen Kontext

Wäre ein autokratisch regierender Adenauer heute noch denkbar? Wahrscheinlich nicht. Der Anspruch an Führung hat sich im Laufe der Jahre gewandelt, wie wir bereits gesehen haben, parallel zu gesellschaftlichen Entwicklungen und Hand in Hand mit der Globalisierung und Internationalisierung der Märkte. Was Führungskonzepte vorsehen, haben Sie gelesen. Aber was wünschen sich Mitarbeiter auf der ganzen Welt?

Wenig überraschend: Es ist die starke Führungsperson, die Menschen weltweit bevorzugen – keine graue Maus. Nur dass diese menschlich und zugewandt sein sollte. Jemand, der mittendrin ist, die Richtung vorgebend, aber interessiert an seinen „Schäfchen" und mit ihnen auf Augenhöhe. Vielleicht ein wenig wie Papst Franziskus.

Dabei gelten global teilweise einheitliche und sich überschneidende Ideale. So sind es die menschen- und teambezogenen Führungsstile, die Menschen weltweit bevorzugen. Das ist ein Ergebnis der GLOBE-Studie von House et al., die er seit den 1990er Jahren durchführt und im Jahr 2004 erstmals umfassend veröffentlichte [8]. Spätere, auf

GLOBE aufbauende Untersuchungen ergaben, dass es einen positiven Zusammenhang zwischen den Führungsattributen der Studie und Unternehmenserfolg gibt.

Robert House führte zuvor 61 länderspezifische Untersuchungen von Kultur und Führung durch. Dabei definierten er und sein Team Führung als Wahrnehmungsphänomen: Sie ist, was der Geführte in ihr sieht. GLOBE arbeitete sechs generalisierbare Führungsdimensionen heraus. Zwei davon gelten universell, vier sind kulturspezifisch.

Die universellen Führungsstile sind

1. Charismatische Führung
2. Teamorientierte Führung

Die universell positiv bewerteten Dimensionen umfassen vor allem Merkmale, die für das Fördern individueller Leistung von Bedeutung sind. Die charismatische Führungskraft motiviert und ermutigt. Sie ist leistungsorientiert, vertrauenswürdig, ehrlich, gerecht. Die teamorientierte Führungskraft fördert Teamleistung, entwickelt Teams, kommuniziert, kooperiert und organisiert.

Die kulturspezifischen Führungsdimensionen sind die folgenden:

1. Partizipativ, also teilhabend
2. Humanorientiert (menschenorientiert-altruistisch)
3. Autonomieorientiert (Betonung von Individualismus und Unabhängigkeit)
4. Hierarchie-/Autoritätsorientiert

Dies bedeutet: Es gibt die Kulturkreise verbindende Elemente. Aber was gute Führung sonst noch ausmacht, ist von Land zu Land unterschiedlich. Die autonomieorientierte Führung ist nur in wenigen Kulturkreisen anerkannt, darunter auch in Deutschland. Sie reibt sich besonders mit den agilen Ansätzen, die das Wir in den Vordergrund stellen.

Individualismus kommt bei uns in Deutschland oft noch besser an, ebenso die damit verbundene Orientierung an Einzelleistung. An Humanorientierung dagegen fehlt es; hier liegt Deutschland unter dem Median der anderen Länder. Humanorientierung ist aber im Kommen, auch dies ist eine Folge des steigenden Selbstbewusstseins von Angestellten, speziell der sogenannten Generation Y, aber auch das Ergebnis von diversen Studien, die die positive Wirkung einer Humanorientierung auf das Arbeitsklima bestätigen. Bei der Personalauswahl werden dennoch immer noch Führungskräfte als gut bewertet, die vor allem gute Fachkräfte sind – in Irland dagegen spielt das große Herz einer Führungskraft eine weitaus größere Rolle als bei uns.

Es existieren auch Führungsmerkmale, die weltweit abgelehnt werden. Dazu gehören Persönlichkeitsmerkmale wie Narzissmus, Arroganz oder „Gesichtswahrerqualitäten".

Felix Brodbeck, der zu dem Thema an der LMU München forscht, schreibt dazu fest: „Stellt man sich die Frage, ob effektive Führung stärker von gesellschaftskulturellen oder von geschäftlichen Faktoren abhängt, so zeigen die GLOBE-Daten, dass effektive Führung wesentlich stärker (in statistischer Effektstärke ausgedrückt ca. 10-mal so stark!)

von gesellschaftskulturellen als von geschäftlichen bzw. branchenspezifischen Faktoren abhängt" [5].

Insgesamt entsprechen die Leitfiguren, denen Menschen gern folgen, keinem einheitlichen Schnittmuster. Es können außergewöhnliche Persönlichkeiten, aber auch besonders menschenfreundliche „Normalos" sein, die gern Verantwortung übernehmen.

Die wichtigste Botschaft damit: Über einen Kamm scheren lässt sich Führung nicht. Sie hat maßgeblich auch mit gesellschaftskulturellen Prägungen zu tun. Agil führen bedeutet auch, dies zu berücksichtigen.

3.3.1 Verschiedene Länder, verschiedene Führungssitten

Wie unterscheidet sich die Haltung zur Führung in verschiedenen Ländern? Dieser Aspekt ist zentral in einer Zeit, in denen Unternehmen immer heterogener werden und Einflüsse aus unterschiedlichen Kulturkreisen unterliegen. „Ich kann nicht mit den US-Amerikanern" oder „in einem koreanischen Unternehmen – nie wieder", so etwas höre ich immer wieder. Es sagt vor allem: Der Einfluss ist nicht zu verleugnen und Führung muss in der Lage sein, verschiedene Strömungen zu erkennen und zu integrieren.

Wie Führung wahrgenommen wird, hat viel mit der kulturellen Prägung zu tun. Hierbei gibt es weltweit Unterschiede. Welche dies sind, hat die GLOBE-Studie ebenfalls herausgearbeitet:

- **Unsicherheitsvermeidung:** Inwieweit versuchen die Personen einer Gesellschaft, Unsicherheit und unvorhergesehene Situationen zu vermeiden? In Deutschland, Schweden, China, in den Niederlanden ist diese sehr weit verbreitet, weniger in der Türkei und in Argentinien. Länder mit hoher Unsicherheitsvermeidung legen entsprechend mehr Wert auf Planung und Vorhersagen.
- **Machtdistanz:** Tolerieren die Menschen Unterschiede in Macht und Hierarchie? In Deutschland sind die Werte relativ gesehen höher als in Dänemark, den USA und sogar Japan. Am höchsten ist die Toleranz in Thailand, der Türkei und Spanien. Länder mit hoher Machtdistanz akzeptieren eher, dass einer das Sagen hat. Mitarbeiter bevorzugen hier eine Führungskraft, die den Kurs klar vorgibt und entscheidet.
- **Kollektivismus 1:** Wie ausgeprägt ist das kollektivistische Verständnis, also das Verständnis dafür, Arbeit als Gemeinschaftsprodukt zu sehen? In Deutschland ist dieser Grad sehr niedrig im Vergleich zu Schweden, Japan, China, den Niederlanden und sogar den USA. Folge ist, dass in Ländern mit hohem Kollektivismus Teamarbeit wirklich hoch bewertet wird, wohingegen in jenen mit niedrigem Kollektivismus – die Individualismus hoch bewerten – Teamarbeit oft als mehr „Schein als Sein" wahrgenommen wird.
- **Kollektivismus 2:** Stolz, Loyalität und Gruppenzugehörigkeit – ist das wichtig? Hier steht Deutschland vornean, was zeigt: Zusammengehörigkeit und Identifikation mit der Gruppe ja, aber (siehe Kollektivismus 1) direkte Kooperation eher nicht. In China, Mexiko und Singapur ist die Gruppenzugehörigkeit aber noch wichtiger. Folge ist, dass Länder mit hohem Kollektivismus 2 es wichtiger finden, sich mit Unternehmen oder Gruppen identifizieren zu können, als an gemeinsamen Produkten zu arbeiten.
- **Geschlechtergerechtigkeit:** Überraschend ist, dass die Geschlechtergerechtigkeit gut ausgeprägt in Polen und Schweden ist, aber schlecht in der Türkei, Spanien und Deutschland. Die Folge ist, dass in Ländern mit niedriger Geschlechtergerechtigkeit die Chancen ungleich verteilt sind.

- **Zukunftsgerichtetheit:** Inwieweit sind Mitglieder einer Gesellschaft an der Zukunft ausgerichtet und planen für sie? Deutschland hat relativ hohe Werte, aber weniger als die Niederlande. Wenig zukunftsgerichtet die Polen. Zukunftsgerichtete Kulturen legen ihr Augenmerk eher auf das Morgen als auf das Heute, also auf Ziele, Planung, Strategien.
- **Bestimmtheit:** Diese Dimension beschreibt, inwiefern eine Gesellschaft Menschen ermutigt, bestimmt und direkt aufzutreten. Deutschland liegt hier weit vorne, am anderen Ende der Skala ist Japan. Viele interkulturelle Konflikte erklären sich aus der deutschen Bestimmtheit. Durchsetzungsvermögen, klare Aussagen und Direktheit werden hoch bewertet – in anderen Ländern sind solche Verhaltensweisen eher verpönt.
- **Leistungsorientierung:** Hier geht es um den Grad, zu dem individuelle Leistung belohnt wird. Deutschland liegt im Mittelfeld, vorne ist Italien, weiter hinten Singapur. Hohe Leistungsorientierung, geringer Kollektivismus bedeutet auch wenig Belohnung von Zusammenarbeit und Kooperation.
- **Humanorientierung:** Fair, altruistisch und großzügig sein – in humanorientierten Ländern wird das hoch bewertet. Hier hat Irland zum Beispiel deutlich höhere Werte als Deutschland.

Die GLOBE-Studie ist inzwischen schon etwas in die Jahre gekommen. Sie zeigt aber recht stabile Tendenzen, die auf Werthaltungen basieren, die sich normalerweise nur sehr langsam ändern. Dass in Deutschland die Neigung zur Kooperation weniger weit fortgeschritten ist als in manchen anderen Ländern ist wohl unverändert der Fall. Immer noch herrscht in vielen Köpfen die Annahme, dass man sich am Ende doch durchsetzen muss. Ein Grund dafür dürfte in der Autonomieorientierung der Deutschen liegen. Teamarbeit sei oft nur vorgeschoben, interpretieren viele. Am Ende komme der voran, der sich am besten durchsetzt. Das ist eine besondere Herausforderung für eine Führung, die sich als Teamentwicklung versteht.

GLOBE zeigt auch: Diversität in Teams ist wichtig, aber zu große Unterschiede können die Gräben unüberbrückbar machen. So ist es leichter, mit nur zwei unterschiedlichen Kulturen zu arbeiten als mit drei oder vier. Je unterschiedlicher die Kulturen, desto mehr persönliche Reife erfordert diese von der Führungskraft und den Mitarbeitern. In einem agilen Team wird sich das nicht anders auswirken als in einer klassischen Abteilungsstruktur, mit dem Unterschied, dass im agilen Kontext Zusammenarbeit essenziell ist. Jemand mit einem niedrigen Kooperationswertverständnis, der im Grunde tief davon überzeugt ist, dass es wichtiger ist, unabhängig zu denken und handeln, als zusammenzuarbeiten, ist ungeeignet, in diesem Konzept eine Führungsaufgabe zu übernehmen.

Führung im agilen Kontext fordert vielmehr eine besondere Reife, aus der heraus es möglich ist, diese sehr unterschiedlichen kulturellen Werthaltungen zu integrieren. In diesem Zusammenhang ist der Blick auf die Ich-Entwicklung zentral, der nun folgt.

3.4 Psychologischer Blick auf Führung

Wo steht das Unternehmen in seiner Entwicklung – und wo die Führungskraft, der Mitarbeiter und das Team insgesamt? Diese Aspekte sind entscheidend für die Frage, wie viel und welche „Agilität" ein Unternehmen oder ein Team vertragen kann.

Entwicklungspsychologische wie generell psychologische Aspekte spielen aber in der Literatur zur Agilität bisher keine Rolle. Dabei sind sie so wesentlich für das Verständnis von agiler Führung wie systemische Ansätze. Das mag an der Herkunft der Protagonisten liegen: Es sind meist Informatiker, Betriebswirte und Kaufleute, einige haben einen Background in den Naturwissenschaften.

Der Blick auf den Menschen und seine Reifung ist ein psychologischer und aus den genannten Perspektiven deshalb kein logischer. Zwar wird gewöhnlich die Systemtheorie als Allheilmittel für aktuelle Dilemmata zitiert, jedoch ohne den Blick auf den Menschen zu integrieren. Auch gruppendynamische Themen kommen zur Sprache, jedoch eher an der Oberfläche. Es besteht vielmehr die weitverbreitete Annahme, dass es nur die richtigen Werkzeuge und Motivation in Form von Überzeugung und persönlicher Haltung seitens der Führungskraft brauche, um Agilität einzuführen oder einfach nur das Umfeld geändert werden müsse, etwa der Raum. Bezogen auf die Haltung ist das sicher richtig, jedoch wird diese eher einseitig als Einstellung interpretiert. Haltung resultiert aber aus einem persönlichen Reifungsprozess und kann nicht in einer Trainingsmaßnahme eingeimpft werden.

In vielen Konzernen gab es in den letzten Jahren Projekte für agiles Arbeiten, das in Form von Piloten, Laboren (Labs) und Kapselungen stattfand. Das bedeutet, dass Gruppen von Mitarbeitern eine neue Arbeitsform abgeschieden von den anderen ausprobieren durften, oft auch in besonders ausgestatteten Räumen. Diese Projekte waren oft Leuchttürme, weil ihr Erfolg so weit ausstrahlte.

Mit mehr psychologischem Verständnis wüsste man, dass sie kein Garant für das Gelingen von Vorhaben in anderen Bereichen und im ganzen Unternehmen sind. Der Erfolg dieser Projekte ist nicht eins zu eins in eine Zukunftsprognose zu übersetzen. Pilotprojekte in Unternehmen ziehen immer diejenigen an, die ohnehin schon dynamischer und entwicklungsbereiter sind als andere. Solche Pilotprojekte steigern dadurch, dass sie im Mittelpunkt der Aufmerksamkeit stehen, Anstrengung und Engagement bei allen Mitarbeitern und den Führungskräften.

Die Beobachtung von außen, etwa durch die Medien, aber auch durch die Geschäftsführung oder den Vorstand, führt automatisch zu mehr Schwung bei den Betroffenen – alle Augen sind schließlich auf sie gerichtet. Viel mehr Hindernisse tauchen auf, wenn es gilt, agile Ansätze ins ganze Unternehmen einzuführen und diese, mehr noch, über Jahre zu leben und weiterzuentwickeln. Oft sinkt die Anfangsdynamik dann schnell. Bei der Übertragung neuer Ideen in den größeren Kontext treten dann Probleme auf, mit denen vorher niemand gerechnet hatte. Der Blick durch die entwicklungspsychologische Brille würde offenbaren, dass ein Gros der Führungskräfte den Wandel gar nicht transportieren kann. Auch die Mitarbeiter sind nicht so weit.

Nicht jede Führungskraft und jedes Team ist zu jeder Zeit und auf gleiche Art und Weise in der Lage, agile Werte zu verinnerlichen, und dementsprechend nicht in der Lage, diese weiterzugeben. Und nicht jeder Mitarbeiter kann agile Werte auf die gleiche Art und Weise annehmen. Das hat ganz entscheidend mit dem persönlichen Entwicklungszustand zu tun. Agile Werte verlangen einen „höheren" Entwicklungszustand – schauen Sie zurück in mein Stufenmodell, so muss vorher bereits eine kooperativ-partizipative Führung üblich gewesen sein, und damit auch ein bestimmtes Werteverständnis.

3.4.1 Entwicklungspsychologie

Warum scheitern so viele in ihren Versuchen, agiler zu werden? Der Glaube an die schnelle Entwicklungsfähigkeit von Menschen ist groß. Dies kommt meiner Einschätzung nach auch daher, weil Agilität in einem Umfeld entstanden ist, das weiter entwickelt ist als andere. Die dortigen Mitarbeiter, in der Regel Informatiker, Wirtschaftsinformatiker, Wirtschaftswissenschaftler sind gewohnt, differenziert zu denken und unterschiedliche Perspektive nicht nur wahrzunehmen, sondern auch zu akzeptieren, ja wertzuschätzen. In anderen Branchen ist der Entwicklungsstand oft geringer. Dies ist übrigens völlig unabhängig von Ausbildung und Intelligenz zu sehen. Dabei sind vertikale und horizontale Entwicklung zu unterscheiden. Eine lange Ausbildung zielt auf eine horizontale Entwicklung. Das erklärt, warum Menschen drei Studienabschlüsse und Doktortitel haben können und dennoch in einer niedrigen Stufe der Persönlichkeitsentwicklung verhaftet sind. Viele unterschiedliche Erfahrungen fördern dagegen die vertikale Entwicklung - also die Reife.

Damit agile Werte greifen können, muss ein konstruktivistisches Denken, das davon ausgeht, dass jeder Mensch sich seine Wirklichkeit selbst bildet und es Objektivität nicht gibt, bereits ausgebildet sein. Ausgebildet sein heißt dabei mehr als „darüber Bescheid wissen". Es gibt eine nicht geringe Zahl von Menschen, die sehr gut über viele Dinge Bescheid wissen und mit ihrem Know-how zu Konstruktivismus und Systemtheorie in Masterarbeiten sogar eine gute Note erzielen könnten. Verinnerlicht haben sie die behandelten Themen aber trotzdem nicht.

Im konstruktivistischen Denken kann es keine Wahrheit geben, sondern nur eine eigene Sicht auf die Welt. Jemand, der diese Überzeugung lebt, kann nicht mehr davon ausgehen, dass andere so denken, handeln und fühlen wie er selbst. Er ist auch über die Phase hinaus, in der das Bewusstsein, dass Menschen unterschiedlich denken, das Selbst erschüttert (diese Phase ist Teil eines notwendigen Reifeprozesses!). Von da ist es ein kurzer Weg zu einer wirklich dialektischen Sicht. Diese geht davon aus, dass kein Teil ohne sein Gegenteil gedacht werden kann, Ordnung also nicht ohne Flexibilität, Unabhängigkeit nicht ohne Verbundenheit, Sicherheit nicht ohne Risiko.

Wer dies begreift, geht fast automatisch wertschätzender mit den Perspektiven und Meinungen anderer Menschen um. Doch nur sehr wenige Menschen sind wirklich und aus tiefer Überzeugung dazu bereit, die absolute Mehrzahl belässt es beim Lippenkenntnis oder bestreitet das gleichberechtigte Nebeneinander von unterschiedlichen Sichtweisen. Deshalb fällt die Einführung agiler Prinzipien oft so schwer - es gibt zu viele, die sie als "wahr" ansehen oder eben "falsch" und zu wenige, die das sowohl-als auch anerkennen.

Betrachten Sie einmal gedanklich Ihr Umfeld: An wie viele Menschen erinnern Sie sich, die wirklich verschiedene Wahrheiten akzeptieren? Die einen Standpunkt haben, aber diesen immer wieder revidieren, wenn sie neue Informationen bekommen? Die auch Menschen wertschätzen, die ganz anders sind als sie selbst? Die das Andere sogar als Ergänzung zu sich sehen? Die sich vom Können anderer nicht bedroht sehen?

3.4 Psychologischer Blick auf Führung

Die meisten Menschen halten an „wahr" und „falsch" fest, auch jene, die eine systemische Coachausbildung haben, die das eigentlich verbieten müsste. Je eher Menschen jedoch im Schwarz-Weiß-Denken verhaftet sind, desto weniger werden sie mit agilem Gedankengut etwas anfangen können. Sie werden es im Zweifel mechanistisch auslegen, als einzige Wahrheit interpretieren. Damit aber wäre die Grundidee ad absurdum geführt. Diese basiert gerade auf integrierten Gegensätzen, etwa zwischen Flexibilität und Regelorientierung!

Kurzum: Wer agile Ideen fördern und Selbstorganisation ermöglichen will, muss mit Menschen arbeiten, die bereit sind, eigene Werte, Vorstellungen und Ziele auf den Prüfstand zu stellen. Solche Menschen müssen die Komplexität von Situationen akzeptieren, Respekt vor individuellen Unterschieden haben und die Schatten der subjektiven Wahrnehmung mindestens reflektieren können. Sie müssen mit Konflikten konstruktiv umgehen können, statt in Entweder-oder- in Sowohl-als-auch-Kategorien denken.

▶ **I and Me** Der Entwicklungspsychologie William James, auf dessen Arbeiten die Gestalttherapie fußt, unterschied zwischen dem Ich und dem Selbst, also dem I und dem Me. Das Ich spiegelt den inneren Bewusstseinsfluss, das Selbst die reflektierbare Identität, die aufgrund von Interaktionen wächst. Je größer diese reflektierbare Identität, desto entwickelter ein Mensch. Dadurch rückt das Selbst an das Ich. Das hört sich zunächst widersprüchlich an, ist aber dadurch erklärbar, dass durch die Erkenntnis der Interaktionen und Beziehungen zur Außenwelt das Bewusstsein für das Ich ebenso steigt wie das für das Selbst. Genau das macht Reife aus.

3.4.2 Entwicklungsstufen nach Loevinger

Jane Loevinger, deren Ideen auf James basieren, untersuchte 40 Jahre lang den Verlauf von menschlichen Entwicklungen. Ihr Verdienst liegt darin, dass sie in ihrer mehr als 40-jährigen empirischen Arbeit sich wiederholende Muster in der persönlichen Entwicklung von Menschen erkannte. Sie schloss daraus, dass das Ich vor allem ein Prozess sei und nicht ein feststehendes Ding.

Ihre daraus entstandenen Ich-Entwicklungsstufen bezeichnet sie etwas uncharmant mit E1 bis E9. Ein weiterer Psychologe, Kohlberger, untergliederte diese Stufen in Ebenen: die vorkonventionelle, die konventionelle und die postkonventionelle. Der Loevinger-Ansatz zeichnet einen logischen Ablauf der Entwicklung nach, der sich ähnlich auch in anderen Modellen spiegelt, etwa dem Graves-Modell, das später als Spiral Dynamics bekannt wurde.

Nur sehr wenige Menschen erreichen die postkonventionelle Stufe, die durch die Fähigkeit gekennzeichnet ist, Mehrdeutigkeit und systemisches Denken zuzulassen. Die meisten sind sehr in einer Haltung verhaftet, in der sie nach Anpassung und Akzeptanz durch andere suchen und diejenigen Werte verkörpern, die ihre ausgewählte „Gruppe" vertritt. Das ist es letztendlich ja auch, wonach Unternehmen streben. Höher entwickelte Individuen sind innerlich unabhängiger. Sie werden eher eigene Positionen vertreten. Auch ihre Sprache ist komplexer und vielschichtiger. Da sie jedoch ein Verständnis für Unterschiede haben, können sie sich verschiedenen Sprachebenen anpassen. Dies erklärt, warum die aktuelle Stufe der Ich-Entwicklung letztendlich anhand von Satzbau und Sprache erkennbar ist. Der Test WUSCT von Loevinger – Washington University Sentence Completion Test [13] – besteht nur aus Satzanfängen. Aus der Art und Weise der Vervollständigung lässt sich die Entwicklungsstufe erkennen. Auch das IE-Profil von Thomas Binder (siehe Interview im letzten Teil des Buchs) folgt diesem verbalen Ansatz. Testauswertungen sind dadurch sehr komplex und nur von Fachleuten, also speziell ausgebildeten Beratern, die bereits einen höheren Reifegrad erreicht haben [4], zu bewältigen.

Nach Loevinger liegen jeder Stufe vier Bereiche der Ich-Entwicklung zugrunde [3]:

- **Charakter:** Wie unabhängig von der Meinung, dem Einfluss und den Erwartungen anderer können Sie handeln? Höhere Stufen (>6) entwickeln Selbstregulierung und eigene Maßstäbe. Mittlere Stufen orientieren sich an anderen.
- **Interpersoneller Stil:** Wie gut können Sie mit Menschen umgehen, die andere Perspektiven und Meinungen haben als Sie? Höhere Stufen akzeptieren die Autonomie anderer zunehmend. Mittlere haben Probleme damit, andere Wahrheiten wirklich anzunehmen.
- **Bewusstseinsfokus:** Wie gut können Sie und Ihre Teammitglieder die eigenen inneren und äußeren Bewusstseinsprozesse gemeinsam wahrnehmen und in Handlung übersetzen? Höhere Stufen denken und handeln entwicklungsorientierter, sie wollen sich entwickeln und wollen lernen. Sie können demzufolge auch mit Kritik konstruktiv umgehen.
- **Kognitiver Stil:** Inwieweit steuern Sie feste Annahmen und Überzeugungen? Höhere Stufen denken und handeln multiperspektivisch. Sie wissen, dass es nicht nur eine Wahrheit gibt und optimale Ergebnisse durch unterschiedliche Perspektiven zustande kommen.

Laut Thomas Binder (2015) konnten Loevingers und Kohlbergs Annahmen in über 300 Forschungsstudien weltweit erforscht, verfeinert und immer wieder bestätigt werden. Persönliche Reife besteht also nicht nur im Lernen bestimmter Fähigkeiten, sondern auch in der Veränderung von Charakter, interpersonellem Stil, Bewusstseinsfokus und kognitivem Stil. Diese vier Bereiche der Persönlichkeit sagen mehr über das Führungsverhalten aus als Eigenschaften. Das Verharren auf einer Stufe ist wesentlich auch dadurch bedingt, dass keine Anregung von außen erfolgt. Die Dynamik ihrer Entwicklung hat auch viel mit Menschen zu tun, denen Sie begegnen oder nicht. Mit Büchern, die Sie lesen. Mit Beratern, von denen Sie sich beraten lassen. Mit Coachs, die Sie coachen. Denn wer Menschen ausbildet und fördert, sollte ihnen mindestens eine Entwicklungsstufe voraus sein.

3.4 Psychologischer Blick auf Führung

Letztendlich gewinnt ein Mensch immer mehr Freiheitsgrade für sein eigenes Denken, Fühlen und Handeln. Dies erlaubt es ihm, einfacher mit Komplexität umzugehen, weshalb sich hier der Kreis zur agilen Welt schließt.

Loevinger-Forscher Binder unterscheidet dabei zwei große Etappen [3]:

- Die Reise zum eigenen Ich als Freiheit von anderen (E4–E6)
- Die Reise vom eigenen Ich als Freiheit von mir selbst (E6–E8)

Loevingers Stufenmodell umfasste ursprünglich neun Stufen, wurde dann aber auf zehn erweitert, da sich mit jeder Stufe neue Möglichkeiten eröffnen. Wenn Sie bereits mit Spiral Dynamics, Graves oder Ken Wilber vertraut sind, wenn Sie Frederic Lalouxs „Reinventing Organizations" gelesen haben, werden Sie in dem Modell Loevingers einen ähnlichen Rhythmus und eine ähnliche Idee von Entwicklung wiedererkennen. Sie lautet: Keine Entwicklung kann je zu Ende sein. Jede Entwicklung schreitet voran, und zwar nach einem Muster. Dabei gibt es immer Bewusstseinsregressionen, also Rückschritte. Diese erleben Einzelpersonen im Rückfall der Ich-Entwicklung, etwa durch eine Kündigung, Unternehmen in der Werte-Regression, etwa durch eine feindliche Übernahme.

Mit dem Übertritt ins Erwachsenenalter erreichen die meisten Menschen mindestens Stufe 4. In dieser Stufe wollen Menschen vor allem dazugehören. Die Gruppe gibt Identifikation und ein Zuhause. Wenn Menschen beginnen, sich selbst zu verwirklichen, so spiegelt sich darin mitunter mehr der Wunsch dazuzugehören als der nach Abnabelung und Selbstidentifikation. Auch die Tatsache, dass die aktuelle Generation Y nach Work-Life-Balance strebt, lässt sich manchmal eher mit dem Wunsch nach Zugehörigkeit als nach Selbstbestimmtheit erklären.

In den meisten Unternehmen begegnen uns die Stufen 4 bis 6 auf Mitarbeiterebene [3]. Auch viele Führungskräfte sind auf diesen Stufen angesiedelt. Nicht wenige Führungskräfte sind sogar weniger reif als einzelne Mitarbeiter. Das ist damit zu erklären, dass beim Weiterkommen eher Netzwerke als menschliche Reife helfen. Dabei sollten Führungskräfte ebenso wie Berater und Coachs mindestens die gleiche Ebene haben wie ihre Mitarbeiter, idealerweise sind sie bereits einen Schritt weiter. Sie sollten aber auch nicht zu weit entfernt sein, denn damit könnten sie das Team einerseits fordern, andererseits aber auch überfordern.

Es ist durchaus möglich, dass ein Team, das sich überwiegend auf E4 befindet, agil arbeitet und diese Werte vertritt. Die Mitarbeiter werden Agilität schätzen, weil sie in der Gruppe Akzeptanz findet. Sie werden aber, selbst wenn sie davon überzeugt sind, kaum in der Lage sein, über den Tellerrand hinauszudenken. Sie werden ihre Pflicht tun, aber kaum mehr. Das Risiko für Gruppendenken ist zudem recht groß. Das eigene Verhalten kann auch kaum wirksam reflektiert werden, da immer die Neigung bestehen wird, sich an den anderen auszurichten, und die Frage im Kopf ist „Was denken die, wenn ich X sage?". Echte Offenheit wird es so kaum geben können.

Höherentwicklung hört sich zunächst gut an, ist aber nicht das generelle Ziel für alle. Viele Unternehmer starten in der selbstbestimmten Stufe und entwickeln aus ihr auch eine besondere Kraft. In manchen Unternehmen wären ausschließlich selbstbestimmt denkende Mitarbeiter aber nicht zielführend. Je nach Unternehmen ist ein gewisser Anteil gemeinschaftsbestimmter und rationalistischer Personen durchaus hilfreich. Gerade Menschen auf der selbstbestimmten und systemischen Stufe bewerten Höherentwicklung gern auch als Besserentwicklung. Dies führt leicht zu Elitedenken und missionarischem Eifer. Nur eins gilt erstens: Wer Menschen wirksam ausbilden und dabei entwickeln will, muss auf einer höheren Stufe sein als der Lernende [4]. Und zweitens: Führungskräfte, die Menschen entwickeln wollen, sollten ebenso auf einer postkonventionellen Stufe stehen.

▶ Haben Sie festgestellt, dass viele Ihrer Mitarbeiter auf E4 (gemeinschaftsbestimmt) oder E5 (rationalistisch) sind, werden sie von Kollegen profitieren, die weiter entwickelt sind – auch wenn es zunächst „krachen" könnte. Diese Mitarbeiter können die anderen intellektuell stimulieren.

Beispiel

In die alteingesessene Firma soll frischer Wind hineinkommen, der Markt fordert Innovationen. Die neue Geschäftsführung inspiriert die Führungskräfte mit neuen Ideen: Die Mitarbeiter sollen mehr Verantwortung übernehmen und kreativer werden. Doch diese, überwiegend jahrelang dabei, sind irritiert. Sie sehen es nicht als ihren Job an, Dinge zu entscheiden. Sie wollen auch gar keine Verantwortung. Gesichtswahrung spielte immer eine große Rolle. In diesem Unternehmen definiert man sich durch Tradition und Stolz als starke Werte. Es ist nicht üblich, offen zu reden.

Der neue Teamleiter engagiert einen agilen Coach, der den Teammitgliedern in zwei Tagen zeigen soll, wie sie ihre Arbeit transparent mit Kanban organisieren. Nach etwa drei Stunden Training schlägt die Stimmung um und offener Widerstand zeigt sich. Die Mitarbeiter ignorieren den Trainer. In der Evaluierung verpassen ihm einige ein „mangelhaft".

Was ist passiert? Die meisten Mitarbeiter dieses Unternehmens sind auf der Stufe E4 oder E5. Sie sind nicht gewohnt, in einen fruchtbaren und konstruktiven Dialog miteinander zu treten. Sie identifizieren sich sehr stark mit ihrer Gruppe. Die Offenlegung ihrer Arbeit ist ungewohnt und löst Widerstände aus. Es ist viel zu früh für ein Training dieser Art, das ihnen zudem einfach vorgesetzt wird.

Wie könnte man besser vorgehen? Zunächst einmal gilt es, bei Veränderungen alle Mitarbeiter von den notwendigen Maßnahmen zu überzeugen. Sie müssen hinter diesen Maßnahmen stehen, das ist der erste Schritt. Der zweite ist, für das Team zu übersetzen, was der neue „Geist" in der täglichen Arbeit und Zusammenarbeit bedeutet. Sind Sie (neue) Führungskraft in einem noch wenig entwickelten Team, so finden Sie gemeinsam mit ihm heraus, was ihm fehlt, um sich weiterzuentwickeln. Erwarten Sie keine zu großen Entwicklungsschritte.

Tab. 3.3 führt die Loevinger-Stufen und ihre Kennzeichen auf.

Tab. 3.3 Loevinger Stufen und ihre Kennzeichen

	Stufe	Kennzeichen
E2/E3	Impulsgesteuert Selbst organisiert (vorkonventionelle Phasen)	E2: Impulse, E3: Impulse können unterdrückt werden („ich esse jetzt die Süßigkeit nicht auf, sondern später")
E4	Gemeinschaftsbestimmte Stufe (konventionell)	Ausrichtung an den Erwartungen anderer
		Identität durch Zugehörigkeit zu einer Bezugsgruppe
		Im Zweifel Unterordnung unter deren Sichtweisen
		Gesichtswahrung zentral
		Schuldgefühle, wenn man Erwartungen anderer verletzt
		Entweder-oder-Denken/Schwarz-Weiß Konfliktlösung über „Gewinnen" bzw. Dominieren
E5	Rationalistisch (konventionell)	Blick über Tellerrand
		Entwicklung eigener Prinzipien
		Orientierung an diesen Prinzipien Rationales Denken, kausale Erklärungen herrschen vor
		Feste Vorstellungen, wie Dinge sind und laufen sollen
		Selbst-Wahrnehmung, Selbstkritik und Sehen verschiedener Perspektiven
		Suche nach Motiven für menschliches Verhalten
		Konfliktlösung über Win-win
E6	Selbstbestimmt (konventionell)	Unterschiede werden wahrgenommen, Situationen abgewogen
		Voll entwickelte und selbst definierte Werte, Vorstellungen und Ziele
		Starke Zielorientierung und Selbstoptimierung
		Komplexität von Situationen wird akzeptiert
		Respekt vor individuellen Unterschieden
		Noch vorhandene Subjektivität in der Wahrnehmung, wird oft aber nicht gesehen
		Konfliktlösung über Konsens

(Fortsetzung)

Tab. 3.3 (Fortsetzung)

	Stufe	Kennzeichen
E7	Relativierend (postkonventionell)	Begrüßen von Veränderung und Unterschieden
		Keimendes Bewusstsein dafür, wie die eigene Wahrnehmung die Sicht auf die Welt prägt
		Hinterfragen der eigenen Sichtweisen und der anderer Menschen
		Relativistische Weltsicht
		Größere Bewusstheit gegenüber inneren/äußeren Konflikten und Widersprüchen
		… aber noch ohne diese wirksam integrieren zu können
		Konfliktlösung über Konsent
E8	Systemisch (postkonventionell)	Bewusstheit dafür, dass wir die Welt aus unserer Perspektive interpretieren
		Voll ausgebildete Multiperspektivität
		Systemisches Erfassen von Beziehungen und Wechselbeziehungen
		Auflösung von Ich-Projektionen, Übergang zur dialektischen Weltsicht
		Fähigkeit, sich widersprechende Aspekte und Meinungen zu integrieren
		Hohe Motivation, sich selbst weiterzuentwickeln
		Offene, kreative Auseinandersetzung mit Konflikten
		Autonomie anderer Personen wird anerkannt
		Annahme von eigenen zuvor als negativ erlebten Anteilen
E9	Integriert (postkonventionell)	Dialektische Weltsicht, d. h. tiefes Verständnis dafür, dass ein Teil nicht ohne sein Gegenteil gedacht werden kann
		An kein System (Werte, Einstellungen, Praktiken etc.) mehr gebunden, Erfahrungen werden laufend neu bewertet und in andere Zusammenhänge gestellt
		Kann Paradoxien integrieren, hohe Bewusstheit gegenüber eigenem Aufmerksamkeitsfokus, eigenen Grenzen und Wahrnehmung auch des Nicht-Dinglichen

3.4.3 Untersuchung von Rooke und Torbert

Wer war Martin Winterkorn, der ehemalige Volkswagen-Manager? Das lässt sich wohl am besten an seiner Handlungslogik erkennen. Er legte Wert auf Wertarbeit. Er stellte das Fachliche in den Vordergrund. Qualität war sein Prinzip. Ein typisch deutscher Experte, aber eine komplette Fehlbesetzung für die strategischen Aufgaben eines Konzerns im Wandel. Unfähig zur Führung – nicht mal zur transaktionalen – und nicht in der Lage, Innovationstätigkeit wirksam zu fördern.

Die Wissenschaftler Rooke und Torbert untersuchten 2005 Tausende westliche Manager und kamen zu dem Ergebnis, dass viele auf unteren Entwicklungsstufen stehen. Auf Basis empirischer Untersuchungen entwickelten die beiden Wissenschaftler verschiedene Managementtypen, die den Loevinger-Stufen entsprechen. Die Typen basieren auf den Handlungslogiken der jeweiligen Personen.

> Most developmental psychologists agree that what differentiates leaders is not so much their philosophy of leadership, their personality, or their style of management. Rather, it's their internal "action logic"—how they interpret their surroundings and react when their power or safety is challenged. Relatively few leaders, however, try to understand their own action logic, and fewer still have explored the possibility of changing it [20].

Das bedeutet, dass nur wenige Manager in der Lage sind, ihre eigenen Handlungslogiken zu durchschauen, was es auch schwer bis unmöglich macht, diese zu ändern. Ihre Untersuchungen führten sie mit einem Test durch, der sich an dem WUSCT von Loevinger orientiert. Die Testpersonen sollten 36 Satzfragmente ergänzen.

Beispiel:
Eine gute Führungskraft …
Die Vervollständigung war nicht vorgegeben, aber anhand der Antworten war eine Zuordnung möglich:

- … setzt sich durch (E3/Opportunist)
- … setzt sich und den Mitarbeitern attraktive Ziele (E6/eigenbestimmt)
- … achtet darauf, Menschen mitzunehmen, und hat dabei immer die organisationalen Erfordernisse im Blick (E7 relativierend)

Beispiel

Werner erwartet klare Ansagen von seiner nächsthöheren Führungskraft. Er möchte wissen, was denn nun genau von oben erwartet wird. Peter dagegen sagt, dass die Unternehmensspitze derzeit keine Ansagen machen wolle und könne. Er versteht, dass sie ihre neue Strategie noch entwickelt, was sie auch offen kommuniziert. Viel wichtiger sei es, sich derzeit zu orientieren, den Markt zu beobachten, mit Kunden zu sprechen und die eigenen Mitarbeiter mitzunehmen. Konkrete Wege würden sich dann zeigen und gemeinsam finden. Beide verstehen sich nicht.

Warum, das ergibt sich aus den unterschiedlichen Handlungslogiken: Während Werner in der gemeinschaftsbestimmten Phase ist, agiert Peter eigenbestimmt und scheint uneindeutige Situationen bereits zuzulassen. Werner und Peter liegen damit sehr weit auseinander. Dabei ist es vor allem die interne Handlungslogik, die den Unterschied macht, nicht ihre Führungsphilosophie, nicht ihre Persönlichkeit oder ihr Managementstil.

Oft sitzen die falschen Manager am Ruder. Rooke und Torbert [19] fanden drei Typen von Managern, die mit unterdurchschnittlicher Unternehmensperformance im Zusammenhang stehen. Das waren die Opportunisten, Diplomaten und Experten, die insgesamt 55 % der untersuchten Führungskräfte ausmachten. Diese waren signifikant weniger effektiv darin, organisationale Strategien umzusetzen als die 30 % der Manager, die als „Achiever" klassifiziert worden waren. Nur jene 15 % der Manager, die Rooke und Torbert als Individualisten, Strategen und Alchemisten kategorisierten, zeigten eine konsistente Fähigkeit zur Innovation und zur erfolgreichen Transformation ihrer Firmen.

Es werden also in der Mehrzahl Führungskräfte auf unteren Entwicklungsstufen befördert, obwohl jene auf höheren nachweisbar wirksamer sind.

▶ Tipp: Mein agiles Reifegrad-Modell fügt die unterschiedlichen Aspekte zusammen und hilft Ihnen, schnell einzuschätzen, wo Ihre Führungskraft bzw. die Führungskräfte und Teams stehen. Sie können es im Internet unter http://teamworks-gmbh.de/wp-content/uploads/2016/03/agilesreifegradgrid.pdf als PDF herunterladen.

Tab. 3.4 zeigt welche Handlungslogiken den Stufen nach Torbert und Rooke zugrunde liegen und wie sich diese den Loevinger Stufen zuordnen lassen.

3.5 Motivationspsychologischer Blick auf Führung

Neben der Ich-Entwicklung spielen Motive eine starke Rolle. Betrachten Sie die folgende Formel:

▶ Leistung = Wollen × Können × Dürfen

Als Führungskraft sollten Sie Mitarbeiter entwickeln, motivieren und Aufgaben und Verantwortung übertragen. Damit das erfolgreich gelingt, müssen Mitarbeiter da sein, die können und wollen, und eine Organisation, die Möglichkeiten schafft und lässt (das Dürfen).

Motive sind das Wollen. Ohne Wollen nützt auch Können nichts. Ohne Dürfen treffen weder Wollen noch Können auf fruchtbaren Boden. Leistungspotenziale verpuffen.

Motive sind innere Bedürfnisse, die stabil und angeboren sind. Sie sind eng gekoppelt mit Werten, die sich im Laufe des Lebens verändern werden – oft Hand in Hand mit dem

3.5 Motivationspsychologischer Blick auf Führung

Tab. 3.4 Entwicklungsstufe und passende Rolle

Typen nach Torbert/Rooke	Handlungslogik	Zentrale Motivation	Prozent der westl. Bevölkerung (Torbert/Rooke) %	Loevinger-Stufe	Wertelevel (9 Levels, ähnlich Wilber, Laloux etc.)
Alchemist	Entwickelt soziale Transformationen	Gesellschaftlichen Wandel vorantreiben	1	E8	Türkis
Stratege	Entwickelt organisationale und persönliche Transformationen	Transformationaler Führer	4	E7	Gelb
Individualist	Verbindet persönliche und organisationale Handlungslogiken	Berater	10	E6	Grün
Manager	Erreicht strategische Ziele	Manager, aktions- und handlungsorientiert	30	E5	Orange
Experte	Führt mit Logik und Erfahrung	fachlicher Mitarbeiter/Experte	38	E4	Blau/Orange
Diplomat	Strebt nach Anpassung, folgt Regeln	Team zusammenbringen, fachlicher Unterstützer	12	E4	Blau
Opportunist	Möchte gewinnen, kann dabei manipulativ sein	Hilfreich in schwierigen Situationen und im Sales	5	E3	Rot

Erwachsen- und Älterwerden, auch mit gesellschaftlichem Wandel. Werte und Motive koppeln sich gern.

Motive werden sich im Laufe des Lebens höchstwahrscheinlich nicht stark ändern. Sie sind idealerweise die Basis für dazu passendes Handeln und Verhalten. Es kann Differenzen geben durch den Zwang, sich den Gegebenheiten anzupassen. In „freier Wildbahn" würde sich ein Mensch seinen Motiven entsprechend verhalten. Aber wir sind in Unternehmen nicht in freier Wildbahn, sondern füllen eine mehr oder weniger stark definierte Rolle aus. Deshalb verhalten sich viele Menschen nicht dauernd entsprechend ihren Motiven, was sie allerdings unzufrieden macht und anstrengt. Je mehr Sie mit Ihren Motiven im Einklang sind, desto größer Ihr Flow, Ihre Zufriedenheit, der Druck des Wollens auf das Können und damit der Antrieb für Leistung.

Als Führungskraft sollten Sie Ihre Motive kennen. Selbstkenntnis ist eine ganz wichtige Voraussetzung, um andere führen zu können, sie fördert zudem Reife. Nur in traditionell hierarchischen Kontexten ist Führung ohne Selbstkenntnis denkbar (wenn auch kaum erfolgreich). Dort führt die Führungskraft über ihre Positions- und Sanktionsmacht. Die Geführten folgen, weil sie müssen und es sich so gehört. Da agiles Führen nicht über Sanktionen funktioniert, sondern die Freiwilligkeit des Folgens voraussetzt, sind Motive im agilen Kontext noch wichtiger. Und nur wer seine eigenen Motive kennt, kann die anderen verstehen.

Motive sind auch die Basis der Berufs- und Lebenszufriedenheit. Je mehr Menschen entlang ihren Motiven arbeiten und leben, desto glücklicher und leistungsfähiger sind sie.

In einem agilen Umfeld geht es um Freiwilligkeit, Spaß an der Aufgabe und Identifikation. Das sind Aspekte, die sehr stark mit der persönlichen Motivstruktur zu tun haben. Blicken Sie zunächst auf sich: Was treibt Sie an zu tun, was Sie tun? Zu wollen, was Sie wollen? Zu arbeiten? Zu führen? Motive!

Wie kommt man Motiven auf die Spur? Vieles hören Sie heraus, wenn Sie schon lange mit Menschen zusammen arbeiten und ein gutes Gespür für das entwickelt haben, was sie antreibt. So wird es Ihnen in der täglichen Arbeit auffallen, wenn ein Kollege immer wieder nach Nähe sucht und offensichtlich sehr gern mit anderen zusammen ist. Ob dieser Mensch aber sehr einflussorientiert ist, nach Anerkennung strebt, kontaktorientiert ist oder Verbundenheit zu anderen sucht – vier verschiedene Motive –, ist von außen nicht eindeutig zu erkennen. Genau das macht aber einen entscheidenden Unterschied aus. Jemand, der Verbundenheit sucht, muss nicht unbedingt ständig in Kontakt mit anderen sein. Jemand, der Kontakt sucht, kann trotzdem nach Unabhängigkeit streben, also Freiheit von Verpflichtungen, Bindungen etc. Und dann gibt es immer wieder die Menschen, die gerne mit anderen im Dialog sind, sich dann aber privat eher abwenden.

3.5.1 Motive für Führung und Agilität

Psychologisch betrachtet können wir Verhalten beobachten, nicht aber Eigenschaften und auch keine Motive. So gibt es Verhalten, das nicht direkt aus dem dahinterliegenden möglichen Motiv kommt, sondern sich entwickelt hat, weil dies gewünscht war. Ein Manager kann sich aus Machtbewusstsein freundlich und beziehungsorientiert verhalten, obwohl er gar kein Motiv „Beziehungen" hat. Allerdings wird er dies nicht konstant durchhalten.

Menschen können andere führen, weil es Freude macht – das ist dann affektiv. Menschen können andere aber auch führen, weil es sich lohnt. Das wäre kalkulativ. Nicht zuletzt gehen einige in Führungspositionen, weil es verlangt wird. Sie haben dann normative Gründe. Kalkulative und normative Gründe sind allenfalls kurzfristige Motivation, aber keine Motive. Das daraus resultierende Verhalten kann rollen- und erwartungskonform sein, aber zu Top-Leistung kommen diese Führungskräfte nie. Erst recht nicht zu innerer Zufriedenheit.

Sie machen es, weil es sich gesellschaftlich so gehört. Was ist besser für eine effektive und mitarbeiterbezogene Führung? Die affektive Motivation kommt aus einem echten Motiv, sie ist ehrlicher. Die anderen beschriebenen Gründe sind für alle Beteiligten unbefriedigend: Die Führungsperson hat keine wirkliche Freude am Führen, diese ist eine bewusste oder unbewusste Last. Die Mitarbeiter werden das spüren. Man kann ihnen affektive Lust am Führen nicht dauerhaft vorspielen.

Verhält sich ein Mensch anders, als er möchte, arbeitet er gegen sein Inneres. Das ist nicht schlimm, mögen Sie einwenden. Immerhin verhält sich der Mensch ja, wie er soll. Und hatten Sie, Frau Hofert, nicht von Rollen geschrieben, die letztendlich mit der Person zu tun haben, aber nicht mit dem Menschen?

Richtig, aber erinnern Sie sich auch an das Bergmann-Konzept der New Work und den agilen Wert „Flow". Danach ist es viel besser und leichter, eine passende, also stärkenkonforme Rolle auszuüben. Das ist auch viel weniger anstrengend. Es sind auch viel weniger Schulungen nötig.

In einem agilen Umfeld sind normative oder kalkulative Beweggründe für wirksame Führung kontraproduktiv. Führungskräfte sollten ihre Motive auch gemeinsam reflektieren. Warum führe ich? Reflexion ist das wirksamste Mittel, um sich eigene Motive bewusst zu machen. Beweggründe für Führung lassen sich auch neu deuten und bewerten.

Welche Motive in einem leben, kann nur jeder selbst erkennen. Es kann hier kein Fremdbild geben. Motive haben immer eine emotionale Qualität. Man spürt diese Qualität daran, was man fühlt, wenn man etwas tut oder lässt.

Ist Führung ohne Macht möglich?
Schauen wir uns eine Definition von Führung an: Führung heißt, Menschen zu beeinflussen und zu befähigen, über sich selbst hinauszuwachsen. Eine Definition sagt auch, Führung heißt, zu entscheiden. Führungswillige Menschen sind also eher solche, die ein Motiv Macht haben. Das macht sie nicht automatisch führungskompetent – aber die Basis, kompetentes Verhalten zu entwickeln, ist bei ihnen eher gegeben als bei einem Menschen, der auf keinen Fall entscheiden und das Kommando übernehmen will oder nicht allein entscheiden.

Im agilen Kontext wird Führung auf einer gewissen Ebene aber auch für weniger machtmotivierte Menschen möglich. Durch die klaren Prozesse und Regeln können

Mitarbeiter Führungsrollen übernehmen, die ungern selbst entscheiden. Diese sind zwar nicht passend für Aufgaben in der Unternehmensführung. Als Coach oder Scrum-Master sowie Product-Owner können sie jedoch gut arbeiten – sofern ihr Spielraum definiert ist und feststeht, wie entschieden wird, beispielsweise demokratisch durch Abstimmung.

So kann die Lust am Führen auch entfacht werden, wenn der gedankliche Ballast des „man muss soundso sein" wegfällt. Dann kann der Wunsch zu führen auch aus Verbundenheit, Fürsorge oder Beziehungsorientierung kommen, nicht nur aus Macht. Erspüren Sie also die emotionale Qualität hinter dem Motiv, das, was den Flow, das gute Gefühl auslöst.

3.5.2 Welche Motive gibt es?

Je nach Forschungsansatz gibt es 14 bis 40 Motive. Zentral sind drei Basismotive, deren Ausprägung allein schon viel über Menschen aussagt:

- Macht: Wenn Sie hoch machtorientiert sind, möchten Sie entscheiden, Einfluss nehmen und sich gegen andere durchsetzen. Sind Sie dagegen wenig machtorientiert, so werden Sie es vermeiden, andere zu beeinflussen, und ungern entscheiden.
- Anerkennung/Stolz auf Leistung: Haben Sie ein stark ausgeprägtes Leistungsmotiv, sind Sie selten zufrieden mit etwas, weil es immer noch besser geht. Sie streben danach, auf etwas stolz zu sein, was Sie geschaffen haben. Sind Sie dagegen wenig leistungsmotiviert, lassen Sie eher „fünfe gerade" sein und können gut mit Unzulänglichkeiten leben.
- Beziehung: Sind Sie stark bindungsorientiert, stellen Sie den Aufbau und das Halten sowie Pflegen von Beziehungen in den Vordergrund. Sie sind rücksichtsvoll im Umgang mit anderen. Sind Sie niedrig bindungsorientiert, sind Ihnen Beziehungen nicht so wichtig. Sie denken zum Beispiel nicht so viel darüber nach, ob Sie jemanden mit Ihrem Verhalten verletzen.

Fragen Sie sich einmal, worauf Sie stolz sind, wenn Sie die drei Motive betrachten. Wer stolz ist auf seine guten Noten, die guten Ergebnisse, die Top-Arbeit, hat höchstwahrscheinlich auch ein Leistungsmotiv. Wer stolz ist, weiterzukommen und zu dominieren, identifiziert sich mit Macht. Und wer Beziehung am höchsten schätzt, der ist meist an Menschen ausgerichtet und sucht deren Nähe.

Natürlich kann auch alles zutreffen, meist jedoch gibt es Abstufungen.

Daraus ergeben sich schon einige Motivkonflikte und damit Entwicklungspotenziale für Mitarbeiter. Sind diese beispielsweise niedrig macht-, aber stark leistungsmotiviert, werden sie dazu neigen, alles selbst zu machen. Sind Sie hoch machtmotiviert, aber niedrig beziehungsorientiert, könnte es sein, dass sie keine Lust haben, sich mit den privaten Themen der Kollegen auseinanderzusetzen.

Daraus leitet sich auch ab, womit Sie gegensteuern können: mit dem Blick auf die andere Seite. Was wollen wir davon annehmen? Was brauchen wir, was wir nicht haben? Schon sind Sie mitten in der Teamentwicklung.

3.5.3 Teamtypen

Auf den ersten Blick ist es leichter, ein Team zu führen, dessen Motivstruktur nicht allzu unterschiedlich ist. Aber fruchtbarer sind gemischte Teams: Hier können alle voneinander lernen.

So werden sich Menschen mit praktischer und intellektueller Neugier gut ergänzen, aber auch manchmal aneinandergeraten. Machtmenschen können sich mit Nicht-Machtmenschen reiben, aber auch perfekt ergänzen – wenn der eine den anderen wertschätzt, was eben Reife voraussetzt.

Wenn beispielsweise in einem Vertriebsinnendienstteam die Kollegen eher beziehungsorientiert sind, dann ist es leicht, diese zur Zusammenarbeit zu bringen, weil sie gern mit anderen arbeiten. Aber es kann sein, dass sie nicht so sehr auf Ergebnisse schauen. Gut wäre also jemand, der den Blick darauf hat. Aber diese Person fordert auch – richtig, wenn es genau darauf ankommt.

Ein Team aus ambitionierten Kollegen, die ständig neue Herausforderungen brauchen, kann auch gut zusammenarbeiten. Aber ein Gegengewicht wäre noch besser – das belegen verschiedene Studien. Auch wenn es leichter ist, wenn alle das Gleiche antreibt, effektiver ist es, wenn Unterschiedlichkeit vorherrscht.

Je nachdem, wie die Motivstruktur eines Teams aussieht, lassen sich drei häufige Teamtypen finden – deren Homogenität Sie aufbrechen sollten:

- Das Kuschelteam: Die Mitarbeiter sind alle eher beziehungsorientiert und arbeiten zusammen, weil sie sich mögen. Hier kommt die Leistung manchmal zu kurz.
- Das Leistungsteam: Die Mitarbeiter möchten etwas bewegen und auf die Beine stellen. Prima, aber in der Führung auch anstrengend. Die Beziehung könnte leiden.
- Das Alphateam: Lauter machtbewusste Experten sind nur zu führen, indem man ihnen einen Verantwortungsbereich lässt.

Tab. 3.5 zeigt typische Teams und wie sie aus Motivationssicht zu führen sind.

3.5.4 Motive in der Praxis

Was mein Motiv war, dieses Buch zu schreiben? Bücher wie dieses geben mir die Chance, mich tiefer in etwas einzuarbeiten. Ich reduziere die Komplexität eigener Erfahrung und gleiche diese ab mit Theorie. So kann ich den Praxisaspekt für meine Bedürfnisse glaubwürdig herausarbeiten.

Tab. 3.5 Führung verschiedener Teams

	Beziehungsteam
Typisch für	Innendienst; soziale Bereiche
Zu führen über	Persönliche Ansprache; Appell an Zusammenarbeit als gutes Team
Beispiel	Jours fixe; auch mal etwas zusammen unternehmen
Typisches Problem	Zu viel Harmonie; zu wenig Selbstverbesserung
	Alphateam
Typisch für	Vertrieb
Zu führen über	Zusammenarbeit zum Teil als Wettkampf deklarieren
Beispiel	Performance messen; 50 % Einzelleistung, 50 % Teamleistung
Typisches Problem	Zu starke Egoismen; kontraproduktiv für übergeordnete Team- und Unternehmensziele
	Leistungsteam
Typisch für	Entwicklung
Zu führen über	Anspruchsvolle inhaltliche Aufgaben; Zusammenarbeit als Chance, besser zu werden
Beispiel	Besuch von Fachkongressen; Engagement über Unternehmensgrenzen hinweg
Typisches Problem	Zu starke Betonung der Sache, zu wenig Beziehung (auch Diplomatie)
	Mix-Team
Typisch für	Marketing, Personal
Zu führen über	Individuelle Ansprache; starker Fokus auf gemeinsame Identität
Beispiel	Verdeutlichen von Unterschieden und Gemeinsamkeiten in Workshops
Typisches Problem	Unzufriedenheit von einzelnen Personen

Gleichzeitig unterstreichen Bücher wie dieses meine Positionierung als Expertin und die damit verbundene Kompetenz. Ich habe entschieden, dieses Buch nicht mit meinem Kollegen zu schreiben, weil ich hier auch ein wenig Theoriewissen ausleben kann. Ganz besonders schätze ich es, wenn sich verschiedene Kompetenzen komplementär ergänzen. Ich mag es jedoch nicht, wenn zwei Leute das Gleiche können. Oder wenn einer alles macht.

Aus diesem kleinen Einblick könnten Sie jetzt meine Motivstruktur ableiten – viel mehr als aus meinem Verhalten, das Sie sehr lange beobachten müssten, um es sicher einzuschätzen. Das weiß ich aus Erfahrung. Die meisten liegen in ihrer Einschätzung falsch, wenn sie mich nur einen Tag erleben. Sie sehen einen Ausschnitt, einen Teil. Fehlinterpretationen sind da normal. Denn Motive sind eben nicht unbedingt gleich Verhalten. Genau so wird es Ihnen mit Ihren Mitarbeitern gehen.

Kennen Sie sich? Warum tun Sie die Dinge, die Sie tun? Aus welchem Motiv heraus? Oder anders gesagt: Wissen Sie, was Sie antreibt?

Ich gebe Ihnen zum Abschluss des Kapitels eine Übersicht über wichtige Motive, die sich an der Motivstrukturanalyse MSA® anlehnen, für die ich zertifiziert bin. Diese können Sie nutzen, um sich selbst und die Mitarbeiter zu verorten.

Gibt es innere Konflikte? Oft liegen diese in der Motivstruktur. Ich erinnere mich an eine Prinzipien-motivierte Lehrerin, die unter einer „neoliberalen" Schulleiterin litt, die gar keine Prinzipien hatte, außer sich auf die Schüler einzustellen. Hohe Prinzipienmotivation versus niedrige – wer solche Gegensätze nicht bewusst verarbeitet und annimmt, betritt ein Minenfeld. So war das auch in diesem Fall.

Wo Konfliktpotenziale liegen, erkennen Sie sehr oft an Gegensätzen, innerem Ärger über Verhalten, Unverständnis über den anderen. Manchmal stehen sich aber auch zwei gleiche Motive unversöhnlich gegenüber, etwa Macht und Wettkampf – nur mit unterschiedlichen Werten aufgeladen.

Warum tun Ihre Mitarbeiter etwas? Warum haben Sie Konflikte? Am besten wissen die Menschen das selbst. Sie können sich da leicht vertun, wenn Sie nur die Beobachtung heranziehen. Viel fragen und mit den Mitarbeitern sprechen öffnet oft neue Perspektiven und Sichtweisen auf deren Handlungen:

- Sag mal, warum machst Du dir immer so viel Arbeit? Was steckt dahinter?
- Was ist es eigentlich, was Dich die Nacht durcharbeiten lässt?
- Und immer wieder die Frage: Worauf bist Du stolz?

Eine Bereicherung für die Teamarbeit ist es, wenn das gesamte Team sich bewusst ist, was es antreibt. Wenn die Kollegen sich und die Motive der anderen erkennen und kennen, können sie vieles besser nachvollziehen. Das fordert ein reifes Team. Die Teammitglieder müssen fair miteinander umgehen und den Wert von Unterschiedlichkeit bereits erkannt haben. Erinnern Sie sich hier an die Ich-Entwicklung.

Erst dann macht die Beschäftigung mit Motiven wirklich Sinn. Andernfalls besteht die Gefahr, dass Halbwissen zu Fehleinschätzungen und starken Vereinfachungen und damit Verzerrungen führt. Der Blick auf die Motive kann aber auch eine Art Initialzündung sein und das Bewusstsein dafür schärfen, dass jeder anders tickt … Und somit auch einen Reifeprozess einleiten.

Zurück zum Anfang und zu mir. Mein handlungsführendes Motiv ist eine analytisch-intellektuelle Neugier, die sich aber mit einer guten Portion Praxisorientierung paart. Ich habe außerdem ein Machtmotiv und ein starkes Autonomiestreben. Teamarbeit gibt mir die Chance, mich selbst zu verbessern, und stärkt dadurch meine Unabhängigkeit. Zumindest das Letztere wird Sie vielleicht überraschen. Können autonomiemotivierte Menschen Teamarbeiter sein? Ja, das können sie, aber oft erst, wenn sie gelernt haben, den anderen Pol in sich wertschätzen.

Man muss immer auch die weiteren Motive betrachten, etwa Neugier. In dem Moment, in dem Zusammenarbeit meine Autonomie stärkt, indem sie meinen Wissensstand erhöht, mag ich die Zusammenarbeit. In dem Moment, in dem ich einfach nur das Gleiche mache wie andere und nichts dazulerne, geht sie mir auf die Nerven.

All das zeigt noch einmal, warum Motive so schwierig zu ergründen sind – entscheidend ist auch deren Zusammenspiel.

Tab. 3.6 zeigt Motive und ihre unterschiedlichen Ausprägungen.

3.5.4.1 Fischteicheffekt

Eines will ich Ihnen noch mit auf den Weg geben: Unterschätzen Sie nicht die Bedeutung des Umfelds für die Leistungsentfaltung. Sie kennen jetzt die Formel Leistung = Können × Wollen × Dürfen. Wir haben uns auf das Wollen fokussiert.

Können zu beurteilen scheint einfacher als Wollen, ist es aber oft nicht. Denn Können ist relativ zum Wollen – und zur Umgebung und dem Umfeld. Können ist wie ein Schatten, der größer und kleiner wird – je nachdem, in welchem Umfeld sich ein Mensch bewegt. So mag Ihr Mitarbeiter Müller ein genialer Zahlenmensch sein – in Ihrer Firma. Woanders könnte er plötzlich schlechter abschneiden im Vergleich zu den anderen. Das sieht man auch bei Managern: Kaum wechseln sie das Unternehmen, werden sie entweder besser oder schlechter als vorher. Fußballtrainer kennen diesen Effekt ebenso. Derselbe Mensch kann es hier und dort nicht.

Warum ist das so? Das liegt daran, dass Menschen sich immer mit anderen vergleichen und sie auch immer durch andere bewertet werden. Das nennt man Fischteicheffekt. Danach entwickeln sich Menschen oft besser, wenn ihre Stärken im Vergleich zu anderen deutlicher ausgeprägt sind. Es ist also besser, ein großer Fisch in einem kleinen Teich zu sein als ein kleiner Fisch in einem großen Teich. Im Zweifel sollten Sie also lieber der beste Verwaltungsleiter in einer kleinen Stadt werden als ein Minister.

Den Fischteicheffekt sollten Sie im Hinterkopf behalten, wenn Sie Menschen beurteilen, die neu ins Team kommen. Sie definieren sich plötzlich neu und es ist wichtig, dass Sie sich wie ein großer Fisch fühlen, also bedeutsam. Sie sollten diesen Effekt aber auch berücksichtigen, wenn Sie Ihr Team beurteilen oder eine Teamentwicklung planen. Manch einer könnte sich besser entfalten, wenn er sich mit anderen vergleichen würde, die besser sind – oder eben weniger gut.

3.5 Motivationspsychologischer Blick auf Führung

Tab. 3.6 Motive

		Niedrige Ausprägung	Mittlere Ausprägung (zwischen niedrig und hoch)	Hohe Ausprägung
1	Macht			
		Geführt werden, keine Führung übernehmen müssen, nicht entscheiden müssen, an Menschen orientiert sein		Einflussnahme, Leistung, Führung, Kontrolle, Entscheiden dürfen Verantwortung
2	Autonomie			
		Freiheit, Selbstgenügsamkeit, von niemandem abhängig sein, frei sein und autonom		Teamorientierung, Gemeinsamkeit, Konsens, zusammen mit anderen
3	Neugier			
		Praktischer Sinn und Zweck von etwas, Anwendungsorientierung, Umsetzung, Machen		Wissen, Wahrheit, Dingen „auf den Grund gehen", Intellektualität, Strategie, Vision
4	Anerkennung			
		Kritik einfordern, annehmen und daraus lernen, Zeigen von Selbstbewusstsein, Fehlertoleranz		Soziale Akzeptanz, Zugehörigkeit, positiver Selbstwert durch andere, Vermeiden von Kritik
5	Ordnung			
		Flexibilität, geringe Ordnung, Offenheit für Abweichung in Strukturen		Stabilität, Klarheit, Organisation, Struktur, definierte Prozesse, Sauberkeit
6	Sicherheit			
		Materielle Güter, Eigentum, etwas haben, sicherer Kontostand		Großzügigkeit, Ausgeben, frei von Eigentum, Geld ausgeben
7	Prinzipien			
		Freie Auslegung, wenig feste Prinzipien haben, Toleranz gegenüber vielen und vielem		Orientierung an Prinzipien, Regeln, feste Werte
8	Idealismus			
		Realitätsnähe, es geht vor allem um mich/meine Familie/mein Umfeld		Gerechtigkeit für alle, die Welt besser machen, sich einsetzen für etwas Höheres
9	Beziehungen			
		Zurückgezogenheit, Ernsthaftigkeit, Alleinsein, unter wenigen sein		Freundschaft, Freude, Humor, Extraversion, Geselligkeit, unter vielen sein
10	Familie			

(Fortsetzung)

Tab. 3.6 (Fortsetzung)

	Niedrige Ausprägung	Mittlere Ausprägung (zwischen niedrig und hoch)	Hohe Ausprägung
	Keine Abhängigkeit von Kindern, qualitative Familienzeit (Familie keine absolute Priorität)		Familienleben, Erziehung/Fürsorglichkeit für Kinder
11	Status		
	Bescheidenheit, Gleichsein, kein Interesse an öffentlicher Wahrnehmung		Prestige, Reichtum, Titel, öffentliche Aufmerksamkeit, Elite, Dominanz
12	Wettbewerb		
	Harmonie, Konfliktvermeidung, Ausgleich, kein Vergleich mit anderen		Wettkampf, Herausforderung, Aggression, Konkurrenz, Kampf, Vergeltung, Gewinnen
13	Essen		
	Bewusst und asketisch essen, Essen nicht als Priorität		Gerne essen, oft an Essen denken, häufiger Gaumen-Genuss, Essen als Priorität
14	Körperliche Aktivität		
	„No Sports", geringe körperliche Belastungen, ausruhen, nichts tun		Bewegung, Fitness, Körpererfahrungen, Körperbelastungen
15	Spiritualität		
	Das ist so, Realität, Denken im Hier und Jetzt		Sinnsuche, Spiritualität, ganzheitliches Denken
16	Abenteuer		
	Entspannung, emotionale Sicherheit, kein Stress, Risiken sehen, Vorsicht		Kick wollen, Risiko nehmen, unter Stress entspannt sein, Chancen sehen, Abenteuerlustig

3.6 Werteorientierter Blick auf Führung

Werte docken wie Konnektoren an Motiven an. Sie lassen sich jedoch anders als Motive weiter entwickeln. Es sind dynamische, sich verändernde Vorstellungen davon, was richtig und erstrebenswert ist. Diese Vorstellungen unterliegen einem Wandel, der von der gesellschaftlichen Entwicklung beeinflusst ist. Der Trend zu mehr Nachhaltigkeit im sozialen und ökologischen Umfeld führt auch dazu, dass mehr Menschen nachhaltige Werte vertreten – und zwar auch dann, wenn sie von der Motivationsstruktur keinesfalls Idealisten sind. Aber: Ein Idealist qua Motiv wird diese Werte entschiedener leben und vertreten. Er wird sie schneller verinnerlichen und aktiver umsetzen.

3.6 Werteorientierter Blick auf Führung

Werte, das zeigt das Beispiel, sind also wie Planeten, die die Erde umkreisen. Sie gehören zum Persönlichkeitssystem des Menschen, aber sie verändern ihr Aussehen, je nachdem, von wo aus man darauf schaut und worauf man achtet. Es können außerdem immer neue Werte entdeckt werden, während andere aus dem Fokus verschwinden.

Werte sind so etwas wie die Basis für Sinn. Nur wenn etwas meine Werte erfüllt, so werde ich es als sinnstiftend empfinden.

Das erklärt, warum auch in der Waffenindustrie Menschen anzutreffen sind, die für sich den Wert soziale Gerechtigkeit mit besten Gewissen definieren können. Die Wahrscheinlichkeit jedoch, dass Idealisten in solchen Unternehmen arbeiten, ist weitaus geringer. Und wenn sie dennoch dort arbeiten, werden sie ihren Job als weniger sinnvoll einstufen.

Werte müssen zum Unternehmen passen und sie müssen glaubwürdig sein. Vor allem aber sollten sie von den Mitarbeitern definiert sein, nicht von der Unternehmenskommunikation oder eine Agentur. Sie sollten aber auch zu den Motiven der Mitarbeiter passen, da beides eng verzahnt ist. Wenn ein Mitarbeiter ein hohes Motiv bei der intellektuellen Neugier hat, das Unternehmen legt aber keinen Wert auf Theorie und Fundierung, so wird der Mitarbeiter unzufrieden werden. Was bedeutet das also? Holen Sie sich passende Mitarbeiter – oder schaffen Sie ein passendes Umfeld für sie.

Agiler aufgestellte Firmen berücksichtigen diese Aspekte, eben weil sie auch nach den Bedürfnissen der Mitarbeiter fragen und diese einbeziehen. Sie sehen außerdem, wie wichtig und zentral Vielfalt ist und freuen sich deshalb auch über Mitarbeiter mit unterschiedlichen Motiven.

Bei den Werten ist Vielfalt jedoch viel weniger angebracht. Wenn ein Unternehmen Entwicklung als Wert definiert und lebt, kann es keine Mitarbeiter gebrauchen, die dies nicht umsetzen. Wenn ein Unternehmen Nachhaltigkeit nicht als wesentlich betrachtet, so wird es Mitarbeiter, die nachhaltig arbeiten, sehr schnell entweder vergraulen oder in den Dienst nach Vorschrift zwingen.

Für Sie als Führungskraft bedeutet das: Machen Sie Werte transparent. Sprechen Sie über mögliche Widersprüche. Berücksichtigen Sie im Recruiting die Werte. Mitarbeiter, die Kooperation nicht wirklich als Wert sehen, werden sich in einem Unternehmen, das diesen Wert pflegt, nicht gut entfalten können. Solche Mitarbeiter werden oft – trotz Einser-Noten und Top-Referenzen – nicht den richtigen Kooperationswollen einbringen, weil sie zu sehr auf sich selbst bezogen agieren. Ihr Wert ist in Wirklichkeit Einzelleistung oder „der Stärkere setzt sich durch". Das ist wie im Fußball: Die besten Stars sind kein Garant für Erfolg. Und das liegt oft daran, dass die Werte im Team nicht passen.

Also: Eigenschaften so bunt wie möglich, Motive gut durchmischt – aber Werte bitte klar und eindeutig. Immer im Bewusstsein: Werte sind dynamisch. Mitarbeiter können sie annehmen, auch bei anderer Motivstruktur.

Bei den Werten nutze ich meine eigens entwickelten Worklifestyle®, und das System 9Levels®, das auf dem Modell von Claire Graves basiert und sich farblich an Spiral Dynamics® orientiert [2]. Es hilft sehr, sich klarzumachen, was der Kernaspekt ist – welche Werte also die zentrale Rolle spielen.

Tab. 3.7 zeigt Werte und innere Bestrebungen der Mitarbeiter, die diese Werte leben.

Tab. 3.7 Werte

	Dieser Mitarbeiter wird …	
Purpur	Zugehörigkeit, Sicherheit, Familie, Tradition, Rituale	… gern lang in einem Unternehmen bleiben wollen. Er schätzt, wenn seine Treue belohnt wird. „Agil" ist für ihn Ordnung, allerdings schätzt er einen Chef, der entscheidet
Rot	Durchsetzung, Wettbewerb, Gewinnen, Weiterkommen, Status	… weiterkommen wollen. Er möchte vorankommen. „Agil" kann für ihn ein Hindernis sein, das ihn am Fortkommen hindert
Blau	Regeln, Gesetze, Verlässlichkeit, Qualität, klarer Aufstieg	… klare Vorgaben und einen Rahmen brauchen. Agile Prozesse mag er, solange klar und eindeutig alles geregelt ist
Orange	Ziele, Performance, Effektivität, Effizienz	… Ziele und Belohnung für Zielerreichung suchen. Agilität akzeptiert er, wenn es den Zielen dient
Grün	Zusammenarbeit, Kollaboration, gemeinsame Entscheidungen, Ganzheitlichkeit	… gern mit anderen zusammenarbeiten wollen. Agilität heißt für ihn vor allem auch „gemeinsam mit anderen"
Gelb	Kompetenz, Lernen, Multiperspektivität, Flexibilität	… sich weiterentwickeln wollen bei maximaler Flexibilität. Agil arbeiten ist perfekt für ihn – solange jeder „sein Ding machen" kann
Türkis	Holismus, Ressourcen der Welt schonen, etwas wiedergeben, „Social Business"	… den Unternehmenssinn tragen wollen. Agil ist vollkommen in Ordnung, aber wichtiger ist der übergeordnete Sinn

3.7 Persönlichkeitsorientierter Blick auf Führung

Und nun zu den Eigenschaften: Diese sind so fest in der Persönlichkeit verankert wie die Motive und gehen mit diesen Hand in Hand. Sie beschreiben Ihre Persönlichkeit, die sich aus Motiven, Eigenschaften und kognitiven Fähigkeiten zusammensetzt, aber über Werte und Reife entwickelt wird. Kognitive Aspekte wollen wir hier nicht weiter behandeln, aber natürlich spielt auch eine Rolle, was jemand intellektuell leisten kann – nicht nur, was er/sie will.

Ihre Persönlichkeit – ergo Eigenschaften und kognitive Fähigkeiten – hängt weniger mit Ihrem Führungserfolg zusammen, als Sie vielleicht glauben – aber eine kleinere Rolle spielt sie durchaus. Dabei sind zwei Einflussfaktoren maßgeblich: die Intelligenz und die Big Five. Höhere Intelligenz korreliert mit Führungserfolg – wobei höhere nicht gleich hohe ist. Ich gehe davon aus, dass Sie mindestens über eine mittlere Intelligenz verfügen. Einigermaßen sicheres Indiz dafür wäre ein abgeschlossenes Studium.

Der zweite Einflussfaktor sind die Big Five, die fünf wesentlichen Persönlichkeitsmerkmale, die in allen Kulturen nachzuweisen sind:

- Extraversion,
- Emotionale Stabilität,
- Offenheit für neue Erfahrungen,
- Verträglichkeit,
- Gewissenhaftigkeit.

Die Ausprägung der Big Five korreliert mit Führungserfolg in geringem Maße. Unter den fünf Persönlichkeitseigenschaften ist emotionale Stabilität für den Führungserfolg am wichtigsten. Das heißt, Menschen, die wenige Ängste haben und psychisch stabil sind, eignen sich eher für Führungsaufgaben, unter anderem auch deshalb, weil sie in kritischen Situationen nicht so leicht aus der Ruhe zu bringen sind.

Neben Stabilität ist auch Extraversion eher ein Plus für Führungserfolg, unter anderem weil extravertierte Menschen oft herzlicher (das erleichtert den Kontakt) und optimistischer (das erleichtert das Treffen von Entscheidungen) sind. Allerdings gibt es neuere Studien, die auch Introvertierte als für Führungsaufgaben geeignet ansehen – vor allem, wenn es gilt, Fachexperten und andere Introvertierte zu führen. In der Projektleitung sind häufiger Ambivertierte zu finden: Diese Mischtypen können sich zwischen den Polen „introvertiert" und „extravertiert" hin und her bewegen.

Im agilen Kontext wichtig sein dürfte das Big-Five-Merkmal „Offenheit für neue Erfahrungen". Es steht auch in Beziehung zu Führungserfolg. Offene Menschen führen effektiver. Das Merkmal Gewissenhaftigkeit steht ebenso im Zusammenhang mit Führungserfolg – allerdings gibt es Untersuchungen, die auch sagen: Zu gewissenhaft ist nicht von Vorteil. Man verliert sich dann leicht im Klein-Klein.

Prüfen Sie Ihre eigenen Big Five, da sie ein Fundament sind, auf dem Ihre Stärken sich entwickeln – und die Ihrer Mitarbeiter [7]. Mit welcher Brille sehen Sie aus den Big Five auf andere? Je mehr Sie den anderen Pol in Ihnen wertschätzen, desto besser für eine ausgewogene Führung und eine wertvolle Teamarbeit. Unterschiede wirksam zu integrieren, hat mit der persönlichen Reife zu tun. Und mit der damit verbundenen Fähigkeit, sich selbst als einen Baustein zu sehen, der andere braucht, um das gemeinsame Dach tragen zu können.

Zu den Big Five finden Sie im Abschnitt „Persönlichkeitstest" unter „Agile Methoden von A bis Z" eine Übung, wie Sie die unterschiedlichen Eigenschaften Ihrer Teammitglieder sichtbar machen können.

3.8 Agiler Führen - das Fazit

Erst war Führung Aufgabenverteilung. Dann wurde es zum Konfliktmanagement. Schließlich verwandelte es sich zum Coaching. Jetzt ist Führung alles zusammen und mehr. Ist agiles Führen eine neue Managementtheorie? Nein! Es ist eine flexible Haltung zu Führung, die den Fokus auf die Transformation von Menschen und Prozessen legt. Sie verändert sich dynamisch und bleibt nicht stehen.

Agiles Führen ist keine Managementtheorie. Es ist auch kein neuer Führungsansatz und kein persönlicher Führungsstil. Erinnern wir uns an meine Definition vom Anfang:

▶ Agiles Führen ist eine dynamische Haltung, ein Mindset, das Veränderung als Dauerzustand begreift. Agile Führungskräfte sind beweglich, flexibel und fähig zur Transformation von Menschen, Teams und Prozessen. Sie begreifen Führung als Rolle, die definierte Aufgaben beinhaltet, anstatt als Position oder Funktion. Agile Führungskräfte handeln prozess- und zielorientiert und fördern die Selbstorganisation von Gruppen durch permanente Teamentwicklung. Ziel ist die Förderung von Selbstverantwortung und Kreativität. Agile Führungskräfte transformieren damit Menschen und Prozesse.

Agile Methoden sind Extrakte aus unterschiedlichen Denkansätzen, die sich in den letzten Jahren und Jahrzehnten vor dem Hintergrund zunehmender Komplexität entwickelt haben. Das gemeinsame Band ist nicht die eine Theorie und auch kein agiles Manifest – es ist das Streben nach neuen Wegen, Unternehmen und Menschen zu führen.

Agiles Führen ist ein Mindset, habe ich oben geschrieben. Es spiegelt also Haltung und nicht Theorie. Aus diesem neuen Denken entspringen Ideen, entwickelt sich Handwerkszeug. Das agile Denken ist weiterhin eine evolutionäre Entwicklung, keine revolutionäre. Es integriert Ideen, Ansätze und Werkzeuge der Vergangenheit. So lassen sich auch altbekannte Methoden wie Lean Management, Kaizen und KVP (Kontinuierlicher Verbesserungsprozess) im agilen Methodenkoffer integrieren.

Somit ist agiles Führen selbst kein Tool, sondern so etwas wie die gedankliche Quelle für die Entwicklung von Tools. Management-by-Objectives hat auch so eine Quelle. Dieses Führungs-Mindset, das dem agilen Denken vorausging, ist dem Performancedenken entsprungen. Ebenso daraus basierenden Tools wie die Key-Performance-Indikatoren oder die Balanced Scorecard. Management-by-Objectives entsprang dem Scientific Management, in dem der transaktionale Führungsstil dominierte. Dieser Führungsstil ist durch ein Austauschverhältnis zwischen Mitarbeiter und Führungskraft gekennzeichnet. Die Führungskraft vereinbart mit dem Mitarbeiter Ziele, für deren Erfüllung dieser belohnt wird. Extrinsische Motivatoren sollen Anreize bieten, zum Beispiel Belohnungen für Zielerfüllung.

Agile Führung als Mindset und Quelle von entsprechenden Tools bemüht sich, mehr als dieses Austauschverhältnis zu bieten und menschlicher zu sein. Man kann das transformational nennen, wobei diese Führung, wie wir gesehen haben, zwei Aspekte hat, die nicht unbedingt in einer Person vereint sein müssen. So ist agile Führung dienende Führung aus dem Hintergrund, aber auch Sinn vermittelnde und visionsorientierte und somit steuernde Führung. Sie beruft sich weiterhin gern auf die Systemtheorie, die so etwas wie die theoretische Basis des agilen Führens ist.

Tab. 3.8 fasst unterschiedliche Managementtheorien zusammen.

3.8.1 Agilität und Systemtheorie

Wer Agilität und Führung in Zusammenhang bringt, zitiert gern die Systemtheorie. Im deutschen Sprachraum hat diese einen besonderen Stellenwert, wohl auch weil ihr Erfinder Luhmann Deutscher war. Nun ist Luhmann nicht der einzige Systemtheoretiker, aber

Tab. 3.8 Theorien und passende Führungsstile

Bezeichnung	Theorien	Entstehung aufgrund von	Bevorzugter Führungsstil
Agiles Führen	Kybernetik, Ashs Law, Systemtheorie (Soziologie nach Luhmann), Konstruktivismus	Veränderung in der Wirtschaftswelt, Komplexität im Wissenszeitalter	Transformational, von unten, lateral, coachend/moderierend
Situatives Führen	Neoliberalismus	Flexibilisierung der Märkte	Übergang Transaktional/ Transformational
Management-by-Objectives	Scientific Management/ Taylorismus	Industrialisierung	Transaktional

der bedeutendste und meistzitierte. Ich persönlich halte die Versuche, eigenen Ansätzen den theoretischen Boden mithilfe der Systemtheorie zu bereiten, für fragwürdig. Mein Eindruck ist, dass viele überhaupt nicht genau wissen, worüber sie reden. Denn dazu müssten sie Luhmann gelesen haben, und das haben wenige. Seine Gedanken sind abstrakt und theoretisch. Die Systemtheorie hat wenig und oft sogar gar nichts mit dem zu tun, was von Praktikern verkauft wird: Oft ist es die Empfehlung, das Umfeld und die Bedingungen zu ändern - etwa Räume. Doch worüber reden wir eigentlich?

So gut wie jede Coachingausbildung ist systemisch – auch die im Grunde humanistischen oder entwicklungspsychologischen –, jedes Tool und jede Methode trägt ebenso dieses Etikett. Schaut man sich Luhmanns Theorie an [14], so kommen Menschen nicht vor. Es gibt offene und geschlossene Systeme. Neben den sozialen Systemen kennt Luhmann psychische Systeme, also das Gehirn eines Menschen. Dieses schafft die Voraussetzung für Kommunikation, aber es kann nicht kommunizieren. Weiterhin definiert er biologische Systeme, also Körper.

Systeme führen Operationen aus. Auch Kommunikation ist eine solche Operation. Geschlossene Systeme sind durch einen binären Code gekennzeichnet, der sie am Leben hält. Ein solches geschlossenes System ist auch ein Wirtschaftsunternehmen, aber ebenso die Wirtschaft an sich, die neben dem System Recht besteht. Der binäre Code eines Wirtschaftsunternehmens lautet Zahlung/keine Zahlung. Es richtet seine Operationen an diesem Code aus. Es kann sich nur damit reproduzieren und auch nur aus sich selbst heraus verändern. Der binäre Code der Psyche ist Denken/Nicht-Denken. Veränderung muss für ein System denkbar sein.

Systemisch ist die Ableitung von Praxis aus der Systemtheorie. Es bedeutet, Ressourcen zu aktivieren und Organisationen und Personen in die Lage zu versetzen, sich selbst zu helfen. Diese Haltung folgt aus dem Autopoiese-Konzept, also der stärksten Form der Selbstreferenz, der Selbsterhaltung. Jedes Unternehmen, jede Psyche (als System) verfügt über Fähigkeiten, sich selbst zu helfen – aber ein System kann auch nur sich selbst reproduzieren, niemanden anders. Von anderen lernen ist wichtig, aber was dadurch erschaffen wird, kann nur aus dem eigenen System kommen. Dort muss es andocken, im wahrsten Sinne denkbar sein.

▶ Veränderung wird vor allem dann denkbar, wenn es um den Selbsterhalt geht.

3.8.1.1 Theoretische Gedanken auf die Praxis angewandt

Eine Führungskraft kann nichts verändern, was nicht denkbar ist oder der Selbsterhaltung des Systems zuwiderläuft. Die Aufgabe ist es also, Ressourcen auf Einzel- und Teamebene bewusst zu machen und zu aktivieren, aber nicht, sie einzuimpfen. Denn das würde ohnehin nicht funktionieren.

Ein Mensch muss sich wie ein Unternehmen aus sich selbst heraus entwickeln. Wer diese Erkenntnisse vernachlässigt, lässt Veränderungsprozesse scheitern. Organisationen können aufgrund ihrer Selbstreferenz nicht von selbst auf dynamische Veränderungen reagieren. Veränderungsversuche von außen wehren sie als Angriff auf das Immunsystem ab. Das sollten Sie sich immer vergegenwärtigen. Veränderung ist nur von innen, aus dem System heraus möglich.

▶ Sie können einen Speaker engagieren, der Ihre Führungskräfte für agile Impulse gewinnt. Aber ändern werden diese Impulse nichts. Sie können auch einen Berater für zwei Tage zum Training agiler Führungskompetenzen engagieren. Nutzen wird das wenig, solange das System nicht von Grund auf erneuert wird und solange die gelebten Werte die alten bleiben. Das System muss verstehen, dass es sich nur selbst erhalten kann, wenn es sich verändert – das heißt, es muss bedroht sein. Das erklärt, dass wirkliche, große Veränderungen fast immer einen vorherigen Crash oder Breakdown brauchen. Andere Veränderungen vollziehen sich nur evolutionär. Die Systemtheorie liefert dazu den richtigen Erklärungsansatz.

3.8.1.2 Aufstellungen und ihr (Un-)Sinn

Zur Systemtheorie gehören auch die Modellierung von unterschiedlichen Wirklichkeiten durch körperlich-bildliche Darstellungen und Aufstellungen, bei denen Personen oder Gegenstände als Stellvertreter für Menschen in ihrer Beziehung zueinander platziert werden. Dies wird gern als eine praktische Ableitung der Systemtheorie gehandelt und als systemisch bezeichnet.

Selbst wenn wir ausblenden, dass der Urheber des Personenstellens Bert Hellinger mehr als umstritten ist: Die Idee der Personenaufstellung stammt nicht von Luhmann und ist in seinem Theoriegebäude auch nicht als identifizierbare Gedankenquelle enthalten, da Luhmann gar keine Personen kennt und so auch keine Personenmodelle aufstellen kann. Das macht das Aufstellen von Personen und Situationen nicht schlechter (im Gegenteil, es ist ausgesprochen hilfreich, um Beziehungen zu verdeutlichen), aber immer noch nicht zu einer Methode der Systemtheorie. Es ist vielmehr eine Möglichkeit, die emotionale Qualität von Beziehungen außersprachlich zu verdeutlichen. Der Körper und die Hände wissen oft schneller, was los ist und sich abspielt als der Kopf. Arbeiten Sie also gern mit Aufstellungen, bewerten Sie diese aber nicht über.

3.8.1.3 Zehn Grundsätze für systemisches Handeln

Der Mediziner und Soziologe Fritz Simon nennt am Ende seines Buchs „Einführung in die Systemtheorie und den Konstruktivismus" zehn Gebote, die sich jede agile Führungskraft vergegenwärtigen sollte – und die ich hier etwas weiter interpretiert habe [23]:

1. Mache dir bewusst, dass alles, was gesagt wird, von einem Beobachter gesagt wird! Dieser Beobachter hat seine eigene Wahrnehmungsfähigkeit, seine blinden Flecken, Interessen und Vorerfahrungen. Nichts ist wirklich objektiv. Das spricht für eine Fusion verschiedener Perspektiven zu etwas Neuem. Im weiterer Sinn ist das Schwarmintelligenz.
2. Unterscheide, was über ein Phänomen gesagt wird, von dem Phänomen, über das es gesagt wird! Es ist nichts, wie es von anderen beschrieben wird. Die Dinge entstehen durch Beschreibung, aber sie existieren dadurch nicht, wie sie beschrieben sind.
3. Wenn du Informationen beschaffen willst, treffe Unterscheidungen! Das bedeutet, Sie sollten Informationen kategorisieren. Was ist die Innenseite und welche Außenseite wird gleichzeitig negiert? Wenn ich Informationen zum agilen Führen beschaffe, so muss ich diese einordnen, wie ich es in diesem Buch versuche, und sie abgrenzen gegen das, was Agilität verneint.
4. Trenne in deiner inneren Buchhaltung die Beschreibung beobachteter Phänomene von ihrer Erklärung und Bewertung. Nehmen Sie also die Beobachtung an, aber bewerten Sie sie nicht, jedenfalls nicht sofort. „Das ist doch so oder so, weil …" Schnelle Bewertungen entwerten die Beobachtung.
5. Der Status quo bedarf immer der Erklärung! Lebendige und soziale Systeme erneuern sich ständig. Strukturen bleiben dabei nur dann konstant, wenn dies aktiv so gewollt ist. Damit etwas bleibt, wie es ist, ist ein dynamischer Prozess nötig! Wenn ich bisherige Strukturen erhalte, so ist dies ein Prozess der Selbsterhaltung.
6. Unterscheide Elemente, Systeme und Umwelten! Um die Komplexität der Welt zu reduzieren, muss der Beobachtungsbereich begrenzt werden. Dabei können Systeme in weitere Einheiten aufgeteilt und gegenüber den jeweiligen Umwelten abgegrenzt werden. Die Umwelt eines sozialen Systems Softwareunternehmen ist zum Beispiel der Markt für Softwareunternehmen.
7. Betrachte soziale Systeme als Kommunikationssysteme, d. h., definiere ihre kleinste Einheit als Kommunikation! Aufrechterhalten wird das System aber nicht durch Personen, sondern durch die Kontinuität in der Kommunikation.
8. Denke daran, dass die Überlebenseinheit immer ein System mit seinen relevanten Umwelten ist! Die Grenzen des Systems sind seine Umwelten.

9. Orientiere dein Handeln an repetitiven Mustern! Denn Konstanz und Dauer entstehen durch die Wiederholung von Prozessmustern.
10. Betrachte Paradoxien und Ambivalenzen als normal und erwartbar. „Wahr" oder „falsch" ist ein Artefakt, das nur durch den Beobachter produziert wird. Es „hat sich bewährt" ist eine historische Feststellung, die verbraucht ist, sobald sie getroffen worden ist.

Wie kanalisieren sich diese Gedanken in Theorien? Darum geht es im nächsten Absatz.

3.8.2 Die Theorie U von Scharmer und das „Teal-Modell" von Laloux

Zwei Managementideen werden unter deutschen Vordenkern derzeit hoch gehandelt: der Teal-Ansatz von Frederic Laloux [12] und die Theorie U von Otto Claus Scharmer [22]. Beide Ansätze lassen sich als agil beeinflusste Konzepte klassifizieren, sofern wir „agil" als schnelles Reagieren von weitgehend oder komplett selbst organisierten Unternehmen auf veränderte Märkte definieren.

Der Ansatz von Frederic Laloux spiegelt jene entwicklungskulturellen und entwicklungspsychologische Grundgedanken, ich in diesem Kapitel skizziert habe. Laloux führt die sogenannten Teal-Organisationen ein, die nach neuen, ungewohnten Prinzipien agieren. Sie sind dezentral und nicht gewinnorientiert, erwirtschaften aber trotzdem Gewinne. Sie unterscheiden sich radikal von den Unternehmen, die er „achievement-orange" oder „amber" nennt. „Achievement-orange" strebt nach Gewinnoptimierung und immer besseren Prozessen, gesteuert vom Management-by-Objectives, das wir als vom agilen Ansatz überholtes Mindset kennengelernt haben. „Amber" richtet sich nach Regeln aus und ist durch hierarchische Strukturen mit Command & Ordner gekennzeichnet. Laloux sieht die Entwicklungsperspektive, interpretiert die Welt also nicht von einem Idealzustand her, sondern von anderen Möglichkeiten der Existenz, die vor den veränderten Bedingungen erfolgreicher sind.

Eine andere Perspektive hat Otto Claus Scharmer, ein deutschstämmiger Wirtschaftswissenschaftler, der mit seiner Theorie U aufrüttelte. Es ist nicht leicht, über den Erfinder der Theorie U tiefer gehende Informationen zu erhalten. Der Wikipedia-Eintrag ist kurz und die Vita auf der Homepage ebenso. Sicher ist, dass Scharmer mehrere Bücher verfasst hat und Senior Lecturer am MIT ist. Als Berater war er für zahlreiche Unternehmen tätig, etwa die deutsche GIZ oder PricewaterhouseCoopers und Google. Er beruft sich in seinen Schriften oft auf den Organisationspsychologen Edgar Schein, den er auch bei YouTube interviewt.

Seine Theorie U ist ein Modell zum Umgang mit dem Neuen. Er ruft damit dazu auf, den Blick zu weiten – und zwar U-förmig. In der Krise der Gegenwart ginge es darum, dass eine veraltete soziale Struktur abstirbt und eine neue entstehe.

Scharmer sieht vor diesem Hintergrund drei Bewegungen:

1. Bewegung der Gestrigen: Sie möchten zur Ordnung der Vergangenheit zurückkehren. Diese Retro-Bewegungen können eine fundamentalistische Färbung haben, wie wir

aktuell in der Politik erkennen. Sie müssen es aber nicht – siehe den Trend zur Manufaktur als Ort der feinen Handarbeit.
2. Verteidiger des Status quo: Sie fordern ein „Weiter so". Sie möchten die Gegenwart langsam, mit den Mitteln von heute die Zukunft fortschreiben.
3. Vertreter der transformationalen Veränderung: Sie folgen dem Credo des Neuen, der radikalen Veränderung, der Erneuerung von innen.

Scharmer ist ein Anhänger von 3. In seiner Welt sind kleine Schritte erst einmal nicht vorgesehen. Vielmehr fordert er, den Blick zu öffnen. Die Methode nennt er „Presencing". Das ist eine Wortschöpfung aus „presence", also Gegenwart, und „sensing", fühlen, spüren.

Die Mittel dafür sind fast ausschließlich Mittel der Kommunikation. So unterscheidet er verschiedene Grundarten des Zuhörens:

- Zuhören als „downloaden von Informationen"
- Das gegenständlich-unterscheidende Zuhören
- Das empathische Zuhören
- Schöpferisches Zuhören

Die vierte Ebene, das schöpferische Zuhören, ist die entscheidende. Sie ist angelehnt an Übungen aus dem Bereich der Achtsamkeit. Es gilt, das Denken auszuschalten und zu spüren, was richtig und was falsch ist. So können Sie beim Kneten einer Skulptur einfach vor sich hinarbeiten, ohne Erklärungen dafür zu suchen, was Sie machen. Die Hände wissen, was der Verstand noch nicht weiß.

Das schöpferische Zuhören zeigt sich am Ende eines Gespräches, wenn jemand plötzlich feststellt, dass er nicht mehr die gleiche Person ist, das Gespräch etwas in ihm verändert hat. Das Gespräch hat berührt, gewandelt. Diese Form des Zuhörens ist für Scharmer die Basis, um neues Denken zu lernen, von dem aus sich der Blick auf die Zukunft verändert. Scharmer spricht selbst vom höheren Selbst. Was er Downloaden nennt, kennzeichnet unsere derzeitige Arbeitsweise und begrenzt unsere Fähigkeit zur Visionsschöpfung. Nicht downloaden heißt, den Kopf und damit eigene Bewertungs- und Beurteilungssysteme auszuschalten.

Scharmer schreibt in einem Zeitschriftenartikel für Gesprächstherapie und personzentrierte Beratung 2007: „Führung in diesem Jahrhundert ist letztlich immer global und verlangt eine Verschiebung der Struktur kollektiver Aufmerksamkeit von der individuellen (mikro) und Gruppenebene (meso) zur institutionellen (makro) und globalen System-Ebene (mundo)" [21].

In diesen Worten wiederum spiegelt sich der Gedanke des „teal" von Laloux, also des Strebens nach einem Entwicklungszustand auf postkonventioneller Ebene.

Abb. 3.2 zeigt eine Skizze der Theorie U von Otto Scharmer.

Abb. 3.2 Die Theorie U von Claus Otto Scharmer

Scharmer schlägt die folgenden Schritte vor [21]:

- Co-Initiating: Forme eine gemeinsame Intention.
- Co-Sensing: Tauche vollkommen ein in die unterschiedlichen Kontexte.
- Co-Presencing: Verbinde Dich mit der Zukunft, die durch Dich werden will.
- Co-Create: Suche die Zukunft mit Deinen Händen, nicht mit dem Kopf.
- Co-Evolving: Entwickle Innovationsräume durch Vernetzung mit dem Umfeld.

3.8.3 Der Führungskräfte-Bias

Je ausgereifter Führungskonzepte, desto eher integrieren sie das Wissen um die Einschränkungen unseres Gehirns. Führung basiert nicht auf Allwissenheit, sondern beinhaltet ständige Selbstreflexion. Hinzu kommen Strategien zur Überlistung der menschlichen Urteilsheuristiken, etwa die Trennung von Beobachtung und Bewertung auf unterschiedlichen Konten bei Fritz Simon [24]. Oder das Ausschalten der eigenen Bewertung und die Konzentration auf das Zuhören in Scharmers Ansatz [22].

Die Programmierungen unseres Gehirns kollidieren mit dem Erfolg der agilen Führung und Teamarbeit.

Wenn jemand in den Raum kommt und gleich einen guten Eindruck macht, verdankt er das dem Halo-Effekt. Aufgrund einer Eigenschaft, etwa „gut angezogen", schließen wir auf andere Eigenschaften. Damit wir nicht zugeben müssen, falsch gelegen zu haben, suchen wir nach Begründungen und Belegen dafür, dass die positive Einschätzung eben nicht nur am guten Aussehen oder der perfekten Kleidung hängt. Und schon spielt uns das Gehirn wieder einen Streich. Dieser nennt sich Selbstbestätigungstendenz. Weiterhin neigen wir dazu, uns auf das zu verlegen, was uns bekannt ist – die Verfügbarkeitsheuristik.

Der Nobelpreisträger Daniel Kahnemann nennt das System 1- und System 2-Denken [10]:

- System 1 ist das schnelle, oberflächliche Denken, oft Bauchgefühl genannt.
- System 2 ist das scharfe Nachdenken und konkrete Durchspielen, z. B. von Alternativen.

In Gruppen kommt es immer wieder zum Trittbrettfahren, auch Social Loafing genannt. Je größer ein Team, desto eher machen es sich Einzelne bequem. Agiles Projektmanagement und die Visualisierung steuern dem schon sehr weitgehend entgegen. Gruppendenken ist ebenso verbreitet: In der Gruppe gehen gegensätzliche Perspektiven oft unter, weil jemand mit anderer Meinung dazu neigt, sich den „Mächtigen" anzuschließen.

Kognitive Verzerrungen – Strategien, die unser Gehirn nutzt, um Energie zu sparen und Denken abzukürzen – erklären, warum es so oft zu Fehleinschätzungen kommt. Wie kann es sein, dass ein Student einem weltweit bekannten Wissenschaftler, dessen Theorien überall gelehrt werden, einfache Fehler in der Excel-Tabelle und damit falsche Annahmen nachweisen kann? Es liegt daran, dass bestimmte Personen gar nicht mehr hinterfragt werden, der Experten-Bias. Wie kann es sein, dass die Experten die Fehler selbst nicht gesehen haben? Es könnte neben Oberflächlichkeit auch hier wieder die Selbstbestätigungstendenz gewesen sein. Man will, dass bestimmte Ergebnisse erzielt werden – und dann wird man blind für alles andere.

Den meisten Führungskräften sind diese Verzerrungen weder bewusst noch bekannt. Und selbst die, die sie kennen, verdrängen sie im Alltag gern. Dabei gäbe es einfache Techniken, damit umzugehen. Diese lernt man in Führungskräfte-Bias-Trainings, die immer eine gute Investition sind, denn deren Kenntnis gehört zu den Grundlagen und schärft den systemischen Blick.

Agiles Arbeiten ist allerdings gut geeignet, diese Biasse zu reduzieren, zum Beispiel da ein offener Umgang mit Fehlern sowie die Visualisierung von Arbeitsschritten dazugehören. Kommunikation und Reflexion sind ebenso sehr hilfreich. Das zeigt auch unsere Studie, die im nächsten Kapitel zum nächsten Thema überleitet: der agilen Teamarbeit.

3.9 Agiler Blick auf Führung

▶ „Watch and learn rather than dictate" (Edgar E. Schein, Organisationspsychologe).

Führen wir unsere Erkenntnisse zusammen, heißt das: Selbst wenn man Führung auf der einen Seite als „Leadership" definiert und ihr auf der anderen Seite „Management" gegenüberstellt, macht sie am Ende beides nicht überflüssig. Auch wenn im agilen Kontext „Indianer" Führungsaufgaben übernehmen, braucht es den Häuptling. Nur wird der Häuptling nicht mehr immer Häuptling sein und der Indianer nicht immer Indianer. Führung wird zu einer Haltung. Und sie ist fließender und als Rollendefinition nicht mehr nur einer Person zugeordnet.

Es werden dabei nach wie vor Manager gebracht, die ordnen, organisieren und administrieren – sowie Leader, die motivieren und visionär kommunizieren. Nach wie vor haben unterschiedliche Führungsansätze und unterschiedliche Interpretationen von Führen ihre Berechtigung. Führung ist ein Reifeprozess, der je nach Situation unterschiedliche Früchte trägt und nie gleich aussieht. So gesehen gibt es reife und weniger reife Führung, aber auch die weniger reife hat situativ eine Berechtigung.

Zum Kern reifer Führung wird mehr und mehr die Selbstführung, also die Fähigkeit, auch ohne Häuptling Verantwortung zu übernehmen – nicht mehr durch Positionsmacht, sondern durch die Kraft der Gruppe und Rollenzuschreibungen. Führung wird damit insgesamt vielfältiger und dynamischer. Die Gruppe wird nicht mehr durch immer dasselbe – zum Beispiel autoritäre – Führen bestimmt, sondern durch einen dynamischen Wechsel und ein dynamisches Zusammenspiel unterschiedlicher Formen von Führung.

Um das zu verdeutlichen, schauen wir einmal in agile Projektstrukturen, die diese Vielfalt und Dynamik der Führungsstile schon im Kleinen, nämlich im Projektkontext, berücksichtigen. Scrum schlägt als Teamgröße fünf bis maximal neun Mitglieder vor.

In einem Scrum-Team haben der Scrum-Master und der Product-Owner jeweils fachliche Führungsverantwortung. Der Scrum-Master sorgt dafür, dass die Scrum-Regeln im Projekt eingehalten werden. Seine Aufgabe ist es, das Team bei der Beseitigung von Hindernissen zu unterstützen. Er ist also, wenn man so will, ein Dienstleister für das Team. Der Scrum-Master ist dabei eine eher coachende Führungskraft. Scrum-Master moderieren Entscheidung; sie sorgen dafür, dass Regeln eingehalten werden, um gemeinsame Entscheidungen im Team zu treffen.

Agilität braucht nicht nur motivierende, coachende Führung, die sich etwa in der Rolle des Scrum-Masters oder auch eines agile Coachs niederschlägt. Sie braucht auch ordnende und vorgebende Führung – in Form der Rolle des Product-Owners. Der Product-Owner ist eher ein Spezialist, der die Vision für das Produkt hat. Bei Scrum sieht das konkret so aus: Während der Product-Owner die Linie und die Ziele für das Produkt vorgibt, kümmert sich der Scrum-Master um die Zusammenarbeit und räumt Hindernisse aus dem Weg, derweil sich das Team um die Entwicklung kümmert. Ein wunderbares Führungsteam.

Was in klassischen Teams ein Teamleiter verantwortet und in sich vereinen muss – mitunter auch gegen die eigenen Stärken und Verhaltenspräferenzen –, ist so auf mehrere Köpfe verteilt. So wird in Scrum die „Eier legende Wollmilchsau" verhindert, die sowohl eine coachende Persönlichkeit mitbringt als auch fachlich-inhaltlich gestalten kann. Disziplinarische Führung schließt das nicht aus, wenn auch im agilen Kontext die laterale Führung vorherrscht ist. Von vielen Unternehmen, die agil arbeiten, weiß ich, dass es aber dennoch disziplinarische Verantwortungen gebe und aus rechtlichen Gründen teils auch geben müsse – diese würde aber nicht aktiv gelebt. In diesem Moment beeinflusse sie die Interaktionen auch nicht oder kaum. So fällt nur eines weg: die Entscheidung von oben, für die zumindest fachlich vorgesetzte Teamleiter auch in traditionellen Umfeldern sowieso nie zuständig waren.

Ein zentraler Fortschritt: Im agilen Kontext ist Führung entpersonalisiert. Der Scrum-Master ist nicht Scrum-Master, er füllt dessen Rolle aus. Wenn der Scrum-Master fordert, dass das Stand-up-Meeting eingehalten wird, so ist dies in der Rolle festgeschrieben. Es ist nicht der nervige Herr Meyer, der darauf pocht. Oder der mächtige Herr Müller, der so gut vernetzt ist, dass er sich immer durchsetzt, sehr zum Missfallen der anderen.

Diese Rolle beinhaltet ein definiertes Set an Regeln und Vorgehensweisen. Auf deren Einhaltung hat der Scrum-Master zu achten. Das entlastet gerade Menschen, die von der Persönlichkeit her keine Häuptlinge sind, in der Regel also das Motiv macht nicht haben bzw. gemeinschaftsorientiert agieren. Auch diese können so eine Funktion ausfüllen, sofern sie innere Sicherheit und den Glauben an die eigene Selbstwirksamkeit mitbringen.

3.9.1 Agile Rollen

Über den Unterschied zwischen Positionen, Funktionen und Rollen habe ich bereits geschrieben. Hier noch eine Vertiefung. Im agilen Kontext besitzt die Rolle eine Art genaues Berechtigungskonzept. Was die Rolle darf und was nicht, ist in den Regeln, also schriftlich festgelegt. Das ist viel formeller und straffer organisiert als im nicht-agilen Kontext. Interpretationen sind weniger möglich, informelle Ausprägungen und freie Interpretationen schwieriger bis ausgeschlossen, sofern konsequent danach gelebt wird.

Auch der Radius, innerhalb dessen eine Rolle agiert, ist begrenzt. So gibt es im Scrum-Pigs, die direkt am Prozess Beteiligten, und Chicks, die Außenstehenden. Die Außenstehenden dürfen sich nicht einmischen, sind nicht „involved", also beteiligt. Die am Prozess Beteiligten dagegen sind „committed", haben sich also der Sache verschrieben. Sie stehen dahinter und sind „involved", also beteiligt.

In Tab. 3.9 erhalten Sie eine Übersicht der unterschiedlichen Interpretationen, die zeigt, dass in der agilen Führung das Hauptaugenmerk auf dem Verständnis von Rolle liegt.

3.9.2 X und Y

Wir sehen also, dass Führung im agilen Kontext keineswegs überflüssig ist, aber anders interpretiert wird. Die Führung ist auch deshalb eine andere, da sie von einem anderen Menschenbild ausgeht. Dieses Menschenbild hat der Autor und Managementguru Douglas McGregor [15] bereits 1960 beschrieben. Er unterscheidet den X- vom Y-Menschen.

Tab. 3.9 Übersicht über unterschiedliche Interpretationen

Klassisches Managementverständnis	Sagt etwas über die Ebene, Macht und Hierarchiestufe aus, z. B. Bereichsleitung	Sagt etwas über die inhaltliche Verantwortung aus, z. B. für Marketing	Beschreibt die Zuständigkeit, z. B. Community Management	Definiert Verantwortlichkeiten und Aufgaben
Agiles Verständnis	Ebenso	Nicht definiert	Gleiches Verständnis	Definiert Rollen und beschreibt für diese konkrete Aufgaben und Verhaltensweisen

Damals war von Agilität noch keine Rede, doch die Y-Vorstellung ist so sehr dem agilen Kontext zuzuordnen, dass ich sie unter dieses Kapitel fasse.

Die Vorstellung des X-Menschen ist dabei eng mit einer autoritären Führungshaltung verbunden, die „command and control" beinhaltet, also kommandieren und kontrollieren. Einer gibt etwas vor, die anderen folgen und führen aus. Die Arbeit wird überwacht und anhand des Zielerreichungsgrades vermessen – wir erinnern uns an Management-by-Objectives. Dies ist nötig, weil der Y-Mensch sonst nicht freiwillig arbeitet. Leistet er gute Arbeit oder ist treu oder untertänig, bekommt er Anreize in Form von Geld. Dass all das eher kontraproduktiv ist und Leistung sogar verhindern kann, wissen wir spätestens seit Reinhard Sprengers „Mythos Motivation".

Niels Pfläging (2009), Autor der „12 neuen Gesetze der Führung", zitiert dazu in einer im Internet bei Slideshare verfügbaren Präsentation Alfie Cohn, den Soziologen und Pay-per-Performance-Kritiker:

> Wie sollen wir unsere Leute belohnen? Sie sind ja nicht unsere Haustiere! Bezahl sie gut, respektiere sie, befreie sie von Störungen, versorge sie mit allen verfügbaren Informationen und hilf ihnen auf dem höchstmöglichen Niveau zu leisten [17].

Das X-Denken ist besonders in konservativen Strukturen und Unternehmen verbreitet und hat viel mit den wirklich gelebten Werten zu tun. Belohnungsdenken ist beispielsweise spezifisch für „orange" Werte. Starke Kommando-Führung kommt aus „rotem" Denken, das Erfolg als Durchsetzung des Stärkeren begreift. Agile Führung setzt bedingungsloses Y-Denken voraus. Überprüfen Sie sich einmal selbst. Sind Sie ein X-Denker? Und wenn nicht – woran liegt es? Oft höre ich: „Ich sehe einfach, dass meine Mitarbeiter nicht in der Lage sind, eigenständig zu entscheiden."

Dann sage ich Ihnen: Sie wären in der Lage, in einem anderen Umfeld, mit einer klaren Rollenbeschreibung und Rückendeckung. Und sie müssen neu lernen. Wenn Menschen nicht gewohnt sind zu entscheiden, dann können sie mit viel und plötzlicher Verantwortung nicht umgehen. Blättern Sie zurück zum Stufenmodell der Führung. Orten Sie sich und Ihr Unternehmen. Was wäre die logische nächste Stufe? Dahin kann es gehen, aber noch nicht zur kompletten Selbstorganisation.

Literatur

1. Andresen, S. (2002). *Kurt Lewin – Leben und Werk*. Weinheim: Beltz.
2. Beck, D. (2007). *Spiral Dynamics – Leadership, Werte und Wandel: Eine Landkarte für das Business, Politik und Gesellschaft im 21. Jahrhundert*. Bielefeld: Camphausen Mediengruppe.
3. Binder, T. (2014). Das Ich und seine Facetten. Change Professionals unter einer Entwicklungsperspektive. Organisationsentwicklung. *Zeitschrift für Unternehmensentwicklung und Change Management, 1*, 9–15.
4. Binder, T. (2015). *Ich-Entwicklung für effektives Beraten*. Göttingen: Vandenhoeck & Ruprecht.
5. Brodbeck, F. C. (2010). *Auf internationale Aufgaben vorbereitet sein: 360°-Feedback Instrument zur Führungskräfteentwicklung – weltweit*, WOP Working Papers (No. 2010/8). München: LMU.

6. Graf, M. (2015). *Das Reifegradmodell von Hersey & Blanchard und seine praktischen Implikationen für die Personalführung*. München: Grin-Verlag.
7. Hofert, S. (2016). *Was sind meine Stärken?* Offenbach: Gabal.
8. House, R. (2004). *Culture, leadership, and organizations. The GLOBE study of 62 societies.* London: Sage.
9. Hsieh, T. (26.10.2005). Interview mit im „Wallstreet Journal". http://www.wsj.com/articles/tony-hsieh-tells-how-zappos-runs-without-bosses-1445911325. Zugegriffen: 1. Nov. 2015.
10. Kahnemann, D. (2014). *Schnelles Denken, langsames Denken*. München: Pantheon.
11. Köstler, A. (1975). *The ghost in the machine*. London: Macmillan.
12. Laloux, F. (2014). *Reinventing organzations*. Millis: Nelson/Parker.
13. Loevinger, J. (1998). *Washington university sentence completion test*. Abingdon: Lawrence Erlbaum Associates (heute Taylor & Francis).
14. Luhmann, N. (2001, 1984). *Soziale Systeme*. Grundriss einer allgemeinen Theorie. University of Michigan: Suhrkamp.
15. McGregor, D. (1973). *Der Mensch im Unternehmen*. München: Econ.
16. Pelz, W. (2012). *Kompetent führen: Wirksam kommunizieren, Mitarbeiter motivieren*. Heidelberg: Gabler.
17. Pfläging, N. (2009). *12 Gesetze der neuen Führung*. Präsentation bei slideshare.net. Frankfurt: Campus.
18. Robertson, B. J. (2015). *Holacracy: The new management system for a rapidly changing world*. New York: Henry Holt.
19. Rooke, D., & Torbert, W. R. (1998). Organizational transformation as a function of CEO's developmental stage. *Organization Development Journal, 16*(1), 11–28.
20. Rooke, D. & Torbert, W. R. (2005). Seven transformations of leadership. *Harvard Business Review 4 2005.* https://hbr.org/2005/04/seven-transformations-of-leadership.
21. Scharmer, C. O. (2008). Theory U: Von der Zukunft her führen. Presencing als evolutionäre Grammatik und soziale Technik für die Erschliessung des vierten Feldes sozialen Werdens. *Gesprächspsychotherapie und Personzentrierte Beratung, 2007*(4).
22. Scharmer, C. O. (2009). *Theory U: Learning from the future as it emerges*. San Francisco: Berrett- Koehler.
23. Simon, F. B. (2015). *Einführung in Systemtheorie und Konstruktivismus*. Heidelberg: Carl-Auer.
24. Simon, F. B. (2015). *Einführung in die systemische Organisationstheorie*. Heidelberg: Carl-Auer.

Unsere Studie: Vergleich des Teamklimas in agilen und nicht-agilen Gruppen

4

> **Zusammenfassung**
>
> Wir halten fest: Die Arbeitswelt braucht kreative Teams, die Innovationen produzieren, denn nur so bleiben Unternehmen überlebensfähig. Doch was macht kreativ? Wir waren sicher, dass es keine Kreativitätstechniken sind, sondern eine bestimmte Art und Weise, Denken zuzulassen, in Austausch zu treten und auf Augenhöhe zu kommunizieren, was die Übernahme von Verantwortung durch das Team beinhaltet. Auf Basis dieser Annahme habe ich mit meinem Unternehmen eine Studie durchgeführt, die die Frage beantworten sollte, welche Bedingungen der Zusammenarbeit die Voraussetzungen, innovativ zu sein, verbessern.

Halten agile Vorgehensweisen, was sie versprechen? Sind sie wirklich überlegen? Helfen sie, die Ausforderungen der Digitalisierung zu bewältigen, indem sie Innovationstätigkeit in Teams fördern? Wir halten fest: Innovationstätigkeit ist ein globaler Wettbewerbsvorteil und beschränkt sich nicht auf die Abteilung Forschung & Entwicklung in einem Unternehmen. In Zukunft muss jede Abteilung in Unternehmen mitdenken und an Verbesserungen arbeiten: ob Einkauf, Personal oder Marketing. Wie können wir besser werden? Was ist unser Vorteil im Wettbewerb? Wie können wir Kundenbedürfnisse aufgreifen? Wenn Menschen solche Gedanken in ihre Arbeit mit einbeziehen, werden sie ihren Unternehmen gute Dienste erweisen. Hinzu kommt: Abteilungsgrenzen werden sich auflösen, Teams in Unternehmen besser verzahnt werden. All das bedeutet: Jeder einzelne muss kreativer werden, jedes Team Kreativität besser kanalisieren und in Innovation umsetzen können, jedes Unternehmen diese fruchtbarer machen als das bisher der Fall war. Dafür können Teams ihre besondere Intelligenz nutzen, die es ihnen ermöglicht die maximal mögliche Einzelleistung eines Teammitglieds, gemessen an seiner Intelligenz, sogar noch zu steigern, wie die Wissenschaftlerin Anita Woolley ermittelte [15].

Mit unserem Unternehmen Teamworks GTQ Gesellschaft für Teamentwicklung und Qualifizierung mbH haben wir eine Studie durchgeführt, deren Ziel es war, herauszufinden, ob agile Teams wirklich bessere Voraussetzungen haben, kreativer, innovativer und damit leistungsfähiger in diesem Zukunftssinn zu agieren. Dass Teamarbeit trotz aller Vorteile ein komplexes und schwieriges Unterfangen ist wissen wir spätestens seit der Studie „The romance of Teams" [1]. Wie ist es erst wenn Teams zusammen kreativ sein sollen?

Für die Möglichkeit, Team-Kreativität durch die Schaffung von entsprechenden Rahmenbedingungen zu steigern, spricht auch eine Metaanalyse von Hülsheger und Andersen, die verschiedene Vorbedingungen u.a. die Teamfaktoren für Innovation untersucht hatten [5]. Diese führt zum Ergebnis, dass interne und externe Kommunikation, der Support für Innovationen, die Teamvision und Leistungsorientierung des Teams Innovationstätigkeit jeweils positiv beeinflussen [6]. Verstärkend wirkt die wissenschaftliche Erkenntnis, dass auch Reflexivität positiv auf Innovation wirkt [11]. Reflexivität bedeutet, über sich selbst und die eigene Arbeit nachzudenken und beispielsweise vergangene Situationen und Handlungen aus einer Metaperspektive zu betrachten. Agile Retrospektiven, die in Konzepten wie Scrum fest eingebunden, sind, fördern diese Reflexivität. Agile Methoden wiederum unterstützen Kommunikation, Selbstorganisation und Selbstverbesserung, was das Ergebnis anderer Untersuchungen ist [9]. Der Gedanke, dass agile Methoden deshalb positiv auf die Innovationstätigkeit von Teams wirken könnten und damit besonders zukunftsgeeignet sind, lag also nahe.

Jetzt standen wir vor der nächsten Herausforderung: Wie sollte man das messen? Innovation ist schließlich schwer fassbar. Wir entschieden uns für ein Inventar, das nicht die Innovation selbst, sondern die Voraussetzung für Innovationstätigkeit misst. Das Teamklima ist ein Resultat von Kommunikationsprozessen einer Gruppe, die sich mit dem Teamklima-Inventar erheben lassen. Wir haben das Teamklima-Inventar ausgewählt, weil es in direktem Zusammenhang mit Innovation steht, die wiederum mit Leistung zusammenhängt. Wir wollten damit unsere Hypothese, dass agile Teams innovativer und damit leistungsfähiger mit Blick auf die Anforderungen der neuen Arbeitswelt sind, mit statistischen Methoden untersuchen. Dafür rekrutierten wir zwei Vergleichsgruppen: Die einen arbeiteten mit agilen Methoden, die anderen nicht.

4.1 Teamarbeit und Teamklima

Märkte werden zunehmend dynamischer, Innovationszyklen kürzer. Komplexe Aufgabenstellungen, unsichere Rahmenbedingungen, globale Märkte und Zeitdruck fordern von Teams heute keine Aufgabenerfüllung mehr, sondern verlangen aktive Innovationstätigkeit in Form von technischen Neuerungen, besserer Kommunikation, neuen Informationstechnologien, verbesserten Strategien und Prozesse. Der einzelne Mensch und das Team sollen kreativer sein, Probleme anders lösen, alternative Ansätze finden.

4.1 Teamarbeit und Teamklima

Die beiden Wissenschaftler Andersen und West untersuchten den Zusammenhang sozialer Prozesse und Innovationstätigkeit schon seit den frühen 1990ern [14]. Schon damals zeichnete sich der Trend ab, dass Gruppen in Unternehmen immer mehr Bedeutung zukommen würde. Unserer Beobachtung nach entsteht aber erst seit etwa fünf Jahren ein stärkeres Bewusstsein für die wachsende Bedeutung von Teamarbeit auch für kreative Prozesse. Bis dahin war Teamarbeit vor allem gute Zusammenarbeit. Was erklärt, warum das Augenmerk bei Teamentwicklungsprozessen lange auf dem Teambuilding lag, das vielleicht soziale Kontakte fördert, aber eher nicht Leistung und Innovation.

Doch was ist Teamarbeit überhaupt? Der Autor Scarnati definierte Teamarbeit 2001 [10] „as a cooperative process that allows ordinary people to achieve extraordinary results". Diese Definition enthält sowohl einen Innovations- als auch einen Leistungsaspekt. Anderson und West nennen Teamarbeit den zentralen Promotor von Veränderung und Innovation. Das Teamklima sagt damit voraus, inwieweit das Team Veränderung und Innovation mit- und voranträgt. Es enthält „Humanfaktoren", die „von zentraler Bedeutung für hohe Leistungen, für Veränderung und Innovation" sind. Das Teamklima gilt als Messgröße zur Bestimmung der internen Güte eines Teams.

Wie gut kann ein Team diese Erwartungen erfüllen? Das Teamklima beruht auf der sogenannten Vier-Faktoren-Theorie. 1985 begann das Sheffield-Innovation-Research-Program damit, sich mit vier zentralen Fragen zu befassen:

▶ 1. Was fördert oder behindert Innovation in Teams?
2. Wie lassen sich hoch innovative und weniger innovative Teams unterscheiden?
3. Wie sehen Innovationsprozesse in Teams aus und wie entwickeln sie sich über die Zeit?
4. Wie und mit welchen Instrumenten lassen sich Innovation und Effektivität fördern?

Die Untersuchung dauerte fünf Jahre von 1985 bis 1990. Dabei wurde Innovation quantitativ, also bezogen auf die Zahl von generierten Ideen, sowie qualitativ, bezogen auf deren Neuartigkeit, betrachtet. Die Ergebnisse gingen in die Forschungen der Forscher Farr und West ein und wurden in ihrer Arbeit „Innovation and Creativity at Work" 1991 [4] veröffentlicht. In diesem Buch publizierten die beiden Wissenschaftler auch ihr Modell der Vier-Faktoren-Theorie.

Sie entwickelten einen Fragebogen, der die verschiedenen Faktoren abdeckte. Die Facetten namens Vision und Aufgabenorientierung sollten die Qualität und partizipative Sicherheit sowie Unterstützung für Innovation die Quantität von Innovationsaktivität messen. In die Qualität fließt unter anderem die Reflexivität des Teams ein, die Ergebnis von Kommunikationsstrukturen ist, die den Austausch fördern, also Kommunikationsstrukturen, wie sie uns aus dem agilen Kontext bekannt sind. Diese sind unter anderem durch häufigen Informationsaustausch, die Reflexion von Leistungsstandards sowie durch eine konstruktive Kontroverse gekennzeichnet.

4.1.1 Teamklima im agilen Kontext

Haben technische Praktiken eine soziale Seite, die sich positiv auf die Zusammenarbeit auswirkt? Es war eine empirisch lange unbestätigte Praktikerthese, die in vielen Zeitschriften- und Buchbeiträgen, vor allem aus dem IT-Umfeld aufgeworfen wird, etwa bei Robinson und Sharp. Law und Ho führten 2004 eine qualitative Fallstudie [8] durch, in denen sie den Einfluss von sozialen Faktoren in einer agilen Umgebung untersuchten. Die Untersuchung „status quo agile" der Hochschule Koblenz von Ayelt Komus aus dem Jahr 2014 zeigte, dass die 600 Studienteilnehmer den agilen Methoden eine positivere Wirkung auf Teamarbeit und Motivation attestieren als klassische Methoden der Ablaufplanung im Projektmanagement [7].

Könnte auch ein Zusammenhang mit Leistung bestehen? In seiner Dissertation „Making Software Teams effective" bestätigt dies Chaehen So 2010 [13]. Er baut einen quantitativen Ansatz aus, um agile Teams zu untersuchen, der von seinem Doktorvater Wolfgang Scholl entwickelt wurde [12]. Dazu nutzt er ein Instrument zur Messung von acht agilen Praktiken, unter anderem iterative Planung und iterative Entwicklung, Stand-up-Meetings und Retrospektiven. Chaehen So formuliert in seiner Arbeit verschiedene Hypothesen, unter anderem die, dass Stand-up-Meetings und Retrospektiven positiv auf offene Kommunikation wirken. Weiterhin soll „social support" von der agilen Praktik Stand-up-Meeting beeinflusst sein. Soziale Unterstützung (social support), offene Kommunikation sowie Zielübereinstimmung (goal commitment) wirken zusammen wiederum auf die Koordinationsfähigkeit des Teams und auf den Zuwachs von Wissen. Dieses ist maßgeblich für die Teamperformance – entsprechend Sos-Modell.

Neben der Psychologie hat sich auch die Wirtschaftsinformatik mit dem Einfluss agiler Praktiken auf die Zusammenarbeit im Team beschäftigt. Lindenhahn, Günther und Huber untersuchten 2008 in einem Technical Report der Universität Magdeburg mit einem eigens konzipierten Online-Fragebogen den Zusammenhang von agilen Praktiken mit erfolgreicher Projektarbeit [9]. Leistung definierten sie folgendermaßen: Anforderungen sollten zu 100 % umgesetzt sein, Termin- und/oder Budgetüberschreitungen waren bis maximal 20 % zulässig.

Die Autoren legten dabei den Fokus auf die Teamentwicklungsphasen nach Bruce Tuckmann, die zu den bekanntesten Modellen im Bereich der Teamentwicklung gehören. Dabei ermittelten sie, dass die „Performing-Phase" und Projekterfolg korrelieren. Projekterfolg definieren sie als Erfüllung der Projektziele. Sie konzentrieren sich auf deskriptive Statistik und Selbstaussagen der Fragebogenteilnehmer. 89 % der Teilnehmer, die die agile Praktik der täglichen Meetings anwenden, gaben an, dass diese förderlich für das Vertrauen und die Offenheit im Team sind. Vertrauen und Offenheit unterlagen dabei der Selbstdefinition. Von den 190 Personen waren das 39. Eine weitere Erkenntnis war, dass 82 % sich dadurch im Wir-Gefühl gestärkt sahen sowie 90 % den Informations- und Erfahrungsaustausch als besser bewerteten. Insgesamt hatten die täglichen Meetings in dieser Untersuchung den größten Einfluss auf Teammerkmale, die Lindenhahn so definierte: klares Verständnis für Ziele und Aufgaben, gegenseitige Motivation und Unterstützung, klare Rollen- und Aufgabenverteilung, Informations- und Erfahrungsaustausch, Wir-Gefühl, Spaß an der Arbeit und Vertrauen sowie Offenheit im Team. Retrospektiven nannten mehr als 80 % der Umfrageteilnehmer als maßgeblich für das Verständnis für Ziele und Aufgaben sowie den Informations- und Erfahrungsaustausch.

4.1.1.1 Vorteile agiler Arbeit

Innerhalb der agilen Projektorganisation sind die Teams für die Planung der Iterationszyklen von Produkt und Feedback selbst verantwortlich. Das erhöht das Commitment, ermöglich aber auch Freiräume in der Arbeitsgestaltung und Arbeitszeitgestaltung. Die Teams bestimmen selbst, wie viel Arbeit sie in einem Zyklus bewältigen können und wollen. Dadurch entsteht auch Ressourcenhoheit. Stress und Überlastung sollen auf diese Weise verhindert werden.

4.1.1.2 Risiken agiler Arbeit

Ein Risiko agiler Arbeit liegt in der freiwilligen Selbstausbeutung. Da Wissensarbeit oft leistungsorientierte Menschen anspricht, die mit echter Leidenschaft agieren, ist diese sehr real. So besteht die Gefahr, dass man sich an den Leistungsstarken ausrichtet und langsamere Kollegen überlastet. Dieses Risiko ist vor allem groß, wenn wenig Kenntnis über Persönlichkeit und Motivation vorhanden ist, wenn also alle glauben, jeder Mensch wäre zum Gleichen fähig. Durch die Transparenz ist sichtbar, welche Teammitglieder wie viel geleistet haben. Das kann zusätzlich unter Druck setzen.

4.1.2 Das Teamklima-Konzept

Teamklima ist ein Konzept für die Teamdiagnose. Es beantwortet die Frage, wie gut das Team sich unterstützt sieht, auch innovative Aufgaben zu übernehmen. Getestet werden kann es mit dem bereits vorgestellten ausführlichen Inventar von Brodbeck sowie Kurzformen des Inventars, die auch in Buchform veröffentlicht sind [3].

Zunächst entstand der Ansatz individueller kognitiver Repräsentationen, danach der sozial geteilter Kognition. Im ersten Ansatz ist „Klima" das Resultat der individuellen Wahrnehmung einer Arbeitsumgebung. In seinem Zusammenhang wird untersucht, wie Menschen Bedeutung und Sinn aus den Merkmalen ihrer Arbeitsumgebung konstruieren. Der zweite Ansatz umfasst die sozial geteilte Wahrnehmung von Teammitgliedern in Gruppen und Organisationen.

Der LMU-Professor Felix Brodbeck entwickelte das psychometrisch validierte Teamklima-Inventar (TKI) auf der Basis von Anderson und West [2]. Er normierte sein Inventar 1994 bis 1999 an 149 Teams, etwa aus dem IT- und Gesundheitswesen und insgesamt 800 Personen. Brodbeck überprüfte die in der englischen Originalversion ermittelten Befunde aufgrund der Möglichkeit kultureller und sprachlicher Unterschiede. Nach der deutschen Übersetzung des Team-Climate-Inventorys führte er umfangreiche Datenerhebungen durch. Die Ergebnisse dokumentierte er in einer online verfügbaren Handanweisung. Er stellte letztendlich eine hohe Übertragbarkeit der im englischsprachigen Raum ermittelten Befunde auf den deutschsprachigen Raum fest.

Eine Skala zur sozialen Erwünschtheit übernahm er von Anderson und West. Auch in der englischen Originalversion ist diese nicht normiert und umfasst sechs Fragen, die sich auf soziale Aspekte und Aufgabenaspekte beziehen. Brodbeck gibt zu bedenken, dass soziale Erwünschtheit Teil des Teamklimas ist und deshalb psychometrisch nur schwer von den übrigen Dimensionen abgrenzbar sei [2]. Zu hohe Werte könnten jedoch auf dysfunktionales Verhalten hinweisen, etwa auf Gruppendenken, als Groupthink bekannt.

Das Teamklima-Inventar wird unter anderem von Hogrefe vertrieben und ist im Trainingsbereich weitverbreitet. So existieren Kurzfassungen für die Anwendung durch Praktiker in der Teamentwicklung.

4.1.3 Unsere Hypothesen

Mithilfe einer Online-Umfrage wollten wir herausfinden, inwieweit agile Prozesspraktiken das sogenannte Teamklima für Innovation beeinflussen. Die Online-Umfrage bestand aus zwei Fragebögen. Sechs Items bildeten die von uns erstellte Skala zur Ermittlung des Grades der Agilität und 44 bezogen sich auf das Teamklima für Innovation nach Brodbeck et al. [2], davon sechs auf die nicht-normierte Zusatzskala, die soziale Erwünschtheit. Die sechs Fragen zur Feststellung des agilen Status sollten nur mit „Ja" (-1) oder „Nein" (-2) zu beantworten sein.

Es sollten fünf Hypothesen geprüft werden:

- H1: Das Teamklima ist in agilen Gruppen besser als in nicht-agilen.
- H2: Die Visionsorientierung als Skala des Teamklimas ist in agilen Gruppen größer als in nicht-agilen.
- H3: Die Aufgabenorientierung als Skala des Teamklimas ist in agilen Teams größer als in nicht-agilen.
- H4: Die partizipative Sicherheit als Skala des Teamklimas ist in agilen Teams größer als in nicht-agilen.
- H5: Die Innovationsbereitschaft als Skala des Teamklimas ist in agilen Teams größer als in nicht-agilen.

T-Tests sollten ermitteln, ob und inwieweit die agile Arbeitsweise mit einem besseren Teamklima sowie dessen Subfacetten Vision, Aufgabenorientierung, Innovationsbereitschaft und partizipative Sicherheit einhergeht. Um dem Problem des multiplen Testens zu begegnen, entschieden wir uns für eine Alpha-Korrektur nach Bonferroni. Dafür wird das übliche Konfidenzniveau Alpha durch die Anzahl der Hypothesen, also fünf, dividiert, sodass nur Hypothesen mit einem p-Wert, der kleiner als ein Prozent ist, als bestätigt gelten.

Anhand einer Faktoranalyse untersuchten wir, ob die sechs Items zur Agilität nur auf einen Faktor laden, also eine Skala bildeten. Zusätzlich überprüften wir mit Cronbachs Alpha die Reliabilität für die selbst erstellte Skala.

Die teilnehmenden Personen, die wir über Kontaktpersonen persönlich ansprachen, arbeiteten in verschiedenen Teams unterschiedlicher Unternehmen, deren gemeinsames Kennzeichen die Technologienähe und das Projektumfeld war. Es handelte sich also um Unternehmen, die in der IT oder der digitalen Branche tätig waren. Ziel war es dabei, möglichst viele Mitarbeiter aus unterschiedlichen Unternehmen und auch möglichst verschiedenen Teams zu befragen, da davon auszugehen ist, dass in gleichen Teams auch ähnliche Einschätzungen des Teamklimas herrschen, wohingegen in verschiedenen Teams unterschiedliche Einflüsse herrschen sollten, wodurch die Wirkung der agilen Arbeitsmechanismen hervortreten müsste.

Sechs Items sollten erfragen, ob folgende Prinzipien in Handlungen umgesetzt werden:

1. Teamentscheidung, das heißt gemeinsame Entscheidungen der Kollegen, keine Weisung durch einen direkten disziplinarischen Vorgesetzten.
2. Tägliche strukturierte Meetings mit allen Teammitgliedern, zum Beispiel sogenannte Stand-up-Meetings, Daily Scrum.
3. Iterative Planung, das heißt Planung in kurzen Zyklen, innerhalb derer das Team nicht durch neue Anforderungen von außen (Kunden, Management) gestört werden darf.
4. Nutzung eines Boards zur Darstellung und Visualisierung des Workflows, das von jedem Teammitglied gesehen werden kann und den Arbeitsstand offen zeigt.
5. Eigenverantwortliche Zuteilung von Aufgabenpaketen.
6. Retrospektiven, also Teamtreffen mit dem Ziel, aus der Vergangenheit zu lernen und die Arbeit ex post zu analysieren.

Tab. 4.1 verdeutlicht, wie wir die agile und der nicht-agile Gruppe unterschieden haben:
Da nicht jeder Leser mit der agilen Arbeitsweise vertraut sein dürfte, im Folgenden einige Erläuterungen zu den Kernelementen.

4.1.3.1 Was sind Stand-up-Meetings?

Sowohl zu Scrum als auch zu Kanban gehören Stand-up-Meetings und Retrospektiven. Stand-up-Meetings sind tägliche Besprechungen, die im Stehen jeden Tag zur gleichen Zeit am gleichen Ort durchgeführt werden. Sie sollten idealerweise vor einem Scrum- oder Kanban-Board stattfinden. Hindernisse (engl. „impediments") sollen dadurch schnell aus dem Weg geräumt werden. Dazu werden demokratische Entscheidungen im Team getroffen (Teamentscheidungen). Hilfsmittel sind rote und grüne Klebepunkte zur Bewertung einer Idee und zur Entscheidung oder Skalen von eins bis zehn, an die jedes Teammitglied seine Bewertung schreibt.

Tab. 4.1 Unterscheidung der Gruppen

Aufgabenhoheit agile Gruppe	Aufgabenhoheit nicht-agile Gruppe
Das Teammitglied entscheidet selbst und eigenverantwortlich, welche Aufgaben es wann und in welchem Zeitraum erledigt. Dabei hilft z. B. ein sogenanntes Pull-Ticket-System. Aufgaben werden nicht von einer Führungskraft zugewiesen	Aufgaben werden von einer Führungskraft zugewiesen. Der Projektleiter entscheidet über Aufgabenverteilung
• Teamentscheidung agile Gruppe	• Teamentscheidung nicht-agile Gruppe
Das Team entscheidet selbst. Führungsaufgaben werden im Sinne von Coaching/Beratung des Teams verstanden. Dafür zuständig sind so genannte Agile Coaches/Kanban Coaches/Scrum-Master, die keine disziplinarische Befugnis haben	Es gibt einen disziplinarischen Vorgesetzten, der im Zweifelsfall entscheidet oder das letzte Wort hat
• Tägliche Teamkommunikation agile Gruppe	• Tägliche Teamkommunikation nicht-agile Gruppe
Es finden täglich Stand-up-Meetings statt. Diese Meetings sind zeitlich begrenzt und folgen einem klar definierten Raster, das immer gleich aussieht (in der Regel handelt es sich um drei Fragen)	Kein tägliches Treffen, kein Raster
• Retrospektiven agile Gruppe	• Retrospektiven nicht-agile Gruppe
Alle zwei bis drei Wochen findet eine systematische Ex-Post-Analyse von Arbeitsprozessen statt, um Probleme zu lösen und Verbesserungen zu erzielen, sowie alle drei bis sechs Monate längere Retrospektiven als Auszeit des Teams. Auch diese Retrospektiven folgen einem vorgegebenen, aber einfachen Raster	Keine Retrospektiven, keine Regelmäßigkeit, kein Raster
• Iteratives Vorgehen agile Gruppe	• Iteratives Vorgehen nicht-agile Gruppe
Schrittweise Annäherung an eine Lösung im zyklischen Prozess. Diese bedeutet z. B., dass ein Projektteam 14 Tage im geschützten Raum arbeiten kann und nicht gestört wird	Linearer Projektplan mit Zielvorgaben nach Time, Budget, Quality und Meilensteinen, Abarbeiten von Meilensteinen. Störungen sind jederzeit möglich.
• Visualisierung agile Gruppe	• Visualisierung nicht-agile Gruppe
Visualisierung der Arbeitsschritte für jeden (Team und auch Außenstehende) sichtbar und nachvollziehbar an einem Kanban- oder Scrum-Board	Keine Visualisierung mit einem Board, sondern Planung auf dem Papier oder mit Tools wie MS-Project oder Excel

Jedes Teammitglied beantwortet in einem Stand-up-Meeting nach Scrum drei Leitfragen:

1. Was habe ich seit gestern geschafft?
2. Was werde ich heute tun?
3. Was hindert mich bei meiner Arbeit?

Zum Stand-up-Meeting sowie zur agilen Arbeit allgemein gehört weiterhin die Selbstorganisation des Teams. So genannte agile Coachs oder der Scrum-Master beim Scrum unterstützen und bieten Hilfestellungen. Einmischung von außen – etwa durch die Führungskraft, aber auch den Kunden – ist in der strengen Auslegung in der Sprintphase nicht erlaubt.

4.1.3.2 Was sind Retrospektiven?

Retrospektiven sind moderierte Ex-Post-Analysen von Arbeitsprozessen, deren Grundsatz lautet, dass jede Meinung wichtig ist und jeder zu Wort kommen muss. Retrospektiven finden gewöhnlich alle zwei bis drei Wochen statt.

Auch hier gibt es Leitfragen:

1. Was war gut?
2. Was störte?
3. Was werden wir in Zukunft besser machen?

Bei der Ausführung von Retrospektiven kann es Unterschiede in der Häufigkeit und der Art der Durchführung geben. So führen einige Teams Retrospektiven einmal monatlich durch, andere wöchentlich oder zweiwöchentlich. Wiederum andere nutzen unterschiedliche Formate, beispielsweise Meetings oder Open Space.

Der dazu von uns entwickelte Fragebogen (Tab. 4.2) enthielt folgende Fragen:

4.1.3.3 Was heißt Visualisierung?

Die agilen Methoden Scrum und Kanban verwenden ähnliche Elemente, die sich auf die Art der Führung, die Form der Zusammenarbeit, Aufgabenverteilung, eine geregelte und systematische Kommunikation und Visualisierung beziehen. Ein zentrales Element ist die Visualisierung der Arbeitsprozesse, jederzeit sichtbar für alle Beteiligten. Das Scrum- oder Kanban-Board, das aussieht wie ein Whiteboard, macht den Workflow in einem Team nach einem vorgegebenen Strukturrahmen mithilfe von Post-its sichtbar. Jedes Teammitglied erkennt somit zu jeder Zeit, welche Arbeit gerade erledigt wird, welche noch ansteht und dadurch auch, wie effizient in der Gruppe gearbeitet wird. Die Kommunikation untereinander ist in agilen Teams geregelt und folgt einer klaren Struktur.

Tab. 4.2 Fragebogen

1	Teamentscheidung	Entscheiden Sie im Team und OHNE Weisung durch einen direkten disziplinarischen Vorgesetzten?
2	Stand-up	Haben Sie tägliche Meetings mit allen Teammitgliedern (z. B. sogenannte Stand-up-Meetings, Daily Scrum)?
3	Iterative Planung	Planen Sie in Ihrem Team Projekte iterativ, also in Schleifen (Zusatz: nicht nur linear mit dem Ziel, Projekte innerhalb Zeit/Budget abzuschließen)?
4	Visualisierung	Nutzen Sie zur Visualisierung der Arbeitsprozesse ein sogenanntes Kanban- oder Scrum-Board, das für das ganze Team sichtbar ist?
5	Aufgabenhoheit	Teilen Sie und die Kollegen in Ihrem Team sich alle Aufgaben und Arbeitspakete eigenverantwortlich zu?
6	Retrospektive	Haben Sie mindestens einmal im Monat eine Retrospektive (= Teamtreffen mit dem Ziel, aus der Vergangenheit zu lernen)?

4.1.4 Ergebnisse

Von den 144 Teilnehmern füllten 142 den ersten und 119 beide Fragebögen vollständig aus, sodass die Zahl vollständiger Datensätze 119 betrug. Die folgende Übersicht (Tab. 4.3) zeigt die Mittelwerte, die Standardabweichung und den Standardfehler. Es ergeben sich deutliche Unterschiede bei den Mittelwerten zugunsten der agilen Gruppe, die sämtlich signifikant waren.

Tab. 4.3 Mittelwerte der Standardabweichung

N = 119		Mittelwert	Standardabweichung	Standardfehler
Teamklima, alle Skalen	Agil	150,72	20,81	2,94
	Nicht-agil	126,62	30,22	3,64
Vision	Agil	42,36	7,80	1,10
	Nicht-agil	37,58	9,59	1,15
Aufgabenorientierung	Agil	27,40	4,23	0,67
	Nicht-agil	21,93	6,10	0,87
Partizipative Sicherheit	Agil	50,18	10,57	1,27
	Nicht-agil	42,26	6,16	0,76
Unterstützung für Innovation	Agil	30,78	4,53	0,64
	Nicht-agil	24,85	6,35	0,76
Soziale Erwünschtheit	Agil	35,75	2,59	0,36
	Nicht-agil	34,10	2,85	0,34

Alle fünf Hypothesen konnten somit bestätigt werden. Es ergeben sich in den Skalen überall deutliche Unterschiede – auch bei der sozialen Erwünschtheit, die bei der agilen Gruppe höher ist. Eine Interpretation könnte sein, dass die agile Gruppe sich aufgrund der positiven Medienberichterstattung rund um agiles Arbeiten ihres Status besonders bewusst ist und sich deshalb als besser oder im Vorteil einschätzt. Dies könnte auf einen sozialen Ingroup- oder Eigengruppeneffekt zurückzuführen sein. Das bedeutet, dass sich die Gruppenmitglieder sehr stark mit dem agilen Arbeiten identifizieren, sich dadurch einer bevorzugten Gruppe zugehörig fühlen, auch wenn sie gar nicht direkt zusammenarbeiten.

Eine weitere Regressionsanalyse hat jedoch gezeigt, dass die Signifikanz der Unterschiede zwischen der agilen und nicht-agilen Gruppe auch bestehen bleibt, wenn man soziale Erwünschtheit mit einbezieht. Hinzu kommt, dass soziale Erwünschtheit kaum als einzelnes Konstrukt zu erfassen ist, da alle Teamklima-Fragen schon per definitionem letztendlich auch subjektive Wahrnehmungen umfassen. Ein isolierter Einfluss, etwa durch eine Störvariable Medienberichterstattung, ist schwer zu ermitteln.

Weiterhin wäre denkbar, dass auch nicht-agil arbeitende Projektmitarbeiter einem solchen Eigengruppeneffekt unterliegen könnten. Sowohl klassisch als auch agil arbeitende Personen halten die eigene Methodik für überlegen, was unter anderem auf die Selbstbestätigungstendenz und Gruppendenken zurückzuführen ist. Auch Teams, die keine agilen Methoden nutzen, können somit sehr von der Überlegenheit ihrer Arbeitsweise überzeugt sein.

Zur Reliabilität des agilen Fragebogens ist anzumerken, dass Cronbachs Alpha für alle sechs Fragen aus dem ersten Teil 0,97 ergibt. Die interne Konsistenz der Skala „agil" ist damit exzellent. Die Reliabilität des Teamklima-Inventars war bereits von Brodbeck et al. untersucht worden. Unsere Berechnungen fanden ähnliche Werte ($r = 0{,}98$).

Bei den sechs Fragen zur Agilität ergibt sich, dass die nicht-direkte Weisung durch einen Vorgesetzten, also die von mir so bezeichnete Teamentscheidung, mit 43 Ja-Antworten (30,28 %) vergleichsweise selten vorkommt, wohingegen die selbstständige Aufgabenverteilung im Umfeld der Befragten mit 99 Ja-Antworten (69,23 %) verbreitet ist. Auch die mindestens einmal monatlich stattfindenden Retrospektiven mit 73-mal „Ja" (agil, 51,41 %) im Vergleich zu 69 Nein-Antworten (nicht-agil, 48,59 %) scheinen oft zum Teamalltag dazuzugehören. Das Scrum- oder Kanban-Board kam auf 61 Agil-Antworten (42,96 %), die iterative Planung auf 63 (44,37 %) und das Stand-up-Meeting auf ebenfalls 63 Agil-Antworten (44,37 %).

Die Teilnehmer hatten die Möglichkeit, in Freitextfelder zu schreiben, was aus ihrer Sicht gute Teamarbeit ausmacht und wo sie Hindernisse sehen. Bei guter Teamarbeit wurden in allen Gruppen wiederholt Begriffe wie Vertrauen genannt, Ziele und Commitment. Einige Teilnehmer forderten eine offene Fehlerkultur, Verzicht auf Besserwisserei und regelmäßigen Austausch. Bei den Hindernissen von guter Teamarbeit führten entsprechend fehlendes Vertrauen, unklare Ziele und individuelle Egoismen die Liste an.

In der Gruppe der nicht-agilen Teilnehmer formulierten die Studien-Teilnehmer oft extremer, gerade in Bezug auf Hindernisse. Hier fanden sich mehr negative Äußerungen, wie:

- „Egoismus von Kollegen und Faulheit."
- „So genannte Teamschweine, die nur ihre eigenen Vorteile überall herausziehen wollen."
- „Autoritäre Führung, die Eigeninitiative auf Ebene des Teams im Keim erstickt."
- „Der Chef hat immer Recht."

4.1.5 Interpretation

Auch als Praktiker sollte man vorsichtig mit Verallgemeinerungen sein. Wir haben nur innerhalb einer bestimmten Branche getestet. Die Teilnehmer waren weit überwiegend Akademiker. Über die Qualität der Durchführung der agilen Methoden wissen wir nichts.

Dennoch sind die Ergebnisse eindeutig aufgrund der starken Unterschiede. Dies gilt nicht nur, wenn man sich die Skalen betrachtet, sondern auch wenn man einzelne Fragen aus der Teamklima-Skala heranzieht. So sind die Mittelwertsunterschiede dort besonders stark, wo es um Kommunikation und Zielorientierung geht. „Jede Ansicht wird angehört, auch wenn es die Meinung einer Minderheit ist" ist beispielsweise eine Frage, der die agilen Personen weit mehr zustimmen können. Bei „Das Team bewegt sich ständig auf die Entwicklung neuer Antworten zu" und „Die Teammitglieder sind bereit, die Grundlagen der eigenen Arbeit in Frage zu stellen" gibt es ebenso einen großen Unterschied. Auch eindrücklich: Die einzige Frage von 44, bei denen der Unterschied in den Antworten nicht signifikant war, hängt nicht direkt mit der agilen Arbeitsweise zusammen: „Die Ziele des Teams sind von gesellschaftlicher Bedeutung."

Die Tab. 4.4 zeigt die Fragen mit den größten Unterschieden. Das gesamte Inventar finden Sie in der Handanweisung von Brodbeck, die im Internet frei verfügbar ist.

Es ist offensichtlich, dass agile Methoden die Wahrnehmung von Effizienz in der Zusammenarbeit fördern. Agile Mitarbeiter sind dazu angeleitet, Konflikte eher auf der Sachebene zu lösen. Das zeigen auch zahlreiche begleitende Interviews. Agile Kollegen „lieben" einander nicht mehr, aber anstatt in einem Meeting über für die Arbeit irrelevante Themen zu reden, konzentrieren sie sich leichter auf inhaltliche Aspekte.

Tägliche, strukturierte Meetings fördern den Austausch. Wer einmal beobachtet hat, wie Meetings ohne klare Führung aus dem Ruder geraten oder zur Profilierung genutzt

Tab. 4.4 Fragen mit den größten Unterschieden

Subskala	Innovation	Vision	Innovation	Partizipative Sicherheit	Vision
Frage Text	In unserem Team nehmen wir uns die Zeit, um neue Ideen zu entwickeln	Jede Ansicht wird angehört, auch wenn es die Meinung einer Minderheit ist	Das Team bewegt sich ständig auf die Entwicklung neuer Antworten zu	Die Teammitglieder treffen sich häufig, um sowohl informelle als auch formelle Gespräche zu führen	Die Teammitglieder sind bereit, die Grundlagen der eigenen Arbeit infrage zu stellen
Mittelwert nicht-agil	2,75	2,70	2,91	3,16	2,88
Mittelwert agil	3,64	3,92	3,73	4,08	3,66
M-Unterschied	0,89	1,22	0,82	0,92	0,88
P	0,000	0,001	0,001	0,000	0,000

werden, wird sicher zustimmen, dass diese in vielen Firmen nicht optimal geführt werden und viel Zeit verschwenden. Viele Meetings enden ohne Ergebnis.

Klarheit und Ordnung der agilen Arbeitsweise fördern dagegen den Austausch und die Konzentration auf das Wesentliche. Jeder bekommt seinen Redeanteil und wird gehört. Das ist in vielen Meetings sonst nicht der Fall. Hier setzen sich leicht Personen durch, die eine höhere Dominanz ausstrahlen und von eigenen Interessen gesteuert sind. Von daher verwundern die Ergebnisse nicht.

Wer Entscheidungen im Team trifft und nicht vorgesetzt bekommt, ist in der Regel involvierter. Das sind keine großen strategischen Entscheidungen, aber Entscheidungen, die die gemeinsame Arbeit betreffen. Hier helfen die in der agilen Methodik eingebetteten Vorgehensweisen, etwa die demokratische Abstimmung mit Klebepunkten.

Die Visualisierung hat den Vorteil, dass sie die Arbeit aller offenlegt. Allein dadurch sind die Mitarbeiter schon einmal stärker beteiligt. Wenn es keinen Fortschritt gäbe, würde auch die Einzelleistung sichtbar – und einer träte in den Fokus der Aufmerksamkeit. Die Offenlegung der Arbeitsschritte ist somit auch eine Form der sozialen Kontrolle. Trittbrettfahren oder auch soziales Faulenzen ist somit viel schwerer möglich.

Eigenverantwortliche Aufgabenzuteilung ist im akademischen Bereich verbreiteter als bei weniger qualifizierten Arbeitnehmern. Deshalb konnten dieser Frage auch Personen zustimmen, die nicht nach Scrum oder Kanban arbeiteten. Sie hat im Vergleich zur disziplinarischen Zuteilung, bei der ein Chef den Mitarbeitern ihre Jobs gibt, den Vorteil, dass sie zu einem verantwortlicheren Verhalten führt. Wenn Mitarbeiter darüber entscheiden, was sie tun wollen, fördert dies außerdem die Motivation.

Die iterative Planung hat ebenso Auswirkungen auf die Kommunikation: Durch diese Vorgehensweise werden zeitliche Rahmen gesteckt – ein „Sprint", also Durchlauf bei Scrum, dauert zwei Wochen. Danach werden dieselben Prozesse mit den Erkenntnissen aus dem Sprint wiederholt. Auch das hat einen eingebetteten Kommunikationsaspekt. Weiterhin sind die Mitglieder dadurch gezwungen, auch über das zu sprechen, was nicht funktioniert hat. Es dürfte also der Fehlertoleranz und Kritikkultur dienen.

4.1.6 Bedeutung für die Praxis

Dies alles spricht dafür, dass agile Konzepte die Effizienz in der Zusammenarbeit verbessern. Ob sie tatsächlich auch innovativer machen, können wir nicht sagen, denn bei der Studie ging es ja nur um die Voraussetzungen für Innovation, nicht um die Innovation an sich.

Der Grad der Agilität ist dabei fließend. Schon wenige Elemente könnten dafür sorgen, dass sich die Zusammenarbeit und damit der Output verbessern. Welche das sind, ist sehr wahrscheinlich vom jeweiligen Unternehmen und dem Unternehmenszweck abhängig sowie von der Teamaufgabe. Je größer der Abstimmungsbedarf, desto sinnvoller dürfte das Element Stand-up-Meeting sein. In einem Team mit hohem Routineanteil macht es dagegen weniger Sinn, sich täglich über den Fortschritt der Arbeit auszutauschen. Hier könnten monatliche Workshops zur Reflexion der Arbeitsabläufe, interner Kommunikation und Zusammenarbeit viel hilfreicher sein.

Teamentscheidungen sind sinnvoll, wenn es darum geht, das Team betreffende Entscheidungen zu fällen. Das können ganz simple Dinge sein wie die Anschaffung einer Kaffeemaschine. Selbst solche Entscheidungen sind ja in vielen Firmen noch Chefsache. Ein kleiner Schritt könnte es sein, diese Entscheidungen ans Team zu delegieren – eventuell sogar ohne Budgetvorgabe. Auch die Raumaufteilung und Sitzordnung könnten eine Teamentscheidung werden und ein erstes kleines Projekt für eine Gruppe, dies es bisher nicht gewohnt ist, selbst zu entscheiden. Die einfachste Teamentscheidung ist die, bei der man über Ja und Nein abstimmen kann, also entweder oder:

- Blumen im Büro ja oder nein?
- Stand-up-Meeting ja oder nein?
- Kollaborationssoftware ja oder nein?
- Betriebsausflug ja oder nein?

Komplexer sind Entscheidungen, die über ein Ja und Nein hinausgehen, also nicht mehr auf rein demokratischer Basis entschieden werden können. Dies ist etwa die Frage, für welche Kollaborationssoftware das Team sich entscheiden sollte, die voraussetzt, das erst einmal Anforderungen erhoben werden (erste Teambesprechung), dann eine Person oder ein Team gewählt wird, Anbieter zu recherchieren, bevor dies in der Gruppe präsentiert wird und es schließlich zur Abstimmung kommt. Hierbei handelt es sich dann schon um ein kleines Teamprojekt.

Weitere Ideen für solche Teamprojekte:

- Auswahl von Weiterbildungen
- Erstellung von Zukunftsszenarien für die Abteilung
- Verbesserung der Abteilungszusammenarbeit
- Teamregeln

Mehr dazu im Praxisteil, in dem ich das Thema Teamentscheidung ausführlicher beschreibe. Hier kommen auch die Retrospektiven zum Tragen, die hervorragende Elemente für jedes Team sind, da sie die sogenannte Teamreflexivität fördern. Das bedeutet, dass sie das Team anregen, darüber nachzudenken, wie die Zusammenarbeit ist und verbessert werden kann. Damit werden unterschiedliche Perspektiven sichtbar, auch zwischen Führungskraft und Teammitgliedern. So mag es sein, dass sie als Führungskraft die Kompetenz ihrer Teammitglieder hoch einschätzen, einzelne Kollegen oder alle Teammitglieder sich gegenseitig aber anders sehen. Warum ist das so? Was ist zu tun? Das sind dann Fragen, die die gemeinsame Reflexion auslösen und damit Entwicklung einleiten können. Und Reflexion ist eine der wichtigsten Voraussetzungen für Entwicklung.

Literatur

1. Allen, N. J., & Hecht, T. D. (2004). The romance of teams: Toward an understanding of its psychological underpinnings and implications. *Journal of Occupational and Organizational Psychology, 77*(4), 439–461.
2. Brodbeck, F., Anderson, N., & West, M. (2000). Das Teamklima-Inventar Handanweisung. WOP Working Paper 2000/2. http://www.psy.lmu.de/wirtschaftspsychologie/forschung/working_papers/wop_working_paper_2000_2.pdf.
3. Dick, R., van, & West, M. A. (2013). *Teamwork, Teamdiagnose, Teamentwicklung* (2. Aufl.). Göttingen: Hogrefe.
4. Farr, J. L., & West, M. A. (1991). *Innovation and creativity at work. Psychological and organizational strategies.* New Jersey: Wiley.
5. Hülsheger, U. R., Anderson, N., & Salgado, J. F. (2009). Team-level predictors of innovation at work: A comprehensive meta-analysis spanning three decades of research. *Journal of Applied Psychology, 94*, 1128–1145.
6. Hülsheger, U. R., Maier, G. W., & Anderson, N. (2013). Innovation in Gruppen und Teams. In D. E. Krause (Hrsg.), *Kreativität, innovation und entrepreneurship* (S. 175–191). Wiesbaden: Springer Gabler.
7. Komus, A. (2014). Erfolgsfaktoren im Projektmanagement, Koblenz: BPM-Labor (Business Process Management) der Hochschule Koblenz und Gesellschaft für Projektmanagement GPM e. V.
8. Law, A., & Ho, A. (2004). A study case: Evolution of co-location and planning strategy. Proc. agile development conference, S. 56–62.
9. Lindenhahn S., Günther S., & Huber E. (2008). Einfluss agiler Praktiken auf Teammerkmale und Erfolg von Softwareentwicklungsprojekten, Otto-von-Guericke-Universität Magdeburg, Lehrstuhl Informatik. http://wwwiti.cs.uni-magdeburg.de/iti_db/publikationen/ps/auto/LindenhahnEtAl2008.pdf.
10. Scarnati, J. T. (2001). On becoming a team player. *Team Performance Management: An International Journal, 7*(1/2), 5–10.
11. Schippers, M. C., West, M., & Dawson, J. (2015). Team reflexivity and innovation: The moderating role of team context. *Journal of Management, 41*(3), 769–788.
12. Scholl, W. (2005). Grundprobleme der Teamarbeit und ihre Bewältigung – Ein Kausalmodell. Ergänzte Fassung als DOC-Dokument auf der Seite der Humboldt-Universität Berlin zu finden. https://www.psychologie.hu-berlin.de.

13. So, C. (2010). *Making software teams effective. How agile practices lead to project effectiveness through socio-psychological mechanisms* (1. Aufl.). Wien: Peter Lang Internationaler Verlag der Wissenschaften.
14. West, M. A. (1990). The social psychology of innovation in groups. In M. A. West & J. L. Farr (Hrsg.), *Innovation and creativity at work*. Chichester: Wiley.
15. Woolley, A. W., Chabris, C. F., Pentland, A., Hashmi, N., & Malone, T. W. (2010). Evidence for a collective intelligence factor in the performance of human groups. Published online 30 September 2010. Science, 29 October 2010, 330 (6004), 686–688.

Agile Ansätze in die Praxis umsetzen 5

> **Zusammenfassung**
> Agile Führung ist auch Teamentwicklung – und zwar unabhängig davon, auf welcher Ebene sie stattfindet und ob Sie ein Managementteam oder die Mitarbeiter in der Forschung und Entwicklung führen. Agilere Führung zu etablieren bedeutet aber immer auch, ein Veränderungsprojekt durchzuführen, das einen Kulturwandel erfordert. Wie Sie eine solche Teamentwicklung im Kulturwandel gestalten, das zeigt Ihnen dieses Kapitel.

Was passiert in Gruppen? Welche Prozesse laufen ab? Als agile Führungskraft sind Sie Teamentwickler und Gestalter von Veränderung. Sie sollten Gruppendynamiken verstehen, um sich auf diese einzustellen. Dieses Verständnis ist die Voraussetzung für sinnvolle Interventionen. Schauen wir uns also zunächst einmal die Grundlagen an.

Wussten Sie, dass die Intelligenz eines Teams höher sein kann als die eines einzelnen Mitarbeiters? Ein gutes Team kann mehr leisten, aber auch viel weniger, als der Durchschnitt der kognitiven Möglichkeiten der Mitglieder vermuten lässt. Entscheidend sind der richtige Aufbau, die richtige Zusammensetzung, die richtige Größe, das passende Umfeld (auch räumlich) und die richtige Entwicklung.

Ein Team ist eben nicht die Summe von Individuen, sondern das, was man aus ihm macht.

Agile Führung ist darauf angelegt, Menschen zu befähigen, sich selbst zu steuern und selbst zu verbessern. Egal, wie die Führungsrolle lautet, ob agiler Coach, Teamleiter oder Manager: Wer am Menschen arbeitet und nicht am Produkt, der formt, leitet und begleitet. Dies hat immer auch einen steuernden Charakter. Eine Führungskraft darf und muss intervenieren – aber im agilen Kontext nicht um etwas durchzusetzen, sondern um die Gruppe zu befähigen, Probleme selbst zu lösen. Auch das Ausräumen von Hindernissen, die das Team an der guten Zusammenarbeit hindern, gehört zu dieser Führung, die aus der Mitte erfolgt.

5.1 Gruppendynamik

Über Kurt Lewin haben Sie in den vorherigen Kapiteln bereits einiges gelesen. Seine Führungsstile entwickelte er aus der Beobachtung von Gruppen. Diese waren ihm als Immigrant und Flüchtling vor Nazideutschland eine Herzensangelegenheit. Er wollte die Prozesse verstehen, die in Gruppen zu Macht, Anpassung oder Ausgrenzung führen. Und genau das ist auch wichtig für Sie. Verdeutlichen Sie sich dazu, dass das Ich aus dem Wir kommt – ein Individuum also nicht ohne einen Bezug auf Gruppen denkbar ist. Das ist heute viel wichtiger als vor 100 Jahren, weil wir in immer mehr Gruppen aktiv sind und deshalb noch viel dynamischere und wechselvollere Wir-Bezüge haben als früher. Das heißt auch, dass wir uns mehr entwickeln.

Ein Mensch ist also nicht nur aufgrund seiner Persönlichkeit zu verstehen, sondern auch und ganz besonders durch seine Existenz und Ich-Werdung in Gruppen. Damit hat sich Wilfried Bion sehr eingehend beschäftigt, der nach dem 2. Weltkrieg intensiv Gruppen beobachtete und seine Beobachtungen dokumentierte [4]. Er zeigte unter anderem, dass Gruppendynamiken Gesetze der Persönlichkeitspsychologie außer Gefecht setzen können. Gruppen funktionieren anders. Sie sind viel mehr als eine Addition von Einzelpersonen.

Deshalb greift es viel zu kurz, wenn Unternehmen durch Persönlichkeitsmodelle versuchen, das Verständnis für und untereinander zu wecken und zu stärken. Natürlich spielt Persönlichkeit eine Rolle – sie ordnet sich dieser aber leicht unter. Deshalb sind Persönlichkeitstests wie die vorgestellten Big Five, MBTI® oder DISG® sicher hilfreich, aber eben auch nur eine Maßnahme zur Weckung von Verständnis für Unterschiede, mehr nicht. Sie vereinfachen und reduzieren die Komplexität auf eine Art und Weise, die nicht immer nur hilfreich ist. Gefahren liegen in der oft stümperhafte Anwendung solcher Tests. Sehr oft habe ich mitbekommen, dass ein Unternehmen beispielsweise einen „ENTJ" als Führungskraft sucht, weil es diese als einzig wahre Managerpersönlichkeit begreift. Wer so handelt, zeigt Begriffsstutzigkeit und kein Begreifen. Wenn alle ENTJs sind, wo bleibt dann die Diversität?

Die Typologien bieten einen Anhaltspunkt mit fließenden Übergängen. Menschen, die sich stark entwickeln, lassen sich zudem kaum in Typologien fassen. Das hat den einfachen Grund, dass diese Menschen ihre anderen Anteile integrieren können. Am Beispiel Introversion wird das deutlich. Ein wenig entwickelter Introvertierter wird ungern präsentieren und Menschen begeistern. Ein gut entwickelter ist immer noch introvertiert, aber er hat gelernt, zu präsentieren und Menschen zu begeistern. Das ist auch kein nichtauthentisches Verhalten, wie einige unterstellen, sondern schlicht eine ausbalancierte Reife. Aus diesem Grund halte ich für die Arbeit mit Gruppen mehr von Motivmodellen wie der von uns angewendeten MSA® als von Persönlichkeitstypologien. Sie machen das Wollen klar. Und ohne Wollen kein Können.

Gruppen sind komplexe Gebilde. Sie besitzen – wie jedes Individuum – eine äußere und innere Umwelt. Es gibt von daher einen Psychoschnitt, der auch Eigenschaften einbezieht und einen Sozioschnitt, der die äußere Umwelt beschreibt [9].

5.1 Gruppendynamik

Bei Arbeitsteams sind das äußere und innere Umfeld oft in gleicher Weise prägend. Bei anderen Gruppen kann es Unterschiede geben. So kann bei „Zwangsgruppen" wie Schulklassen das äußere Umfeld prägender sein. Regeln sind hier dann noch wichtiger, da es weniger inneren Zusammenhalt gibt. Abb. 5.1 zeigt wie die individuellen Faktoren (Motive, Werte, Persönlichkeit) und die Umwelten auf das Individuum in der Gruppe und die Gruppe selbst wirken. Es entsteht dadurch ein Psycho- und Sozioschnitt.

Die Abb. 5.1 zeigt die vertikale Sicht auf Gruppen. Sie verdeutlicht, dass der Persönlichkeitsanteil nur ein kleiner Ausschnitt ist. Eine Gruppe kann die einzelnen Persönlichkeiten assimilieren, sodass die Persönlichkeit nicht mehr sichtbar ist. Sie kann auch einen eigenen Charakter bilden. So gibt es sehr kreative und ideenfreudige Gruppen, obwohl einzelne Mitglieder kein ausgesprochen kreatives Persönlichkeitsmerkmal mitbringen. Es kann also sein, dass sieben Teammitglieder nicht besonders kreativ sind, in den Big Five also eine eher mittlere oder niedrige Offenheit für neue Erfahrungen mitbringen – und dennoch hoch kreativ werden, allein aufgrund von Gruppendynamiken. Genauso ist es möglich, dass lauter Kreative keine einzige Idee entwickeln.

Für Sie heißt das: Wenn Sie mit Persönlichkeitstests arbeiten, um Komplexität zu reduzieren, was legitim ist, tun Sie es zum richtigen Zeitpunkt, mit Bewusstsein für Gruppendynamik und mit den richtigen Trainern. Der richtige Zeitpunkt ist dann gegeben, wenn ein Team funktional und reif ist – schauen Sie sich dazu die folgenden „7 Schritte" an. Achten Sie bei Trainern darauf, dass diese nicht nur ein Verfahren anwenden, sondern auch eine psychologische Fundierung haben. Trainer, die nur ihr Modell verkaufen, sind immer mit Vorsicht zu genießen. Sie sind oft eher indoktriniert. Gute Trainer kennen verschiedene Tools und können sich von den selbst genutzten kritisch distanzieren.

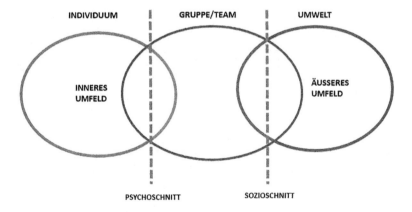

Angelehnt an König/Schattenhofer: Einführung in die Gruppendynamik

Abb. 5.1 Psycho- und Sozioschnitt

5.2 Das Sichtbare und Verborgene in Gruppen

Im Umgang mit Einzelpersonen unterscheiden Sie Sach- und Beziehungsebene. Sie wissen: Die inhaltliche Aussage muss mit der Beziehungsaussage nicht übereinstimmen. Dies ist auch in Gruppen so – und zwar verstärkt. Es wird oft die Sachebene stark betont, aber die Beziehung setzt den Takt entscheidet. Hinzu kommen weitere Ebenen, die Sie sich wie unter dem sichtbaren Teil eines Eisbergs liegend vorstellen können. Neben der Beziehungsebene der Personen untereinander sind das die Soziodynamik und Gruppendynamik. Weiterhin gibt es eine psychodynamische Ebene mit Übertragung und Gegenübertragung sowie einen Kernkonflikt der Gruppe. Je weiter etwas unter dem sichtbaren Teil des Eisbergs liegt, desto weniger bewusst ist es.

Mit soziodynamischer Ebene ist die Ebene der Beziehungsgeflechte gemeint. Sie ist teils sichtbar, teils nicht. Sie entwickelt sich durch Interaktionen und Zusammenarbeit. Jeder steht dabei mit jedem in Beziehung und die Beziehung zwischen zwei Interaktionspartnern wirkt auch auf die anderen. Individuelle Verhaltensweisen spielen hier eine große Rolle, werden aber in der Regel nicht angesprochen. Dass Frau Müller immer sehr intensiv mit Herrn Meyer kommuniziert, ist Gesprächsstoff für Lästereien. Dass dies als Störung begriffen wird, kommt jedoch meistens nicht auf den Tisch. Die psychodynamische Ebene ist eng mit den Motiven verknüpft, denen Einzelne folgen. Hier kommt es zu Konflikten, wenn diese Motive nicht mit der Situation der Gruppe zusammenpassen. Man kann das gut am Eisberg-Modell erkennen, vieles liegt unterhalb des Sichtbaren, wie Abb. 5.2 zeigt.

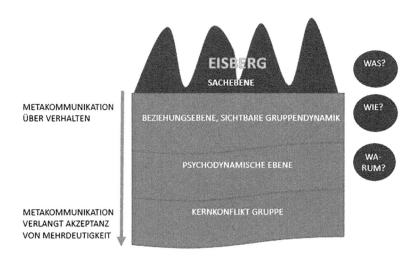

Abb. 5.2 Eisberg-Modell

> **Beispiel**
>
> Hans definiert sich über Leistung und Genauigkeit. Seine Motive sind Anerkennung und Ordnung. Daraus erwächst ein Perfektionismus, den die anderen nicht teilen und auch nicht wertschätzen. Gleichzeitig kann Hans die Motive der anderen nicht verstehen. Aus diesem psychodynamischen Konflikt können Kräfte entstehen, die die Gruppe positiv beeinflussen – aber nur wenn das Thema an die Oberfläche geholt wird. Das ist nur über Metakommunikation möglich, die Gruppe spricht also über ihr eigenes Verhalten und lässt es zu, dass Dinge unter dem sichtbaren Teil des Eisbergs liegend thematisiert werden. Dies geschieht in Form von Reflexion darüber, wie wir arbeiten, was wir wahrnehmen und beobachten. Der beste Weg, den Kernkonflikt zu meistern, liegt darin, das Warum zu klären. Es steht also nicht mehr nur im Vordergrund, was und wie es gesagt wurde, sondern aus welchem Grund. Das setzt Offenheit und damit Vertrauen voraus.

Unter dem Eisberg liegt auch der Kernkonflikt der Gruppe, den es immer gibt, oft von Anfang an. Das ist so etwas wie das wiederkehrende Muster. Dieser Kernkonflikt hat immer mit einem Widerspruch zu tun. Das kann ein Machtstreben der einzelnen Teammitglieder sein, das im Gegensatz zum Bekenntnis der Hierarchielosigkeit steht, wenn Sie es mit agil erfahrenen Gruppen zu tun haben. Es kann auch die Anerkennung kreativer Leistung nach innen, aber die Förderung von Selbstdarstellung nach außen sein. Das Erkennen und Reflektieren dieses Kernkonflikts kann entscheidend für die Weiterentwicklung der Gruppe sein. Sie setzen aber eine hohe Reife voraus. Wenn auf dieser Ebene kommuniziert wird, muss die Gruppe Mehrdeutigkeit akzeptieren können, also eine Ambiguitätstoleranz haben. Das ist absolut nicht der Normalfall, sondern eine Ausnahme. Derart entwickelte Gruppen brauchen sehr viel Erfahrung und eine fortgeschrittene Ich-Entwicklung der einzelnen Mitglieder.

5.3 Die Teamphasen nach Tuckman

Das bekannteste gruppendynamische Modell stammt von Tuckman, das unter Praktikern einen hohe Anerkennung besitzt [7]. Er hat Teamphasen ermittelt, die einen natürlichen Ablauf spiegeln. Diese spielen sich in der Praxis tatsächlich so ab, weshalb es ein wichtiges Modell für Führungskräfte ist. Als Trainer und Moderatoren wissen wir, dass es in jeder Gruppe immer einen Punkt gibt, an dem der „Sturm" kommt, das ist die Phase, die Tuckman „Storming" nennt. Das passiert, wenn sich ein Teilnehmer beklagt, weil er etwas nicht versteht oder die Pause zu spät kommt. Oft geht es auch um Grundsätzliches: „Was passiert hier?" oder: „Wie gehen wir vor?" Auch in festen Teams sind diese Prozesse zu beobachten, die sich wie in einer Endlosschleife wiederholen:

- Formingphase
- Stormingphase
- Normingphase
- Performingphase
- Adjourning (Abschied)

Kommen Sie von außen in ein Team, so werden Sie wahrscheinlich bei Phase eins beginnen, dem Forming. Man findet sich, meist nach der Vorstellung aller Teilnehmer und dem ersten Kennenlernen. In Projekten gehört „Adjourning" dazu, also der Abschied, der immer auch etwas Trauer mit sich bringt und deshalb Würdigung verdient. Allerdings müssen nicht alle Phasen auftreten – und auch nicht unbedingt in einer starken Form. Bei reifen Teams, die kommunikationserfahren sind, merkt man sie kaum. Gerade Storming und Norming sind verzahnt und keine einmaligen Ereignisse. So können diese Phasen über längere Zeiträume parallel bestehen in einer Art Wettlauf sich wiederholender Schleifen aus Regelsetzung, Widerstand, Regelüberarbeitung, Widerstand. Damit umzugehen ist eine Herausforderung. Da Sie in der agilen Führung oft keine Positionsmacht haben, fehlt Ihnen auch das Mittel zur Zwangsregelung und Normierung. Das bedeutet, Sie müssen vor allem eines nutzen: die Macht der Kommunikation und Prozessstrukturierung.

5.3.1 Die Formingphase bewältigen

Immer wieder erleben wir, dass dem Forming nicht genügend Raum gegeben wird. Wenn Sie Menschen neu zusammenbringen, geben Sie Ihnen Zeit und Struktur, um sich zu beschnuppern. In dieser Phase wird erstes Vertrauen aufgebaut. Sind das Menschen, mit denen ich arbeiten kann? Es ist somit essenziell, dass man sich kennenlernt. In einem Workshop funktioniert das über eine Vorstellungsrunde, die am besten eine Struktur hat. So kann jeder Mitarbeiter Fragen beantworten wie zum Beispiel die folgenden:

- Was ist mein Fachgebiet?
- Was macht mich besonders in diesem Raum?
- Was will ich hier einbringen?
- Was ist mir wichtig?
- Eine persönliche Sache, die die anderen wissen dürfen …

In größeren Gruppen kann es auch Partnerinterviews geben oder visuelle Vorstellungen mit Kurzvortrag. Wichtig: Jeder bekommt den gleichen Raum. Dafür sorgen Sie als Führung. Leiten Sie virtuelle Teams, so gehört dies ebenso dazu. Vertrauen Sie nicht darauf, dass man sich selbst zusammenfindet. Ich höre immer wieder von Mitarbeitern, die es irritiert hat, wenn ein Leiter die Teilnehmer nicht genügend eingeführt hat.

5.3.2 Die Stormingphase

Die schwierigste Phase für Sie ist die Stormingphase, wenn Sie diese nicht gewohnt sind. Hier kann die Stimmung kippen. Wenn Sie von außen in eine Gruppe kommen, kann es sogar sein, dass jemand Sie als Person infrage stellt. Das hat keine rationalen Gründe und sollte nie Anlass zum Selbstzweifel sein, nur zur Reflexion. Sie sollten aber unbedingt darauf eingehen. Jetzt müssen Sie leiten und lenken – und zwar indem Sie eine klare Richtung vorgeben.

> **Beispiel**
>
> In die Schulklasse kam ein neuer Lehrer für Mathematik. Er erklärte langweilig und unverständlich. Die Schüler sagten in der nächsten Stunde, dass sie ein YouTube-Video gefunden hatten, was das Thema viel besser erklärt als der Lehrer. Der Lehrer war beleidigt und berief die Eltern ein, um ihnen mitzuteilen, dass die Kinder ja wohl zu selbstbewusst seien. Ein Beispiel für ein typisches Storming-Verhalten und eine vollkommen falsche Reaktion darauf. Der Lehrer hätte den Hinweis annehmen und sich bedanken müssen. Er hätte fragen können, wie in Zukunft der Unterricht gestaltet werden soll.

Typischer informeller Widerstand äußert sich zum Beispiel folgendermaßen:

- Gegenposition einnehmen: Jemand bezieht eine andere Position. Das ist normal. Bedanken Sie sich für den Einwand und gehen Sie darauf ein. Integrieren Sie ihn, wenn möglich – oder sagen Sie, dass Sie das anders sehen.
- Grenzen austesten: Mitarbeiter kommen zu spät oder bleiben weg. Sie fragen, ob sie früher gehen können, oder wollen andere Rahmenbedingungen infrage stellen. Hier ist es wichtig, eine klare und eindeutige Position zu haben. Nein!
- Blockieren von Informationen. Stellen Sie klar, wie mit Informationen umzugehen ist. Führen Sie ein offenes Einzelgespräch bei Zuwiderhandlung.
- Allianzbildung: Man versucht, Sie als Leiter als Freund zu gewinnen (um auf diese Weise gegen andere zu agieren oder sich auf die sichere Seite zu begeben). Lassen Sie das nicht geschehen, gehen Sie nicht nur mit einer Person zum Mittagessen, sondern binden Sie immer alle ein. Allianzbildung kann es auch zwischen den Teammitgliedern geben. Verhindern Sie das, indem Sie immer wieder andere Menschen miteinander in Kontakt bringen.
- Einschmeicheln: Man versucht, sich lieb Kind bei Ihnen oder dem nächsten Vorgesetzten zu machen. Kommunizieren Sie klar, wenn Ihnen etwas nicht gefällt. Sind Sie laterale Führungskraft, stellen Sie sicher, dass Ihre Führungskraft voll hinter Ihnen steht. Wenn nicht, ist alles, was Sie tun, zum Scheitern verurteilt.
- Offener Widerstand: Dies äußerst sich z. B. im Nichteinhalten von Verabredungen, dem Verweigern der Teamarbeit, Zuspätkommen usw. Führen Sie Zweiergespräche, klären Sie immer, was als Nächstes passiert.

Die Stormingphase ist stärker und stürmischer, wenn es um Veränderungen geht, wenn Sie also ins Unternehmen gekommen sind, um etwas Neues einzuführen, oder sich generell viel ändert. Behalten Sie dann immer im Kopf, dass die nächste Phase „Norming" heißt. Sie müssen gemeinsame Regeln finden, auch wenn es nur vorläufige sind!

5.3.3 Die Normingphase

Menschen brauchen klare und eindeutige Regeln, an denen sie nicht nur im agilen Kontext selbst mitgewirkt haben sollten. Welche Regeln das sind, hängt vom Reifegrad des Teams ab. Sehr reife Teams brauchen keine Kommunikationsregeln mehr, weniger reife dagegen schon. Orientieren Sie sich dabei an den Stufen der Führung sowie dem agilen Wertecheck, den Sie in der Toolbox finden.

Die Regeln, die in der Normingphase aufgestellt werden, können den äußeren Rahmen betreffen:

- Wie oft treffen wir uns?
- Wie laufen die Treffen ab?
- Wie lange dauern sie?
- Was ist das Ziel?
- Wie wird die Zielerreichung dokumentiert?
- Wer moderiert?
- Was passiert nach den Treffen?
- Wie erfolgt der Austausch zwischendurch?
- Usw.

Die Regeln können aber auch die inhaltliche Zusammenarbeit betreffen:

- Wie oft als Team reflektieren wir über Leistung und Zusammenarbeit?
- Was brauchen wir, um die Arbeit gut und besser zu machen?
- Was hindert uns bei der Arbeit?
- Etc.

Sie können weiterhin auf Prozesse bezogen sein:

- Wann wird wer informiert?
- Mit welchem Thema gehen wir zu wem?
- Wie entscheiden wir?

Und sich auf die Führung selbst beziehen:

- Welche Rolle hat die Führung?
- Für welche Themen ist sie verantwortlich?

- Wann entscheidet sie, wann das Team?
- Wie wird Leistung beurteilt?

5.3.4 Die Performingphase

Auch wenn das Team gut eingespielt ist: Leistung entfaltet sich nicht von allein. So kann ein Team gut aufgebaut sein und im Fluss arbeiten, aber sich dennoch nicht auf der Höhe seiner Leistungskraft befinden. Regelmäßiges Reflektieren hilft, sich dessen bewusst zu werden. Dies sollte in der Gruppe passieren. Ein perfektes Instrument dafür ist die Retrospektive, deren Ablauf Sie in der Übersicht der agilen Methoden nachlesen können.

„Es läuft" kann außerdem sehr unterschiedlich interpretiert werden. Fragen Sie deshalb immer mal wieder nach der Perspektive der Mitarbeiter. Auch hier ist die Retrospektive ausgesprochen hilfreich. Ein selbst organisiertes Team braucht in dieser Phase jedoch keine Leitung von außen mehr, nur Hilfestellung bei Fachaufgaben, die es nicht selbst lösen kann.

Die Anforderungen an die Performance sind in einigen Branchen gestiegen und wachsen aufgrund des globalen Wettbewerbs auch weiter. Teams sind nicht mehr dazu da, einen Zustand zu wahren, sondern sie sollen sich selbst immer weiter verbessern. Ihre Aufgabe ist es, diese Verbesserung zu unterstützen. Das treibt die Performingphase auf die Spitze, indem sie immer wieder unterbrochen wird, da es keinen fertigen Zustand gibt. Denn jeder Impuls führt wieder zu neuem Storming!

Nicht vergessen: Performende Teams sind keine durchweg zufriedenen Mitarbeiter, die sich alle ganz toll miteinander verstehen. Es sind vielmehr Teams, die sich und ihren eigenen Standort reflektieren und zur Entwicklung gemeinsam mit ihren Kollegen bereit sind, ja diese aktiv vorantreiben. Sie tragen Konflikte offen aus, stehen zu Fehlern und verhindern, dass sich Egoismen und Statusdenken durchsetzen. Dazu mehr auch im nächsten Kapitel „Dysfunktionen in der Zusammenarbeit beseitigen".

5.3.5 Adjourningphase

Diese Phase gibt es häufig bei Projektteams, da diese nur zeitweise zusammenarbeiten. Wer gut kooperiert hat, sollte auch gut auseinandergehen. Feiern Sie nicht nur den Einstand, sondern auch den Ausstand, am besten mit einem Erlebnis, das den Mitarbeitern in Erinnerung bleibt. Reflektieren Sie dabei die Zusammenarbeit, blicken Sie auf das Bewältigte zurück.

Bei Teams, die zusammenbleiben, sollte sich eine „Re-Formingphase" an das Performing anschließen, bei der sich die Gruppe hinsichtlich neuer Anforderungen oder auch Umstrukturierungen neu finden und definieren kann.

5.4 Das Belbin-Modell

Schauen Sie sich Ihr Team an. Wer ist derjenige, der immer neue Ideen einbringt? Welches Teammitglied hält die anderen zusammen? Wer prüft Handlungsoptionen? In einem idealen Team gibt es nach Meredith Belbin neun Teamrollen. Dabei kann eine Person mehrere Rollen innehaben. Das Belbin-Modell stammt von 1981, wurde mehrfach von Belbin überarbeitet [2] und wird seit Jahrzehnten in der Teamentwicklung verwendet. Das hat einen guten Grund: Es löst sich von der Persönlichkeit und dem Eigenschaftsparadigma und leitet über zu einem Rollenverständnis, das einen dynamischeren Charakter hat. Das passt sehr gut zum agilen Verständnis.

Dennoch hängt die Persönlichkeit eng zusammen mit der Rollenpräferenz. Rollenpräferenz ist dabei nicht gleichbedeutend mit Rolle. Es meint vielmehr, dass Menschen zu bestimmten Rollen neigen, wenn diese unbesetzt sind und frei verfügbar wären. Sind sie es nicht, nehmen sie ihre zweite oder dritte Präferenz ein. Meine Rollenpräferenz ist die des Gestalters. Ich kann aber auch in den Neuerer und den Beobachter wechseln. Schwerer fallen würden mir der Netzwerker und Perfektionist. So ist es auch bei ihren Mitarbeitern. Nicht jeder passt in jede Rolle.

Belbin definierte seine Rollen als Verhaltenspräferenzen, nicht als Eigenschaften. Daraus ergibt sich eine Dynamik: Jeder kann auch in kurzen Sequenzen unterschiedliche Rollen einnehmen, auch situativ. Rollen nehmen Menschen aufgrund von Umfeld, Situationen und persönlicher Eigenschaften ein. Der praktische Wert für die Teamentwicklung liegt darin, dies bewusst und transparent zu machen. Weiterhin können Teammitglieder, die sich damit beschäftigen, leichter über ihre Stärken und Schwächen reflektieren. Ein Unterschied zwischen Selbst- und Fremdbild bietet schließlich auch Diskussionsstoff und ist Anlass, über sich selbst und die anderen nachzudenken.

Das Belbin-Modell ist kein empirisches Modell. Allerdings gibt es Nachweise dafür, dass es sich bei den Rollen durchaus um abgrenzbare Konstrukte handelt. Die Rollen korrespondieren weiterhin mit den Big Five oder anderen Tests, etwa zu emotionaler Intelligenz.

Die Grundaussage des Modells von Belbins ist einfach: Ein gutes Team braucht unterschiedliche Kräfte, um Aufgaben bestmöglich lösen zu können. Diese Aufgaben verändern sich und damit auch die Rollen, die unterschiedlich wichtig sind und unbedingt besetzt sein sollten. In der Teambildungsphase ist ein Koordinator die wertvollste Führungskraft, später profitieren Teams von den treibenden Kräften des Gestalters. Daraus ergibt sich auch die Dynamik von Führung: Es ist nicht sinnvoll, dass zu jeder Zeit die gleiche Rolle „führt".

Es gibt Handlungsrollen, Kommunikationsrollen und intellektuelle Rollen. In jedem Fall müssen die Führungsrollen – Gestalter und Koordinator – besetzt sein – doppelt oder einfach:

1. Gestalter (Handlungsrolle, GE), setzt Ziele und baut auf
2. Umsetzer (Handlungsrolle, UM), nimmt Ziele und setzt um

5.4 Das Belbin-Modell

3. Perfektionist (Handlungsrolle, PE), sorgt für den Feinschliff
4. Koordinator/Vorsitzender (Kommunikationsrolle, KO), führt das Team zusammen
5. Teamplayer (Kommunikationsrolle, TE), sorgt für gute Atmosphäre
6. Netzwerker (Kommunikationsrolle. NE), stärkt Beziehungen nach außen
7. Neuerer (Wissensrolle, NR), bringt Ideen ins Team
8. Spezialist (Wissensrolle, SP), stärkt die Wissensbasis
9. Beobachter (Wissensrolle, BE), holt Informationen ein, bewertet und prüft diese

Tab. 5.1 können Sie nutzen, um Ihr Team einschätzen zu lassen, wo es die anderen sieht. Dadurch entsteht ein Fremdbild, das eine gute Grundlage für weitere Reflexionen darüber sein kann, wie die Person sich selbst wahrnimmt – und welche Rolle sie möchte. Sie können es auch zur Reflexion der Rollenverteilung in einem Projekt nutzen.

Fragen:

- Arbeiten wir in der Rolle, die zu uns passt?
- Welche Stärken und Schwächen haben wir?
- Schöpfen wir unsere Potenziale aus?
- Haben wir alle Rollen, die wir brauchen?
- Was fehlt uns?
- Welches Verhalten wäre das?

Eine weitere Beschreibung bietet die Tab. 5.2, die die wissenschaftlichen Befunde und Stärke und Schwächen der einzelnen Rollen zusammenfasst.

Tab. 5.1 Team-Einschätzung

	GE	UM	KO	PE	TE	NE	NR	SP	BE
TM 1									
TM 2									
TM 3									
TM 4									
TM 5									
TM 6									
TM 7									
TM 8									
TM 9									
TM 10									
Svenja									
Thorsten									

Tab. 5.2 Teameinschätzung – Beschreibung wissenschaftliche Befunde

Teamrolle	Wissenschaftliche Befunde (Big Five, 16 PF)	Stärken	Schwächen
Gestalter	Innovativer Stil, möchte dominieren, niedrige emotionale Intelligenz, neigt zu Konflikten	Formt und treibt die Gruppe, sehr wichtig in der ersten Phase, hilft, Hindernisse zu überwinden	Kann andere übergehen, kann provozieren
Koordinator	Möchte kontrollieren, hohe emotionale Intelligenz, Kohäsion, Brücke[*]	Klärt Ziele, unterstützt die Entscheidungsfindung, delegiert gut	Kann andere mit Arbeit überladen
Netzwerker	Innovativer Stil, möchte kontrollieren, neigt in Konflikten zum Ausgleich	Kommunikativ, entwickelt Kontakte nach außen, positiv	Überoptimistisch
Neuerer	Innovativer Stil, möchte dominieren, neigt zu Machiavellismus, intellektuell	Unorthodox, kreativ, löst auch schwierige Probleme	Kann andere überfordern
Perfektionist	Vermeidet Konflikte, niedrige emotionale Intelligenz, hohe Werteorientierung	Zuverlässig und genau, arbeitet gewissenhaft	Unfähig zu delegieren
Prüfer	Angepasster Stil, Brücke[*]	Strategisch, gut in der Urteils- und Meinungsbildung	Kann kühl und sachlich wirken
Spezialist	Angepasster Stil, will in Konflikten dominieren oder vermeidet diese, Brücke[*]	Hat ein umfassendes Wissen	Sieht nur seinen Bereich, einseitig
Teamworker	Hohe emotionale Intelligenz, Kohäsion, Konfliktvermeidung	Ist kooperativ und diplomatisch, sorgt für Ausgleich	Unentschieden unter Druck
Umsetzer	Niedrige emotionale Intelligenz, hohe moralische Standards, neigt zu Konfliktvermeidung, wenig intellektuell	Effizient und konservativ, führt Ideen in die Praxis	Manchmal unflexibel

[*]verbindet das Team

5.5 Die Rangdynamik

Kennen Sie das? Alle sind auf Kurs. Nur einer schert aus. Warum sollen wir A machen, wenn B doch so viel sinnvoller ist? Wieso rechts fahren, wenn links auch möglich ist? Weshalb lachen, wenn's doch zum Weinen ist? Gruppen sind mehr als nur eine Ansammlung von Persönlichkeiten.

5.5 Die Rangdynamik

Warum übernimmt in jeder Gruppe über kurz oder lang einer der Führung? Weshalb gibt es so gut wie immer einen kleinen oder großen „Miesmacher" in Gruppen? Aus welchem Grund schließt sich die Masse gern einer Meinung an? Wieso hauen alle immer auf die „Kleinen"? Der österreichische Psychotherapeut Raoul Schindler hat in den 1950er Jahren durch Beobachtung sein Rangdynamik-Modell entwickelt [16]. Es basiert auf dem Gedanken der Position – im Unterschied zum Rollenkonzept von Belbin. Der Wert der Rangdynamik liegt darin, Prozesse in Gruppen zu verdeutlichen, die auch in agilen Kontexten so ablaufen – also ebenso in einem nicht-hierarchischen Kontext stattfinden.

Das Rangdynamik-Modell ist ein Positionsmodell, nach dem die Machtverteilung in Gruppen durch dynamische Prozesse entsteht. Danach gibt es in jeder Gruppe fünf Positionen, die nicht immer alle besetzt sein müssen – je größer die Gruppe, desto wahrscheinlicher ist aber eine Besetzung aller Positionen:

- Alpha: Der Anführer ist derjenige, dem die anderen folgen. Kraft Dominanz oder Autorität.
- Beta: Der Experte unterstützt Alpha und hilft ihm, in seiner Stellung zu bleiben. Diese Position muss laut Schindler nicht besetzt sein.
- Gamma: Das Gruppenmitglied lässt sich gern vom Alpha leiten. Es kann mehrere Gammas geben.
- Omega: Er ist der Gegenspieler, der Alpha werden kann – oder von diesem gezähmt in seiner Position gehalten wird. Manchmal wird Omega auch zum Sündenbock oder Bauernopfer, wenn er aus dem Team gedrängt wird.
- Außerdem gibt es „G", das Ziel der Gruppe, das auch ein Gegenüber oder Gegner sein kann. Es ist letztendlich seine Aufgabe.

„G" kann also das andere Team sein, das wir mit unseren Leistungen schlagen können. Oder auch die Trauben, die wir pflücken möchten, also die Zielerreichung. Beides läuft auf dasselbe hinaus: Man strengt sich an.

In jeder Gruppe gibt es über kurz oder lang einen Anführer. Das muss nicht immer der oder die gleiche Person sein. In jedem Fall ist es die Person, die die Richtung weist – mit welchen Mitteln auch immer, autoritär oder kooperativ, einbindend oder ausgrenzend. Kraft Rollendefinition oder ohne.

Beta ist die zweite Position, ein wichtiger Unterstützer, ohne den oder die nichts läuft. Alpha braucht Beta, deshalb behandelt Alpha es gut. Beta könnte selbst die Macht übernehmen, wenn das Wohl der Gruppe oder die Erreichung des Ziels in Gefahr ist. Schauen Sie sich aktuelle Debatten in der Politik an; Sie werden vieles wiedererkennen. Gamma ist der Umsetzer in der Gruppe. Er arbeitet für das Alpha, ohne ihm seine Position streitig machen zu wollen. Gammas gibt es meist viele. Ihre Position ist die des „dazwischen".

Omega ist Gegenspieler und tritt auf als Kritiker, Nörgler, Querdenker, manchmal Querschläger. Omega erkennt früh, was nicht funktioniert – was das Team nicht immer goutiert. Da es einen eigenen Standpunkt hat und vertritt, kann es auch Alpha werden. Kluge Alphas integrieren es und räumen ihm eine Sonderrolle ein.

Schon einmal vom Alpha- und Omega-Wolf gehört? Die Begriffe Schindlers trifft man in der Tierwelt wieder. Dort ist der Alpha-Wolf der Leitwolf, die Gammas erkennt man am herunterhängenden Schwanz und Omega ist eine Art „Problemwolf", der ins Rudel integriert sein kann, aber auch manchmal vertrieben wird.

Was ist nun der praktische Wert des Modells? Vor allem zu verstehen, dass wir Hierarchien nicht wegdiskutieren können, sondern dass sie entstehen, auch in Umfeldern, die ohne hierarchische Führung auskommen wollen. Wir können uns das Modell auch zunutze machen, indem wir die Dynamik fördern und unterschiedliche Personen auf den Positionen zulassen. Dies entspräche einem agilen Denken.

Wir Menschen sind keine Wölfe, die sich instinktgesteuert verhalten. Wir können verstehen, dass jedes Gewicht ein Gegengewicht braucht – so ist es mit Alpha und Omega. Und natürlich sind auch Gammas keine willfährigen Sklaven, sondern intelligent und stark genug, ihren Standpunkt zu vertreten.

Die Positionen Schindlers können auch unabhängig von der formellen Macht bestehen, die jemand hat – dann besitzt ein Leiter zwar den Titel, geführt wird die Gruppe aber von jemandem, der informelle Macht hat. Die Schindlerpositionen zeigen sich ebenso in hierarchiefreien, selbst organisierten Teams. Gleichheit ist ein Mythos. Es ist aber in gut entwickelten, selbst organisierten Teams wahrscheinlicher, dass die Positionen öfter wechseln – vor allem wenn dies von Ihnen, der Führung aktiv unterstützt wird. Einige agile Methoden wie etwa die australische Projektmanagementmethode Dragon-Dreaming, die ich in der „agilen Toolbox" in Kap. 7 beschreibe, fördern die Einnahme verschiedener Rollen. Sie handeln damit starken Festschreibungen entgegen. Jeder kann mal Alpha sein und jeder auch Gamma. Um Gruppendenken zu verhindern, kann es zudem äußerst hilfreich sein, die Omega-Position zu stärken, etwa durch einen Advocatus Diaboli, also eine Person, die die Aufgabe hat, offen kritisch zu sein.

5.6 Dysfunktionen in der Zusammenarbeit

Eine zentrale Aufgabe von agiler Führung im Sinne einer Teamentwicklung ist die Beseitigung von Dysfunktionen. Sie sollte vor jedem Werte- und Kulturwandel stehen. Sie hat den Nebeneffekt, dass sie neue Werte fast automatisch mit sich bringt. Die fünf Dysfunktionen eines Teams hat der Autor Patrick Lencioni in seinem Roman zur Teamentwicklung 2001 sehr eindrücklich beschrieben [11]. In diesem Buch ist die Heldin eine Managerin, die es mit lauter leistungsstarken Individuen zu tun hat, alle mit Top-Abschlüssen und hoch qualifiziert, aber unfähig zur Zusammenarbeit. Schritt für Schritt beseitigt sie die Dysfunktionen, was einige Turbulenzen mit sich bringt. Das Team am Ende des Buches ist auch nicht mehr das vom Anfang. Dabei ist realistisch und unterhaltsam beschrieben, wie die Managerin vorgeht und aus Einzelkämpfern ein gutes Team macht. Das geht nicht ohne Veränderungen im Team und den ein oder anderen Abgang – ganz wie in der Realität.

Dies zeigt, womit Sie immer rechnen müssen: Wer sich ernsthaft mit einer Teamentwicklung beschäftigt, muss in Kauf nehmen, dass das nicht jeder Mitarbeiter mittragen

5.6 Dysfunktionen in der Zusammenarbeit

kann und will. Das ist wie im Fußball. Nicht jeder Star fügt sich überall ein – und doch kann es gelingen, dass auch einzelne Gurus zu einem Team zusammenwachsen.

Die Hauptaufgabe einer agilen Teamentwicklung liegt darin, Teams leistungsfähig zu machen und das Leistungsniveau zu steigern. Dazu gehört es, Hindernisse in der Zusammenarbeit immer wieder neu aus dem Weg zu räumen. Diese Hindernisse sind die Dysfunktionen. Nur wenn Menschen offen miteinander umgehen, ihre Konflikte fruchtbar austragen, eindeutig handeln, sich selbst und andere in die Pflicht nehmen sowie Ziele nachhaltig verfolgen, können sie gemeinsam erfolgreich sein.

Die Abb. 5.3 zeigt eine Übersicht der Dysfunktionen.

Die erste Dysfunktion ist fehlende Offenheit, der Vertrauen gegenübersteht. Lediglich in einer vertrauensvollen Umgebung kann es auch eine offene Fehlerkultur geben. Nur wenn nicht vertuscht und verheimlicht wird, bietet sich die Chance zum gemeinsamen Lernen. Die zweite Dysfunktion des Teams lautet mangelnde Konfliktbereitschaft und künstliche Harmonie. Die passende Funktion dazu ist Konfliktbereitschaft. Meinungsverschiedenheiten sind wichtig, ohne gibt es kein Querdenken und auch kreative Ideen können sich nicht durchsetzen. Um Konfliktbereitschaft aufzubauen, ist es nötig, das Bewusstsein darüber zu schärfen, wie aus Konflikten Potenziale entstehen. Das Ziel ist nicht der Kompromiss! Das Ziel kann es auch einmal sein, Konflikte und Meinungsverschiedenheiten als solche stehen zu lassen, als „parallel existierend" auszuhalten und als normal zu begreifen. Dann ist die eigentliche Lösung ein Konsens. Teams konsensfähig zu machen, ist hier die Herausforderung.

Die dritte Dysfunktion des Teams heißt Zweideutigkeit als Feind der Verantwortung. Die passende Funktion dazu ist Selbstverpflichtung. In vielen Teams fühlen Mitarbeiter sich nicht verantwortlich. Sie denken „warum soll ich mich engagieren, ist ja nicht mein Bier". Sie lassen sich nicht auf das Team ein, halten sich alle Türen und Tore offen. Hier gilt es, die Selbstverpflichtung zu stärken, das Commitment. Das ist ein Bekenntnis zu

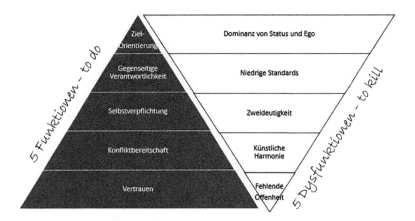

Abb. 5.3 Dysfunktionen der Teamarbeit

der gemeinsamen Sache. Was immer auch bedeutet, das eigene Interesse unterzuordnen. Diese Funktion hat viel mit Werten und Motiven zu tun. Die eigenen Werte und Motive müssen zu den Teamzielen passen. Die vierte Dysfunktion des Teams lautet „niedrige Standards". Die dazu passende Funktion: gegenseitige Verantwortlichkeit. Wer sich nicht auf das Team einlässt, nimmt sich auch nicht gegenseitig in die Pflicht. „Warum soll ich mich in die Arbeit des anderen einmischen?" – diese Haltung dominiert. Dabei ist jeder verantwortlich für sich selbst, aber auch die anderen. Das bedeutet, dass der Blick über den Tellerrand jederzeit notwendig ist – und keinesfalls eine Einmischung. Hier ist ein Ziel, alte Glaubenssätze aufzulösen, vor allem auch bei Gruppen, die sich gar nicht als Team sehen, etwa Abteilungs- oder Bereichsleiter, die nicht erkennen, dass auch sie kooperieren müssen. Die fünfte und letzte Dysfunktion des Teams ist Dominanz von Status und Ego. Die passende Funktion dazu heißt Zielorientierung. Wenn es wichtiger ist, die eigene Stellung zu sichern, als das Unternehmensziel zu erreichen, kommt keine echte Leistung zustande. Je klarer und eindeutiger die Ziele, desto geringer können Status und Ego wuchern. Das hört sich leichter an, als es ist, denn während sich quantitative Ziele noch einigermaßen leicht benennen lassen, sind qualitative oft kaum fassbar. Menschen auf gemeinsame Ziele einzuschwören, ist eine Königsdisziplin der Menschenführung, eng verzahnt mit der Teamentwicklung und teils auch deren Bestandteil.

Es lohnt sich, sich intensiver damit zu beschäftigen, wie Sie Dysfunktionen erkennen, bearbeiten und Teams funktionsfähig machen. Ein besonderes Augenmerk möchte ich dabei auf das Vertrauen legen.

5.6.1 Die Funktion Vertrauen

Vertrauen ist der Anfang von Kreativität und Leistung im Team. Ein zartes, komplexes, diffuses Konstrukt, das schwer zu fassen und sehr flüchtig ist. Im Team ist fehlendes Vertrauen die größte Hürde auf dem Weg zu fruchtbarer Zusammenarbeit. Ohne Vertrauen kein Wir-Gefühl – und ohne Wir-Gefühl keine Leistung. Die Leistungsformel „Leistung = Wollen × Können × Dürfen" ist eins zu eins auf die Gruppenebene zu übersetzen. Jeder im Team muss wollen, jeder muss können, jeder muss dürfen. Das macht die Funktion Vertrauen besonders vielschichtig. Sie ist in Lencionis Modell nicht ohne Grund die erste Funktion. Dieser Funktion Vertrauen stellt er die Dysfunktion fehlende Offenheit gegenüber. Es lohnt sich, das Thema Vertrauen einmal ausführlicher zu betrachten. Es hat verschiedene Facetten, die den wenigsten Führungskräften wirklich bewusst sind …

5.6.2 Was ist Vertrauen?

Wissenschaftler unterscheiden verschiedene Arten des Vertrauens. Es existieren auch unterschiedliche Messinstrumente für Vertrauen. Immer wieder erweist es sich als schwierig, Vertrauen als eigenes Konstrukt zu definieren. In den Big Five etwa gibt es

5.6 Dysfunktionen in der Zusammenarbeit

die Subskala „Vertrauen" in der Skala „Verträglichkeit". Vertrauen ist also nicht nur ein Zustand, sondern auch eine Persönlichkeitseigenschaft. Es gibt ohne Frage von Natur aus misstrauische und von Natur aus vertrauensvolle Personen. Dabei kann Misstrauen gesund und Vertrauen naiv sein – entscheidend ist also nicht nur die Ausprägung, sondern auch die Auslegung. Das bedeutet konkret, dass Menschen eine persönliche Reife brauchen, um eine gesunde Balance von Misstrauen und Vertrauen zu finden. Dann liegt Vertrauensfähigkeit sehr stark auf der individuellen Ebene. Eine Person, die diese Fähigkeit aufgrund mangelnder Reife noch nicht ausbalancieren kann, wird es schwer haben, in einem reifen Team zu bestehen. Wenn Sie sich in diesem Zusammenhang noch einmal die Entwicklungsstufen nach Loevinger aus Abschn. 3.4.2 vor Augen führen, wird das deutlicher. Die Entwicklungsstufen der Teammitglieder müssen ähnlich sein, sonst wird kein Vertrauen entstehen können. Wer in einem reifen Team schambehaftet mit Kritik umgeht – also im Loevinger-Entwicklungsmodell noch sehr stark in der gemeinschaftsbestimmten Stufe verhaftet ist –, wird der Gesamtentwicklung des Teams eher im Weg stehen.

Wissenschaftler unterscheiden allgemeines Vertrauen, emotionales Vertrauen sowie Zuverlässigkeit und Verlässlichkeit als Vertrauenskonstrukte. Einige differenzieren auch zwischen kognitivem und interpersonellem Vertrauen.

Als Praktikerin suche ich nach einfachen Unterscheidungen, die ich aus der Beobachtung gewinnen kann. Ich möchte das also übersetzen und vereinfachen: Es gibt Vertrauen, das sich auf die soziale Seite von Teams und Personen bezieht. Und solches, das sich auf die Fähigkeiten von Individuen und Teams bezieht. Meine Vertrauensmatrix verdeutlicht das. Sie unterscheidet zwischen Ich- und Wir-Ebene, Kompetenz- und Sozialvertrauen. In einem entwickelten Team müssen alle Bereiche stimmen. Gehen Sie die Matrix einmal durch, orten Sie Ihren eigenen Standort und schätzen Sie dann einzelne Teammitglieder ein. Wenn Sie sehr stark auf der Kompetenzseite verhaftet sind, kann es sein, dass die soziale Seite fehlt und damit auch Akzeptanz, Toleranz und Wertschätzung auf der Wir-Ebene. Ich begreife Akzeptanz, Toleranz und Wertschätzung als drei Stufen, von denen Wertschätzung die höchste ist. Es ist unwahrscheinlich, dass jedes Teammitglied jedem anderen gleich viel Wertschätzung entgegenbringt. Aus meiner Sicht reichen Akzeptanz und Toleranz (etwa von Andersartigkeit) oft schon aus, wenn auch Wertschätzung das Ziel ist.

Diese unterschiedlichen Formen von Vertrauen zeigt meine Vertrauensmatrix in Abb. 5.4.

Kompetenzwahrnehmung ist auch Interpretationssache. Es kann sein, dass unterschiedliche Personen als kompetent oder weniger kompetent empfunden werden. Kompetenz liegt also auch im Auge des Betrachters.

Wenn eine Person im Team weder kompetent noch zuverlässig ist, dann stört sie das gesamte Team. Zuverlässigkeit und Verantwortlichkeit sind also weitere wichtige Faktoren auf der individuellen Ebene. Ein zuverlässiger Mensch ist ein Mensch, der Zusagen macht und sich daran hält. Das ist mehr als pünktlich sein. Er verbündet sich mit einer Handlungsklarheit, also Eindeutigkeit und Berechenbarkeit der Handlungen des und der

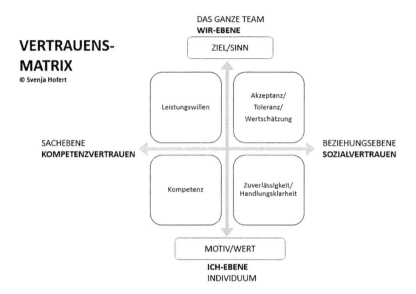

Abb. 5.4 Vertrauensmatrix

anderen. Das bedeutet: Der Mensch handelt so, wie er es ankündigt. Es gibt eben kein doppeltes Spiel. Eindeutigkeit ist eine wesentliche Voraussetzung für Vertrauen.

Es reicht aber für das Teamvertrauen nicht aus, dass Personen kompetent und zuverlässig sind. Sie müssen zusätzlich auf gemeinschaftlichen Leistungswillen des Teams insgesamt stoßen. Das gilt auch umgekehrt: Leistungswillen und Handlungsklarheit reichen nicht aus, wenn eine Person im Team ist, die keine Kompetenz mitbringt. Dann nützt es auch wenig, dass die Beziehungsebene stimmt. Umgekehrt reicht die Beziehungsebene nicht aus, um an die Kompetenz eines Teammitglieds zu glauben. Bei der Beziehungsebene möchte ich betonen, dass es nicht um Zuneigung geht – siehe meine Unterteilung in Akzeptanz, Toleranz und Wertschätzung. Die Beziehungsebene muss keine persönliche Zuneigung und auch keine Freundschaft beinhalten.

Horchen Sie einmal in sich selbst hinein. Gibt es nicht Menschen, von deren Fähigkeiten Sie sehr viel halten, die aber nicht verbindlich sind? Und umgekehrt? Ich jedenfalls vertraue in die Fähigkeiten von einigen Personen, aber das geht nicht unbedingt einher mit Vertrauen in deren Verbindlichkeit – und umgekehrt. Im Arbeitskontext sind aber beide Seiten des Vertrauens nötig – und bei den Themen Wissensaustausch und gemeinsame Entwicklung im Team extrem wichtig. Stimmt das emotionale Vertrauen nicht, wackelt die Beziehung. Ich traue dem Kollegen nicht; vielleicht spielt er ein doppeltes Spiel.

Stimmt das kognitive Vertrauen nicht, mag ich jemanden vielleicht, möchte mit der Person aber nicht eng zusammenarbeiten. Ich traue ihr eine bestimmte Leistung nicht zu oder sehe sogar mein eigenes Engagement in Gefahr. Und schon ist die gesamte Teamleistung infrage gestellt, denn unter diesen Voraussetzungen gebe ich auch nicht mein Bestes.

5.6.3 Vertrauen und Rangordnungen

Stellen Sie sich jemanden vor, der 15 Jahre sehr konkretes Wissen aufgebaut hat und damit einen großen Erfahrungsschatz. Dieser Experte soll mit einem Berater zusammenarbeiten, der nur zwei Jahre Erfahrung besitzt, aber auf gleicher Ebene mitreden soll. Der Experte soll Wissen weitergeben, ohne selbst in eine angesehenere Position versetzt worden zu sein. Das wird nicht funktionieren. Er wird sein Wissen zurückhalten. Kommen unterschiedliche Wissensstufen zusammen, fördert unserer Erfahrung nach eine Rangordnung den Wissensaustausch. Nicht ohne Grund arbeiten auch agile Unternehmen oft mit Junior- und Senior-Levels – selbst wenn es sonst keine Hierarchien gibt. Die Ränge müssen nicht fest sein, sie können auch thematisch wechseln, denn dieselbe Person kann in dem einen Umfeld Junior oder Lernender und in dem anderen Senior oder Wissensvermittler sein. Diese dynamische Einteilung ist sogar noch viel motivierender und vermeidet Festschreibungen: So lässt ein dynamisches Modell zu, dass Personen mal Lernender, mal Wissensvermittler sein können. Ist dies nicht der Fall, kann auch eine Art „Experten-Bias" entstehen. Der Senior ist dann immer derjenige, der „es weiß" – auch wenn er sich öfter irrt. Er wird dann nicht mehr überprüft oder infrage gestellt. Das führt zu Situationen, in denen aus kognitivem Vertrauen, also Kompetenzvertrauen, blindes Folgen wird – und leicht Fehler entstehen. Ein schönes Beispiel dafür ist der Student Thomas Herndon, der weltweit bekannten ökonomischen Koryphäen auf dem Gebiet der Volkswirtschaftslehre simple Anfängerfehler nachwies. Diese hatten schlicht und ergreifend bei ihren Berechnungen fünf Länder in einer Excel-Tabelle vergessen – womit die ganze Rechnung und darauf eine ökonomische Theorie aus dem Zeitalter der Finanzkrise ad absurdum geführt worden war. Wo kann so etwas passieren? Nur in einer Kultur der Wissens-Hierarchie, in der ein „Senior" nicht mehr infrage gestellt und sich selbst auch nicht mehr hinterfragt, ist dies möglich. Agile Modelle fließender Rangordnungen helfen dabei, derartige Situationen zu verhindern. In der Praxis haben die beiden betroffenen Professoren ihren Fehler immer noch nicht eingeräumt – obwohl dieser offensichtlich war [3]. Hier wird die Dysfunktion zu Vertrauen noch einmal sehr deutlich: fehlende Offenheit, gekennzeichnet durch Vertuschen und Kleinhalten von „rangniederen" Personen.

Was sich dagegen unternehmen lässt? Eine Möglichkeit, die Zementierung von Rangordnungen zu verhindern und die Dynamik im Fluss zu halten, ist die Wahl bestimmter Ränge im Team: Nicht nur Führungskräfte, auch Experten lassen sich wählen. Wer im Team soll unser Experte für ein bestimmtes Thema sein? Menschen, die mit anderen zusammenarbeiten, entwickeln hierfür oft einen sicheren Instinkt. Dies wäre vielleicht die bessere Alternative zur Vergabe von Seniortiteln nach dem Kriterium Dauer der Unternehmenszugehörigkeit. Denn natürlich gibt es auch unter Experten solche, die in fünf Jahren schlauer geworden sind also solche, die 20 Jahre Learning hinter sich haben … Auch lernen will gelernt sein.

Stellen Sie sich einen digitalen Experten vor, der mit einem erfahrenen Ingenieur zusammenarbeitet. Der Ingenieur ist Senior auf seinem Gebiet, aber Junior im Digitalen – und umgekehrt. Wenn beide der Expertise des anderen trauen, können sie wunderbar miteinander arbeiten. Aber wehe, wenn nicht! Dann kommt es statt zur vertrauensvollen Kooperation zu einem Kampf um Hackordnungen – statt dynamisch-fließender Ränge, die einen vertrauensvollen Wechsel der Positionen von Alpha zu Gamma, Gamma zu Alpha oder Wissensnehmer zu Wissensgeber zulassen.

▶ Vertrauen bedeutet, dass eigenes Handeln durch eindeutige und für den Partner berechenbare Handlungen durchschaubar wird. Diese Berechenbarkeit wächst nur in einer offenen Umgebung, in der über dieses Thema auf einer Metaebene auch reflektiert wird. Wann bin ich Wissensgeber, wann Wissensnehmer? Je eher sich Mitarbeiter darüber bewusst sein, desto leichter wird es sein, im Austausch zu bleiben. Auf diese Weise werden vertrauensvolle Beziehungen auch zwischen sehr unterschiedlichen Personen eher möglich werden. Wie bereits ausgeführt, es muss ja keine Freundschaft entstehen.

5.6.4 Wie fördern Sie Offenheit?

Reflexion ist also eine der wichtigsten Voraussetzungen, um Vertrauen reifen zu lassen. Die Teammitglieder müssen sich bewusst sein, was Vertrauen ist und dass es nicht bedeutet, sich blind fallen zu lassen und von anderen aufgefangen zu werden. Das verstehe ich unter sozialem Vertrauen. Es ist noch kein kognitives Vertrauen. Soziales Vertrauen entsteht, wenn man sich auf den anderen verlassen kann. Ich vertraue dem anderen in dem Sinne, dass dieser wohlwollend ist und kein doppeltes Spiel treibt. Typische Teambuilding-Maßnahmen sind genau daran ausgerichtet. Sie setzen darauf, dass gemeinsame Erlebnisse das persönliche Vertrauen und das soziale Vertrauen entstehen lassen. In meiner Matrix (Abb. 5.4) fördern sie also den oberen rechten Quadranten, in dem Akzeptanz, Toleranz und Wertschätzung stehen. Es kann auch den oberen linken Quadranten beeinflussen, wenn ich Engagement und Einsatz spüre. Das Thema Kompetenz bleibt öfter außen vor. Hinzu kommt, dass die kleine Flamme des Zusammenhalts oft schnell erloschen ist, also wenig nachhaltig ist.

Sicher sind solche Maßnahmen nicht falsch. Aber als einzige Maßnahme sind sie nichts außer ein nettes Event, das hilft, die Basis für soziales Vertrauen zu schaffen. Man erkennt den Menschen im anderen – das ist wichtig, aber nicht mehr und nicht weniger als eine Initialzündung. Danach muss der Motor des Vertrauens angeschaltet bleiben. Das funktioniert nur, wenn die Handlungen der anderen mein Gefühl laufend bestätigen. Dieser Prozess wird deutlicher, wenn man darüber spricht – auch über Vertrauenskonflikte, die immer aufkommen. Ein Vertrauenskonflikt entsteht beispielsweise, wenn ein Mitarbeiter das Gefühl hat, ein anderer würde etwas anderes tun, als er sagt.

5.6 Dysfunktionen in der Zusammenarbeit

Soziales Vertrauen ist die Basis für Kompetenz-Vertrauen. Ich glaube daran, dass der Kollege kompetent in seinem Feld ist – das ist die individuelle Basis. Ich glaube aber auch, dass alle Kollegen miteinander kompetent sind, eine Herausforderung zu bewältigen – das wäre eine Wir-Kompetenz und Voraussetzung für gemeinsame Leistung. Dies lässt sich kaum spielerisch erproben, sondern nur im echten Arbeitsleben, im Projekt. Die Reflexion „Wo stehen wir?" kann aber entscheidend sein, um die gegenseitige Kompetenz bewusst zu machen.

Kompetenz-Vertrauen lässt sich fördern. Oft wissen Kollegen nicht, was der jeweils andere kann und weiß. Ein Teamerlebnis kann auch darin liegen, das Bewusstsein für die Stärken des anderen zu erweitern. Was kann Kollege X? Was weiß er? Dieser Aspekt wird in Teambildungsmaßnahmen oft eher unterbewertet. Doch gerade in Kontexten mit hoher Komplexität ist er ausgesprochen wichtig. Er ist sogar zentral in einem Umfeld mit dichten Anforderungen und breiten Kompetenzprofilen. Ich stelle immer wieder fest, dass in Teams nicht klar ist, wer sich mit was auskennt und welche Stärken jemand hat. Das gilt gerade bei Themen, die nicht unmittelbar mit dem Inhalt der Arbeit verknüpft sind. Vielleicht hat ein Teammitglied sich intensiv mit Ernährung beschäftigt, kennt diverse Studien, kann Antworten geben – aber bewusst ist das den anderen nicht.

Stellen Sie Ihre Teambildungsmaßnahmen auf den Prüfstand. Bringen diese wirklich das, was sie sollen? Was sollen sie auf der Ebene von kognitivem und sozialem Vertrauen bewirken?

Sie können beide Ebenen auch miteinander verbinden:

Stufe 1
Die Teilnehmer sollen sich persönlich kennenlernen. Das ist sinnvoll am Anfang eines Projekts oder vor dem Beginn der virtuellen Zusammenarbeit. Gemeinsame Erlebnisse sind in hier wichtig – vom gemeinsamen Ausflug bis zum Geocaching. In solchen Maßnahmen kann die Basis für Vertrauen gelegt werden. Allein dadurch wird allerdings noch kein Vertrauen entstehen.

Neben den üblichen Spielen zum Kennenlernen sollte auch schon früh der Rahmen der Zusammenarbeit abgesteckt werden. Das beinhaltet auch Diskussionen, etwa zu folgenden Fragen:

- Was müssen wir über den jeweils anderen wissen? Und was wollen wir wissen?
- Wie unterschiedlich sind wir?
- Wie viel Small Talk wollen wir?
- Wie viel wollen wir von uns persönlich preisgeben?
- Möchten wir sach- oder beziehungsorientiert zusammenarbeiten?
- Wie wollen wir kommunizieren?
- Was tun wir, um uns kennenzulernen?
- Wie viel Kontakt untereinander wollen wir?
- Wie viel Kontakt erfordert das Projekt oder der Arbeitsauftrag?

Solche Fragen können Sie als Teamleiter auch zu Beginn der Zusammenarbeit unter dem Stichwort „Was müssen wir für unsere Zusammenarbeit klären?" sammeln.

Stufe 2

Die Teilnehmer sollen unterschiedliche Stärken und Rollen erkennen und erfassen, in welcher Form diese für das Team insgesamt nützlich sind. Die Teammitglieder sollten sich dabei aber bereits kennen und ein „Fremdbild" vom Gegenüber haben. Moderierte Übungen, in denen die Selbst- und Wir-Erfahrung im Mittelpunkt stehen, sind auf dieser Stufe sinnvoll. Das Team soll unterschiedliche Rollen erleben, die einzelne Personen einnehmen. Das kann auch in Kombination mit der Wahrnehmung von Gruppenprozessen geschehen, die aufzeigen, wie sich etwa die Rangdynamik verändert.

Stufe 1 und 2 der Teambildung sollten keine einmaligen Erlebnisse sein, gerade Stufe 2 ist ein dauerhafter Prozess, der sich immer wiederholt. Wenn die Teammitglieder ihre Rollen kennen, geht es um eine differenzierte Sicht auf Stärken – hier ist dann auch der Übergang zum Kompetenz-Vertrauen sichtbar. Zu unterscheiden sind dabei persönliche Stärken, methodische Stärken und fachliche Stärken. Insgesamt bildet dies die individuelle Wissensbasis, die persönliche Knowledge-Base. Kollegen werden selbst nach Jahren des Zusammenarbeitens immer wieder Neues entdecken können – zumal auch die eigene Entwicklung nie stoppt, was Kollegen aber oft gar nicht erfahren.

Evaluieren Sie die Dynamik der Prozesse der Stufe 2: Wie ist der Istzustand des persönlichen und sozialen Vertrauens? Wo stehen die Teammitglieder auf einer Skala von 0 für gar kein soziales Vertrauen bis 10 für sehr gut ausgeprägtes soziales Vertrauen? Wie sieht die Skala für Kompetenzvertrauen aus? Wie verändern sich die beiden Skalen im Laufe der Zeit? Mindestens einmal im Jahr sollte sich ein Team für die Reflexion hierüber Zeit nehmen.

Woran erkennen Sie hohes soziales Vertrauen oder hohes Kompetenz-Vertrauen? Definieren Sie dabei getrennte Kriterien! Dazu können Sie wunderbar mit der Dysfunktionen-Pyramide arbeiten, die ich als Methode im Kapitel „Agile Toolbox" vorstelle. Damit lassen sich Vertrauensfragen insgesamt, aber auch bezogen auf jedes einzelne Gruppenmitglied stellen.

5.6.5 Die Funktion Konfliktbereitschaft

Kennen Sie das? Alle arbeiten friedlich miteinander. Sie verstehen sich gut. Fragt man den einen, so sagt er: „Wir sind ein wunderbares Team." Fragt man einen anderen, so sagt dieser: „Wir verstehen uns gut, bei uns gibt es keinen Streit." Alarm!

Manche interpretieren Meinungsverschiedenheiten als Streit. Insgesamt werden Streit und Meinungsverschiedenheiten oft als negativ betrachtet. Sie bringen Unfrieden, stören die Harmonie. „Nur ja keinen Streit!" denken viele und kehren ihre Konflikte so unter den Teppich. Das hat damit zu tun, dass viele Menschen emotional reagieren, wenn sie in die Auseinandersetzung gehen. Dass jemand eine andere Meinung hat, wird als belastend und störend empfunden. Insofern hat auch diese Dysfunktion viel mit der Ich-Entwicklungsstufe der Teammitglieder zu tun. Es ist spezifisch für die konventionelle Ebene, dass die Meinung und Perspektive des anderen noch nicht wirklich integriert werden kann.

Am ehesten möglich wird dies für Menschen, die bereits eigenbestimmt sind, noch leichter für jene, die Stufe 7, also die systemische Stufe, erreicht haben – siehe dazu den Abschn. 3.4.2 und folgende. Erst dann können Menschen die Perspektive der anderen wirklich als gleichwertig stehen lassen – und ein Konsens wird möglich. Dabei ist der Konsens eine neue Lösung, die sich nach der Betrachtung unterschiedlicher Perspektiven ergibt. Sie bezieht alle Perspektiven ein, die wichtig sind. Es geht also beim Konsens nicht um einen Kompromiss, bei dem jeder Abstriche macht. Die Konsensfindung ist ein kreativer Prozess, an dessen Ende etwas Neues steht, den alle mittragen. Das nennt sich dann Konsent – und ist ebenfalls in der Toolbox beschrieben.

Die meisten Menschen sehen es bei Meinungsverschiedenheiten als Ziel an, einen Kompromiss zu finden – wie ein Trostpreis, der verschiedenen Seiten gerecht wird. Weil das so schwierig ist und immer bedeutet, auch zu verhandeln, verzichten viele lieber darauf. Zudem sind viele Kompromisse ein Flickwerk, mit dem am Ende niemand zufrieden ist.

Als Führungskraft sollten Sie sich bewusst machen, wo Ihr Team in seiner Entwicklung steht, als Gruppe, aber auch bezogen auf die Individuen. Zum Konsens sind nur gut entwickelte Teams fähig – zu einer besseren Konfliktbereitschaft indes lässt sich jedes Team bringen. Weniger entwickelte Teams benötigen allerdings mehr Reflexion über eigenes Verhalten und die eigenen Wahrnehmungen. Eventuell muss das Team erst lernen, dass es verschiedene Perspektiven gibt, die alle ihre Berechtigung haben. Für weniger reife Teams ist deshalb ein Kommunikationstraining sehr wichtig. Die gewaltfreie Kommunikation GFK hat Methoden parat, die viele als adäquat und hilfreich empfinden. Sie orientiert sich an der humanistischen Psychologie von Carl Rogers. Die GFK arbeitet dabei mit dem Bild der Giraffe, die eine Giraffensprache nutzt und von oben auf die Interaktion schaut. Sie nimmt die Gefühle des Gegenübers wahr und beobachtet, anstatt zu interpretieren. Gerade das Thema Konflikt profitiert sehr von Beobachtung eines Außenstehenden, der Kommunikationsverhalten beschreibt, aber auch die genaue Wahrnehmung der inneren Zustände. Was fühlt jemand, wenn er X hört? Wie geht es dem Kollegen, wenn er angeschrien wird?

Bevor Sie die Dysfunktion „künstliche Harmonie" überwinden möchten, sollten Sie sich erst einmal genauer das Vertrauen ansehen. Auch wenn alle bestens miteinander auszukommen scheinen – oft werden die wirklich kritischen Themen ausgeblendet. Es ist also kein echtes Vertrauen vorhanden – jedenfalls nicht bezogen auf alle Teammitglieder. Ist das der Fall, arbeiten Sie erst am Vertrauen, bevor Sie sich mit den Konflikten befassen.

5.6.6 Selbstverpflichtung/Commitment

Ihre Mitarbeiter sagen A, aber meinen B? Wie ist das bei Ihnen? Selbstverpflichtung verlangt Eindeutigkeit und Klarheit. Ist nicht ganz deutlich, was wirklich gewünscht wird, zerstückelt dies das Engagement und das Team wird unter seinen Möglichkeiten bleiben und möglicherweise sogar destruktive Tendenzen entwickeln. Commitment beschreibt das Ausmaß des Engagements für ein Unternehmensziel. Es ist nicht nur eine Teamfunktion, sondern auch ein ganz zentraler agiler Wert – der aber undenkbar ist, wenn kein Vertrauen herrscht, und in einer Kultur der Konfliktbereitschaft weit besser gedeiht als in einer der künstlichen Harmonie.

Commitment wird oft mit Zielen verwechselt. Es geht aber darum, sich zum Vorhaben des Teams zu bekennen, und zwar eindeutig. Es dürfen keine Unklarheiten darüber herrschen, was eigentlich erreicht werden soll. Im Bild der Rangdynamik darf es nur ein „G" geben, ein gemeinsames Ziel.

Ob wirklich alle das Gleiche meinen, merken Sie, wenn Sie explizit danach fragen, was die einzelnen Personen verstanden haben. Weiterhin muss klar sein, dass dieses „G" im Mittelpunkt steht, nichts anderes.

Das „G" muss außerdem attraktiv sein und im besten Sinne Sinn-gebend. Erst recht gilt das, wenn sie die Generation Y ins Boot holen wollen. Sie werden also nur Commitment für den Umbau Ihres Unternehmens erhalten, wenn das, was damit verbunden ist, ausreichend attraktiv ist. Sie können nur Commitment für die Einführung einer neuen Software bekommen, wenn deren Einsatz allen sinnvoll erscheint. Andernfalls entsteht Mehrdeutigkeit.

Das Commitment lässt sich mit 6-W-Fragen genauer fassen. Es steigt, wenn diese klar beantwortet sind, also eindeutig:

1. Wer ist zuständig und eingebunden?
2. Was: Um was geht es genau? Was sind Ziele?
3. Wo tun wir unser Commitment kund?
4. Wann starten wir?
5. Warum tun wir, was wir tun? Was ist der tiefere Sinn – auch für die Gesellschaft? Liefern Sie Begründungen, die den Menschen einen Sinn geben, der über die reinen unternehmerischen Ziele hinausgeht. Denken Sie daran: Geld und andere Anreize liefern Menschen keinen Sinn. Mit ihnen lässt sich kein echtes Commitment erreichen, sondern maximal nur kurzes Engagement.
6. Wie gehen wir vor, mit welchen Maßnahmen und Mitteln?

Beispiel

Sabine ist Abteilungsleiterin Prozesse in einem Konzern. Ihr Kollege Hans ist für IT zuständig. Sabines Chef ist der CFO, Hans Chef der CIO. Die IT-Abteilung ist vom Outsourcing bedroht. Prozesse stehen hoch im Kurs, weil hier das echte Einsparpotenzial liegt. Nun sollen beide Abteilungen zusammenarbeiten. Hans glaubt, dass sein Stuhl gefährdet ist, Sabine weiß, dass ihre Stellung mächtiger ist. Für das Ziel der

Zusammenlegung der Abteilungen ist damit schwer, von beiden Seiten einschließlich ihrer Teams Commitment zu erwarten. Offenbar wird am Ende der Zusammenlegung die Auflösung der IT stehen. Das ist kein attraktives Ziel für die Hälfte der Beteiligten. Erst wenn es um die Rettung des IT-Bereichs oder eine sinnvolle Umstrukturierung ginge, die für beide Seiten attraktiv ist, könnte Commitment erreicht werden.

5.6.7 Gegenseitige Verpflichtung

Diese Funktion wird am meisten vernachlässigt und am wenigsten beachtet. Ich bin doch nicht für meinen Nachbarn verantwortlich! Doch, wenn Sie gemeinsam mit diesem ein gemeinsames Grundstück beackern wollen. Im Team ist es genauso. Teamkollegen sind auch untereinander verantwortlich. Arbeitet der andere nicht richtig mit, gefährdet dies schließlich auch das Ziel. Gegenseitige Verantwortung hat viel damit zu tun, über den eigenen Schatten zu springen. Kann ich den Kollegen wirklich fragen, ob X erledigt ist? Kann ich ihn unterstützen? Aus meinem Netzwerk Hilfe anbieten? Kann ich ansprechen, dass aus meiner Sicht etwas fehlt? Wer gemeinsam etwas erreichen will, muss immer auch auf den anderen achten. Nur so lässt sich Social Loafing wirksam verhindern. In der Teamarbeit ist nicht jeder seines Glückes Schmied. Jeder trägt hier seinen Teil bei. Und das, was er oder sie beiträgt, sollte so gut sein, wie es den Möglichkeiten von allen gemeinsam entspricht. Das kann auch bedeuten, anzusprechen, wenn ein Teammitglied nicht leistungsstark genug ist oder sich nicht ausreichend engagiert, um die Herausforderungen zu lösen. Das ist ganz sicher kein einfaches Thema, aber eines, das auf den Tisch muss.

5.6.8 Zielorientierung

Was wollen wir erreichen? Nur darum sollte es gehen. In der Praxis geht es aber meist um etwas anderes. Je größer die Unternehmen und Teams, desto stärker setzt sich das Ego- und Statusdenken durch. Irgendwann geht es nicht mehr um das neue Produkte oder die Steigerung der Kundenzufriedenheit, sondern nur noch darum, sich eigene Vorteile zu sichern. In einigen Unternehmen wird das sogar offen kommuniziert – natürlich interessiert uns das Unternehmensziel nicht, wir wollen uns positionieren, sichern, Machtbereiche vergrößern.

Als Führungskraft müssen Sie bei dieser Funktion oder vielmehr bei Ihrer Dysfunktion hart durchgreifen. Wer Status und Ego in den Vordergrund stellt oder aufgrund eigener Vorteilssuche ein doppeltes Spiel spielt, muss sofort angesprochen werden – und zwar in der Gruppe mit Metakommunikation, also durch Beschreibung des Verhaltens. Stärkere Prozessorientierung, etwa iterative Planung, kann eine wichtige Maßnahme gegen diese Dysfunktion sein, da sie mehr Reflexion und Sachorientierung verlangt.

Allerdings ist dies nur in einer Umgebung möglich, die Ego und Status nicht auf einer informellen Ebene fördert, etwa durch widersprüchliche Handlungen. Dies wäre etwa gegeben, wenn sich Egoisten doch am Ende durchsetzen. Dann machen Mitarbeiter die Erfahrung, dass diejenigen, die ein doppeltes Spiel spielen, am Ende gedeckt werden – tödlich für die Unternehmenskultur. In einem solchen Fall ist ein Kulturwandel dringend nötig. Er gehört dazu, wenn Sie Veränderungen durchführen möchten.

5.7 Wie Sie einen Kulturwandel initiieren

Ist Wandel etwas, das radikal sein muss? Oder kann er sich auch langsam vollziehen? Ich meine ja, es geht langsam, und manchmal besser als zu schnell. Wie gesagt, gibt es Revolutionen und Evolutionen. Mir fallen viele Beispiele ein, bei denen kleine Veränderungen viel bewirkt haben. Aber auch kleine Änderungen brauchen Konsequenz.

Die meisten Managementexperten lehnen kleine Schritte jedoch ab – jedenfalls, wenn man sie auf Vorträgen hört und sieht. Sie wollen gleich einen radikalen Wandel. Möglicherweise, weil sich dieser auch besser und teurer verkauft? Oder auch, weil am Ende sowieso nur etwas herauskommt, wenn man am Anfang viel gewollt hat? Etwas Veränderung reicht in den Augen vieler Experten nicht. Es müssen alle Mauern eingerissen werden. Der Managementautor Nies Pfläging sieht 90 % des Managements als schädlich an und wähnt Managementmethoden auf dem „Müllhaufen der Managementgeschichte". So jedenfalls formuliert er auf einem Vortrag, der bei YouTube online gestellt ist. Die traditionelle Organisation nennt Pfläging Pfirsichorganisation. Ihr stellt er die Netzwerkorganisation gegenüber, die er aus der Systemtheorie ableitet [12]. In dieser ist selten der Mensch schuld an Fehlentwicklungen, sondern immer das System. Die Gedanken sind sehr nachvollziehbar, nicht nur wenn man an die Volkswagen-Affären denkt.

Ganz oben steht bei ihm dabei die radikale Dezentralisierung. Raus aus dem Zentrum, rein in die Peripherie, so nennt er das. Ein weiterer Kerngedanke: Das Unternehmen solle sich an Mitarbeitern ausrichten, nicht an den Kunden. Gerne werden von ihm und anderen Unternehmen zitiert, die Vorreiter sind. Allen voran Semco, geführt von Ricardo Semler ohne Personalabteilung, trotz 3.000 Mitarbeitern [8]. Bei Semco gibt es keine festen Arbeitsplätze, nur Satellitenbüros, wenn Menschen sich treffen wollen. Alle Zahlen liegen offen. Die Firma habe kein Mission Statement. Ich habe mir die Website angesehen. Für heute stimmt zumindest Letzteres nicht. Auf der Website steht zentral in der Mitte: „We are an active portfolio manager adding value to FOREIGN COMPANIES LEVERAGING THEIR BUSINESS in Brazil." Für mich klingt das nach Mission Statement. Jedenfalls ist Semco heute ein Dienstleistungsunternehmen.

Semco ist Spezialist für New Business in Brasilien. Ich recherchiere die Geschichte: Früher stellte die Firma Zentrifugen für die Ölindustrie her, danach war sie Spezialist für Industrieausrüstung. Es müssen viele Veränderungen stattgefunden haben. Alles in allem ist Semco deshalb kein typisches Beispiel, das anderen als aktuelles Vorbild dienen kann. Und Ricardo Semler schrieb sein erstes Buch „The seven day weekend" Anfang der 1990er Jahre …

Müssen wirklich gleich alle Mauern niedergerissen werden? Ich habe mir alle Beispiele angesehen, die gern zitiert werden. Dennoch ist mein Grundgefühl, dass es einen guten Grund geben muss, aus dem diese Unternehmen so agil sind, wie sie sind. Nur bestimmte Unternehmen haben die Kraft, sich radikal zu ändern. Diese Kraft nehmen Unternehmen, die sich ändern müssen, aus der Bedrohung ihrer Existenz. Der Wandel ist dann ein Muss. Wenn etwa Maschinenbauunternehmen ihre Produktion von der Serienfertigung auf kundenindividuelle Produktion umstellen müssen, weil sie sonst nicht überleben können, so sind radikale Umstrukturierungen viel eher geboten und möglich, als wenn es einem Unternehmen weitestgehend (noch) gut geht.

Für mich heißt das: Radikal ist eine gute Forderung, wenn am Ende kleine, konsequente Schritte herauskommen. Aber realistisch ist ein radikaler Umbau nur dann, wenn er wirklich sein muss. Wenn nicht, sind evolutionäre Schritte sinnvoller; sofern sie eingebettet sind in einen Kulturwandel.

5.7.1 Kulturwandel ist Change ohne Management

Change Management ist was für die alte Welt – so sehen es viele, die sich „Agile" auf die Fahnen geschrieben haben. Change Management hätte mit verkrusteten Strukturen zu tun und sklavischer Orientierung an Shareholdern und Stakeholdern zu tun. Agiles Management würde alles leichter machen, weil diese Starrheit wegfiele – so ist es in einigen Blogs zu lesen. Natürlich ist das eine enthusiastische Vereinfachung. Mich erinnert sie ein wenig an die Diskussion über das Grundeinkommen, die ebenso von einem entweder-oder geprägt ist, selten vom sowohl-als-auch. Es ist eine Wahrheit, dass Menschen gerne arbeiten. Es ist aber genauso wahr, dass auch klassische Anreizsysteme funktionieren. Ganz wichtig bei alldem ist: Was Menschen sagen und was sie letztendlich tun, sind immer zwei verschiedene Paar Schuhe.

Ich bin bei vielen Themen, so auch beim Kulturwandel, eine Vertreterin des Sowohl-als-auch. Ich bin tief überzeugt, dass vieles richtig ist und nicht nur eins. Ich glaube daran, dass man auf die Situation des Unternehmens und die individuelle Konstellation schauen muss. Das bedeutet aber auch, dass ich keine einfachen Antworten geben kann.

So glaube ich, dass agiles Umdenken und Führen eine wichtige Rolle spielen kann und eine fantastische Weiterentwicklung sein kann – aber nur es zur Situation und zum Umfeld, zu den Akteuren und zu den Aktionen passt. Diese Sicht schließt die Überzeugung ein, dass die alte Welt nicht alles falsch gemacht hat. Dass man nicht alle Mauern einreißen muss, was man aus psychologischer Sicht ohnehin nur tun wird, wenn es keinen anderen Ausweg gibt.

Wenn Menschen agil arbeiten – soll hier heißen ohne Hierarchien –, setzt das eben keine psychologischen Grundregeln außer Kraft. Eine Grundregel lautet, dass Veränderung nie begeistert begrüßt wird, auch nicht von Menschen in Umfeldern, die sehr dynamisch sind. Was der Veränderung zuspielt, ist allerdings die Tatsache, dass Menschen in diesen dynamischen Umfeldern typischerweise höher entwickelt sind. Höher entwickelte Menschen haben normalerweise weniger Angst vor Veränderung, weil sie mit ihr vertraut sind. Begrüßen werden sie Veränderung deshalb aber noch lange nicht.

Ob bei der Zusammenlegung von zwei Abteilungen oder der Einführung von Scrum, es gibt typische Phasen einer Veränderung und unterschiedliche Modelle, die diese erklären und definieren. Mir am sympathischsten ist das Phasenmodell der menschlichen Entwicklung Unaware, Aware, Understand, Believe, Act, da es mehr als ein Modell ist. Die Schritte orientieren sich an der Lerntheorie von George Bateson [1].

Es ist nämlich zugleich ein Handlungsleitfaden. Es zeigt zudem, dass Kulturwandel keine Verwaltungsaufgabe ist, sondern eine Entwicklungsaufgabe, die Kommunikation braucht – und kaum bis keine Administration.

Kurz Lewin nannte die drei Phasen Unfreeze, Change, Freeze als typisch beim Veränderungsprozess. Unfreeze bedeutet die richtige Umgebung für den Wandel schaffen, Change den Wandel vorantreiben und Freeze den neuen Zustand festschreiben. Heute sind diese drei Phasen nicht mehr so relevant. Da Veränderung immer möglich und gewünscht sein muss, ist eine dauerhafte Offenheit für das Neue nötig. Das heißt, es muss gar nichts mehr „aufgetaut" oder eingefroren werden, sondern dauernd frisch gehalten. Die Bewusstheit sollte vielmehr ständig gegeben sein. Das kann für Menschen sehr anstrengend sein, denn das natürliche Streben ist das nach „Einfrieren" in Ruhe und Sicherheit, vor allem bei jenen Menschen, die eine starke Sicherheitsmotivation haben. Doch auch an Veränderung kann man sich gewöhnen – und dabei merken wir, wie positiv der Einfluss des Wandels auf die eigene Persönlichkeitsentwicklung sein kann.

▶ **Reden wir drüber**
„Das Kantinenessen ist eine Katastrophe!"
„Es ist ätzend, dass es bei uns nur Obst gibt. Diese Gesundheitsapostel."
„Wir arbeiten alle viel zu viel!"
„Es ist alles nicht optimal, überall fehlt was."
Als Führungskraft haben Sie vielleicht manchmal das Gefühl, an die Grenzen der Leidensfähigkeit von Mitarbeitern zu stoßen. Wie viel können Sie ihnen zumuten? Selten höre ich, dass Mitarbeiter von einem Unternehmen wirklich uneingeschränkt begeistert sind. Auch wenn Menschen in Unternehmen arbeiten, die im Vergleich zu anderen wirklich toll sind – es wird immer noch gemeckert.
Das sollten Sie sich immer bewusst machen, wenn Sie Veränderung vorantreiben. Denn da wird noch mehr gemeckert, auch wenn Sie alles gut machen. Es kann sein, dass Sie zeitweise zum Feindbild werden oder sich nicht nur Freunde machen. All das ist normal, es gehört dazu. Es ist nicht rational, auch wenn lauter sachliche Argumente kursieren.

Was hilft? Darüber zu sprechen. In Unternehmen, in denen die Metakommunikation eine große Rolle spielt, herrscht ein anderer Ton. Wie wollen wir miteinander umgehen? Was soll unser Umgang miteinander sein? Wie verarbeiten wir Stress, Ärger, Unzufriedenheit? Je mehr diese Prozesse bewusst sind, desto gesünder ist es für die Mitarbeiter. Meckern ist oft nur ein Symptom für tiefer liegende Unzufriedenheit oder fehlende Wertschätzung. Lästern ist ein Zeichen von Desorientierung und mangelnder Zielbindung und Kultur. Je mehr diese Themen auf den Tisch kommen, desto eher werden sie verschwinden. Während des Umbaus eines Unternehmens – aber auch generell.

5.7.1.1 Handlungsleitfaden für Veränderungen

Es gilt, im Wandel das Unbewusste bewusst zu machen, die Menschen müssen verstehen, welche Gesetze gelten, die nicht ausgesprochen sind. Es gilt, die Veränderung fassbar zu machen, rational und emotional, nur dann können Menschen auch an die Veränderung glauben. Und schließlich gilt es, zu konsequent zu handeln. Mitarbeiter sind erst den neuen Zielen verpflichtet, wenn alle diese Phasen durchlaufen sind. Hier hilft es sehr, sich mit Edgar Schein und seinem Kulturebenenmodell zu beschäftigen [15]. Dieses Modell macht deutlich, welche Rolle auch die Geschichte des Unternehmens spielt, was unter der Oberfläche relevant ist, aber auf den ersten Blick und von einem außenstehenden Berater nicht gesehen werden kann. Veränderung muss die verschiedenen Ebenen einbeziehen und sie muss bei den Werten beginnen!

In den Phasen davor jedoch ist es normal, dass die Veränderung ignoriert, blockiert, unterlaufen oder sogar sabotiert wird. Ein Großteil der Mitarbeiter will sie nicht wahrhaben – und dies führt je nach Persönlichkeit, Gruppendynamik und Situation zu unterschiedlichem Verneinungsverhalten.

Dies ist im agilen Kontext nicht anders wie dort, wo Agilität bereits etabliert ist. Je länger Menschen in einer bestimmten, gleichbleibenden Art und Weise gearbeitet haben, desto eher werden sie Veränderung ablehnen. Ich kenne das aus Prozessen beruflicher Neuorientierung von Führungskräften nur zu gut. Während neue Ansätze leicht zu entwickeln sind, wenn die Firmenzugehörigkeit unter drei Jahren liegt, wird es etwas schwieriger bei sechs Jahren und sehr schwierig bei zehn oder gar 20 Jahren. Der Gewöhnungseffekt ist dann sehr groß. Man hat sich eingerichtet, das Neue macht viel mehr Angst.

Veränderung bedeutet nicht nur Unternehmensentwicklung, sondern auch eine persönliche Entwicklung, die manch einer gar nicht will. Auch hier helfen die Loevinger-Stufen aus Abschn. 3.6 beim Verständnis. Das „Neue" würde bedeuten, sich auch mit neuem Denken anzufreunden, sein eigenes Bewusstsein zu erweitern. Das wollen viele nicht – und zwar gerade jene auf den unteren Stufen der konventionellen Ebene. Erst ab der Stufe E6, also der selbstbestimmten Phase, wird Veränderung einfacher zu implementieren, ein weiteres Argument, das Augenmerk auf Werte zu legen.

▶ Menschen sind kaum in der Lage, Entwicklungsstufen zu überspringen. Ein Manager, der auf der Loevinger-Stufe E4 denkt, damit beispielsweise Kritik als beschämend empfindet oder die unterschiedlichen Perspektiven bei Entscheidungen nicht sehen will, wird sich eine rationalisierende Denkweise erschließen können, nicht aber die systemische, die die Akzeptanz von Mehrdeutigkeit beinhaltet. Im Zweifel muss ihn die Führungsspitze ersetzen. Hier noch mal mein Hinweis auf das Reifegrad-Grid im Internet unter http://teamworks-gmbh.de/wp-content/uploads/2016/03/agilesreifegradgrid.pdf

Schauen Sie sich in Tab. 5.3 an, auf welchen Ebenen Sie Veränderung vorantreiben müssen, und betrachten Sie Individuum, Gruppe und Organisation. Alle diese drei Ebenen haben einen inhaltlichen Fokus, und zwar Analyse, Handlung und Innovation. Aus der Kombination ergeben sich konkrete Handlungsansätze.

5.7.1.2 Wohin können sich Menschen entwickeln – und wohin nicht?

Sollten Sie also für Veränderungsprozesse zuständig sein, so gilt es, zu bedenken: Wo stehen Ihre Mitarbeiter? Und wo können Sie sie hin entwickeln? Oft ist Trennung der einzige Weg. Sie ist am Ende für beide Seiten oft positiver, als es zunächst scheint. Wer eine Kündigung erlebt, fällt in ein tiefes Tal, von dem aus es aber immer wieder nach oben geht – oft können dabei plötzlich andere Berge erkannt werden und der Bewusstseinsfokus weitet sich. Für eine Firma, die sich ernsthaft erneuern möchte, ist dies wiederum häufig nur mit neuen Führungskräften möglich. Ich erlebe zu oft, dass Veränderungen daran scheitern, dass die gleichen Personen, die vorher für Stillstand gesorgt haben, plötzlich Bewegung erzeugen sollen. Das ist ein Widerspruch an sich. Mein Plädoyer ist deshalb, das Thema Trennung von Mitarbeitern als Chance für alle Beteiligten zu begreifen.

Doch auch entwickelte und reife Menschen sind keine Maschinen. Bei der Ankündigung einer Veränderung ist die erste menschliche Reaktion meist Euphorie oder Schock. Beim Schock kommt es anschließend häufig zu einem inneren Nein: „Die neue Strategie führt zu keinem Erfolg", sagen dann viele. „Agil ist Quatsch." Man wird nach Beweisen suchen, und diese auch finden – in Form von Studien oder persönlichen Erfahrungen, je nachdem.

Tab. 5.3 Ebenen der Veränderung

Soziale Ebene/ Inhaltliche Ebene	Individuum	Gruppe/Team	Organisation
Analyse	Potenzialeinschätzung	Reflexionszirkel	Projektgruppen
Handlung	Entwicklung	Arbeitsgruppen	Beteiligung
Innovation	Teamarbeit, interdisziplinärer Austausch	Dialog, Workshops, Lernen, Vernetzung nach außen	Open Space, Innovations-Labore oder -Kapseln

Eine zweite Reaktion ist ebenso typisch: „Die können gar nicht ohne mich auskommen." Die Führungskraft hält sich für unentbehrlich. Auch das ist eine kognitive Verzerrung, denn natürlich stimmt das nicht.

Es hilft, Mitarbeitern und Führungskräften diese Prozesse bewusst zu machen, so wie es generell hilft, Veränderungsprozesse transparent zu gestalten. Dazu gehört es auch zu kommunizieren, was man nicht weiß – oder dass noch offen ist, wie ein Prozess ausgehen wird. Damit sortieren Sie in gewisser Weise auch aus. Wer damit umgehen kann, wird sich eher für den Veränderungsprozess engagieren. Es werden mit hoher Wahrscheinlichkeit diejenigen sein, die auch reifer sind – solange es sich um echtes und nicht um opportunistisches Engagement handelt. Jenes erkennen Sie aber, wenn Sie genau hinsehen. Opportunisten suchen sich Verbündete, sie werden nicht auf verschiedenen Ebenen für die Veränderung tätig werden. Zum Beispiel werden sie es eher nicht befürworten, dass offen kommuniziert wird, und das Sprechen über Schwierigkeiten bei den Veränderungen eher ablehnen. Ich rate in Veränderungsprozessen, Reflexionsrunden für Führungskräfte einzurichten. An einem solchen Reflexionsprozess der Führungskräfte werden Opportunisten nur pro forma teilnehmen, aber nicht wirklich. Besonders in schwierigen Lagen und Führungspositionen sind diese extrem schädlich, wie das Praxisbeispiel zeigt.

Beispiel

Karina ist CEO bei einem Fotovoltaik-Anbieter. Die Branche ist Höhen und noch mehr Tiefen gewohnt. Jetzt steht die Firma kurz vor der Insolvenz. Produktinnovationen sind dringend vonnöten. Eine ist bereits weit fortgeschritten. In dieser Situation braucht Karina Investoren. Ihr Vertriebsleiter sieht jedoch nur sein eigenes Überleben. Er tut so, als würde er mitziehen, hat die Firma aber bereits abgeschrieben. Das erkennt sie unter anderem an seinem unklaren Verhalten in den neu von ihr einberufenen Reflexionsrunden. Hier tut er, als würde er mitmachen, gibt aber nichts Persönliches preis. Auf die Frage „Wie stark glauben Sie an unser neues Produkt" auf einer Skala von 0 für gar nicht bis 10 für sehr, die alle ehrlich beantworten, gibt er ein unglaubwürdiges „Natürlich 10!" an. Anders sein Vertriebsmitarbeiter Schmidt, der die Innovation getestet hat und positive Resonanz erkennt. Karina sieht, dass sie nur eine Chance hat: Sie muss den Vertriebsleiter sofort freistellen, auch wenn es auf einen Auflösungsvereinbarung hinaus laufen muss. Stattdessen muss der Vertriebsmitarbeiter übernehmen.

Ziel ist es nun, das Nein zu überwinden, um in die neue Phase des Widerstands eintreten zu können. Der Widerstand kann emotional oder rational auftreten. „Früher war alles besser" ist eine mögliche Haltung. Manchmal mag auch die unterschwellige Frage dahinterstehen: „Bin ich wirklich gut genug, um die neuen Aufgaben zu bewältigen?" Der Tiefpunkt des Widerstands ist das Tal der Tränen. Beim Arbeitsplatzverlust ist diese Phase mit vielen Selbstzweifeln und Zukunftsängsten verbunden. Bei der Zusammenlegung von Abteilungen kann der Verlust von lieb gewonnenen Personen zu Trauer führen.

Die Phase des Widerstands findet ihr Ende in der Akzeptanz der Veränderung – durch innere Überzeugung, Vergleichen oder eigene Reflexion. Nachdem die Veränderung rational und emotional akzeptiert ist, verlassen wir das Tal der Tränen: „Wir versuchen das einfach mal für zwei Monate. So schlimm wird es schon nicht." Es folgt die Phase des Ausprobierens und des Einlassens auf das Neue. Nach und nach wird das neue Verhalten verinnerlicht und zur Gewohnheit, wenn nicht bereits der nächste Change-Prozess vor der Tür steht.

Das Begleiten von Veränderungsprozessen ist eine Chance für jede Führungskraft, die sich entwickeln möchte, denn Stillstand verwalten ist einfach, Veränderung begleiten dagegen schwer. Als offizieller oder inoffizieller Change-Agent und Teamentwickler dreht sich alles um Kommunikation und innere Klarheit der eigenen Rolle. Es ist Ihr Job, das Thema Veränderung zu benennen und einen positiven Umgang damit vorzuleben. Als Führungskraft ist es wichtig, die eigenen, aber auch die Widerstände der Teammitglieder zu erkennen, die Ursachen zu benennen und anschließend entsprechend der Ursache in den Austausch zu gehen. Reflektieren Sie darüber, sprechen Sie mit anderen, die in einer ähnlichen Situation sind.

5.7.2 Wertekonflikte

Kulturwandel ist Wertewandel. Wertewandel aber funktioniert erstens nur, wenn die transportierten Werte auf fruchtbaren Boden fallen. Er setzt zweitens voraus, dass dieser fruchtbare Boden aufnahmefähig ist. Wenn Wertewandel nicht funktioniert, dann liegt es daran, dass er über einen Acker gestreut worden ist, der nichts: mehr aufnehmen kann.

Um das psychologische Verständnis dafür zu wecken, unternehme ich mit Ihnen einen kurzen Ausflug in die Welt der Introjekte. Das sind eingepflanzte Werte, die nicht echt sind. Der Organismus stößt sie entweder direkt ab wie Fremdkörper oder er nimmt sie an und wird krank darüber.

> **Beispiel**
>
> Frau Seller übernimmt den Betrieb ihres Vaters. Sie möchte alles neu machen und eine ganz neue Kultur etablieren. Der Vater hat seine Mitarbeiter patriarchalisch geführt. Alle waren lange zugehörig zum Betrieb und treu-loyal. Sie liebten ihre traditionellen Produkte und einen Arbeitsstil, der Qualität und Liebe zum Detail wertschätzte. Für Entscheidungen waren in den Augen der Mitarbeiter nur der Inhaber und seine designierten Vertreter zuständig. Jetzt sollten sie die Produktpalette erweitern und Abstriche bei der Qualität machen. Im Betrieb sollten plötzlich alle mitreden und sogar ihre Vorgesetzten wählen. Aus Angst um den Job sagen einige „Ja" zu diesen neumodischen Ansätzen, während andere das Unternehmen verlassen. Die Ja-Sager schreiben sich nun die neuen Werte Innovation, Mitsprache und Fortschritt, auch publiziert im Leitbild, auf die Fahnen, können diese aber gar nicht leben. Sie sind viel zu sehr in der Tradition verhaftet. Warum das nicht funktioniert? Wertewandel muss immer bei den vorhandenen Werten ansetzen und diese langsam umdeuten! Er kann nie einfach übergestülpt werden.

Einleuchtend ist ein Wertekonflikt, wenn ein Unternehmen den Wert Rechtschaffenheit oder auch Compliance für sich in Anspruch nimmt, aber der Vertrieb von der Unternehmensspitze still gedeckt Schmiergelder zahlt. Er ist aber auch bei weniger dramatischen Widersprüchen vorhanden, wenn etwa Innovation gefordert wird, jedoch festhalten gelebt wird. Dabei gilt, dass jeder Wert erst durch die Einbeziehung seines Gegenteils wertvoll wird. Innovation funktioniert besser, wenn sie Tradition wertschätzt. Am Beispiel von Frau Seller hieße das, dass sie die bisherige Lebensart hätte aufnehmen und respektieren müssen.

Halten Sie also immer die andere Seite des Pols, aber immer auch die Übertreibung jedes Wertes im Blick:

- Das Gegenteil von Innovation ist traditionelles Bewahren.
- Die Übertreibung von Innovation ist blindes Fortschrittstreiben.
- Die Übertreibung von Tradition ist starres Festhalten.

Wer Werte wandelt, sollte immer darauf achten, dass diese nicht in die negative Seite und Übertreibung kippen.

Die Wahrheit ist nie einseitig. Es gibt nicht nur Schwarz und Weiß.

Die Psychologie spricht von Introjektion, wenn fremde Wertvorstellungen angenommen worden sind. Dann haben Menschen Vorstellungen unbewusst in das eigene Ich aufgenommen, die nicht die ihren sind. Bei allem, was „systemisch" im Namen trägt, ist das gut zu beobachten. Es wird als Allzweckwaffe verwendet, auch um die Notwendigkeit zum Wertewandel zu argumentieren. Dann bedeutet es vielfach so etwas wie „Zulassen von Mehrdeutigkeit" oder „Akzeptieren, dass es keine Wahrheit gibt". Nur: Dieses Systemische annehmen zu können, fordert Eindeutigkeit – und eine reife Belegschaft. Wer „systemisch" denkt und handelt, müsste das eigentlich verinnerlicht haben – hat es aber oft nicht. Systemisch wird damit zum Modewort, oft ohne wahren Inhalt. Entwicklungspsychologisch betrachtet würde systemisch bedeuten, dass ein Mensch in der Lage ist, mehrere Perspektiven einzunehmen. Wer „systemisch" jedoch als Allheilmittel einsetzt, hat nur eine Perspektive – und das Denken nicht wirklich verinnerlicht.

Auch agiles Denken kann ein Introjekt sein. Und manche Führungskräfteentwicklung zielt sogar auf Introjektion! Wenn die Manager plötzlich offen sein sollen für Neues und kooperativ führen müssen, dann nehmen sie das vielleicht für sich an, aber sie verinnerlichen es nicht. Agilität ist dann angesagt, aber es ist nichts, das im Denken der Gruppe und Individuen einen echten Platz hat.

5.7.2.1 Introjektion verhindern

Der Begriff Introjektion kommt aus der Psychoanalyse, wird aber auch in der von Fritz Perls begründeten Gestalttherapie verwendet. Kerngedanke in beiden Ansätzen ist, dass die Introjekte Fremdkörper sind und nicht in Leib und Blut übergegangen sind. Die Introjekte können von der eigenen Persönlichkeit abweichen oder dieser sogar entgegenstehen. Persönlichkeit verstehe ich dabei vor allem als motivationale Struktur eines

Menschen. Es sind Verhaltenspräferenzen, die durch angelerntes Verhalten überspielt werden können. Sie sind dann aber nicht neuer Inhalt auf einer alten Festplatte, sondern eine zweite Schicht. Die alte Schicht wird sich immer wieder melden, was fast schizophrene Züge tragen kann. Ich habe nicht selten Manager in der Beratung, die mir sagen, dass sie Mitarbeitergespräche so führen wie gelernt, aber denken „Was interessiert mich der Privatkram dieser Leute?". Wer agil führen will, sollte diese Mechanismen kennen.

> **Beispiel**
>
> Abteilungsleiter Herr Meier hat mehrere Schulungen durchlaufen, bei denen er agile Führungskompetenzen lernen sollte. Unter anderem sollte er auch ungewöhnliche Ideen von Mitarbeitern fördern und diese offen annehmen. Nun ist Herr Meier aber kein offener Mensch. Er interessiert sich gar nicht für neue Entwicklungen. Was eine gute Idee ist und was nicht, kann er schlecht unterscheiden. Trotzdem will er natürlich die Forderungen von oben erfüllen. Also beruft er seine Mitarbeiter ein und offenbart ihnen, dass sie demnächst mit Ideen jederzeit zu ihm kommen dürfen und wollen. Als das auch geschieht, fühlt er sich überfordert. Er versteht oft gar nicht, was die Mitarbeiter meinen. Aus Scham, damit seinen Führungsauftrag nicht zu erfüllen, schweigt er und tut so als ob.

Sie können schulen, soviel Sie wollen – ankommen wird dies nicht, wenn Sie etwas einpflanzen, was in diesem Organismus gar nicht wirklich leben kann. Schauen Sie sich an, wo jeder individuell steht in seiner Entwicklung und Motivstruktur. Holen Sie die Menschen genau da ab. Werte sind dynamisch. Anders als Motive ändern sie sich jedoch im Laufe des Lebens – auch durch äußere Impulse. Diese müssen jedoch zu einer echten Erkenntnis führen, es reicht kein unterhaltsamer Vortrag.

Damit jemand sein Denken neu definieren kann, also neue Werte aufnimmt, benötigen Sie diese Motive. Menschen müssen einen Grund haben, etwas wirklich an- und in sich aufzunehmen.

Das schwächste Motiv basiert auf Anerkennung oder Sicherheitsempfinden: Jemand ändert sich nur, weil er damit Kritik vermeidet oder/und Lob bekommt. Es kann sich dann ein Introjekt handeln.

Besonders starke neue Werte bringen Motive hervor, die sich aus der Ich-Projektion gelöst haben, deren Entstehen also ein Erkenntnisprozess vorausgegangen ist.

Ein Mensch, der immer aus einem Autonomie-Motiv gehandelt hat und die Ich-Projektion – also das Ablehnen negativ erlebter eigener Anteile – aufgelöst hat, entwickelt den Wert Kooperation. Jemand, der bisher immer aus dem Machtmotiv agiert hat, entwickelt den Wert „sich führen lassen". Daraus ergibt sich wiederum, dass agile Werte ein Auflösen von Ich-Projektion fordern. Das bedeutet, dass sie den gegenüberliegenden Pol als gleichwertig ansehen können, auch wenn er nicht ihr Heimatfeld ist. Er hat dann Frieden mit der anderen Seite in sich geschlossen. In dem Moment kann auch ein Autonomie-Mensch, also jemand, der sich über Unabhängigkeit definiert und so eher als Einzelkämpfer sieht, den Wert Kooperation annehmen. Auch wenn er deshalb nicht zum leidenschaftlichen Teamplayer wird …

> **Beispiel**
>
> Abteilungsleiter Möller pflegte viele Jahre einen eher autoritären Führungsstil. Er definierte sich über seine Klarheit und Eindeutigkeit – hinterfragte sich aber stets selbst. In einem Coaching stellte er fest, dass er Menschen, die sich aus seiner Perspektive „gehen" ließen, weil ihnen Macht nichts bedeutete, ablehnte. Gleiches galt für Menschen, die Nähe suchten. Durch die Beschäftigung mit seinen Motiven wurde ihm bewusst, dass er Anteile abspaltete. Erst als er dieses Thema für sich aufgelöst hatte, konnte er einen authentischen Führungsstil entwickeln.

5.7.3 Praktischer Leitfaden für den Kulturwandel

In den folgenden Kapiteln führe ich Sie Schritt für Schritt durch den Wertewandel. Los geht's. Und nicht vergessen: Wandel ist nie abgeschlossen, sondern ein ständiger Kreislauf.

5.7.3.1 Erster Schritt: Wertestandort analysieren

Wie ist Kulturwandel praktisch umsetzbar? Das passende Modell dazu liefert Spiral Dynamcis® bzw. 9Levels®, dass ich Ihnen bereits als Wertesystem vorgestellt habe. Es dient auch als Kulturwandel-Leitfaden. Dazu hat der Autor Frederic Laloux, der mit „Reinventing Organizations" einen Bestseller landete, Spiral Dynamics und andere ähnliche Ansätze etwas abgewandelt [10]. Aus diesem Modell ergibt sich, dass nicht jedes Unternehmen auf die gleiche Art und Weise agil werden kann. Für die Agil-Stufe 3, die Dezentralisierung fordert, sind nur bestimmte Unternehmen reif. Schauen wir uns einmal Lalouxs Modell an.

Tribal = Rot: Agile Regelorientierung

Bei Laloux ist Rot „Tribal". Als Bild für diese Unternehmen verwendet er das Wolfsrudel. Einer setzt sich in diesen Firmen durch – das Alpha. Viele Gammas ordnen sich dem Alpha unter. Immer wieder tauchen Omegas auf, also Gegenspieler, die Alphas vom Thron stoßen. Diese Kräfte wirken so, dass sich feste Hierarchien bilden und sehr starke Machtzentren. Rot ist die Wertestruktur der Mafia. Durch Druck setzt der machtvolle Führer seine Vorstellungen durch. Auch der Strukturvertrieb hat rote Kennzeichen sowie viele kleinere und manche größere Unternehmen, aus denen mir Mitarbeiter berichtet haben.

Sie erkennen rote Unternehmen an sehr starken Machtstrukturen. Informelle Regeln spielen eine starke Rolle. Formelle Regeln sind, wenn es darauf ankommt, weniger wichtiger. Diese Unternehmen werden keine agilen Strukturen aufbauen können. Für sie ist es viel wichtiger, den Bereich zu stärken, den Laloux „Bernstein" nennt und der in Spiral Dynamics blau ist. Das bedeutet, diese Firmen sollten Regeln und Prozesse einführen. Sie sollten den formellen Bereich stärken. Von den agilen Ideen passen zu ihnen jene, die regelorientiert sind – beispielsweise Maßnahmen zur Strukturierung von Meetings.

Bernstein = Blau: Agile Zielorientierung
Firmen mit dem Wertsystem Blau oder „Bernstein" sind dagegen stark prozess- und regelorientiert. Sie haben eine sehr starke formelle Struktur und Hierarchie. Keine Hierarchiestufe darf einfach übergangen werden. Es gibt viele Vorschriften und Regeln. In einem solchen Unternehmen ist der Teil der agilen Ideen gut aufgehoben, die Zielorientierung betonen. Das ist zum Beispiel das „Führen mit flexiblen Zielen" in einer einfacheren Stufe. Es bedeutet, es gibt nicht nur jährliche Mitarbeitergespräche, sondern dreimonatliche. Weiterhin könnte es hilfreich sein, den Ich-Anteil bei der Leistung mehr zu berücksichtigen. In bernsteinfarbigen/blauen Unternehmen steigen Mitarbeiter auf, die es vielleicht gar nicht wollen oder nicht wirklich geeignet sind, weil die Struktur es vorgibt. Es kann kaum von Experten- in die Führungslaufbahn gewechselt werden. Hier mehr Durchgängigkeit zu schaffen, wäre ein wichtiger Schritt. Das ist eine konsequentere Stärkenorientierung, die es dem Mitarbeiter ermöglicht, im Flow zu arbeiten – auch ein agiler Gedanke, fördert er doch die Arbeitszufriedenheit Auch der Abbau von Hierarchien kann in diesem Zusammenhang wirksam sein.

Orange = Ziele und Wachstum
„Orange" stellt die Ziel- und Zahlenorientierung in den Mittelpunkt. Es geht in diesen Unternehmen um ständige Optimierung. Budgets und Zielvorgaben dominieren die Sicht auf Leistung und Vorankommen. Gewinn und Wachstum stehen im Mittelpunkt. Sie messen Menschen und deren Leistung und geben Low Performern ein „PIP", also Personal Improvement-Programm, damit sie ihre Leistung steigern. Laut Laloux stehen die meisten Unternehmen hier. Doch möglicherweise hat er Deutschland nicht so sehr im Blick. Aus meiner Sicht ist das bernsteinfarbige Unternehmen bei uns typisch. Viele amerikanische und internationale Unternehmen sind dagegen orange geprägt. In einem orangefarbigen Unternehmen sind agile Ideen passend, die das Miteinander stärken. Konkrete Maßnahmen sind beispielsweise Retrospektiven und Führungskräftereflexionen. Diese regen das Denken an und führen Manager zu mehr Bewusstheit für andere Perspektiven.

Postmodern grün = Kooperation
Grüne Unternehmen sind selbst organisierte Unternehmen, in denen die Kultur über der Strategie steht. Weiche Aspekte des Miteinanders stehen im Vordergrund. Mitarbeiter erhalten Coaching. Ihnen wird zugetraut, Verantwortung zu übernehmen. Der Blick auf den Menschen wird ganzheitlicher. Das Wir rückt in den Vordergrund und verdrängt die Ego-Kultur des Orangefarbigen. Selbstorganisation auf Teamebene ist hier schon normal. Grüne Unternehmen sind also immer auch ein wenig agil. Viele jüngere Start-ups und Softwareunternehmen leben eine grüne Unternehmenskultur. Bei den größeren Organisationen sehe ich reines Grün selten. Oft ist es ein Orange am Übergang zu Grün. Es werden zum Beispiel grüne Werte mit orangen Mitteln gemessen. Grüne Unternehmen sind nicht notwendig sinnstiftend für die Mitarbeiter, denn sie ticken noch nach den Regeln des Marktes. Bei aller als angenehm empfundenen Kultur ist das etwas, was einigen Mitarbeitern dann doch fehlt. Grüne Unternehmen stehen vor der Herausforderung, diesen Sinn zu stiften, indem sie ganzheitlicher und verantwortlicher handeln.

5.7 Wie Sie einen Kulturwandel initiieren

Türkis = Sinnstiftend

Dies ist bei den Unternehmen gewährleistet, die laut Laloux „teal" sind, also petrol oder türkis. Wahrscheinlich hat er hier nicht ohne Grund eine Mischfarbe gewählt. Teal besteht aus Blau und Grün. Unternehmen, die türkis sind, folgen immer einem Sinn. Sie sind dezentral und selbst organisiert. Im Unterschied zum Grünen kommen hier also zwei weitere agile Bausteine dazu. Beispiele für türkisfarbige Unternehmen sind laut Laloux Patagonia, Buzzorg und Morning star. In unserem Blog bei Teamworks (www.teamworks-gmbh.de) finden Sie dazu weitere Infos.

Das Modell von Laloux sagt Ihnen, wo Sie stehen und was Sie von dort aus unternehmen können. Es beschreibt, was für die jeweilige Phase prägend ist. Es ist deshalb ein angenehm dynamisches Modell, das keinen radikalen Wandel von der Stange verspricht und langsame Entwicklung als natürlich ansieht.

Hier in Tab. 5.4 noch einmal eine Zusammenfassung mit den jeweiligen agilen Maßnahmen:

Orten Sie, auf welcher Stufe Ihr eigenes Unternehmen steht – und was von daher seine nächsten Schritte sein könnten. Welche Möglichkeiten haben Sie selbst als Führungskraft, Kulturwandel zu initiieren? Welche Grenzen sehen Sie? Und: Wie können Sie diese überwinden?

Tab. 5.4 Kulturstufe und dazu passende Werte und Maßnahmen

Kulturstufe	Kennzeichen	Agile Werte	Denkbare agile Maßnahmen
Rot	Starke informelle Kultur, starke Machtbereiche, Status, Alpha-Menschen-Dominanz	–	Noch keine, stattdessen Einziehen formeller Ebenen, Eindämmen des Informellen
Blau/Bernstein	Starke formelle Kultur, Regeln, Prozesse, Hierarchie	–	Selbstorganisation Level 1, Führungskräftereflexionen
Orange	Ziele und Wachstum messen, Leistung Einzelner belohnen	–	Selbstorganisation Level 1, Führungskräftereflexionen, flexible Ziele
Grün	Kooperation und Gemeinschaft, Selbstorganisation und gegenseitige Verantwortung	Kommunikation Commitment Feedback (zwischenmenschlicher) Respekt	Selbstorganisation Level 2, Einführung von agilen Frameworks
Türkis	Ganzheitlichkeit, Verantwortung für die Welt, Ressourcenschonung, Dezentralisierung	Mut Kommunikation Commitment Feedback (ganzheitlicher) Respekt	Selbstorganisation Level 3, konsequente Dezentralisierung

Kulturwandel in Stufen – das Laloux-Modell

Schauen Sie sich dazu jetzt noch einmal konkreter an, wie Ihre Mitarbeiter entwickelt sind. Zusammen mit den nächsten Schritten können Sie Ihre Maßnahmen noch weiter konkretisieren.

5.7.3.2 Zweiter Schritt: Dysfunktionen ausräumen

Über Funktionen und Dysfunktionen habe ich bereits ausführlich geschrieben. Es gibt funktionale und dysfunktionale Teams, also Teams, die gut und erfolgreich zusammenarbeiten, und solche, die das nicht tun. Möchten Sie Ihr Team entwickeln, sollten Sie seinen Standort in Sachen Funktionalität analysieren. Gehen Sie alle Funktionen durch, nutzen Sie dazu die Methode Dysfunktions-Analyse aus der „Agilen Toolbox".

Diese Dysfunktionen sollten Sie außer Kraft setzen:

- Die Dysfunktion, die Vertrauen unterläuft, ist mangelnde Offenheit.
- Die Dysfunktion, die Konfliktbereitschaft hemmt, ist künstliche Harmonie.
- Selbstverpflichtung wird durch Zweideutigkeit als Dysfunktion unterlaufen.
- Gegenseitige Verantwortlichkeit hemmt die Dysfunktion niedrige Standards.
- Die Dysfunktion zur Zielorientierung ist schließlich die Dominanz von Status und Ego.

Vielleicht ahnen Sie schon, dass sich die im vorherigen Kapitel beschriebenen Werte hier zum Teil abbilden. Die Dominanz von Status und Ego ist eher typisch für rote und orange Unternehmen. Künstliche Harmonie ist spezifisch für purpurne und blaue Unternehmen. Zweideutigkeit findet sich auf allen Ebenen, am wenigsten auf der grünen und gelben. Fehlende Offenheit ist ebenso etwas, das sich durchzieht – ab der Ebene grün wird aber auch diese seltener. Niedrige Standards sind verbreitet in purpur, blau und grün, da hier das Wir im Vordergrund steht und zur vermeintlicher Rücksichtnahme auf den anderen führt – siehe Tab. 5.5.

▶ Arbeiten Sie an den Dysfunktionen, bevor Sie etwas Neues einführen. Gehen Sie dazu alle Funktionen durch oder nutzen Sie unseren Test auf www.teamworks-gmbh.de.

5.7.3.3 Dritter Schritt: Selbstorganisations-Level orten

Wovon sprechen wir konkret, wenn wir einen Kulturwandel wollen? Kennen Sie ein Unternehmen, das sich in „Türkis" bewegt, sich also absolut dezentral selbst organisiert? Wahrscheinlich vor allem aus den Medien. Und wenn doch, so handelt es sich sehr wahrscheinlich um ein kleineres Unternehmen, das schon mit agilen Werten groß geworden ist. So war es jedenfalls beim Unternehmen Ministry, das Sie im Interviewteil des Kap. 7 kennenlernen können. Sind Sie nicht in einem solchen Kontext sozialisiert, sind Sie wahrscheinlich verhalten optimistisch. Funktioniert das wirklich? Und wie? Klar ist: Wenn Mitarbeiter nicht von Anfang an in einem selbst organisierten Kontext groß geworden sind, müssen sie sich an das Neue gewöhnen. Aber wie neu darf das Neue sein?

Tab. 5.5 Kulturstufen, ihre typische Dysfunktion und die größte Herausforderung

Wertelevel	Anfällig für Dysfunktion	Wahrscheinlich größte Herausforderung
Purpur	Künstliche Harmonie, niedrige Standards	Konfliktbereitschaft als Voraussetzung für Weiterentwicklung begreifen
Rot	Status und Ego, Zweideutigkeit, fehlende Offenheit	Gemeinsame Ziele trotz oft gewollter Zweideutigkeit, gegenseitige Verpflichtung, obwohl Einzelkämpfertum informell gefördert wird
Blau	Künstliche Harmonie, niedrige Standards, fehlende Offenheit	Gegenseitige Selbstverpflichtung, Konfliktbereitschaft, obwohl Anpassung belohnt wird und trotz Risiko der „Bestrafung", Vertrauen trotz der starken Hierarchien etablieren
Orange	Gegenseitige Selbstverpflichtung, niedrige Standards, fehlende Offenheit, Status und Ego	Gegenseitige Selbstverpflichtung, obwohl individuelle Leistung belohnt wird. Vertrauen, obwohl Wettbewerb herrscht, gemeinsame Ziele trotz Belohnung des Einzelerfolgs
Grün	Künstliche Harmonie, niedrige Standards	Konfliktbereitschaft, obwohl alle gut zusammenarbeiten, niedrige Standards, weil der individuelle Leistungswillen fehlt
Türkis	Künstliche Harmonie	Soziales Engagement bindet und unterbindet Konflikte auf zwischenmenschlichen Ebenen

Wie wir gesehen haben, ist Agilität eng mit der Selbstorganisation von Teams verbunden. Doch Selbstorganisation ist nicht gleich Selbstorganisation. Wenn man die unterschiedlichen Lebensformen von agiler Selbstorganisation beobachtet, lassen sich drei verschiedene Level unterscheiden.

Das eine baut dabei auf dem anderen auf. Dabei ist nicht jedes Level in jedem Kontext möglich. Stellen Sie sich die Bundeswehr vor. In ihr wird es vermutlich immer Hierarchien und Befehlslinien geben, auch wenn sich Gruppen von Soldaten selbst organisieren. Ein Level III kann hier nicht erreicht werden.

Tab. 5.6 macht das transparent. Sie sehen auch, dass sich die Level an die Kulturstufen nach Laloux [10] anlehnen.

5.7.3.4 Vierter Schritt: Agile Werte konkret entwickeln

Sind Ihre Mitarbeiter reif für agiles Arbeiten? Es wird entscheidend davon abhängen, welche Werte sie haben oder annehmen können. Die agilen Werte Commitment, Feedback, Kommunikation, Fokus, Mut und Respekt sind nicht bei allen Menschen und Gruppen gleich positiv belegt. Es hängt entscheidend vom Entwicklungszustand an. Dies

Tab. 5.6 Kulturstufe und Selbstorganisationslevel

	Kennzeichen	Laloux-Kulturstufe	Agile Maßnahmen
Selbstorganisation Level I	Das Team entscheidet die Dinge, die es direkt betreffen, selbst. Dazu gehören die Personaleinsatz- und Urlaubsplanung sowie die inhaltliche Ausgestaltung und Verteilung der Arbeit. Dies ist vergleichbar mit den teilautonomen Arbeitsgruppen in der Industrie. Hierarchien gehören hier dazu, ebenso klar disziplinarische Verantwortlichkeiten	Bernstein/blau Orange	Teamentscheidung Stand-up Visualisierung/ Taskboard Reflexion
Selbstorganisation Level II	Das Team handelt wie in I und setzt sich zusätzlich selbst flexible Ziele. Es arbeitet aktiv an seiner Verbesserung und legt alle Arbeitsprozesse offen. Hierarchien sind existent. Allerdings verstehen sich die Führungskräfte eher als Berater und Coachs. Strategische Entscheidungen werden weiter vom Top-Management getroffen. Führungskräfte haben ein Veto-Recht. Möglich jedoch, dass Führungskräfte zumindest teilweise auch gewählt werden	Grün	Teamentscheidung Stand-up Visualisierung/ Taskboard Reflexion **Flexible Ziele***
Selbstorganisation Level III	Das Team handelt wie in II. Es ist zusätzlich komplett dezentral organisiert, sodass es wie ein Unternehmen im Unternehmen funktioniert. Es sorgt weiter aktiv für den Austausch mit den anderen Zellen (wobei Zelle ein anderer Begriff für Team ist). Es gibt keine Hierarchien, stattdessen folgen alle einem klaren Selbstverwaltungs-Kodex. Beispiel ist die Holakratie	Türkis	Teamentscheidung Retrospektiven Reflexion Flexible Ziele (Visualisierung/ Taskboard kann) **Selbstverwaltung/ Hierarchiefreiheit**

*Maßnahmen, die auf einem neuen Level dazukommen, sind fett gedruckt

hat auch mit der bisherigen Erfahrung zu tun. Wie viele Schulungen hatten Ihre Mitarbeiter? Was sind sie gewohnt?

Wir haben mit unserem Unternehmen Teamworks einen agilen Wertecheck entwickelt, der sich auf die sechs kommunikationsorientierten Werte Commitment, Feedback, Kommunikation, Fokus, Mut und Respekt bezieht. Diesen Check können Sie auch unter http://teamworks-gmbh.de/wp-content/uploads/2016/05/agilerWertecheckTeamworks.pdf herunterladen.

5.7 Wie Sie einen Kulturwandel initiieren

Schauen Sie sich die sechs genannten Werte in Abb. 5.5 mit Ihrem Team gemeinsam an.

- Commitment
- Feedback
- Kommunikation

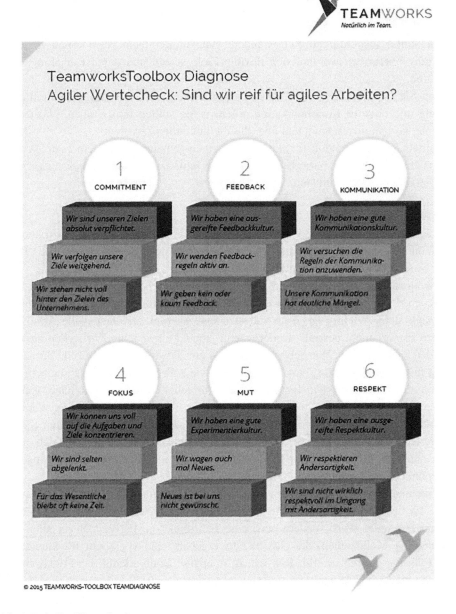

Abb. 5.5 Agiler Wertecheck

- Fokus
- Mut
- Respekt

Hinter dem Wertecheck steckt ein Ampelsystem: Rot bedeutet, dass die agilen Werte auf einer unteren Stufe entwickelt werden sollten. Gelb ist die mittlere Stufe, Grün die hohe. Auf jeder Stufe sind andere Maßnahmen angebracht. Wenn Sie sich auf der roten Feedbackstufe befinden, so bietet sich erst einmal ein klassisches Feedbacktraining an. Was ist Feedback? Wie gibt man es? Welche Kommunikationsregeln gelten? Ist die Feedbackkultur ausgereift, so greifen andere Maßnahmen: Dem Team könnte mehr Verantwortung übertragen werden, sich flexible Ziele setzen und deren Einhaltung selbst überprüfen.

Wenn Sie sich auf der roten Commitmentstufe befinden, sollten Sie an Leitbildentwicklung und interner Kommunikation arbeiten. Sie sollten hinterfragen, ob die Ziele klar genug kommuniziert sind, und über die Zielunklarheit sprechen.

Ermitteln Sie den Standort für alle sechs Themen gemeinsam mit dem Team. Wo sieht es sich selbst? Das ist die beste Basis für eine Akzeptanz von Maßnahmen – dass sie als wichtig erkannt und gewollt sind.

Agiler Wertecheck
Kurze Erinnerung aus Kap. 1: Werte sind die Basis für Prinzipien. Aus Prinzipien leiten sich Maßnahmen ab. Wenn Sie also Werte ergründen, legen Sie damit die Basis für die spätere Formulierung von Prinzipien und Maßnahmen.

Sie können den Wertecheck zum Beispiel an ein Flipchart zeichnen oder als Plakat ausdrucken. Lassen Sie jeden mit Klebepunkten einkleben oder mit Kreuzen aufmalen, wo er sich sieht. Wichtig ist, dass Sie dazu eine absolut vertrauensvolle Atmosphäre schaffen. Es darf nicht bestraft werden, wenn jemand eingesteht „Wir stehen nicht voll hinter den Zielen" oder „Wir geben kein oder kaum Feedback". Fragen Sie deshalb am Anfang mit einer Skalierung von 0 bis 10 ab, wie sehr die Teilnehmer glauben, offen sprechen zu können – 0 steht für gar nicht, 5 für sehr. Tendieren viele dazu, gar nicht offen sprechen zu wollen/können, ist das das erste Thema. Erarbeiten Sie, woran das liegt und was dagegen zu tun ist. Wenn alle mindestens bei 2,3 liegen, leiten Sie über zum Wertecheck. Besprechen Sie dann, welche gemeinsamen Maßnahmen sich aus der Einschätzung der Gruppe ergeben können und wo der wichtigste und derzeit dringendste Ansatzpunkt liegt.

Sie werden Überschneidungen mit den Dysfunktionen nach Lencioni [11] feststellen, auf die ich in Kap. 6 noch mal ausführlicher und praktischer eingehe. Commitment ist nicht nur ein agiler Wert, sondern auch eine Teamfunktion. Es braucht vor allem auch Eindeutigkeit. Maßnahmen, die sich hieraus ergeben, sind vor allem Rückmeldungen an die Führung – offenbar fehlt Klarheit, ist doppelter Code erlaubt, wird die Selbstverpflichtung nicht eingefordert.

5.7 Wie Sie einen Kulturwandel initiieren

Gehen wir beim Commitment einmal die drei Stufen des agilen Wertechecks durch:

- „Wir stehen nicht voll hinter den Zielen des Unternehmens": Dies kennzeichnet eine Entwicklungsstufe, auf der Commitment nicht oder sehr wenig ausgeprägt ist. Agilität auf dieser Stufe einzuführen, macht wenig Sinn. Wahrscheinlich befindet sich das Unternehmen in einer der Kulturstufen Rot, Bernstein oder Orange. Es herrschen Widersprüche und Zweideutigkeiten. Ein Beispiel: Im Unternehmen ABC soll die Abteilung Compliance über die Einhaltung von Regeln zum sozialen und ökologischen Verhalten wachen. Sie analysiert und dokumentiert – aber verschließt die Augen, wenn es um den unternehmerischen Gewinn geht. Wenn Sie sich hier wiederfinden, empfiehlt es sich zunächst, diese Widersprüche sichtbar zu machen. Wo erkennen Mitarbeiter diese Widersprüche? Zum Beispiel wird toleriert, dass Subunternehmer Kinderarbeit zulassen. Alle wissen das, jedoch spricht niemand darüber. Ein Schritt nach vorne ist die offene Kommunikation dieser Widersprüche – selbst wenn sie nicht sofort aufgelöst werden können. Auch das – die Unmöglichkeit, diese Widersprüche direkt auflösen zu können – muss ausgesprochen sein.
- „Wir verfolgen unsere Ziele weitgehend": In der mittleren Stufe gibt es eine relative Einigkeit. Man kann aber auch noch nicht sagen „Alle ziehen an einem Strang". Bis dahin ist es noch ein Stück Weg. Auch hier gibt es noch Widersprüche. Der Weg bis zur vollen Entfaltung des Commitments führt ebenso über das Sichtbarmachen dieser Zweideutigkeit. Ein Beispiel: Das Unternehmen DEF will seine Mitarbeiter entwickeln und sie nach individuellen Kompetenzen fördern. Doch die Strukturen sind so fest, dass dies nicht immer und in jedem Fall möglich ist. Darüber schweigt man. Die Mitarbeiter spüren diesen Widerspruch. Auch hier ist der erste Schritt die Offenlegung: „Ja, das ist so. Es wird auch so bleiben. Doch zusammen mit euch, Mitarbeitern, suchen wir nach Möglichkeiten, hier besser und glaubwürdiger zu werden."
- „Wir sind unseren Zielen absolut verpflichtet": Dieser Idealzustand ist das Wunsch-Ziel. Sehen Sie ihn als gegeben an? Ihre Mitarbeiter ebenso? Glückwunsch. Auch fortgeschrittenes agiles Arbeiten und Selbstorganisation ist so möglich, also Stufe 3.

Feedback und Kommunikation setzen auf der Funktion Vertrauen auf – und dieses voraus. Dieser Wert geht auch ein in die Funktion Konfliktbereitschaft. Maßnahmen, die sich hieraus ableiten, liegen in erster Linie in der Teamentwicklung. Das Team muss sich und seine Stärken besser kennenlernen, Potenziale erkennen, sich in der Kommunikation üben.

Fokus hat viel mit Zielorientierung zu tun. Möglicherweise dominieren Personen, hindern unterschwellige Machtkämpfe, Beziehungskonflikte und Ego-/Statusspiele am konzentrierten Arbeiten. Hier braucht das Team eindeutige Ziele und klare Regeln. Für die Führung heißt das: Null-Toleranz von allem, das nicht der Sache und dem Ziel dient.

Mut zieht sich über alle Funktionen. Er braucht Vertrauen, setzt Konfliktbereitschaft voraus, verlangt Commitment, gegenseitige Verantwortung und Zielorientierung. Wenn Sie also mit dem Modell der Dysfunktionen gearbeitet haben, ist es nur ein kleiner Schritt hin zu wirklich agilen Werten. Sind Dysfunktionen ausgeräumt, müsste Ihr Team im agilen Wertecheck im überwiegend „gelben" oder gar „grünen" Bereich sein – alle Teammitglieder sollten also glaubhaft den folgenden Aussagen zustimmen:

- Wir sind unseren Zielen absolut verpflichtet.
- Wir haben eine ausgereifte Fehlerkultur.
- Wir haben eine gute Kommunikationskultur.
- Wir können uns voll auf Aufgaben und Ziele konzentrieren.
- Wir haben eine gute Experimentierkultur.
- Wir haben eine ausgereifte Respektkultur.

Können Sie nicht überall zustimmen? Dann bitte zurück zu den Dysfunktionen.

Finden Sie sich im „roten" Bereich wieder, sollten Sie zunächst an einer Werteveränderung arbeiten, das geht am besten durch eine Kombination der Bewusstmachung von Dysfunktionen, des Erarbeitens von Maßnahmen und Reflexion. Indem Sie das tun, arbeiten Sie zugleich auch an den Grundlagen, um eine agile Kultur zu schaffen.

Experimentierkultur etablieren

Meiner Erfahrung nach fehlt es selbst in gut entwickelten, reifen Teams an einer guten Experimentierkultur, also dem Wert Mut. Dieser braucht ein funktionales Team. Ist es entwickelt, fördern Sie den Wert Mut und damit die Experimentierkultur am besten, indem Sie das Ausprobieren bedingungslos fördern – etwa durch Experimentierworkshops oder -tage.

Sorgen Sie außerdem für Folgendes:

- Förderung von Kreativität
- Verzicht auf Perfektionismus
- Akzeptanz von „halben" Sachen
- Zeitfenster für Kreativität
- Neue Impulse und Außenkontakte

Jeder dieser Punkte lässt sich nun weiter skalieren und damit mit konkreteren Inhalten füllen. Nehmen wir „Neue Impulse". Hat das Team ausreichend Impulse? Wo steht es mit diesem Handlungsbereich auf einer Skala von 0 bis 10? Bei 2? Wodurch ist diese „2" gekennzeichnet und wohin möchten wir? Auf 5? Nie zu große Schritte! Was ist auf 4 anders als auf 1? Wie fühlt es sich an? Wie ist es auf der Sachebene? Auf der Sachebene gibt es bei 4 endlich mehr Zeitschriftenabos, die von den Mitarbeitern aktiv genutzt werden. Es kommen Gäste von außen, die die Perspektive der Internen bereichern, und es gibt eine neue Kreativgruppe.

Abb. 5.6 zeigt beispielhaft, wie Sie anhand einer Skalierung einen Entwicklungsschritt festlegen.

Knüpfen Sie die Aussagen an Beispiele, damit sie greifbar werden.

Zunächst einmal muss das Team aber erkennen, wo es mit seiner Feedbackkultur steht. Oft ist gar nicht allen bewusst, dass zu wenig Feedback kursiert. Die Facetten des

5.7 Wie Sie einen Kulturwandel initiieren

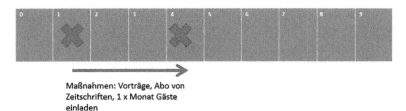

Abb. 5.6 Entwicklungsschritt

Feedbacks sind auch nicht immer bekannt. Feedback ist keine Lobhudelei, sondern sachliche, wohlwollende Rückmeldung. Eine Rückmeldung, die vom anderen verstanden und verarbeitet werden kann. Das kann es nötig machen, dass erst einmal das gemeinsame Verständnis von Feedback anhand der derzeitigen Situation definiert wird.

Machen Sie auch bewusst, dass auf dem Weg in den „grünen" Bereich gelebte Normen eine wesentliche Rolle spielen. Feedbackregeln sind deshalb eine wichtige Zwischenstufe auf dem Weg zu einer Feedbackkultur, die auch dadurch definiert werden kann, dass alle die gemeinsame Entwicklung im Blick haben und nicht eigene Interessen.

Vielleicht müssen die Mitarbeiter noch lernen, dass Feedbacks fair sein sollten, sich außerdem auf inhaltliche Aspekte und auf Verhalten beziehen müssen – nie jedoch auf eine Person oder deren Eigenschaften.

- Definieren Sie das Thema, das am dringendsten ist, gemeinsam mit dem Team. Warum gerade dieses Thema?
- Setzen Sie einen Workshop auf, in dem das Team den Istzustand gemeinsam reflektiert und die Mitarbeiter selbst den Sollzustand beschreiben. Skalieren Sie den Zustand unbedingt auf einer Skala von 0 bis 10. Bedenken Sie dabei, dass Skalierungen relativ sind. Wenn die 10 erreicht ist, beginnt die Skalierung von vorn. Es gibt keinen Endzustand, auch nicht nur Fortschritt, sondern zeitweise oder dauerhafte Regression, also Rückfälle.
- Alle sollen definieren, woran sie erkennen, dass sie das Ziel erreicht haben. Darüber muss Einigkeit herrschen. Das heißt, jedes einzelne Teammitglied muss dazu Ja sagen können (Konsens) – oder zumindest nicht begründet Nein (Konsent).
- Alle sollen gemeinsam Ideen entwickeln, durch welche Maßnahmen sich das Ziel konkret erreichen lässt.
- Erstellen Sie einen Aktionsplan.
- Bauen Sie mindestens monatliche Reflexionen über den Prozess ein. Regelmäßiges Reflektieren fördert den Lernprozess. Die Reflexionen können auch Teil von allgemeineren Retrospektiven sein.

5.7.3.5 Fünfter Schritt: Von Akzeptanz zur Wertschätzung führen

Unterscheiden Sie zwischen den Phasen Akzeptieren, Tolerieren und Wertschätzen. Die Annahme neuer Werte vollzieht sich stufenweise über diese drei Phasen. Das lässt sich im Bereich der Agilität beobachten, aber auch beim Umgang mit Diversität. Interkulturelle Unterschiede werden zunächst akzeptiert, bevor ein Mitarbeiter sie toleriert und schließlich wertschätzt.

Akzeptieren heißt, etwas als existent wahrnehmen und es nicht mehr ablehnen. Auf Agilität bezogen bedeutet es, dass die Führungskraft etwas als existent und in bestimmten Bereichen funktionierend begreift. Es ist kein Hirngespinst von Verrückten mehr, sondern es gibt Umgebungen, in denen Agilität offensichtlich funktioniert. Das wird nicht mehr abgetan und ist der erste Schritt. Er setzt keine direkte Erfahrung mit Agilität voraus. Ich kann etwas akzeptieren, wenn ich es nicht kenne.

Tolerieren ist mehr als das – man kann Agilität annehmen und als legitimes Mittel begreifen und nutzen. Das setzt erste positive Erfahrung voraus. Toleranz ist nie aus der Entfernung möglich, man muss bereits konkrete Berührungspunkte haben. Allerdings gibt es bei der Toleranz noch Schatten – Zweifel, Unsicherheiten, Unklarheiten.

Wertschätzen setzt unbedingte und unmittelbare Erfahrung voraus. Nur wer etwas erlebt hat, kann es wirklich anerkennen in dem Sinne, dass er es nicht nur annimmt, sondern voll in sich integriert. Wertschätzung ist immer auch emotional, nie nur kognitiv. Sie verbindet Kopf und Bauch. Erst bei der echten Wertschätzung handelt es sich deshalb sicher nicht mehr um ein Introjekt, also einen eingeimpften Wert.

Begreifen Sie das Lernen neuer Werte als solch stufenweise Annäherung, geben Sie dem notwendigen Prozess automatisch den Raum, den er braucht.

Akzeptieren ist die erste Stufe der Annäherung. Der Impuls für Akzeptanz kann durch Lesen eines Buches zum Thema oder durch einen Vortrag entstehen, auch durch ein intensives Gespräch. Akzeptanz erreichen Sie durch Verstehen: Was macht das andere aus? Warum ist es von Vorteil? Hier greifen Schulungen und Informationen, auch das Kennenlernen neuer Situationen hilft. Wie fühlt es sich an, „unterstützend" zu führen? Dies lässt sich etwa in Rollenspielen trainieren. Tolerieren dagegen setzt konstruktiven Umgang und erste Selbsterfahrung voraus, Wertschätzen längere Selbsterfahrung – also auch Erfahrung im Rückblick.

Nehmen wir zum Beispiel den Umgang mit Fehlern, der langsam in eine Fehlerkultur leiten kann. Akzeptanz bedeutet, dass jemand Fehler von sich und anderen als dazugehörig empfinden kann (eventuell differenziert er/sie auch zwischen sich und anderen). Auf der Ebene der Akzeptanz heißt das: Fehler passieren. Trotzdem kann eine unbewusste oder vorbewusste Abwertung desjenigen erfolgen, der Fehler macht. Der Fehler ist im Minus-/Neutral-Bereich. Er kann passieren, aber im Grunde ist er negativ bewertet. Tolerieren bedeutet, dass Menschen Fehler auch annehmen als etwas, das natürliche Begleiterscheinung von Lernprozessen und Experimenten ist. Der Fehler ist neutral aufgeladen. Wertschätzen ist die positivste Interpretation: Der Fehler hilft mir sogar zu lernen! Er bringt alle voran. Jetzt ist er emotional positiv aufgeladen. Wir sind bei echter Wertschätzung angekommen.

▶ Veränderung ist ein Prozess, der niemals aufhört. Veränderung braucht permanente Reflexion der Frage: „Wo stehen wir gerade?" Wer kein Ziel hat, für den ist auch der Weg egal. Doch Ziele werden im agilen Kontext nicht einmalig festgelegt, sondern laufend justiert und verändert. Sie sind ein lebendes Gemeinschaftsprojekt, an dem alle immer arbeiten, wobei sie auch den Prozess der Zielerreichung reflektieren.

Über die Bedeutung von Reflexion in diesem Zusammenhang habe ich schon mehrfach geschrieben. Ohne sie kann Ihr Projekt nicht gelingen. Sehen Sie die Veränderung als einen Prozess, der keinen Endpunkt hat, aber ein vorläufiges Ergebnis. Dieses gilt es zu erkennen und kurz festzuhalten und wahrzunehmen, ja, zu feiern. Denn nur wer auch über das Erreichte reflektiert, registriert die eigene Entwicklung. Und das ist ein gutes Gefühl für alle.

5.8 Wie Sie agile Führungskompetenzen entwickeln

Erst einmal: Die Entwicklung von Kompetenzen setzt die entsprechenden Werte voraus. Kompetenzen müssen einer Werteentwicklung folgen, sonst sind sie mechanisch angelernt und unglaubwürdig!

Schauen Sie sich Kompetenzmodelle an, so unterscheiden diese oft persönliche (personale), methodische und fachliche Kompetenzen. Auch agile Führungskompetenzen erstrecken sich auf diese drei Bereiche – wobei der fachliche Kompetenzsektor die geringste Rolle spielt. Er ist lediglich in Bereichen wichtig, in denen die Führungskraft Fachkenntnisse braucht, um mit dem Team wirksam zu kommunizieren.

Stellen Sie sich das vor wie einen fruchtbaren Boden: Das Fundament bilden die persönlichen Kompetenzen, die gespeist sind von Werten. Methodische Kompetenzen helfen, den Boden immer wieder umzupflügen und aufnahmebereit zu machen für den Samen des Neuen.

5.8.1 Personale agile Führungskompetenzen

Können agile Kompetenzen für Führung erlernt werden? Ich habe recherchiert, welche aktuellen Erkenntnisse es dazu gibt. Ich finde das Forschungs- und Beratungsinstitut HR-Impulsgeber, geführt von Prof. Dr. Benedikt Hackle, das mit dem Unternehmen Adidas zusammenarbeitet. Der Anspruch des Instituts ist es, Forschung in Praxis umzusetzen. Hackl hat auch eines der ersten Werke zu Agilität im Personalmanagement geschrieben [6].

Er hat ein Modell vier agiler Führungskompetenzen entwickelt und bei Adidas eingeführt. Darüber schrieb er 2015 im Personal Magazin [5].

Dabei handelt es sich um:

- **Kompetenzerhöhung:** Empowerment der Mitarbeiter, Vermittlung der strategischen Vision, proaktive Personalentwicklung
- **Schnelligkeit:** Umgehende Reaktion auf Mitarbeiteranliegen und Marktveränderungen, konsequent zeitnahes Feedback
- **Flexibilität:** Offenheit für Veränderungsvorschläge, Hinterfragen des Status quo, unkonventionelle Lösungswege
- **Reaktionsfähigkeit:** Veränderungen identifizieren und darauf zeitnah reagieren, Handlungsfähigkeit unter Unsicherheit

Das Institut ermittelte diese Kompetenzen durch eine repräsentative Befragung von 655 Erwerbstätigen aus Organisationen unterschiedlicher Größen und Branchen. In einem Beitrag für das „Personalmagazin" schreibt es von einer belegten positiven Wirkung auf die „Stellhebel des Unternehmenserfolgs". Die Kompetenzen erhöhten Arbeitszufriedenheit, Engagement und verminderten Fluktuation.

Schauen Sie sich die vier Kompetenzen einmal genauer an.

Wird sich jemand mit „Command-and-Control"-Denken so umstellen können? Ist hier nicht eine ganz andere Persönlichkeit gefragt als in traditionellen, eben nicht-agilen Strukturen?

Persönlich glaube ich nicht, dass man jemanden mit „Command-and-Control"-Denken so einfach in diese vier Kompetenzen hinein entwickeln kann. Manager, die in traditioneller Denkweise verhaftet sind, glauben nicht, dass Mitarbeiter Verantwortung übernehmen können. Sie hinterfragen auch nicht den Status quo, den sie selbst geschaffen haben.

Bei Adidas mag die Ausgangslage eine andere sein. Schaut man sich die Bewertungen bei Kununu an, so scheint das Vorgesetztenverhalten zumindest teilweise moderner als in vielen anderen Konzernen. Das sind vergleichsweise gute Voraussetzungen, vor allem für einen Konzern, der grundsätzlich weit weniger beweglich ist als ein kleines Unternehmen.

Kompetenzen sind erlerntes Verhalten. Ich werde nicht müde zu betonen: Es wäre viel sinnvoller, bei den Werten anzusetzen. Diese müssen sich verändern. Erst dann kann es um Verhalten gehen – möglicherweise ist hier eine Kompetenzschulung dann gar nicht mehr nötig.

Für viele Unternehmen wird „agiler führen" deshalb auch bedeuten, dass andere Führungskräfte herangezogen und eingestellt werden müssen. Wenn lang gediente Führungskräfte agil denkende Kollegen bekommen, zudem von oben eine klare Leitlinie ausgegeben wird „wir wollen das", werden diese altgedienten das Unternehmen entweder im Einvernehmen verlassen – oder aber von den anderen lernen und sich entwickeln. Ansonsten sind es Bremsen, die Entwicklung behindern.

▶ Reflexionen gehören als festes Element zu jedweder Veränderung dazu, auch bei Führungskräfteentwicklungen. Unangenehmes muss dabei auf den Tisch.

Das ist leichter möglich, wenn Sie in einer strukturieren Form vorgehen, den Reflexionen also zum Beispiel alle zwei Wochen Raum geben. Weiterhin sollte die Runde – vor allem am Anfang – moderiert sein. Und, ganz wichtig, alle sollten etwas sagen, auch Menschen, die sonst eher still sind. Oft gelingt dies besser mit einer externen Moderation, da der Blick interner Führungskräfte häufig begrenzt ist. Sie neigen außerdem dazu, anderen Eigenschaften zuzuschreiben, mitunter durchaus falsche. Die externe Moderation können Personalentwickler übernehmen, aber auch freiberufliche Trainer.

Morgen werden nicht mehr die Manager erfolgreich sein, die sich früher durchgesetzt haben. Wer gute Voraussetzungen für agiles Führen hat, muss neben den entsprechenden Werten, die die Themen „Wir" und „Entwicklung" in den Mittelpunkt stellen, eine hohe Offenheit für neue Erfahrungen einbringen, zumindest aber eine große Bereitschaft, diese Offenheit bei anderen zu erkennen und zu fördern. Er muss weiter auf einer höheren Ich-Entwicklungsstufe stehen. Wie wir in Abschn. 3.4.5 und folgende gesehen haben, sind nach Torbert und Rooke [13, 14] die meisten Führungskräfte noch auf unteren Stufen. Dass das so ist, hat besonders auch damit zu tun, dass häufig intern befördert wird, Mitarbeiter, die oft das Umfeld wechseln, sich aber schneller entwickeln. Wirksam für Veränderungsprozesse und Transformationen sind Führungspersonen ab Stufe 6, nach Rooke und Torbert also die Achiever. Die Anpassungsbereitschaft dieser Menschen darf nicht zu groß sein, denn unkonventionelle Lösungswege zu entwickeln fällt sehr anpassungsfähigen Menschen oft schwer.

Hier besteht auch ein Widerspruch zu einer häufigen Beförderungspraxis, die Anpassungsfähigkeit eher belohnt und eigene Standpunkte bestraft.

Es bringt nichts, Hierarchien verschwinden zu lassen und selbst organisierte Teams einzuführen, wenn Führungskräfte in alten Mustern denken. Sie können dann den Mitarbeitern auch kein Vorbild sein.

Wie lassen sich neue Werte entwickeln? Das beste Mittel dazu ist kein Training, sondern Reflexion. Wenn Führungskräfte gemeinsam über Inhalte, Motivation und eigene Einstellungen nachdenken und diese infrage stellen, so ist dies die beste und sinnvollste Basis für Veränderung. Dazu gehört auch die aktive Auseinandersetzung mit Widersprüchen: Wie geht es mir, wenn Widersprüche auftreten? Möchte ich diese integrieren oder kann ich sie bestehen lassen und sogar die Chance darin sehen? Solche Reflexionen sind idealerweise moderiert, damit Regeln und Prozesse eingehalten werden und die Impulse in Handlung übersetzt werden. Weiterhin kann ein externer Moderator eher anregen, die Grenzen des eigenen Denkens zu überwinden.

5.8.1.1 Die agile „Wollmilchsau" gibt es nicht

Neu denken ist auch in einem anderen Punkt gefragt: Es muss nicht alles in einer Person vereint sein. Je klarer Ihre Rollenprofile beschrieben sind, desto eher können diese auch von unterschiedlichen Personen ausgefüllt werden. Es widerspricht auch dem agilen Gedanken, der von gegenseitiger Ergänzung ausgeht, nicht von „alle Macht für einen".

So ist eine sehr strategische Persönlichkeit, die schnell erkennt, was sich an Märkten ändert, meistens nicht zugleich ein idealer Coach – und umgekehrt.

Es sollte bei der Vermittlung agiler Kompetenzen niemand den Anspruch haben, eine Person zur „Eier legendenAgile Führungskompetenz (Methode Wollmilchsau" zu machen. Vielmehr ist es sinnvoll, unterschiedliche Führungsaufgaben zu identifizieren und diese mit den Menschen zu besetzen, die von ihren Stärken her am besten dazu passen. Bisher wurde viel zur Mitte ausgebildet. Mancher Konzernmanager, mit dem ich zu tun hatte, war für mich als Persönlichkeit kaum mehr fassbar, weil er durch Jahre der Anpassung Profil verloren hatten. Die Konzernmanager einte nur die Zielorientierung und der Hang, alles zu evaluieren. Das macht diese Manager multifunktional für das Erreichen von Zielen, aber es passt eben nicht in agile Kontexte, in denen zum Beispiel auch die individuelle Förderung, die Förderung der Gruppenarbeit oder die Sinnvermittlung im Mittelpunkt stehen.

Es gibt Führungskräfte, die menschennahe Personalentwickler und Coachs sind, und andere, die sich besser für strategische Aufgaben eignen. Wollen Sie also bei Ihren Führungskräften agile Kompetenzen entwickeln, so verlangen Sie nicht von jedem das Gleiche. Denken Sie auch an Führungstandems und an Führung, die nicht an Abteilungen oder Teams gebunden ist, sondern reine Coaching- und Teamentwicklungsaufgaben hat.

Wesentlich ist, Menschen dazu zu bringen, widersprüchliche Anforderungen und verschiedene Wahrheiten aushalten zu können – die sogenannte Ambiguitätstoleranz zu entwickeln. Widersprüche dürfen nicht lähmen, sondern müssen als natürlich angesehen werden. Wenn Sie sich an die Ich-Entwicklungsstufen erinnern, so ist das die systemische Stufe. Betrachten Sie das Modell von Graves aus Abschn. 3.6, so spiegelt sich Ambiguitätstoleranz auf dem gelben Level.

Solche Führungskräfte sind offen für unbekannte Aufgabenfelder, suchen unkonventionelle Lösungswege und streben nach Weiterentwicklung. Sie gestalten Führungsaufgaben je nach Situation, sind in der Lage zu erkennen, was die Situation erfordert. Sie unterstützen auch die Entwicklung von Mitarbeitern und fördern die Übernahme von Verantwortung.

> ▶ Agiler führen ist genauso ein Prozess wie „agiler werden" und geht mit diesem Hand in Hand. Diese Entwicklung kommt nicht von heute auf morgen, sondern nur Schritt für Schritt. Bedenken Sie dabei auch, dass jede echte Veränderung anfangs eine Verschlechterung mit sich bringt. „Things get worse before they get better" – dieses Motto sollten Sie fest in Ihrem Kopf verankern, um Enttäuschungen zu vermeiden. Reflektieren Sie bitte das Kapitel über Gruppendynamik 5.1.

So weit scheinen gerade deutsche Führungskräfte selten zu sein, wie die Untersuchung von HR-Impulsgeber zeigt: Nur 17 % erhalten in der Untersuchung hohe Werte in dieser Dimension. Das entspricht meiner Beobachtung, dass die meisten Manager noch sehr im blauen oder orangen Denken verankert sind, und dies ist nicht flexibel und situativ. Sie handeln nach anderen Prinzipien. Das stützt auch meine These, dass es weniger um Kompetenzen als vielmehr um Werte gibt. Wer Flexibilität nicht als Wert schätzt, wird flexible Mitarbeiter kaum als wertvoll ansehen.

▶ Bevor Sie Kompetenzen im Sinne von Verhalten entwickeln, betrachten Sie die Werte, die ein Mensch hat und lebt. Entwickeln Sie diese und bringen Sie Ihre Führungskräfte in ein anderes Level des Denkens, in dem Zusammenarbeit im Vordergrund steht und der gemeinsame Sinn. Öffnen Sie sie durch Reflexion für agile Werte und diskutieren Sie dann, was das für konkretes Verhalten bedeutet. Ich bin sicher, auf diese Weise erreichen Sie mehr.

5.9 Agiles Handwerkszeug für Führungskräfte

Wenn Sie oder Ihre Führungskräfte die passende Wertehaltung haben, können Sie damit beginnen, agile Ansätze in die Praxis zu überführen. Dafür brauchen Sie neben den Werten auch einige methodische Kenntnisse. Agil führen bedeutet wie wir gesehen haben auch die Selbstorganisation und damit Verantwortung des Teams zu stärken, den Informationsfluss zu verbessern, Entwicklung zu ermöglichen, Prozesse zu moderieren und Menschen zu motivieren und zu coachen. Diese Auflistung beinhaltet eine ganze Reihe an Kompetenzen, die Sie als agile Führungskraft oder als jemand mit dem Anspruch, agiler zu führen, einbringen müssen.

Agile Methodik, das ist die gute Nachricht, lässt sich leicht erlernen, wenn die Voraussetzungen vorhanden sind, Sie also daran glauben, dass diese Form der Führung geeignet ist, aktuelle Probleme zu lösen. Sie können sich diese Kompetenzen nach und nach erschließen:

Kenntnisse agiler Methodik wie Scrum, Kanban, XP
Sie sind nur dann nötig, wenn Sie wirklich im agilen Kontext arbeiten wollen, also auch agiles Projektmanagement einführen möchten und sich dabei an einer Methode orientieren. Ob dies Scrum oder Kanban oder eine andere ist, hängt von Ihrer Arbeitssituation ab. Manchmal bietet sich auch eine Kombination an. In Nicht-IT-Kontexten ist Kanban oft das Mittel der ersten Wahl. Scrum-Master-Kurse erlauben Ihnen, in zwei Tagen das Regelwerk zu lernen. Auch Kanban-Kurse dauern kaum länger.

Kenntnisse in lateraler Führung
Dieses Buch hat bereits einen ersten Einblick vermittelt. Indem Sie es weiterlesen, vertiefen Sie Ihre praktischen Kenntnisse. Dazu zählen der gesamte Einblick in die Teamentwicklung sowie die am Ende vorgestellten Methoden in alphabetischer Reihenfolge. Ein ganz wichtiger Aspekt bei der lateralen Führung ist die Motivation. Haben Sie als

Führungskraft keine Positionsmacht, sind Sie also nicht disziplinarisch verantwortlich, ist dieser Aspekt noch einmal wichtiger. Die agilen Methoden aus der Toolbox können dann großartige Hilfen sein.

Kenntnisse in Coaching im Einzel- und Teamkontext
Eine Coaching-Ausbildung tut jeder Führungskraft gut. Was sollten Sie dabei lernen? Besonders wichtig neben der Selbstkenntnis ist die Fähigkeit, Fragen zu stellen und Gespräche so zu führen, dass eine echte Kommunikation entsteht. Dies lernen Sie in humanistisch geprägten Coaching-Ausbildungen. Namen, die Sie in diesem Zusammenhang einmal gehört haben sollten, sind Friedemann Schultz von Thun, der das Grundlagenwerk „Miteinander reden" geschrieben hat, aber auch Carl Rogers oder Paul Watzlawick, von dem der Spruch stammt: „Wer fragt, führt." Systemische Ausbildungen helfen zu verstehen, dass wir in geschlossenen Systemen agieren und sich dies auf den einzelnen Menschen, das Team und die Organisation bezieht. Sie bekommen dadurch einen Blick dafür, dass es keine Wahrheit gibt, nur Perspektiven und dass die Lösung immer aus dem System kommen muss. Eine weitere wichtige Hilfe ist das lösungsorientierte Kurzzeitcoaching nach Steve de Shazer. Im Teamkontext hilft eine Teamentwicklungsausbildung, wie wir sie mit unserem Unternehmen anbieten, Gruppendynamik zu verstehen und einen Blick für die besonderen Prozesse in der Gruppe zu bekommen.

Kenntnisse in Facilitation
Diese Kenntnisse in modernen Moderationstechniken erwerben Sie entweder im Doing oder Sie besuchen dazu passende Kurse und Seminare. Dabei steckt der Teufel natürlich im Detail. Hier hilft Übung ganz gewaltig! Je öfter Sie zum Flipchart greifen, desto besser werden Sie werden. Visualisierungstechniken können Sie sich auch mit Hilfe von Apps und YouTube aneignen. So ist das Zeichnen von Männchen recht einfach, wenn Sie nur mir Klammern arbeiten. Sie können dann mit wenigen Strichen Frauen und Männer skizzieren.

Kenntnisse in Konfliktlösung
In jedem Team tauchen Konflikte auf. Die Hauptregel ist, diese sofort anzusprechen. „Störungen haben Vorrang" – dieser Ausspruch der Psychoanalytikerin Ruth Cohn sollte Sie immer leiten. Dabei gilt es, die emotionale Komponente in Konflikten zu erkennen. Hier hilft beispielsweise das Modell der Transaktionsanalyse sehr. Es kennt ein kritisches und fürsorgliches Eltern-Ich sowie drei verschiedene Kind-Ich-Zustände (frei, angepasst und trotzig). Im Mittelpunkt steht jedoch das Erwachsenen-Ich. Nur aus der Erwachsenen-Sicht sind Konflikte lösbar. Spricht beispielsweise Kollege A mit Kollege B aus dem kritischen Eltern-Ich („Das darfst Du nicht"), schaltet dieser möglicherweise in das trotzige Kind-Ich. Eine weitere Methode der Konfliktlösung ist die gewaltfreie Kommunikation nach Marshall R. Rosenberg.

Frühes Ansprechen verhindert, dass aus einer kleinen Störung ein größerer Konflikt wird. Ist der Konflikt vorhanden, rate ich dazu, externe Konfliktmoderatoren oder Mediatoren einzuschalten.

Kenntnisse in Empowerment
Der Begriff Empowerment bedeutet, Menschen zur Entdeckung der eigenen Stärken zu ermutigen und sie zu mehr Selbstbestimmung und der Übernahme von Verantwortung zu ermuntern. Empowerment hat also sehr viel mit einer coachenden Führung zu tun und ist von dieser nicht klar abzugrenzen. Haben Sie Coaching-Kenntnisse erworben, so werden Sie eher in der Lage sein, Ihre Mitarbeiter zu stärken und ihre Ressourcen zu erkennen und dazu beizutragen, sie freizusetzen.

Kenntnisse in der Verbesserung von Transparenz
Wie können wir Arbeitsprozesse offenlegen und dafür sorgen, dass jedem Mitarbeiter transparent ist, was für ihn relevant ist? Dabei helfen Boards, die die Arbeitsschritte zeigen. Das können Whiteboards sein, an denen Sie mit Post-its arbeiten. Kanban- und Scrum-Tafeln gibt es auch zu kaufen. Entscheidend ist aber nicht, womit Sie arbeiten, sondern wie Sie damit Transparenz fördern. Transparenz von Arbeitsprozessen zu schaffen, ist kein einfaches Thema, wenn Transparenz neu ist und als Wert nicht verankert. Schließlich machen Sie Fortschritt sichtbar und zeigen auch, wo es hakt. Wer Transparenz will, muss den Boden dafür schaffen, indem die Werte des Unternehmens klar sind. Wer sich versteckt und „so tut als ob" wird nicht geduldet! Wer Transparenz verbessert, muss diesen Prozess auch kommunikativ begleiten können. Welche Erfahrungen machen wir? Wie erleben wird das? Das hilft beim Wertewandel.

Kenntnisse in kontinuierlicher Verbesserung
Vielleicht sagen Ihnen die Begriffe Lean Management oder auch Kaizen etwas. KVP, also der kontinuierliche Verbesserungsprozess, ist der Grundgedanke bei diesen Methoden. Beide haben ihren Ursprung im Produktionsumfeld der Serienfertigung, wo sie bereits seit vielen Jahren erfolgreich wirken. Weniger bekannt ist, dass Lean Management auch im Dienstleistungsbereich zunehmend eingesetzt wird. KVP charakterisiert die stetige Verbesserung der Produkt-, Prozess- und Servicequalität.

Dabei arbeiten die Mitarbeiter eigenständig in ihren Abteilungen und Teams an laufenden Optimierungen in ihrem Verantwortungsbereich in Qualitätszirkeln und in ihrem Umfeld.

Es geht dabei oft um simple Dinge wie die Anordnung von Werkzeugen oder die Länge von Wegen. Was können wir optimieren? Wenn Sie mit agiler Führung arbeiten wollen, ist das ein Kerngedanke. Er fordert, den Blick auf Prozesse zu lenken, und die Fähigkeit, auch einmal unbequeme Fragen zu stellen – und Abläufe generell zu hinterfragen. Eine Hilfestellung dazu gibt Tab. 5.7.

▶ Für laterale Führung und Teamentwicklung ist unsere Ausbildung TeamworksPLUS® konzipiert, siehe www.teamworks-gmbh.de.

Tab. 5.7 Agile Methoden-Kompetenzen

Agile Führungskompetenz (Methode)	Gut ausgebildet	Mittel ausgebildet	Muss ich noch lernen
Agile Vorgehensmodelle (Scrum etc.)			
Coaching			
Empowerment			
Facilitation/Moderation			
Konfliktmanagement			
Kontinuierliche Verbesserung			
Laterale Führung/Teamentwicklung			
Verbesserung von Transparenz			

5.9.1 Agile Teamkompetenzen für alle

So wie jeder Mensch eine Persönlichkeit hat, besitzt auch das Team eine eigene Persönlichkeit:

- Kooperationsbereitschaft: Wie bereit sind die einzelnen Personen zur echten Zusammenarbeit und damit zum Zurückstellen von Eigeninteressen?
- Haltung: Wie ist die grundlegende Einstellung zur Teamarbeit?
- Kommunikation: Wie gut ist eine Kultur des Zuhörens und Sich-angemessen-Artikulierens entwickelt?
- Wie viel Übung hat das Team in klarer und offener Kommunikation?
- Selbstkenntnis: Wie gut kennen sich die einzelnen Teammitglieder selbst?
- Strukturfähigkeit: Wie ausgeprägt ist die Fähigkeit der Gruppe, Ziele und Vorhaben zu strukturieren?

▶ Zu den Teamkompetenzen können Sie auf unserer Website www.teamworks-gmbh.de einen Test absolvieren.

Bei Individuen gilt, es Stärken zu stärken, bei Teams die Vielfalt. Je homogener ein Team ist, desto weniger innovativ wird es sein. In Zusammenhängen, in denen Innovation zentral ist, sollten Sie deshalb heterogene Teams bevorzugen, also Menschen mit unterschiedlichen Eigenschaften und Spezialisierungen einsetzen. Sie sollten auf einen guten Alt-jung-Mix achten und natürlich die Frauen im Blick behalten. Frauen im Team erhöhen dessen Intelligenz, das ist bewiesen (Wolley). Es gibt jedoch Grenzen. Problematisch sind sehr unterschiedliche Werthaltungen im Bereich der Leistung. Wer sehr leistungsorientiert ist, tut sich schwer mit Kollegen, die das nicht sind. Schwierig ist auch ein zu starkes Intelligenzgefälle. Jemand, der sehr analytisch denkt, passt weniger zu einem Menschen, der analytisches Denken weder gelernt hat noch für wichtig hält.

Je heterogener ein Team, desto mehr braucht es Entwicklung und Reflexion über eigenes Verhalten sowie ein gemeinsames Ziel. Schauen Sie sich hierzu noch einmal das Kapitel „Kulturwandel" an, in dem ich die Bearbeitung der Dysfunktionen beschrieben habe.

> **Beispiel**
>
> Das Reinigungsunternehmen mit 200 Mitarbeitern beschäftigte überwiegend gewerbliche Mitarbeiter mit einem durchschnittlich geringen Bildungsniveau. Einige Akademiker hatten den Job als Notlösung angenommen. Es gab Analphabeten, schlechte Bezahlung und viele Probleme. Sinn bei der Arbeit? Als wir diese Frage stellten, lachte der Geschäftsführer. „Diese Arbeit hat keinen Sinn." Wir fragten, ob es nicht auch als sinnvoll empfunden werden könnte, für Sauberkeit zu sorgen und damit für Wohlgefühl? Der Chef winkte ab.
>
> Er sagte auch Dinge wie: „So einen Job würde ich nie machen." Die Frustration war hoch, der Betriebsrat aggressiver Verteidiger des Status quo. Auf unsere Fragen nach Werten ließen sich keine Antworten finden. Jeder war sich in diesem Betrieb selbst der Nächste. Führungskräfte setzten auf Kontrolle und Bestrafung. Der einzige Grund, um in diesem Unternehmen zu arbeiten, war der Verdienst, und selbst dieser bot keinen Anlass, sich richtig zu engagieren. Denn jeder bekam es auch so …
> In einem solchen Unternehmen sind agile Methoden vollkommen fehl am Platz. Der Geschäftsführer hält Mitarbeiter für unselbstständige Wesen, die nur arbeiten, weil sie Geld damit verdienen und sich so ihr Überleben sichern. Diese unselbstständigen Wesen brauchen Kontrolle und müssen eng und straff geführt werden.
>
> Mit einem solchen Bild sind agile Ideen zum Scheitern verurteilt. Wer nicht glaubt, dass Menschen aus sich selbst heraus Motivation und Engagement entwickeln können, kann auch keine Agilität verankern. In diesem Reinigungsunternehmen müsste zunächst einmal ein neues Leitbild geschaffen werden, die Mitarbeiter bräuchten ein Ziel. Und der Geschäftsführer sollte am besten ausgetauscht werden.

Literatur

1. Bateson, G. (1981). Die logischen Kategorien von Lernen und Kommunikation. In G. Bateson (Hrsg.), *Ökologie des Geistes. Anthropologische, psychologische, biologische und epistemologische Perspektiven* (S. 362–399). Frankfurt a. M.: Suhrkamp.
2. Belbin, M. (2010). *Team roles at work*. New York: Routledge.
3. Bergmann, J. (2015). Ökonomischer Unsinn. *Brand Eins, 2015*(11). http://www.brandeins.de/archiv/2015/oekonomischer-unsinn/.
4. Bion, W. R. (2001). *Erfahrungen in Gruppen und andere Schriften*. Stuttgart: Klett-Cotta.
5. Hackl, B. (2015). Auf dem Weg zur Agilität. *Personalmagazin, 2*, 30–32.
6. Hackl, B., & Gerpott, F. (2014). *HR 2020 – Personalmanagement der Zukunft: Strategien umsetzen, Individualität unterstützen, Agilität ermöglichen*. München: Vahlen.
7. Hofert, S., & Visbal, T. (2011). *Teambibel*. Offenbach: Gabal.

8. Hülsheger, U. R., Maier, G. W., & Anderson, N. (2013). Innovation in Gruppen und Teams. In D. E. Krause (Hrsg.), *Kreativität, innovation und entrepreneurship* (S. 175–191). Wiesbaden: Springer Gabler.
9. König/Schattenhöfer. (2011). Einführung in die Gruppendynamik. Heidelberg: Carl-Auer.
10. Laloux, F. (2014). *Reinventing organizations. A guide to creating organizations inspired by the next stage of human consciousness.* Massachusetts: Nelson Parker.
11. Lencioni, P. (2001). *The five dysfunctions of a team, enhanced edition: A leadership fable..* Hoboken: Wiley.
12. Pfläging, N. (2009). *Die 12 neuen Gesetze der Führung: Der Kodex: Warum Management verzichtbar ist.* Frankfurt a. M.: Campus.
13. Rooke, D., & Torbert, W. R. (1998). Organizational transformation as a function of CEO's developmental stage. *Organization Development Journal, 16*(1), 11–28.
14. Rooke, D., & Torbert, W. R. (2005). Seven transformations of leadership. *Harvard Business Review 4.* https://hbr.org/2005/04/seven-transformations-of-leadership.
15. Schein, E. H. (2010). *Organisationskultur: „The Ed Schein Corporate Culture Survival Guide".* Bergisch Gladbach: Edition Humanistische Psychologie.
16. Schindler, R. (1999). *Psychotherapie und Gruppendynamik: Visionen einer mündigen Gesellschaft?* Innsbruck: Studien.

6 Agile Toolbox von A bis Z

> **Zusammenfassung**
> Wie bekommen wir mehr Agilität in den praktischen Alltag? Was mache ich als Führungskraft konkret, um agile Prinzipien in Handlungen zu übersetzen, um so Kreativität im Team und Leistung zu fördern? Wie probiere ich agile Methoden aus, ohne gleich das gesamte Unternehmen umzugestalten? Dieses Kapitel konzentriert sich ganz auf agile Methoden. Hinter jeder Methode steht mindestens ein agiler Wert, auf den es sich bezieht. Sie erfahren, wie Sie die Methode im Alltag einsetzen, wie Sie vorgehen und was Sie beachten sollten.

▶ Wir haben bis hierhin gelernt: Agile Teamzusammenarbeit setzt voraus, dass Menschen sie verstehen und annehmen können. Wie agile Führung fängt sie bei den Werten an. Relevant sind die Werte der Führungskräfte, aber auch die Werte des Unternehmens insgesamt, die auch aus seiner Historie zu verstehen sind. Wer agiler werden möchte, muss vor allem gelebte Werte ändern, nicht (nur) kommunizierte. Agile Teams brauchen eine weiter entwickelte Wertebasis, um an agile Führung andocken zu können. Zentral ist eine ausgereifte Kommunikationskultur auf Augenhöhe. Sie ist auch die Voraussetzung, um Kreativität entstehen zu lassen, die in Innovationen umleitet.

Agile Führung führt also über Wertewandel und Werteentwicklung zum Definieren von Prinzipien und kommt erst dann bei konkreten Maßnahmen an. Sie profitiert von einem Verständnis von Gruppendynamik und Persönlichkeitspsychologie, vor allem bezogen auf Reife und Ich-Entwicklung. Um agile Führung einzuführen, ist ein Kulturwandel nötig, der das ganze Unternehmen betrifft. Dieser Kulturwandel muss keine Revolution sein, sondern kann auch als Evolution langsam beginnen, etwa durch Führungskräftereflexionen. Diese Frage des „Wie?" setze ich agile Ideen um, soll Thema des nächsten Kapitels sein.

6.1 Appreciative Inquiry

Was ist gut gelaufen? Worauf können wir aufbauen? Das oft kurz AI genannte Appreciative Inquiry will die positiven Dinge erkunden und sich der Zukunft mit einem wertschätzenden Blick auf die Vergangenheit nähern. Der Ansatz könnte also aus der positiven Psychologie kommen. Er spiegelt sich in den agilen Werten „Kommunikation" und „Respekt".

Das AI, manchmal auch Zukunftskonferenz genannt, erinnert mich an Steve de Shazers lösungsorientierte Kurzzeittherapie, die im Einzelcoaching oft ihren Einsatz findet. Dort gibt es dann auch die berühmte „Wunderfrage", die für das Appreciative Inquiry auf die Gruppe übertragen wird. Während man also im Einzelcoaching fragt „Was wäre passiert, wenn Ihr Problem sich nach dem Aufstehen morgen in Luft aufgelöst hätte?", fragt der Moderator hier die Gruppe. Das AI ist eine Form der Großgruppenmoderation, bei der es darum geht, den Blick auf das zu lenken, was gelungen ist, und Ressourcen durch positives Denken zu verstärken. Das ist neuropsychologisch sinnvoll, da die Beschäftigung mit konkreten Inhalten und Prozessen sowie Wegen die positive Wahrnehmung verstärkt und Motivation erhöht oder neue schafft. Wenn ein Team darüber nachdenkt, wie es Kunden zufriedengestellt hat, anstatt die Reklamationen detailliert zu besprechen, so schafft es durch den Blick auf das Positive, auf das was funktioniert, eine bessere Stimmung und mehr Optimismus. Das ist im Einzelcoaching nicht anders als in der Entwicklung von Teams und Gruppen. Natürlich reicht das AI nicht aus, um Veränderungen dauerhaft zu verankern. Auch wenn alle Teilnehmer optimistisch herausgehen, so sagt doch die Praxiserfahrung, dass dann die eigentliche Arbeit erst losgeht. Deshalb ist es so wichtig, im Anschluss an das AI Projekte zu definieren bzw. aufzusetzen.

6.1.1 Wann anwenden?

Das AI braucht ein Kernthema, etwa die Zukunft des Unternehmens, die bisherige Innovationstätigkeit oder die Entwicklung eines Leitbildes. Das AI ist Start für jede Veränderung, es kann auch ein agileres Unternehmensverständnis einleiten. Das AI ist damit als Starter für Veränderungsprozesse ideal. Damit können Sie Ideen in konkrete Projekte überführen, die die unterschiedlichen Unternehmensbereiche einbeziehen.

6.1.2 Wie anwenden?

Das AI läuft in verschiedenen Phasen ab: Zunächst geht es darum zu erkunden, was gut funktioniert hat, dann beschäftigt sich die Gruppe mit dem, wie es sein soll – und schließlich geht es darum, Maßnahmen abzuleiten. Ab da geht es an die Umsetzung in Projekten. So kann das AI eine Initialzündung für das Aufsetzen von konkreten Weiterentwicklungen sein – zum Beispiel ausgehend von der Frage „Wie führen wir?" (Was ist gut?). Es kann in Themen leiten, denen ein Unternehmen sich insgesamt stellen muss und will. Es kann aber auch einfach eine Methode in der Teamentwicklung sein, mit der Frage

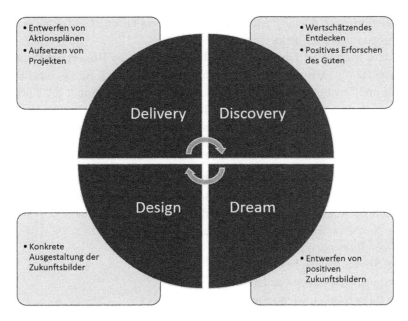

Abb. 6.1 Appreciative Inquiry

verbunden „Wo wollen wir hin?". Dann ist es der Startschuss, um das Team in die nächste Phase der Zusammenarbeit zu leiten. Den Ablauf des Appreciative Inquiry zeigt Abb. 6.1.

Geht es um ein AI zur Großgruppenmoderation, so empfehle ich einen erfahrenen externen Moderator, der Praxis in der Moderation von Großgruppen nachweisen kann. Moderation ist kein Training, weshalb sich reine Trainer normalerweise weniger eignen, da sie dem Ganzen schnell Seminar-, also Lernatmosphärencharakter geben und öfter dazu neigen, sich interpretierend einzubringen.

Der Moderator braucht die Qualitäten, die ein guter Coach auch hat: Er muss sich selbst zurücknehmen und die Lösung der Vielen in den Mittelpunkt zu stellen. Er muss die richtigen Fragen stellen können. Das braucht etwas Übung. Sie als Führungskraft sollten sich aus diesen Themen ohne Erfahrung in diesen Bereichen zunächst besser heraushalten. Besser könnte ein speziell ausgebildeter Teamentwickler aus dem Unternehmen diese Aufgaben übernehmen.

- Discovery: Auf der Entdeckungsreise steht wertschätzendes Erkunden und Erforschen des Guten und dessen, was bereits funktioniert, im Zentrum. Es geht also nicht darum, das Nicht-Funktionierende zu thematisieren, sondern das, was gut läuft.
- Dream: Beim Entwurf des Zukunftsbildes geht es darum, das zu erkennen und zu sehen, was sein soll.
- Design: Das Design des Zukunftsbildes konkretisiert das Träumen und macht es fassbar und konkret.
- Delivery: Wie geht die Umsetzung vonstatten? Diese Frage leitet in einen Aktivitätenplan über.

Für jeden Bereich kann es eine Posterwand geben oder ein Flipchart, auf dem der Moderator die wichtigsten Punkte vermerkt.

Besonders wichtig ist Discovery. Beachten Sie, dass es Hintergrundfragen („Was passierte genau?"), Auswahlfragen („Warum haben Sie sich für X entschieden und nicht Y?") und Leistungsfragen („Warum waren Sie zufrieden mit X?") geben kann. Welche Fragen passen, hat auch mit dem Thema zu tun.

Nachfolgend ein Beispiel aus einem Interviewleitfaden, der die künftige Entwicklung als Kernthema hat.

- Erzählen Sie mir, wie Sie die Anfangszeit in Ihrem Unternehmen erlebt haben.
- Welche positiven Emotionen verbinden Sie mit diesen Erlebnissen?
- Wann und wie kamen Sie zu Ihrem Unternehmen?
- Was hat Sie besonders zu diesem Unternehmen hingezogen?
- Was waren Ihre ersten Eindrücke?
- Was hat Sie am Anfang begeistert?
- Was verbindet Sie mit den anderen?
- Was ist Ihr persönlich wichtigstes positives Erlebnis?
- Was war ein echter Höhepunkt für Sie?
- Welches Erlebnis hat Sie positiv verändert?

Zu diesem Erkunden gehört das genaue Hinterfragen:

- Was ist genau geschehen?
- Wer war dabei aktiv und involviert? Wer war wichtig?
- Wodurch wurde dieses Erlebnis möglich?
- Erzählen Sie mir bitte mehr!
- Warum empfinden Sie das auf diese Weise?
- Welche Emotionen verbinden Sie damit?
- Wer war beteiligt?
- Was passierte genau?

Lassen Sie den Erzählenden berichten. Unterbrechen Sie nicht. Haken Sie nach. Hier helfen Erfahrungen in Gesprächsführung und aktivem Zuhören.

6.1.3 Chancen und Risiken

Größtes Risiko ist, dass sich der positive Geist nach einem solchen „Summit" verläuft und nichts Konkretes passiert. Das hat mit der Rückendeckung vonseiten der Unternehmensführung und der konsequenten Einbettung dieser Veranstaltung zu tun. Weiteres Risiko ist ein unerfahrener Moderator, der nicht abfangen kann, wenn die Regeln des positiven Erforschens von Teilnehmern durchbrochen werden.

6.2 Chefwahl

Politiker werden gewählt, aber Chefs? Dies ist eine Form der Mitbestimmung durch die Belegschaft, die einige Unternehmen schon erfolgreich praktizieren, beispielsweise das Unternehmen Haufe Umantis [6].

Hinter der Chefwahl stehen die agilen Werte „Mut" und „Fokus". Eine Chefwahl ist ein mutiger Schritt, weil sie ein radikales Umdenken von Führung bedeutet. Eine Führungskraft ist nach ihrer Beförderung nicht mehr unbegrenzt, sondern zeitlich befristet im Amt. Das entlastet auch und ermöglicht mehr Fokus als sonst üblich. Die Führung kann sich ganz auf ihre Rolle und die Aufgaben fokussieren. Und die Mitarbeiter sind entlastet von informellen Ego- und Machtkämpfen. Führungskräfte, die gewählt werden wollen, müssen überzeugen. So tritt die Sachebene in den Vordergrund.

Besonders sinnvoll ist die Wahl von Teamleitern oder Unternehmenslenkern an der Spitze. Hier ist dann die Frage, wem die Belegschaft am ehesten zutraut, die künftigen Herausforderungen zu meistern. Wie bei einer Politikerwahl gehört dazu, dass für alle transparent sein sollte, welches Programm eine Person hat. Wofür steht diejenige oder derjenige, der sich zur Wahl stellt? Wer kann die Rolle am besten ausfüllen, kraft seines Wissens, seiner Erfahrung, seiner Kompetenz, seiner Persönlichkeit? Damit dies funktionieren kann, muss klar sein, wo das Unternehmen hin will.

6.2.1 Wann anwenden?

Mitarbeiterzentrierte Unternehmensführung trauen sich noch nicht viele Unternehmen zu. Es bedeutet, dass die Mitarbeiter den Chef bestimmen, teils aber auch, dass sie sich das Gehalt selbst festlegen. Voraussetzung für die Chefwahl ist, dass das Unternehmen klare und eindeutige Ziele hat. Es sollte bereits in Rollen denken und handeln und nicht mehr in Positionen und Funktionen. Ein „CEO" kann aber auch als Rolle definiert sein, wenn die Aufgaben klar sind. Mitarbeiter müssen es als normal ansehen, dass unterschiedliche Personen Rollen einnehmen und dies auch nicht für immer. Das bedeutet umgekehrt, dass es kein Festhalten an Positionen geben darf. Die Wahl ist wie die Abwahl ein normaler Akt, der dazugehört. Eine abgewählte Person ist nicht schlecht oder untauglich; es gibt einfach nur jemanden, der es im Moment besser machen kann oder auch schlicht mehr Lust und Zeit hat.

Ein Beispiel für mitarbeiterzentrierte Unternehmenskultur bietet die Haufe-Gruppe. Alle Führungskräfte der Haufe-Umantis AG stellten sich der Wahl durch ihre 150 Mitarbeiter. So gibt es keine Beförderung auf Lebenszeit – jede Führung ist zeitbegrenzt.

6.2.2 Wie anwenden?

Hier möchte ich gleich den CEO des Schweizer Unternehmens Umantis AG zitieren, Marc Stoffel: „Der wichtigste Schritt zum Wahlprozess ist, dass sich alle unterhalten und gemeinsam die gewünschte Führungsrolle definieren. Diese geht meistens aus einer Strategie hervor, die ebenfalls gemeinsam entwickelt wurde und dann lautet die Frage: Wer kann uns am besten dabei helfen, diese Strategie umzusetzen?" (Handelsblatt 2015) [9].

Die Wahl ist also ein demokratischer Prozess, der den Dialog mit der Belegschaft erfordert. Alle müssen involviert sein und Verantwortung für ihre Entscheidung übernehmen. Auch muss der gewählte Manager eine realistische „Regierungszeit" bekommen, also ein, zwei oder drei und vier Jahre – je nach Position und Verantwortungsbereich.

Eine Möglichkeit, klein anzufangen, gibt es auch: So können Unternehmen damit experimentieren lassen, dass Teammitglieder ihren Teamleiter wählen, bevor es an die oberste Führungs-Ebene geht.

6.2.3 Chancen und Risiken

Das hauptsächliche Risiko liegt darin, die Chefwahl in Unternehmen zu etablieren, die damit noch nicht umgehen können. Oder stellen Sie sich vor, dass die Manager im Nachhinein unzufrieden sind und das Wahlergebnis nicht akzeptieren. Worst-Case-Szenario wäre es, wenn dann plötzlich zur alten Vorgehensweise zurückgerudert werden würde.

6.3 Dekonstruktion und Neukonstruktion

▶ Nicht dieser Text legt fest, was Sie lesen. Sie selbst sind es. Was Sie daraus machen, liegt in Ihrer Verantwortung.

Der obige Merksatz zeigt, worauf es bei der Dekonstruktion ankommt. Etwas, das erschaffen ist wie ein Text, hat einzelne Bestandteile, die von jedem anders interpretiert werden – und neu gedeutet.

Wenn Sie einmal Ihre Unternehmens- oder Teamprozesse in ihre Elemente zerlegen, werden Sie feststellen, dass sich neue Sichtweisen und Kombinationen ergeben, wenn diese vor Ihnen liegen. So findet zum Beispiel jeden Morgen ein Teammeeting statt, das die Elemente Ort, Raum, Menschen (einzelne Namen) und Interaktionen hat. Auch die Interaktionen lassen sich in Elemente aufteilen. So gibt es die Interaktionen Begrüßung, Statusbericht, weitere Tagesordnungspunkte und Fragen. Weitere Elemente sind Emotionen: Langeweile, Freude, Interesse etc.

Könnten diese neu zusammengesetzt werden? Was wäre das Gegenteil der kursierenden Emotionen? Wenn zur Begrüßung das emotionale Element Langeweile gehört, das Gegenteil von Langeweile aber Interesse ist, durch welches Element müsste es ausgetauscht werden?

Der Begriff Dekonstruktion stammt aus der Literaturwissenschaft. Hier bezeichnet er eine Analyseform, bei der man den Text in seine Bestandteile zerlegt und unter

6.3 Dekonstruktion und Neukonstruktion

verschiedenen Perspektiven genau betrachtet. Die Boston Consulting Group (BCG) übernahm den Begriff in den Wirtschaftskontext. BCG bezeichnet mit Dekonstruktion das Zerlegen eines Unternehmens in seine Bestandteile und das Zusammenfügen zu neuen flexiblen Gebilden. Dieses Zusammenfügen geschieht unter dem Aspekt einer erhöhten Flexibilität und Beweglichkeit und verkörpert in diesem Sinn auch agile Prinzipien. Bei dieser Form der Dekonstruktion steht aber weniger die Frage der Zusammenarbeit als vielmehr die der organisationalen Ausrichtung im Vordergrund.

Bei der Dekonstruktion bezieht der Analytiker – jedes Individuum und die Gruppe – nicht nur die dialektische Sicht ein – denkt sich also zu jeder Seite eine Gegenseite –, sondern findet auch weitere, ergänzende Perspektiven. Etwas kann also nicht nur strukturiert oder flexibel sein, um zwei dialektische Gegenpole zu nennen, die etwas bewerten, sondern auch in dieser Situation so, in jener anders. Auch emotionale Bewertungen können Raum haben. Diese Methode passt also zum agilen Wert „Mut". Es geht darum, Neues auszuprobieren und Vorhandenes neu zu denken.

Der Vorteil der Dekonstruktion ist das Sichtbarmachen von Prozessen und der Blick von oben, der die Elemente greifbarer macht. Durch das Zerlegen in Elemente erkennen Teammitglieder die einzelnen Ursache-Wirkungs-Prinzipien besser. Außerdem können sie kreativ an etwas denken, auf das sie so nicht kommen. So könnte ein Meeting auch im Freien stattfinden, wäre es auch möglich, dass man nicht nur berichtet, sondern auch erzählt.

6.3.1 Wann anwenden?

Die Dekonstruktion ist sinnvoll, wenn es um Prozesse innerhalb und außerhalb des Teams geht, die die Zusammenarbeit oder die Strategie betreffen. Fragestellungen können sein:

- Was sind unsere gemeinsamen Austauschprozesse, also Interaktionen?
- Wie arbeiten wir mit den Kunden zusammen?
- Wie sehen wir unsere Zukunft?
- Was ist unser Marketingkonzept?
- Etc.

6.3.2 Wie anwenden?

Legen Sie das Thema fest. Je komplexer das Thema ist, desto mehr Zeit müssen Sie einplanen. Mit einem Tag sollten Sie jedoch immer rechnen.

Arbeiten Sie mit Post-its in mehreren Farben und Größen. Elemente schreiben Sie auf runde oder größere Post-its. Legen Sie pro Element eine Farbe fest.

Definieren Sie dann die Elemente gemeinsam in der Gruppe.

Ziel ist es, die einzelnen Bausteine von etwas zu erkennen, also ein großes Ganzes in seine denkbar kleinsten Elemente zu zerlegen. So entsteht ein holistischer, also ganzheitlicher Blick. Die Elemente eines Systems werden sichtbar – und können erweitert werden. Verzichten Sie bewusst auf Personen, denken Sie agil, also an Rollen, als zunächst leere Hüllen für Handlungserwartungen.

Zunächst definieren Sie die Elemente-Kategorien.

Elemente können sein:

- Emotionen
- Rollen (Frage: Welche Rollen haben wir? NICHT Personen)
- Aufgaben
- Funktionen
- Anlässe
- Handlungen
- Interaktionen
- Werte
- Regeln
- Räume
- Orte
- Wege
- Ideen
- Etc.

Je nach Zahl der Elemente können Sie auch mehrere Gruppen bilden, von denen jede eine Anzahl der Elemente bearbeitet und weitere Elemente unterhalb dieser Kategorien definiert. Welche Einzelpersonen? Welche Emotionen? Welche Interaktionen? Schreiben Sie die bekannten Elemente auf, zum Beispiel bei Emotionen Wut und Interesse. Denken Sie dann dialektisch, also an die Gegenseite, den anderen Pol. Im Beispiel der beiden Emotionen Wut und Interesse sind das dementsprechend Freude und Langeweile. Gehen Sie in Gedanken auch weitere, nicht dialektische Elemente ab – gibt es noch andere denkbare Elemente, die derzeit nicht abgebildet sind, etwa Begeisterung? Die erweiterten Elemente schreiben Sie auf die gleiche Zettelfarbe, als würden sie bereits dazugehören. So entsteht ein farbiges Bild aus Post-its.

Abb. 6.2 zeigt eine sehr vereinfachte Dekonstruktion.

Definieren Sie dann die Beziehungen zueinander. Welche Emotionen und Werte lassen sich zuordnen? Welche neuen Kombinationen könnten frischen Wind bringen in die Teamarbeit bringen?

Zum Abschluss lässt sich ein neues Bild zeichnen, das „Wie soll es sein?" repräsentiert.

Alternativ können Sie bei der Dekonstruktion auch mit Lego-Bausteinen arbeiten oder Figuren der Systemaufstellung. Diese müssen symbolträchtig sein, um die verschiedenen Elemente darzustellen.

6.4 Dragon-Dreaming

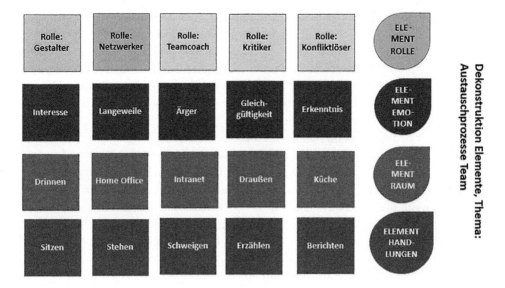

Abb. 6.2 Dekonstruktion und Konstruktion

Dadurch, dass Sie abstrakt und von oben auf den Bauplan Team und seine Prozesse schauen, wird eine Kommunikation auf der Metaebene möglich. Ziel ist es nicht, über schwierige Prozesse zu lamentieren, sondern ausschließlich durch neue Kombination auch neue Perspektiven zu entwickeln.

Einige Ideen für solche neuen Perspektiven:

- Ließen sich die Elemente „Rollen" anders denken?
- Könnte die Sitzordnung verändert werden und damit eine neue Anordnung der Elemente Interaktion und Raum?
- Fehlt ein Element, etwa ein Austauschforum wie eine Communitysoftware?

6.3.3 Chancen und Risiken

Um das Team aus der Vogelperspektive betrachten zu können, brauchen Sie eine gewisse Reife im Team. Das Team sollte bereits Erfahrung mit Metakommunikation haben.

6.4 Dragon-Dreaming

Dragon-Dreaming ist eine Projektmanagement-Methode, die der Australier John Croft entwickelte. Er kombinierte dabei Erkenntnisse aus der Systemtheorie mit Weisheiten australischer Aborigines und mixte sie zu einem ganzheitlichen Werkzeug. Es fördert die

Selbstorganisation und den Flow der Teammitglieder. Außerdem unterstützt es den agilen Wert „Respekt", da die gegenseitige Wertschätzung und Würdigung implementiert ist.

Dragon-Dreaming hilft dabei, Ideen auf eine innovative und die Kräfte der Teamarbeit aktivierende Art und Weise zu realisieren. Das Besondere ist, das Dragon-Dreaming komplett auf die Selbstorganisation eines Teams zielt. Alles wird ohne Führung realisiert – vom ersten Anstoß durch den Ideengeber bis zum letzten Check der Finanzen.

Abb. 6.3 visualisiert die beim Dragon-Dreaming relevanten Schritte.

Dabei geht es anders als im normalen Projektmanagement spielerisch zu. Den eigentlichen Projektplan kann man sich vorstellen wie ein großes Spiel mit lauter verbundenen Linien. Dieser Spielplan nennt sich Karabirdt. Er lässt sich auch mit Post-its umsetzen – oder zeichnerisch. Schauen Sie sich einmal die verschiedenen Varianten bei Google Bilder ein, wenn Sie Karabirdt eingeben. Einige Unternehmen arbeiten sehr spielerisch damit. So ist jedes Teammitglied ein Tier und hat einen tierischen Namen.

Als ich das erste Mal mit Dragon-Dreaming in Berührung kam, wirkten die Beschreibungen der vier Bereiche fast vertraut. Ich erinnerte mich an die Walt-Disney-Methode. Wie sie teilt auch Dragon-Dreaming ein Innovationsprojekt in vier Phasen ein. Nur unterscheidet sich die letzte Phase deutlich, diese heißt beim Dragon-Dreaming „Feiern". Feiern gibt es bei der Walt-Disney-Methode nicht. Der letzte Abschnitt heißt dort „Realitätscheck". Beim Dragon-Dreaming heißen die Phasen Träumen, Planen, Handeln, Feiern. Das eigentlich Interessante und Motivierende ist nicht diese Vierteilung, sondern die Details, die dahinterstecken.

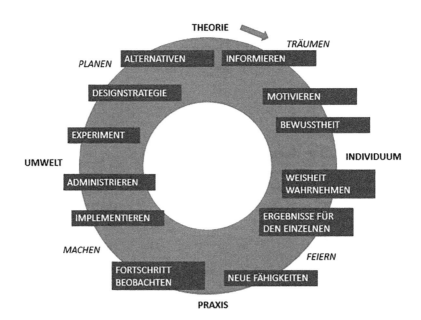

Abb. 6.3 Dragon-Dreaming-Prozess

6.4 Dragon-Dreaming

Zum Beispiel die Gegensätze: Träumen und Handeln, Planen und Feiern scheinen zunächst widersprüchlich. Auch menschliche Gegensätze vereint die Methode: Träumer und Handelnde, also Visionäre und Macher, passen sonst schlecht zusammen. Planer und „Feierbiester" bilden in der Realität auch oft keine natürlichen Paare. Bei Dragon-Dreaming finden sie zusammen! Es geht nicht um das eine oder andere, sondern um beides. Und beides ist gleichwertig, Planen also genauso wie Feiern.

Das Denken in Gegensätzen ist aus dem ganzheitlich-holistischen Denken abgeleitet. Es gibt kein falsch und kein richtig. Entscheidend ist immer die richtige Dosis, von allem alles zu seiner Zeit. Im Dragon-Dreaming ist alles wichtig und der Kerngedanke ist der des bewussten Einbeziehens von Widersprüchen. Nur zusammen hat ein Team das Wissen, um ein Produkt zu innovieren oder ein Projekt zu realisieren. Feiern bedeutet tanzen und singen, aber auch kreativ sein und sich gegenseitig Anerkennung geben für das, was man geleistet hat und in das Projekt einbringen konnte. Im Folgenden gebe ich die Schritte sehr verkürzt wieder. Die Anleitung ist in der Realität komplexer. Auch regelrechte Befehle, etwas zu tun, ähnlich wie in einem Spiel, gehören dazu. Ich denke aber, dass Sie auch einiges davon mitnehmen und ausprobieren können, zum Beispiel einen anderen Umgang mit Ideen. So muss sich der Träumer beim Dragon-Dreaming Verbündete suchen, die seine Idee zur eigenen werden lassen. Es geht nicht mehr darum, wer die beste Idee hat, sondern darum, wer andere überzeugen kann und dafür bereit ist, den eigenen Heldenstatus abzugeben. Das fördert die Zusammenarbeit extrem!

6.4.1 Wann anwenden?

Sie möchten die Innovationskraft Ihres Teams stärken. Ideen sollen schnell realisiert werden, wenn sie die entsprechenden Befürworter finden. Dragon-Dreaming setzt voraus, dass das Team Verantwortung übernehmen darf und sollte. Es muss außerdem selbst entscheiden, planen und über Budgets verfügen können.

6.4.2 Wie anwenden?

1. Träumen
Jedes Projekt beginnt mit einer Vision. In der Regel ist es die Vision einer Person, eines Individuums. Doch niemand kann allein etwas in die Welt bringen, auch ein Steve Jobs brauchte ein Team. Dieses Team muss begeistert sein, nur dann wird es sich maximal einbringen. Nur dann arbeitet es im Flow und ist ganz bei der Sache.

Andere begeistern ist der nächste Schritt. Dafür muss das Team das Projekt als Gemeinschaftsprojekt annehmen. Es ist etwas, an dem alle beteiligt sind, nichts, was jemandem gehört. Mit dem Vorschlag müssen alle absolut zufrieden sein. Sie müssen sich etwas davon versprechen. Deshalb lautet eine zentrale Frage: Was ist der größte Gewinn für alle?

In der Überzeugung, mit der Idee etwas zu bewegen, lädt der Träumer, auch Visionär oder Ideengeber, Menschen ein, mit denen er das Projekt gemeinsam realisieren möchte. Er schart Personen um sich, mit denen er etwas zum Leben erwecken möchte. Nachdem er seine Vision erklärt hat, schenkt er sie der Gruppe, damit sie in ihr neu geboren werden kann. So wird die Idee, der Traum des Träumers zum Traum der Gruppe, die ihn weiterträumt. Aus dem kreativen Potenzial der Gruppe entsteht ein Ideenfluss. Der Träumer fragt nun die anderen, ob dies nun auch ihr Traum sei. Nur diejenigen, die zustimmen, bilden die Projektgruppe.

2. Planen

Die Gruppe sammelt Informationen über die Schritte, die zur Realisierung des Projekts nötig sind. Es teilt sie den einzelnen Phasen zu. Das Projekt bekommt einen zeitlichen Rahmen. Nun trägt das Team die Punkte auf einen Spielplan ein, der die einzelnen Schritte des Projekts vom Start bis zur Feier einzeichnet. Diese Punkte verbinden sich zu einem Gesamtbild. Sie bilden einen Aktionsplan und sind so viel mehr als das, was wir als Meilensteine aus dem Projektmanagement kennen.

Welche Schritte erfordert die Realisierung? Jeder Schritt ist ein Punkt. Welche Verbindungen bestehen zwischen den Schritten, also Punkten? Den Punkten werden Personen zugeordnet. Hier übernehmen die Teammitglieder die Verantwortung, die am meisten Lust darauf haben. Partner dieser Person sollte jemand werden, der Interesse, aber „Angst" oder tieferen Respekt vor der Aufgabe hat. Diese Person ist ein Assistent, der von der „Hauptperson" lernen kann und möchte. Als dritte Person passen Menschen ins Team, die die nötigen Fähigkeiten besitzen, aber den Part nicht aktiv übernehmen wollen. Sie fungieren als Berater. Auch das Budget wird eigenständig zugeteilt.

Der Spielplan gibt einen visuellen Überblick und zeigt, wie das Projekt vorankommt, was geschehen ist und als Nächstes ansteht. Man sieht auch, wer was erledigt und wie viel Zeit und Geld gebraucht wird. So ist alles auf einmal im Blick und transparent. Die Planungsphase endet, wenn alles kalkuliert worden ist. Dann fragt man nach den Personen, die am meisten von dem Projekt überzeugt sind. Diese treffen alle finanziellen Entscheidungen im Projekt.

3. Handeln

Handeln heißt spielen – auf dem Spielplan, dem Karabirdt. Erste Handlung ist eine Party. Feiern gehört auch bei jedem Punkt, der abgeschlossen ist, mit dazu. Das muss aber kein rauschendes Fest sein, ein ordentlicher Abschluss inklusive Würdigung der Teammitglieder und ihrer Leistungen ist mindestens genauso gut. Es dürfen während des Projekts Personen hinzukommen, die neue Impulse hineingeben. Ansonsten geht es nun ums Umsetzen. An jeden erledigten Punkt wird ein Haken gesetzt.

4. Feiern

Ist das Projekt erfolgreich abgeschlossen, steht aber in jedem Fall eine Party auf dem Programm. Auch hier geht es primär um die Würdigung des Teams und der Leistung der

Einzelnen. Aber man soll es sich auch gut gehen lassen. Ist Geld übrig, geht dieses in ein neues Projekt, nie an Einzelne. Dragon-Dreaming soll der Welt dienen. Es versteht sich als nicht endender Kreislauf. Beim nächsten Mal ist der Traum vielleicht größer, sind die Rollen anders verteilt, bleibt mehr Geld übrig. Und jeder hat für sich etwas gelernt. Auch dass Arbeit nicht alles ist – sondern dass die Würdigung, also das Feiern, dazugehört.

6.4.3 Chancen und Risiken

Die Chance besteht in einer völlig neuen Art der Zusammenarbeit – das Risiko wie so oft in der Falschanwendung. Dragon-Dreaming verlangt eine konsequente Umsetzung und auch eine Haltung, die sich nicht von heute auf morgen erzeugen lässt. Von daher ist es sicher einfacher in kleinen, überschaubaren Unternehmen und Einheiten einzusetzen.

▶ Weitere Infos und Workshop-Termine finden Sie auf www.dragondreaming.org.

6.5 Design-Thinking

Design-Thinking ist die wohl bekannteste agile Methode, die das Ziel hat Probleme zu lösen und kreative Ideen und Produkte zu entwickeln. Sie entspringt den agilen Werten Kommunikation, Fokus und vor allem auch Mut – dem Mut Dinge anders zu machen und neue Ansätze zu ermöglichen. In den Prozess der Ideenentwicklung werden verschiedene Disziplinen eingebunden, je nach Industriezweig auch die Kunden selbst (Kommunikation). Design-Thinking fordert also explizit, die Produktentwicklung aus der Forschung & Entwicklung ins Zentrum des Unternehmens zu holen und alle Beteiligten einzubeziehen, vor allem auch Kunden.

Ziel ist, verschiedene Perspektiven zu vereinbaren und den Austausch zu fördern. Der Prozess ist strukturiert (Fokus), wobei er sich am Vorgehen eines Designprozesses orientiert, deshalb heißt es auch Design-Thinking. Nicht zuletzt geht es darum, ein Denken über den eigenen Tellerrand zu fördern (Mut). Hinzu kommt ein weiterer wichtiger agiler Wert: Einfachheit. So ist es das Ziel, minimal funktionsfähige Produkte oder auch Lösungen zu entwickeln, die schnell auf Tauglichkeit getestet und dann verworfen oder weiter verbessert werden. Insofern harmoniert Design-Thinking auch mit einem iterativen Planungsprozess wie er aus Scrum bekannt ist.

Die Methode war ursprünglich zur Innovationsgenerierung in Stanford entwickelt worden und wird heute fast überall auf der Welt gelehrt und aktiv angewendet. Die Entwickler Larry Leifer, David Kelley und Gary Winograd vermarkten die Methode über ihr IDEO Institut. In Deutschland hat sich vor allem das Hasso Plattner Institut in der Aus- und Weiterbildung stark gemacht. Inzwischen gibt es verschiedene Ansätze. Allen gemeinsam ist, dass sie verschiedene Perspektiven verbinden, also interdisziplinär sind und dass sie Prozessschritte voneinander trennen und diese visualisieren. Dabei lasse sich zahlreiche kreative Ideen einbringen. Hierzu empfehle ich das Buch „Inner Innovation. Innovationen aus eigenem Anbau" [5].

Hier ein Beispiel für die Prozessschritte für eine Produktentwicklung:

- Verstehen: Lernen Sie durch Fragen und Zuhören, um was es eigentlich geht. Wer ist mein Kunde? Was ist das Problem? Womit hat es zu tun?
- Definieren (Define): Legen Sie einen Standpunkt fest, der aus Kundenperspektive das Problem definiert.
- Ideen sammeln (Ideate): Was für Ansätze für eine Lösung gibt es? Wie kann man dabei die Kundenbedürfnisse maximal berücksichtigen?
- Prototyp entwickeln (Prototype): Wie könnte man die Lösung mit minimalem Aufwand testen? Wie lässt sich ein minimal funktionsfähiges Produkt erschaffen?
- Testen (Test): In diesem Schritt geht es darum, den Prototyp zu testen und sich unmittelbares Feedback einzuholen.

Für nicht-produktbezogene Fragestellungen lässt sich der Prozess entsprechend abwandeln. So ließe sich auch die Frage „wie werden wir agiler" in einen solchen Prozess einbinden. Zunächst ginge es darum, zu verstehen, was hinter der Fragestellung steht und wie diese mit anderen Themen zusammenhängt. Dann würde es um eine Standpunkt-Definition gehen. Beispiel: „Wir müssen schneller auf Kundenbedürfnisse reagieren." Schließlich würden Ideen gesammelt und sodann eine einfache Lösung entwickelt, die unmittelbar ausprobiert werden könnte.

Beim Design-Thinking kommen Visualisierungsmethoden zum Einsatz, die Sie bereits aus dem Scrum oder Kanban kennen. Die unterschiedlichen Prozessschritte lassen sich beispielsweise mit verschiedenen Farben symbolisieren.

6.5.1 Wann umsetzen?

Design-Thinking gehört zu den Methoden, die einfach und schnell umzusetzen sind. Natürlich steht sehr viel methodisches Wissen dahinter, jedoch lassen sich die Schritte in einer einfachen Form auch ohne große Schulungen anwenden. Hilfreich ist aber ein in der Thematik erfahrener externer Moderator.

6.5.2 Wie umsetzen?

Suchen Sie sich einen Moderator, der zu Ihrer Fragestellung und der Kultur Ihres Unternehmens passt. Im Moment entstehen auch Online-Kurse, sodass Sie möglicherweise auch ein Mitglied ihres Unternehmens ausbilden können.

6.5.3 Chancen und Risiken

Chancen gibt es jede Menge, Risiken einige. Wie bei allen Themen ist die Frage, wie und mit wem man das Thema umsetzt und im Unternehmen kommuniziert. Wie gut eine unternehmensübergreifende Ideengenerierung funktioniert, hat natürlich auch stark mit den Werten Ihres Unternehmens zu tun. Wie sehr sind Mitarbeiter bisher in kreative Prozesse eingebunden gewesen? Wie gewohnt sind sie es, mitzuarbeiten? Wie stehen Sie zu dieser neuen Methode?

Auch die Einbindung von Kunden ist ein Risiko: Die Erfahrung zeigt, dass auf Kundenseite dasselbe gilt wie auf der Seite des produzierenden Unternehmens: Die Kunden müssen solche gemeinschaftlichen Prozesse nicht als Zeitverschwendung, sondern Innovationschance begreifen.

6.6 Dysfunktionen-Check

Wie empfinden Mitarbeiter die Teamarbeit eigentlich wirklich? Was steht der fruchtbaren Teamarbeit unausgesprochen entgegen? Eine einfache Methode, um die Funktionalität eines Teams zu untersuchen, ist ein Dysfunktionen-Check am Flipchart. Dieser ist ideal für Teams von drei bis zwölf Personen. Mit ihm legen Sie die Basis, um die agilen Werte Kommunikation, Feedback, Kommunikation, Mut, Respekt und Fokus zu fördern. Zugrunde liegen die Dysfunktionen der Teamarbeit nach Lencioni, die ich im Hauptteil ausführlich beschrieben habe. Die Bearbeitung von Dysfunktionen gehört auch notwendig in einen Kulturwandel. Deshalb beschreibe ich hier nur in aller Kürze den praktischen Einsatz im Rahmen eines Workshops.

6.6.1 Wann umsetzen?

Er kann und immer wieder eingesetzt werden, vor allem aber, wenn es darum geht, die Zusammenarbeit zu verbessern. Sie können den Check mit einem Fragebogen durchführen oder aber gemeinsam erarbeiten. Für das gemeinsame Erarbeiten sprechen die direkte Interaktion der Teammitglieder und die stärkere Einbindung.

6.6.2 Wie umsetzen?

- Malen Sie ein Dreieck auf ein Flipchart-Blatt.
- Teilen Sie es in fünf Bereiche. Ganz unten, in den ersten Balken der Pyramide, schreiben Sie Vertrauen, darüber Konfliktbereitschaft, dann Selbstverpflichtung, gegenseitige Verantwortung und schließlich Zielorientierung. Zielorientierung steht also an der Spitze.

- Erklären Sie die dazu passenden Dysfunktionen. Das sind mangelnde Offenzeit zu Vertrauen, künstliche Harmonie zu Konfliktbereitschaft, Zweideutigkeit zu Selbstverpflichtung, niedrige Standards zu gegenseitiger Verantwortung sowie Status und Ego zu Ziele. Sie können auch ein entgegengesetztes Dreieck dazu zeichnen.
- Nun bitten Sie jedes Teammitglied, zu jedem Balken eine Einschätzung zu geben. Nutzen Sie dabei eine Skalierung von −2 über 0 bis +2. Erklären Sie: −2 bedeutet, dass sogar das Gegenteil von Vertrauen vorhanden ist: Misstrauen, bei −2 sogar sehr ausgeprägt. 0 heißt „weder noch" und +2 bedeutet „alles top". Eine Hilfe sind die Fragen aus dem Fragebogen, den Sie bereits kennengelernt haben. Die Fragen finden Sie am Ende dieser Beschreibung. Alternativ punkten Sie mit grünen, gelben und roten Punkten (großer grüner Punkt = −2, kleiner grüner Punkt = −1, gelber Punkt = 0, kleiner roter Punkt = +1, großer roter Punkt = +2)
- Damit der erste Bearbeiter nicht vom nächsten beeinflusst ist, bitten Sie jeden, seinen Wert auf ein Post-it zu schreiben. Alle sollen es dann zeitgleich ankleben, sodass nicht mehr nachvollziehbar ist, von wem ein Zettel stammt.
- Kleben Sie alle Zettel zu Vertrauen an, und besprechen Sie das Ergebnis. Thematisieren Sie das, was augenfällig ist, etwa eine große Differenz zwischen den Einschätzungen oder eine Ballung im Null- oder Minusbereich. Auch zu positive Bewertungen sollten Sie hinterfragen. Wenn alle Teammitglieder 100 % Vertrauen haben (also zwei Punkte geben), ist meist auch etwas im Argen. Es spricht für soziale Erwünschtheit. Fragen Sie in einer derartigen Situation, wie es wäre, wenn zwei Personen nur „0" Punkte gegeben hätten. Was wäre anders als jetzt? Das wird das Team ins Grübeln bringen – und das ist gut so.

Was bedeutet das Ergebnis für das Team? Fragen Sie offen danach. Ziemlich sicher wird sich jemand dazu äußern, dann der Nächste, schließlich folgt der Dialog, den sie moderieren und strukturieren. Leiten Sie diesen über in eine Besprechung darüber, was die Konsequenzen aus dem Check sein sollen. Welche Maßnahmen vereinbaren Sie? Was ist ein erster Schritt?

Bei den weiteren Themen gehen Sie ebenso vor. Besprechen Sie entweder das, was augenfällig ist insgesamt – also alle fünf Bereiche – oder Schicht für Schicht des Dreiecks (Vertrauen, Konfliktbereitschaft etc.).

Manchmal wird durch die Bewertung offensichtlich, dass sich Einschätzungen zum Team innerhalb der Kollegenschaft unterscheiden. Diese Erkenntnis kann auch dazu führen, dass die gesamte Stimmung kippt, war dies doch bisher nicht offensichtlich. Als Moderator fangen Sie einen solchen „Negativdrift" in der Stimmung auf, indem Sie klarmachen, dass die Bewertung Offenheit zeigt – und damit eine Basis für mehr Vertrauen ist. Verweisen Sie auf die erste Dysfunktion. Daraus könnte sich nun auch direkt ein Thema ergeben für einen weiteren Workshop.

Tab. 6.1 gibt Teil 1 eines Fragebogens wieder, mit dem Sie und Ihre Kollegen sich selbst einschätzen können.

Tab. 6.2 ist der zweite Teil des Fragebogens.
Tab. 6.3 ist der dritte Teil des Fragebogens.
Tab. 6.4 ist der vierte Teil des Fragebogens.
Tab. 6.5 ist der fünfte Teil des Fragebogens.

6.6 Dysfunktionen-Check

Tab. 6.1 Vertrauensfragen

Vertrauen	+	+/−	−
Ich habe niemals das Gefühl, dass meine Kollegen Informationen über mich missbrauchen			
Ich bin sicher, dass es von niemandem ausgenutzt werden würde, wenn ich Schwächen und Fehler zugebe			
Ich vertraue der Kompetenz meiner Kollegen in jeder Hinsicht			
Ich bin jederzeit sicher, dass jeder einzelne Kollege sein Bestes gibt			
Ich vertraue der Bereitschaft, meiner Kollegen, einander jederzeit zu unterstützen			
Konfliktbereitschaft	**+**	**+/−**	**−**
Jeder bei uns bildet sich eine freie eigene Meinung			
Wir kehren nie etwas unter den Teppich			
Wir akzeptieren verschiedene Perspektiven			
Wir tauschen unsere Positionen immer aus			
Bei uns gilt nicht „der Chef hat immer recht"			
Jeder engagiert sich für das Ziel, auch durch Äußern seiner Meinung			
Konflikte werden immer offen, aber fair ausgetragen			
Wir setzen uns viel über inhaltliche Themen auseinander, um die beste Lösung zu finden			

Tab. 6.2 Konfliktbereitschaft Fragen

Konfliktbereitschaft	+	+/−	−
Jeder bei uns bildet sich eine freie eigene Meinung			
Wir kehren nie etwas unter den Teppich			
Wir akzeptieren verschiedene Perspektiven			
Wir tauschen unsere Positionen immer aus			
Bei uns gilt nicht „der Chef hat immer recht"			
Jeder engagiert sich für das Ziel, auch durch Äußern seiner Meinung			
Konflikte werden immer offen, aber fair ausgetragen			
Wir setzen uns viel über inhaltliche Themen auseinander, um die beste Lösung zu finden			

Achtung: „Wir kehren nie etwas unter den Teppich" ist negativ gepolt, Bewertung bitte umdrehen (Minus links, plus rechts)

▶ Auf unserer Website www.teamworks-gmbh.de können Sie den Test auch online machen. Teilnehmer unserer Ausbildung TeamworksPLUS® bekommen weiterhin ein Zugang für einen Gruppentest. Auch im Rahmen einer Beratung sind Auswertungen über verschiedene Teams und Abteilungen möglich, als Basis für Handlungsempfehlungen.

Tab. 6.3 Commitment-Fragen

Selbstverpflichtung/Commitment	+	+/−	−
Ich bin mir jederzeit klar darüber, was die Ziele meines Teams sind			
Mit den Zielen meines Teams bin ich absolut einverstanden			
Ich stehe voll hinter diesen Zielen			
Auch die Kollegen stehen voll hinter diesen Zielen			
Für mich ist jederzeit eindeutig, was erreicht werden soll			

Tab. 6.4 Gegenseitige Verantwortung-Fragen

Gegenseitige Verantwortung	+	+/−	−
Wir nehmen uns alle gegenseitig in die Pflicht			
Wenn einer sich nicht voll engagiert, fühle ich mich verantwortlich, dies zu thematisieren			
Als Einheit eines Unternehmens sind wir auch für die Leistung anderer Abteilungen verantwortlich			
Wir kümmern uns um Mitarbeiter, die nicht mitkommen			
Wir setzen uns hohe Leistungsziele			

Tab. 6.5 Zielorientierung Fragen

Zielorientierung	+	+/−	−
Es gibt bei uns keine Machtspielchen			
Niemand kommt weiter, nur weil er gute Beziehungen hat			
Jeder weiß: Wenn mein Team erfolgreich ist, bin ich es auch			
Egoismen spielen bei uns keine Rolle			

6.6.3 Chancen und Risiken

Hier gibt es nur Chancen. Es ist immer gut und hilfreich, die Zusammenarbeit unter dem Blickwinkel der Funktionen zu betrachten. Einziges Risiko ist, dass der Moderator oder die Führungskraft, also Sie, es nicht auffangen kann, wenn der Check etwas bisher Verborgenes offenbart. Wenn beispielsweise die Außenseiterrolle einer Person deutlich wird oder aber eine fehlender Zielbindung. Es könnten auch Konflikte offen ausbrechen. Haben Sie wenig Erfahrung und sind unsicher, empfiehlt sich deshalb eine externe Moderation.

6.7 Gruppenfelder

Warum sind wie so, wie wir sind? Und warum sind die anderen Teams anders? Eine einfache Methode, um ein besseres Gespür für die unterschiedlichen Persönlichkeiten in Gruppen zu entwickeln, bietet das Riemann-Thomann-Modell. Es beschreibt Grundrichtungen von Verhalten in Gegensätzen. Da gibt es Dauer und Wechsel, Nähe und Distanz. Stets kommen zwei Richtungen zusammen. Distanzmenschen erkennt man daran, dass sie erst einmal beobachten und eine Tendenz zur sachlich-nüchternen Analyse haben. Nähemenschen suchen Kontakt und brauchen Emotionalität. Wechseltypen sind flexibel, kreativ und können einmal so, einmal so auftreten, was aus anderer Perspektive manchmal unberechenbar wirkt.

Dauertypen sind berechenbar durch ihre Strukturiertheit und ihr Planungsbedürfnis. Die vier Tendenzen werden repräsentiert von den vier Buchstaben DNWD (Dauer, Nähe, Wechsel, Distanz). Sie spiegeln sich in der Gruppe: Dominieren dauerorientierte Teilnehmer, so herrscht der Wunsch nach Ordnung, Struktur und Überschaubarkeit vor. Dominieren wechselorientierte Teilnehmer, so geht es kreativ und ideenreich zur Sache. Die Wahrheit, das wissen Sie, liegt in der Mitte. Und so ist ein gutes Team am besten eines, in dem sich nicht alles in einer Richtung ballt ...

Im Buch „Ich hasse Teams", das vor einigen Jahren bei Eichborn erschienen ist [7], haben Thorsten Visbal und ich Namen für die Gruppenpersönlichkeiten gefunden: Stammtisch, Coffee-to-go-Club, Haufen und Truppe. Solche Persönlichkeiten entstehen durch die Summe ihrer Mitglieder. Dauer-Distanz-Gruppen entwickeln sich kühl und oft etwas mechanisch zur Truppe, Distanz-Wechsel-Gruppen werden unberechenbar zu einer Art Haufen, Dauer-Nähe-Gruppen stellen sich auf zu einem strukturierten Stammtisch und Nähe-Wechsel-Gruppen zeigen sich als energetischer Coffee-to-go-Club.

6.7.1 Wann anwenden?

Das Team ist noch nicht allzu erfahren mit Methoden und sich wenig bewusst über Unterschiedlichkeit. Dann ist Riemann-Thomann ein guter Einstieg, wenn es gilt, die Stärken und Schwächen der Gruppe unter die Lupe zu nehmen, um danach einen Plan für die gemeinsame Stärkenentwicklung zu erstellen.

6.7.2 Wie anwenden?

Wie die Ausprägung bei einzelnen Teammitgliedern ist, können Sie als Moderator oft ganz einfach erarbeiten. Legen Sie dazu vier Karten in jede Ecke des Raums und verbinden Sie diese mit Krepppapier zum Kreuz. Der eine Pol der Matrix ist Nähe-Distanz, der andere Dauer-Wechsel. Fragen Sie:

- Wenn Du mit Menschen zusammen bist, möchtest Du dann gerne schnell Persönliches erfahren (1) oder brauchst Du erst mal Zeit (2). Bei 1 gehe zu Nähe, bei 2 zu Distanz.
- Wenn Du arbeitest, magst es lieber abwechslungsreich (1) und mit vielen Unterbrechungen oder ruhig und strukturiert (2)? Bei 1 gehe zu Wechsel, bei 2 zu Dauer.
- Wenn Du in einem Team bist, interessiert Dich mehr die inhaltliche Arbeit (1) oder magst Du lieber die Menschen kennenlernen (2)? Bei 2 gehe zu Nähe, bei 1 zu Distanz. Wenn Du eben schon bei Nähe/Distanz warst, gehe noch ein Stück weiter hin zur Karte. Stell Dir den Weg als Abschnitt mit drei Schritten vor. Wenn Du drei Schritte gegangen bist, stehst Du direkt bei der Karte mit dem Begriff. Andernfalls bewegst Du Dich zurück.
- Planst Du gern, was auf Dich zukommt (1) oder liebst Du es spontan (2)? Bei 1 gehe zu Wechsel, bei 2 zu Dauer. Wenn Du eben schon bei Dauer/Wechsel warst, gehe noch ein Stück weiter hin zur Karte.
- Wenn Du in einer Gruppe bist, magst Du gern auch über Urlaub und persönliche Dinge sprechen (1) oder ist Dir das zu privat (2)? Bei 2 gehe zu Nähe, bei 2 zu Distanz. Wenn Du eben schon bei Nähe/Distanz warst, gehe noch ein Stück weiter hin zur Karte.
- Wenn Du arbeitest, ist Dir eine klare Struktur wichtig (1) oder findest Du es besser, wenn sich alles ergibt (2)? Bei 1 gehe zu Wechsel, bei 2 zu Dauer. Wenn Du eben schon bei Dauer/Wechsel warst, gehe noch ein Stück weiter hin zur Karte.

Tab. 6.6 zeigt die unterschiedlichen Polkombinationen, deren Charakter, Nachteile und To-dos.

Vergessen Sie bei der Zusammenarbeit mit den verschiedenen Gruppen nicht, Ihr eigenes Heimatfeld als Moderator zu berücksichtigen. Das spiegelt auch Ihre Wahrnehmung – und die Bewertung dessen, was passiert. Bringen Sie sich selbst gedanklich immer wieder in die Mitte.

6.7.3 Chancen und Risiken

Es ist so wie immer bei Einordnungshilfen, die etwas Komplexes wie Persönlichkeit oder Team einfacher verständlich machen möchten: Die Gefahr der zu starken Vereinfachung, des Schubladendenkens entsteht. Kein Team ist nur so oder so, so wie auch kein Mensch. Entscheidend ist es immer, sich Situationen dazu zu denken. Und offen zu bleiben für Verhaltensweisen, die jenseits des Gruppenfelds liegen.

Tab. 6.6 Riemann-Thomann-Modell

Polkombination	Charakter	Nachteile	Bitte einbringen/To-do
Dauer-Distanz	Truppe: effizient, autoritär, sachlich, aber ideenlos	Kühle, Langeweile, es fehlen Intuition und Kreativität, Leichtigkeit	Beispiele, Witz, Kreativität und Abwechslung
Distanz-Wechsel	Haufen: unberechenbar, kühl, aber kreativ	Planloses Verzetteln, Zeitüberschreitung, keine greifbaren Ergebnisse	Struktur und Zeitplan einbringen, Vertrauen aufbauen
Nähe-Dauer	Stammtisch: warmherzig und strukturliebend	Nette Langeweile, Mangel an neuen Ideen, Stillstand	Beispiele, Witz, Kreativität, Lob, Abwechslung und Nüchternheit (Fakten) Einbringen
Nähe-Wechsel	Coffee-to-go-Club: warmherzig und kreativ, aber chaotisch	Chaos, viel Reden, nicht ins Tun kommen	Ordnung, Struktur, Regeln, Fakten und Zeitplan einbringen, Lob, Umgang mit Kritik

6.8 Facilitation

Nun gut, es gibt Modewörter. Facilitation gehört dazu. Es bedeutet, eine Gruppe von Menschen in Veränderungsprozessen zu unterstützen und die eigenen Ziele zu erreichen. Facilitators könnte man auch als Moderatoren des agilen Zeitalters bezeichnen. Denn letztendlich sind sie genau das. Die Hauptaufgabe des Facilitator ist es nämlich, eine methodische, räumliche und zeitliche Struktur zu gewährleisten. Der Facilitator führt über die Form und nutzt dazu eine Reihe von Methoden, zu der auch das hier vorgestellte Appreciative Inquiry gehört, bei dem nach dem Guten geforscht wird.

Auch eine Methode zur Facilitation ist die Visualisierung. So haben sich am Markt „Visual Facilitators" etabliert, die die Inhalte eines Vortrags oder Workshops grafisch darstellen. Dies garantiert eine bessere Merkfähigkeit und tiefere Verankerung. Der dahinter stehende agile Wert ist Einfachheit und natürlich Kommunikation. Bei der Facilitation gibt es verschiedene Varianten, etwa die „dynamic facilitation" [4].

6.8.1 Wann anwenden?

Facilitation ist eine moderne Moderationsmethode. Sie bietet sich also immer an, wenn Sie einem eingeschlafenen Meetingkonzept neuen Wind einhauchen möchten oder andere, frischere Abläufe initiieren wollen. Wenn Sie eine Facilitation intern moderieren wollen, brauchen Sie Moderationserfahrung, da das Aufnehmen des Gesagten, aber auch das straffe Bewegen in vier Bereichen nicht einfach ist und Übung braucht.

6.8.2 Wie anwenden?

Für Facilitation ist ein regelreicher Markt entstanden, auf dem auch viel alter Wein in neuen Schläuchen verkauft wird. Ich möchte hier die Dynamic Facilitation vorstellen. Das ist eine moderierte Gruppendiskussion, die mit 8 bis 25 Teilnehmern gut funktioniert. Sie dauert einen Tag. Ziel ist es, sich von den festgefahrenen Denkweisen zu lösen und neue Perspektiven zu entwickeln. Dazu ist es notwendig, erst einmal zu sammeln und lösen, was aktuell in den Köpfen ist.

Vier Plakatwände oder Flipcharts erhalten die folgenden Überschriften:

- Herausforderungen/Fragen
- Lösungen/Ideen
- Bedenken/Einwände
- Informationen/Sichtweisen

Die Plakatwand oder das Flipchart mit dem Stichwort „Herausforderungen/Fragen" ist für Aussagen bestimmt, die das zu lösende Problem konkretisieren. Beispiel für die Herausforderung „Künftige Unternehmensstrategie".

- Was bedeutet das für den Markt?
- Welche Pläne hat der Wettbewerb?
- Welche Entwicklungen bestimmen die nächsten 3 Jahre?

Auf dem Plakat oder dem Flipchart „Lösungen/Ideen" kommen alle aus der Gruppe genannten Lösungen und zwar unabhängig davon, auf welches der formulierten Fragen sie sich beziehen. Bei „Bedenken/Einwänden" stehen Punkte, die zu den bereits bestehenden Lösungsvorschlägen formuliert werden. Wichtig ist dabei die klare Trennung. Die Lösung erhält durch die räumliche Trennung keine negative Bewertung. Zugleich werden Bedenken anerkannt.

Alle weiteren Äußerungen, Fakten, Informationen und Beobachtungen kommen auf die Plakatwand oder das Flipchart mit „Informationen und Sichtweisen". Diese Punkte sind nicht zu bewerten. Es geht auch nicht darum, den Wahrheitsgehalt zu prüfen. Steht alles, möchte die Gruppe Raum für etwas Neues zu schaffen.

Wie können wir die Fragen anders lösen? Dabei soll die Kreativität fließen. Bei größeren Gruppen kann dies auch in Kleingruppenarbeit erfolgen.

Treten dabei neue Probleme und Bedenken auf, kommen diese auf die Plakatwände. Das Ziel ist nicht, eine letztendliche Lösung zu finden. Es soll aber neues Denken in Fluss kommen und Wege abseits eingetretener Pfade in die Köpfe gelangen. Zum Abschluss muss unbedingt besprochen sein, was die weiteren Schritte sind. Wie kann mit den Ideen weitergearbeitet werden? Was muss geschehen, damit das Team sie weiterentwickeln kann?

6.8.3 Chancen und Risiken

Bei der Facilitation gibt es nur Chancen – einziges Risiko ist eine schlechte Durchführung.

6.9 Kapselung und Piloten

Sie möchten agiles Arbeiten ausprobieren? Das soll ein Pilotprojekt für das Unternehmen werden. Mit einem solchen Projekt können Sie sehen, ob funktioniert, was Sie sich ausgedacht haben. Hier empfehle ich die Kapselung. Dieser Begriff leitet sich ab aus der Datenkapselung in der IT, bei der Daten so abgeschlossen sind, dass kein Zugriff von außen erfolgen kann. Genau darum geht es hier. Eine Kapselung ist also etwas mehr als ein Pilot. Sie packt den Piloten mit ein und schließt ihn ab.

Kapselung bedeutet, dass ein Bereich des Unternehmens ausgegliedert wird, um ein Experiment durchzuführen. Dieses Experiment kann sich auf agile Teilbereiche oder ein großes agiles Projekt fokussieren. Ersteres ist der Fall, wenn Sie ein Team zum Beispiel unter anderen räumlichen Bedingungen arbeiten lassen. Letzteres passiert, wenn Sie ein Team komplett dezentralisiert der Selbstorganisation überlassen. Ein Kapselungs-Projekt muss gut vorbereitet und kommuniziert sein, auch wenn es sich nur auf den Bereich Räume bezieht – so wie bei Adidas, das im August 2015 in einer Pressemeldung verkündet:

„300 Mitarbeiter aus dem Bereich Brand Management sind Anfang des Monats in ein neues Bürogebäude (‚PITCH') gezogen, um dort auf drei Ebenen verschiedene Arbeitsplatzkonzepte zu testen und den Arbeitsplatz der Zukunft aktiv zu gestalten. Das PITCH beinhaltet kein fertiges Konzept, sondern eine flexible Beta-Version, die durch Feedback der Nutzer zu einer optimalen ‚Future-Workplace'-Lösung führen und weltweit ausgerollt werden soll" [6].

Die Kapselung ist damit zugleich ein Test. Typische Kapselungen beziehen sich auf Räume oder den Einsatz von Methoden. So gibt es Unternehmen, die zunächst nur ein Team nach agilen Methoden wie Scrum arbeiten lassen, um deren Erfahrungen und Ergebnisse mit den anderen vergleichen zu können.

Im Unterschied zur Kapsel ist ein Pilot ein Großversuch, meist eher im technischen Bereich. Sicher gibt es aber Überschneidungen zur Kapselung. Auch Piloten lassen sich kapseln. Ich möchte die Trennlinie thematisch ziehen: Während die Kapselung einen geschützten Raum schafft, und das Wort Raum hier wörtlich zu nehmen ist, ist der Pilot ein Experiment. Das können neue Technologien oder auch Methoden sein. So kann es ein Pilotprojekt „Scrum" geben oder ein Pilotprojekt „Homeoffice" mit Arbeit per Fernsteuerung.

Weitere Beispiele:

- Neue Technologien, die die Zusammenarbeit verbessern, etwa Kollaborationssoftware einsetzen wie Just! (siehe auch Interview im Anhang) oder Yammer.
- Neue Technologien, die die Arbeit im Homeoffice erleichtern, im einfachsten Fall sind das die Fernsteuerung und Voice-over-IP.

- Neue Technologien, die die Meeting-Kultur verbessern, etwa von Citrix.
- Neue Entwicklungsverfahren

6.9.1 Wann umsetzen?

Kapselung ist ideal für größere Unternehmen, die sich nicht von heute auf morgen umstellen können und wollen. Wovon versprechen Sie sich viel? Was ist Ihr dringendstes Anliegen? Je nachdem bietet sich die Kapselung für das Thema Räume, Projektorganisation, Chefwahl oder auch Teamrecruiting an. Auch Experimente können einer Kapsel übergeben werden. Dann gibt es ein Team oder mehrere, die anders als bisher an die Produktentwicklung gehen und beispielsweise mit Design-Thinking arbeiten.

6.9.2 Wie umsetzen?

Je größer Ihr Unternehmen, desto besser sollte die Kapsel eingebettet sein in Ihre Kommunikation. Die anderen Mitarbeiter müssen verstehen, was und warum Sie etwas Neues aufbauen oder einbauen. Es darf kein Neid entstehen, etwa weil die Kapsel besser ausgestattet wird und mehr Komfort genießt. Das heißt nicht, dass die Kapsel sich nicht unterscheiden darf – im Gegenteil. Die Mitarbeiter müssen aber wissen, warum das so ist und welche Folgen es hat, wenn sich das Konzept bewährt, zum Beispiel dass das Kapsel-Prinzip dann generalisiert wird. Alle bekommen dann neue Büromöbel. Überall wird dann die Chefwahl eingeführt. Das wäre eine Möglichkeit, aber nicht die einzige. Neben der Generalisierung für das ganze Unternehmen kann es auch die für Teilbereiche geben. Aber auch hier muss klar sein, warum so entschieden wurde. Welche Kriterien setzen Sie an?

Das bedeutet auch, dass Sie die Kriterien transparent halten. Was wollen Sie mit der Kapselung herausfinden? Wie messen Sie den Erfolg? Wie dokumentieren Sie ihn?

6.9.3 Chancen und Risiken

Kapseln und Piloten sind wichtig, aber kein Erfolgsrezept für die Einführung von Agilität im gesamten Unternehmen. Denn Pilotprojekte haben wenig Abhängigkeiten, keine Wartung von Altlasten und ein motiviertes Team. Unter solchen Voraussetzungen funktionieren Experimente immer überdurchschnittlich gut. Deshalb besteht das Risiko, dass Kapseln und Piloten unrealistische Erwartungen wecken und die Sicht auf Probleme und Schwierigkeiten bei der flächenweiten Umsetzung trüben. Entscheidend für den nachhaltigen Erfolg sind Schnittstellen in das „richtige" Unternehmen – und eine realistische Einschätzung der Labor-Ergebnisse. Labor ist eben nicht Realität.

6.10 Konsultativer Einzelentscheid

> Hätte ich eine Stunde, um ein Problem zu lösen, so würde ich 55 min dafür aufwenden, es zu verstehen, und fünf Minuten, um eine Lösung zu finden.
> Albert Einstein

Entscheidungen haben viele Vorteile. Alle sind daran beteiligt und alle fühlen sich involviert. Einzelentscheide sind manchmal besser als ihr Ruf. So kann hier das spezielle Know-how einfließen, welches jemand im Unterschied zum Team besitzt. Zugrunde liegende agile Werte sind Offenheit, Mut, Respekt und Feedback.

Der konsultative Einzelentscheid verbindet das Beste aus beiden Welten. Er ist eine Form der Wissensentscheidung. Wissensentscheidung definiere ich im Unterschied zur Optionsentscheidung als Entscheidungsart, bei der es auf Know-how ankommt. Es handelt sich also nicht um eine Optionsentscheidung, bei der die Möglichkeiten sofort auf dem Tisch liegen. Die Frage, ob das Team am Wochenende Überstunden macht oder nicht, ist eine Optionsentscheidung. Die Frage, wie der Raum so umgestaltet werden kann, dass es Rückzugs- und Teamräume gibt, ist eine Wissensentscheidung. Letztere ließe sich mit einem konsultativen Einzelentscheid schneller, effektiver und zur Zufriedenheit aller lösen.

Ziel des konsultativen Einzelentscheids ist es, die Expertise und Kompetenz einer Person zu nutzen, dabei aber auch das Team einzubinden. Der konsultative Einzelentscheid ist abgeleitet aus dem japanischen Nemawashi. Das heißt wörtlich übersetzt so viele wie „um die Wurzeln gehen". Es geht also darum, die Wurzeln freizulegen, das, was die Entscheidung am Ende trägt, was sie stark macht und wachstumsfördernd.

Es ist eine Art auf den Kopf gestelltes betriebliches Vorschlagswesen, bei der eine Person bestimmt wird, die über eine bestimmte Fragestellung am besten entscheiden kann. Diese Person muss mit verschiedenen Personen konsultative Dialoge führen, entscheidet aber selbst – gestützt von der Gruppe. Durch dieses Prinzip sollen faule Kompromisse, oft das Ergebnis von Gruppenentscheidungen, vermieden werden. Die Verantwortung für den konsultativen Einzelentscheid übernehmen nicht immer Fachexperten oder erfahrene Mitarbeiter oder Führungskräfte, sondern Personen, die leichter Aufmerksamkeit erregen, weil sie gut vernetzt sind, oder eine hohe Anerkennung genießen – je nach Thema intern im Betrieb oder auch außerhalb bei den Stakeholdern.

Nemawashi ist in der japanischen Kultur eine verbreitete Methode, um den Boden für wichtige Entscheidungen zu bereiten. Entscheidungen sollen die Betroffenen langsam erarbeiten. Sie sollen dabei alle möglichen Optionen betrachten. Sobald die Entscheidung von der dazu bestimmten Person getroffen ist, gilt es, als Gruppe schnell und entschlossen zu handeln. Alle müssen dabei hinter dem Beschluss stehen.

6.10.1 Wann umsetzen?

Das eingangs erwähnte Zitat von Einstein sagt fast alles aus: Eine gute Entscheidung ist eine durchdachte Entscheidung. Der konsultative Einzelentscheid bietet sich immer dann an, wenn eine Entscheidung komplexer ist und mehr Know-how verlangt. Er kann der nächste Schritt nach dem Versuch eines Konsents sein, den ich unter Teamentscheidung ausführlicher beschrieben habe. Der Konsent ist ein Element aus der Soziokratie, die eine Form der Selbstorganisation von Gruppen darstellt.

6.10.2 Wie umsetzen?

Wichtige Entscheidungen können in mehreren Stufen verlaufen. In der ersten kann die Gruppe den Konsent-Prozess versuchen (siehe Teamentscheidung). Dieser Konsent folgt dem Prinzip der Entscheidung, die „gut genug" ist. Anschließend fragt die Gruppe oder ihr Moderator ab, ob jemand ablehnt. Es geht also um Veto, nicht um Zustimmung. Gibt es so ein Veto, kann der konsultative Einzelentscheid der nächste Schritt sein. Möglich ist auch, dass die Führungskraft ein Vetorecht hat.

Der konsultative Einzelentscheid sollte dann folgendermaßen verlaufen:

1. Definieren Sie, wer die von der Entscheidung betroffen ist, und beziehen Sie diese Personen mit ein.
2. Klären Sie, was entschieden werden muss. Beschreiben Sie die Grundzüge des Projektes in einer Skizze. Wie stellt sich die Ist-Situation dar? Was sind die Ursachen des Problems? Welche Kosten verursacht die aktuelle Vorgehensweise? Was könnten mögliche Maßnahmen sein?
3. Bestimmen Sie, welche Einzelperson die Entscheidung treffen soll, oder unterbreiten Sie einen Vorschlag von Kandidaten mit anschließender demokratischer Abstimmung.
4. Bestimmen Sie, welche Personen bei der Entscheidung gut beraten können und deshalb vom Einzelentscheider konsultiert werden sollten. Dies können bei komplexen Veränderungsvorhaben auch sehr viele Personen sein. Es kann sich um Personen innerhalb und außerhalb der Firma handeln. Geht es um Veränderung, steht die interne Sicht im Vordergrund. Geht es um den „Markt", um Produktentwicklungen etc., dann kann und sollte der Entscheider auch extern fragen.
5. Der Entscheider soll die Skizze gegebenenfalls erweitern und für seine Zielgruppe anpassen. Dann soll er zu den Betroffenen gehen und die Ergebnisse seiner Befragung aufschreiben. Gehen Sie als Entscheider zu jeder von der Veränderung betroffenen Person, falls es um Veränderungen geht, die alle betreffen, und stellen Sie ihr Ihre Überlegungen vor. Seien Sie bereit, Einwänden zuzuhören. Bei externen Vorhaben gilt das ganz genauso.
6. Der Entscheider des Einzelentscheids soll diese nach intensiver Befragung treffen und begründen. Dafür sollten die Betroffenen zusammenkommen.

7. Bei diesem Meeting gibt es eine Präsentation der Entscheidung vor den betroffenen Personen. Dies kann durchaus auch eine Großgruppe sein, wenn beispielsweise die Geschäftsführung als konsultativer Einzelentscheider agiert – was eine angemessene Möglichkeit bei strategischen Entscheidungen ist.
8. Alternativ kann in dem Meeting auch eine Entscheidung getroffen werden. Dann hat der Einzelentscheider vor allem die Recherchearbeit geleistet und Stimmungen eingeholt. Er hat weiterhin das Thema verdichtet und die Wissensentscheidung in eine Optionsentscheidung verwandelt.

Das Prinzip des konsultativen Einzelentscheids ist, dass alle Personen die Entscheidung mittragen. Sollte diese sich am Ende als falsch oder ungenügend herausstellen, gilt das Prinzip „mitgehangen, mitgefangen". Die Beteiligten hätten ja Vorschläge machen können oder aber mehr Konsultationen verlangen.

Es ist hilfreich, die Notizen der Befragungen zu verwahren, um darin den Prozess der Entscheidung deutlich zu machen. Eine viele Mitarbeiter betreffende, vielleicht auch mit einschneidenden Veränderungen verbundene Entscheidung wird erheblich besser aufgenommen werden, wenn der Entscheidungsprozess transparent gehalten ist. Nehmen wir das Beispiel Mitarbeiterentlassungen aufgrund von Umsatzeinbrüchen. Dies wird erheblich besser verstanden und aufgenommen, wenn die Mitarbeiter selbst es waren, die angesichts der Lage keine andere Alternative sahen. Nicht zuletzt kommen auf diese Weise kreative Vorschläge zutage, die selten sind, wenn man nur immer durch die gleiche Brille blickt.

6.10.3 Chancen und Risiken

Chance eines solchen Vorgehens ist die Einbindung aller Mitarbeiter auch in komplexe und schwierige Entscheidungen. Diese Vorgehensweise bietet sich deshalb auch für Inhaber kleinerer Firmen an, die mehr Partizipation üben wollen. Natürlich birgt sie das Risiko, dass die Entscheidungen, die der Einzelentscheider oder das Team am Ende treffen, der Organisationsleitung nicht gefallen. Wer dieses Risiko scheut, sollte allerdings auch die Finger von dieser Maßnahme lassen.

Langfristig dürften durch die Einbindung in wichtige Entscheidungsprozesse das generelle Engagement der Mitarbeiter steigen sowie die Identifikation mit dem Unternehmen.

6.11 Lean Management

In der agilen Peripherie kreisen weitere Methoden, die es bereits seit den 1990er Jahren gibt. Dem von Toyota entwickelten Lean Management werden viele Gemeinsamkeiten mit agilen Methoden wie Scrum zugesprochen [8]. Es verbindet eine gemeinsame

Entstehungsgeschichte und eine ähnliche Philosophie: Im Mittelpunkt stehen der Mensch und das Team. Sie kümmern sich um eine stetige Prozessoptimierung und Verbesserung. Stehenbleiben gilt nicht. In beiden Methoden sind zudem kurze Zyklen, Nachhaltigkeit und die Reduktion von Komplexität verankert. Sie spiegeln also den agilen Wert Fokus.

Der deutlichste Unterschied liegt im Anwendungsumfeld. Agile Methoden unterstützen die Entwicklung kundenindividueller Produkte. Lean Management zielt auf die Organisation der Serienproduktion.

In beiden Denkweisen spielen der Mensch und das Team sowie die kontinuierliche Verbesserung von Prozessen eine übergeordnete Rolle. Seit den 1990er Jahren zog des Lean Management in die Produktion ein, seit einigen Jahren verbreiten sich Lean-Ansätze auch im Dienstleistungsbereich. Von Toyota entwickelt, löste Lean den Taylorismus ab. In die Philosophie implementiert ist „Kaizen", was sich aus „Kai", also „Veränderung", und „Zen" also „zum Besseren", zusammensetzt. Womit wie beim nächsten Begriff wären, der kontinuierlichen Veränderung und Verbesserung, auch KVP. Kaizen ist nicht nur eine Methode, sondern mehr noch eine Geisteshaltung und Denkweise. Hier implementiert ist auch Kanban als Produktions-Kanban. Kanban heißt einfach Zettelchen. Es ist ein Hilfsmittel zur Sicherstellung der schlanken Produktion. Es gibt zahlreiche Ausbildungen in der Lean-Methodik. In manchen Umfeldern kann auch eine Kombination von Lean und Scrum sinnvoll sein. Ich möchte mich hier auf eine einfache Kaizen-Prozessschleife fokussieren, mit der Sie in der Küche beginnen können (kein Scherz!).

6.11.1 Wann einsetzen?

Lean Management gibt es für die Produktion und den Dienstleistungsbereich. Hier kann es auch mit Scrum und/oder Kanban kombiniert sein. Es bedeutet eine komplette Umstellung des Denkens und Handelns aller Mitarbeiter und setzt voraus, dass es einen Lean-Verantwortlichen gibt (ähnlich wie eine Scrum-Master bei Scrum).

6.11.2 Wie einsetzen?

Hier ein kurzer Prozess, den Sie schon ab morgen mit Ihrem Team in der eigenen Küche anwenden können – um die Zeit bis zur Anmeldung bei einer Schulung zu überbrücken:

- Sort: Weg mit den Dingen, die Du nicht mehr brauchst. Da wird im Küchenschrank einiges sein.
- Set in Order: Alles soll seinen Platz haben. Möglichst nahe an dem Ort platzieren, an dem Du es brauchst. Ein Handgriff zur Kaffeetasse ist besser als drei Meter laufen. Könnten die Tassen vielleicht gleich auf der Maschine stehen?

- Shine: Verbinde das Säubern mit der Wartung. Auch der Kaffeemaschine.
- Standardize: Erstelle Regeln, folge und verstärke sie. Zum Beispiel könnte jeder eine Woche lang für den Meeting-Kaffee zuständig sein, damit sich nicht jeder eine eigene Tasse holen muss und die Küche blockiert.
- Sustain: Sorge dafür, dass die Verbesserung zur Regel wird. Das ist so mit allen guten Dingen. Dranbleiben und schon nach der nächsten Verbesserung Ausschau halten.

6.11.3 Chancen und Risiken

Lean Management bietet viele Chancen für Einsparungen, berücksichtigt aber menschliche Aspekte oft zu wenig. So kann es sein, dass es zwar für einen Prozess effektiver ist, diesen so und nicht anders zu erledigen, der Mensch es aber anders gewohnt ist – und sich mit dem Gewohnten wohl fühlte. Deshalb kann „lean" leicht kalt daher kommen, wenn die Menschen nicht wirklich dafür begeistert werden und die Chancen erkennen.

6.12 Metakommunikation: Über das Reden reden

In diesem Buch haben Sie oft gelesen: Reflexion treibt Entwicklung. Reflexion verlangt, eine Metaebene einzunehmen. Das bedeutet, Sie steigen in einen Helikopter und schauen von oben auf etwas. Sie beobachten. Was nehmen Sie wahr?

Auf dieser Ebene wird Metakommunikation möglich. Sie können damit eine vorangegangene Diskussion, einen Workshop, einen Iterationszyklus oder eine andere Maßnahme von oben und mit Abstand betrachten. Das hilft, Kommunikation zu analysieren und besser mit den sich im Raum befindenden Emotionen umzugehen.

Metakommunikation ist also das Reden über das Wahrnehmen von Reden. Wir beobachten, was zwischen Sender und Empfänger passiert ist, und setzen uns damit auseinander. Wir sagen uns gegenseitig, wie wir das Gesagte empfunden haben. Metakommunikation erleichtert. Menschen sind es nicht gewohnt, über ihre Wahrnehmung offen zu sprechen, viele Dinge werden zurückgehalten.

6.12.1 Wann anwenden?

Am besten so oft wie möglich. Ohne Einschränkung. Denn durch Metakommunikation lernen alle.

6.12.2 Wie anwenden?

Metakommunikation sollte immer im Anschluss an einen Workshop, ein Meeting, einen Zyklus oder ein Projekt stattfinden. Anfangs ist ein Moderator hilfreich, der die

Metakommunikation in Fluss bringt und darauf achtet, dass alle in der Helikopter-Perspektive bleiben. So können auch Emotionen aufgefangen werden.

Hilfreiche Formulierungen zur Metakommunikation:

- „Auf mich hat unser Gespräch … gewirkt."
- „Mal angenommen, wir würden in einem Hubschrauber sitzen und hätten unsere Diskussion von oben betrachtet: Was hätten wir gesehen?"
- „Mal angenommen, unser Gespräch wäre auf Video aufgenommen worden. Bis wohin müssten wir zurückspulen, als die Diskussion lauter geworden ist?"
- „Welchen Titel würden Sie dem Film geben, den wir gerade gemeinsam gesehen haben?"
- „Wenn Sie in der Position eines Beobachters gewesen wären, was hätten Sie gesehen?"
- „Aus der Sicht eines Kritikers, was wäre Ihnen aufgefallen?"
- „Aus der Sicht eines Psychologen, was hätten Sie bemerkt?"
- „Was wäre Ihnen aufgefallen, wenn Sie ganz neu in der Gruppe wären?"
- „Wenn Sie einen Artikel schreiben müssten, was wäre die Headline?"
- „Stellen Sie sich vor, Sie wären ein Vogel. Wären Sie weitergeflogen und hätten sich auf einen Baum gesetzt, was hätten Sie beobachtet?"

6.12.3 Chancen und Risiken

Die absolute Chance der Metakommunikation ist die Erkenntnis. Allerdings gibt es auch Menschen, die sich schlecht in eine Metakommunikation einfinden können. Asperger-Autisten etwa können damit nichts anfangen, siehe dazu auch das Interview mit Auticon in Kap. 7. Sie würden bei der Helikopter-Frage des Bildliche nicht verstehen und nach dem Konkreten fragen. Akzeptieren Sie, dass die bildlicher Sprache nicht für jeden passt und nutzen Sie dann konkrete Fragen also statt „wenn Sie in der Position eines Beobachters gewesen wären" sagen Sie „beobachte bitte einen Tag lang, was Ihnen auffällt, wenn die Mitarbeiter miteinander sprechen."

6.13 Pairing

Vier Augen sehen mehr als zwei. Und zwei Experten schaffen mehr als einer. Aber warum sollen dabei immer die Rollen gleich verteilt sein? Abwechslung ist das Zauberwort. Es verhindert eingefahrene Strukturen und hierarchisches Denken. Und es fördert die Kommunikation.

Pair Programming, also paarweise Programmierung, ist eine Methode aus dem Extreme Programming, die Scrum ähnlich ist. Diese Methode lässt sich auch auf andere Bereiche außerhalb der Softwareentwicklung übertragen – immer dann, wenn zwei gemeinsam an etwas arbeiten. Das können zwei Personen aus derselben Disziplin sein,

6.13 Pairing

aber durchaus auch zwei Menschen aus komplementären Feldern. Warum hier der Designer und da der Texter? Wieso dort der Redakteur und hier der SEO-Spezialist? Indem man einen Teil der Aufgaben gemeinsam erledigt, entsteht oft mehr Kreativität. Natürlich darf man dabei den Wunsch nach Einzelarbeit und persönliche Kompetenzen nicht außen vor lassen. So schreibe ich einen Text schneller, wenn ich es alleine mache. Aber ich profitiere sehr vom zweiten Blick auf meinen Text. Und bei Themen wie Aufbau und Gliederung hilft mir der Austausch. So verhält es sich auch mit ihren Mitarbeitern. Pairing, die paarweise Zusammenarbeit, ist nur sinnvoll, wenn dadurch die Qualität der Arbeit erhöht werden kann.

Dabei gibt es zwei Ansätze:

- Pairing erster Art, um gemeinsam zu besseren Ergebnissen zu kommen. In dem Fall haben beide etwa gleich viel Erfahrung.
- Pairing zweiter Art, um einen neuen Kollegen, einen Lerner, zeitweise bei der Umsetzung und praktischen Anwendung zu unterstützen. Dann gibt es einen Pairing-Lerner und einen Pairing-Lehrer.

Extreme Programming folgendermaßen durchgeführt: Zwei gleichberechtigte Entwickler wechseln vom „Pilot" alle paar Minuten zum „Navigator" und umgekehrt. So entsteht ein Gemeinschaftswerk, bei dem jeder dem anderen spielerisch auf die Finger schaut – aber keineswegs um ihn zu kontrollieren, sondern um zu unterstützen. Aus dem „Extreme Programming" stammen auch die „Scrum Master Pairings". Bei alltäglichen Scrum-Master-Aufgaben ist ein erfahrener Kollege analysierend und Feedback gebend im Hintergrund. So lernen auch neue Scrum-Master schneller. Weiterhin kommt dies dem Ansatz der kontinuierlichen Verbesserung der eigenen Skills entgegen. Die coachenden Kollegen können dabei extern und intern sein.

Pairing ist in vielen anderen Kontexten sinnvoll, vor allem auch dann, wenn ein neuer Kollege etwas Gelerntes anwenden soll oder aber beim Learning by Doing. Dann rückt Pairing in die Nähe des Mentorings. Allerdings ist Mentoring eine Einrichtung, die aus hierarchisch strukturierten Unternehmen kommt. Sie ist mehr auf das gemeinsame Besprechen von Situationen und das Einführen in die Unternehmenskultur ausgerichtet. Sie ist weniger direkt auf das Feedbackgeben angelegt.

6.13.1 Wann sinnvoll?

Pairing erster Art: Sie möchten die Perspektiven von Fachexperten weiten und Kooperation fördern, sodass jeder auch vom Handwerk des anderen lernt und seinen interdisziplinären Blick und das Verständnis für Zusammenhänge schärft. Das ist überall da sinnvoll, wo ein gemeinsames Produkt geschaffen wird.

Pairing zweiter Art: Sie möchten neue Mitarbeiter auf neue Methoden schulen, etwa einen Scrum-Master einführen oder einen neuen Redakteur, einen Konstrukteur oder einen anderen „Lerner". Ihm einen erfahrenen Kollegen zur Seite zu stellen, ist auch deshalb sinnvoll, da die Kurse meist nicht ausreichen, das Handwerkszeug auseichend zu lernen. Auch neue Projektmanager, Teamleiter oder auch Vertriebler profitieren vom Pairing. Natürlich kostet es Geld, dieses ist aber mehr als sinnvoll investiert, wenn es hilft, Anfangsschwierigkeiten zu überwinden oder/und jemanden durch konkretes Feedback im Umgang mit neuen Situationen und der praktischen Anwendung zu schulen.

6.13.2 Wie umsetzen?

Wenn zwei gleichberechtigte Kollegen eng am selben Projekt zusammenarbeiten, ist es wichtig, darauf zu achten, dass die Rollen wechseln. Zum Beispiel führt eine Stunde Kollege A und eine Stunde Kollege B. Im Beispiel Grafik und Text würde eine Stunde der Kollege A mit seinem Textblick konkrete Ideen einbringen und eine Stunde Kollege B mit seinem Designblick. Wichtig ist, dass beide Seiten die Perspektive des anderen erst einmal bedingungslos annehmen und nicht „wegreden" mit „das ist nicht üblich" oder „geht nicht" und „macht man nicht". Vielmehr sollte der führende Kollege Ideen einbringen und der umsetzende Kollege diese annehmen, wohlwollend, hinterfragend und mit dem Bestreben, die Sichtweise des anderen komplett zu verstehen.

Bei der zweiten Anwendung gilt: Schaffen Sie Zeit und Raum für den Pairing-Lehrer. Überlegen Sie, welche Person, diese Rolle sinnvoll ausüben kann und will. Eventuell ist ein erfahrener externer Berater oder Moderator für die Anwendung von Soft Skills im Kommunikationsbereich die bessere Wahl, wohingegen bei fachlichen Themen die interne Lösung sinnvoll ist. Planen Sie das Pairing zweiter Art für einen längeren Zeitraum, zum Beispiel einen Monat oder einen Tag pro Woche über drei Monate. Das ist vor allem sinnvoll, um Verhalten zu lernen und zu verankern.

Egal, in welchem Kontext er tätig wird, der Feedbackgeber sollte das Feedbackgeben gewohnt sein. Dafür ist es sinnvoll, dass die Pairing-Lehrer ein Bias-Training erhalten haben, also wissen, welchen Wahrnehmungsverzerrungen sie unterliegen.

6.13.3 Chancen und Risiken

Ohne klare Regeln besteht die Gefahr, dass im Pairing Konflikte entstehen. Es muss eine gute und faire Kultur der Kooperation bereits geben. Fehler müssen normal sein, der Austausch auf Augenhöhe üblich.

6.14 Persönlichkeitstests

Wie ticken meine Mitarbeiter? Was treibt sie an, etwas zu tun? Wer sich und die anderen kennt, reduziert damit Komplexität – läuft aber immer auch Gefahr zu vereinfachen. Dennoch rate ich Ihnen, sich mit den Persönlichkeiten in Ihrem Team zu beschäftigen und

6.14 Persönlichkeitstests

Ihre Persönlichkeit als Chef in diese Betrachtungen mit einzubeziehen. Je mehr Sie über sich und die anderen wissen, desto besser. Auch wenn Sie sich immer bewusst sein sollten, dass es immer nur einen Ausschnitt der Persönlichkeit geht. Mehr über Persönlichkeit zu erfahren – dahinter stecken die Werte Einfachheit, Kommunikation und Respekt.

In diesem Buch habe ich Ihnen bereits einige Ansätze vorgestellt. Sie haben den Eigenschaftsansatz kennengelernt, der sich in den Big Five spiegelt. Sie haben sich mit Motiven, Werten und Ich-Entwicklung beschäftigt. Alle diese Ansätze werfen ein Licht auf den Mensch im Mitarbeiter. Sie sind aber nie allein und losgelöst von der Gruppendynamik zu betrachten. Erinnern Sie sich an den Satz „Das Ich kommt aus dem Wir". Das betone ich, weil ich oft eine zu starke Reduktion sehe. Da wird ein Test gemacht und wenig dazu erklärt. Betrachten wir das einmal das Wertequadrat nach Friedemann Schultz von Thun, nach dem jedes Gewicht ein Gegengewicht hat und jeweils seine Übertreibung. Das Gegengewicht zu Komplexität ist Vereinfachung. Die Übertreibung der Vereinfachung ist die künstliche Reduktion. Diese müssen Sie verhindern.

Welche Testverfahren sinnvoll sind, hängt vom Standort und der Erfahrung Ihrer Mitarbeiter ab. Menschen mit sehr wenig Testerfahrung bevorzugen oft das bunte, Plakative. Sie wollen sagen: „Ich bin ein Roter oder Blauer." Aus meiner Sicht ist das natürlich nur bedingt erstrebenswert – aber am Anfang auch kaum vermeidbar.

Eine Alternative liegt darin, mit Gruppenfeldern statt mit echten Tests zu arbeiten. Dafür zeichnen Sie das Modell auf und leiten die Teilnehmer mit Fragen zu einer eigenen Antwort. Das hat den Vorteil, dass Sie dadurch die gesamte Gruppe aktivieren und einbinden. Dies gelingt etwa bei den Teamrollen, den Big Five und dem Thomann-Riemann-Modell gut. Ich beschreibe unter „Wie anwenden" beispielhaft den Einsatz der Big Five.

Bei der Spalte Fokus sei erinnert an die Formel Leistung = Wollen × Können × Dürfen. Tab. 6.7 gibt eine Übersicht über Persönlichkeitstests und -Tools.

6.14.1 Wann und wie anwenden?

Big Five: Diese Methode füllt, wenn Sie sie detailliert durchgehen, einen halben bis einen ganzen Tag. Ziel sollte es sein, sich gegenseitig besser kennenzulernen und mit Konfliktsituationen durch Gegensätze anders umzugehen. Die Methode eignet sich auch, wenn Sie für das Teamrecruiting ermitteln wollen, welche Kräfte der Gruppe fehlen.

Malen Sie eine Tabelle an das Flipchart oder bauen Sie ein Modell mit Klebestreifen und Beschriftungen auf dem Boden. Sie können nur die Haupteigenschaft herausnehmen oder auch alle Unterpunkte. Erklären Sie die Gegensätze. Konstruieren Sie dazu Fragen, bei denen Sie sich an der Tabelle orientieren. Bei „Sucht Veränderung" formulieren Sie „Ich suche Veränderung" und „Ich will bewahren" als Gegensätze. Erläutern Sie dazu:

- Wenn Sie stark einer Seite zustimmen, vergeben Sie 2 Punkte, wenn Sie weder noch sagen 0 Punkte, bei geringer Zustimmung in die eine oder andere Richtung 1 Punkt.

Tab. 6.7 Übersicht Persönlichkeitstests

Test/Tool	Fokus auf	Vorteil	Misst	Empfehlung
Belbin® Teamrollen	Wollen/Dürfen	Etabliert, Fokus auf Team	Rollenpräferenzen	Gut als Gruppenfeld nutzbar
Big Five (versch. Varianten)	Wollen/Dürfen	Wissenschaftlich	Persönlichkeit	Für unerfahrene Teams eine erste Hilfe
DISG®/DISC®	Wollen/Können	Plakativ durch Farben	Persönlichkeit	Hoch, Erkenntnis des anderen
KODE®	Können	Fokus auf Entwicklung	Kompetenzen	Eher für die Entwicklung von Individuen
MBTI® oder Keirsey	Wollen	Plakativ durch Buchstaben	Typologie/Typenindikator	Mittlere Reifestufen, umstritten
MSA®	Wollen	Teamauswertung	Motive	Höhere Reife, setzt Selbstreflexion in Gang
TMS® (Team Management Rad) Margeris-on McCann	Wollen/Können	Fokus auf Team, ähnlich Belbin	Rollenpräferenzen	Wie Belbin

Gehen Sie dies für alle 5 × 5 Aussagen durch. Am Ende soll jeder Teilnehmer sein Ergebnis ausrechnen und grüne Punkte kleben. Wo steht er? In diese Punkte kann er ein Kürzel seines Namens schreiben, damit sie später zuzuordnen sind.

Am Ende haben Sie ein Gruppenfeld, das zeigt, wo die einzelnen Teammitglieder nah beieinander und wo sie weit auseinander liegen. Fragen Sie, welche Punkte für die Ziele des Teams besonders relevant sind:

- Wie wirken sich die Gegensätze in der praktischen Arbeit aus?
- Welche konkreten Situationen gab es, die auch Konflikte zeigen?
- Was ist die Kraft, die in den beiden Polen liegt?
- Wie kann die Zusammenarbeit zwischen den unterschiedlichen Polen gestärkt werden?
- Akzeptieren die Teilnehmer, die in einem extremen Bereich liegen, die jeweils andere Seite? Erläutern Sie das Thema Ich-Projektion: Akzeptiert also ein sehr kreativer Mensch die Beständigkeit des Gegenübers? Toleriert er diese Bereiche? Oder wertschätzt er sie sogar?

Tab. 6.8 zeigt die Big-Five-Eigenschaften.

Tab. 6.8 Big Five

Eigenschaft/Pole	Linke Seite	Rechte Seite
Offenheit für neue Erfahrungen vs. Tradition	1 Sucht Veränderung 2 Hat eine große Vorstellungskraft 3 Ist aufgeschlossen für alles Neue 4 Besitzt Fantasie 5 Liebt Komplexität/Abstraktion	1 Will bewahren 2 Sucht Praktikabilität 3 Sucht das Beständige 4 Bleibt bei den Fakten 5 Liebt Klarheit/Einfachheit
Gewissenhaftigkeit vs. Flexibilität	1 Ist verlässlich 2 Strukturiert 3 Planvoll 4 Genau 5 Will sich ständig selbst verbessern	1 Interpretiert Vereinbarungen freier 2 Ist flexibel 3 Spontan 4 Oberflächlich 5 Ist zufrieden mit dem Ist
Extraversion vs. Intraversion	1 Ist kontaktfreudig 2 Herzlich 3 Außengerichtet 4 Hat ein hohes Tempo 5 Ist durchsetzungsstark	1 Ist zurückhaltend 2 Verhalten 3 Innengeleitet 4 Hat ruhiges Temperament 5 Sieht Durchsetzung nicht als Mittel
Verträglichkeit vs. Eigenwille	1 Ist ausgleichend 2 Altruistisch 3 Harmonieorientiert 4 Anpassungsfähig 5 Hat eigenen Kopf	1 Geht in Konfrontation 2 Selbstbezogen 3 Streitet schon mal 4 Eigenwillig 5 Schließt sich Mehrheiten an
Stabilität vs. Sensibilität	1 Sicher 2 Sorgenfrei 3 Experimentierfreudig 4 Erholt sich schnell von Rückschlägen 5 Robust	1 Zweifelt oft 2 Macht sich Gedanken 3 Ist vorsichtig 4 Braucht Erholungszeit 5 Empfindsam

6.14.2 Chancen und Risiken

Risiken gibt es kaum, wenn die Übung korrekt durchgeführt wird und der Moderator ausreichend Erklärungen zum Modell parat hat. Die dialektische Sicht muss eingeführt werden. Weiter muss der Moderator erklären, dass es gesellschaftliche Bewertungen von der einen oder anderen Seite gibt. Wenn man jemand auf der Straße fragen würde: „Sind Sie offen", würden die meisten wohl sagen: „Ja" – sind es deshalb aber nicht. Bedeutet: Schaffen Sie ein Klima, in dem nicht die eine oder andere Sicht als wichtiger betrachtet wird. Sie können beispielsweise auch erklären, dass es Studien gibt, nach denen ein Team ein ausgewogenes Verhältnis aus offenen (kreativen) und bewahrenden Personen braucht – und das es für das Gesamtergebnis besser ist, wenn nicht alle kreativ sind.

Interessant kann es sein, im Nachgang selbst einen echten Test durchzuführen. Da es unterschiedliche Big-Five-Tests gibt, kann das Ergebnis sich in der Einzelaussage unterscheiden, im Grundtenor wahrscheinlich nicht. Kostenlose Big-Five-Tests bietet zum Beispiel das Portal www.opentest.ch.

6.15 Raumkonzepte

Raum als Konzept, gar als Maßnahme oder Methode für agiles Arbeiten? Was sich zunächst befremdlich anhört, ist bei näherer Betrachtung ein zentrales Element der Arbeit der Zukunft unter agilen Vorzeichen. Räume bestimmen die Art, wie Menschen zusammenarbeiten. Sie fördern Kooperation und Kreativität – oder unterbinden sie. Die Auswirkungen von Raum- und Arbeitsgestaltung untersucht das Fraunhofer Institut seit Jahren – und bestätigt beispielsweise, dass flexible Räume mit geringer Dichte positiv auf Zufriedenheit und Leistung wirken. Erst recht, wenn Menschen seltener im Büro sind als früher [2].

In Räumen stecken zudem Werte und die Unternehmensgeschichte. Deshalb verwundert es nicht, wenn Raumänderungen fast revolutionären Charakter bekommen. Sie sind offensichtlicher Teil eines Kulturwandel-Prozesses – und ihre Veränderung oder gar Neugestaltung sollte ebenso durch Kommunikationsmaßnahmen begleitet werden wie jede andere Veränderung auch. Räume sind im Sinne von Ed Schein auch Artefakte!

Noch 40 % der Erwerbstätigen arbeiten in Deutschland an einen traditionellen Büroarbeitsplatz in einem Einzel- bis Viererbüro. Sie haben einen Schreibtisch und kehren jeden Tag an ihren Arbeitsplatz zurück, der nicht selten mit persönlichen Gegenständen wie dem Foto der Kinder geschmückt ist. Diese Arbeitsplätze sind nicht förderlich für die Zusammenarbeit, vor allem nicht die abteilungsübergreifende, interdisziplinäre. Dazu bestehen anonyme Großraumbüros, in denen kein Telefonat privat ist. Diese Arbeitsplätze wiederum bieten keine Privatsphäre. Vor allem introvertierte Mitarbeiter können hier nicht konzentriert genug arbeiten.

Beide Arbeitsplatzkonzepte sind nicht mehr zeitgemäß. Laut einer Citrix-Studie von 2014 kommen auf zehn Mitarbeiter 7,9 feste Arbeitsplätze bis 2020. Das heißt, die Zahl der festen Arbeitsplätze nimmt ab, weil Menschen öfter im Homeoffice arbeiten oder unterwegs tätig sind. Zugleich unterstreicht die Forschung einen hohen Zusammenhang zwischen unternehmerischer Innovationskraft und Interaktion, räumlicher Nähe und Kooperation. Genau diese Punkt sind aber spezifisch für agiles Arbeiten.

Ein offenes Raumkonzept fördert Interaktionen ebenso wie Rückzug. Es stellt sich auch auf die unterschiedlichen Bedürfnisse nach Meetingräumen ein. Weiterhin gibt es offenere und vertraulichere Zonen. Viele Beispiele können Sie bei Citrix im Project-Workplace (www.citrix.de) ansehen. Das Unternehmen hat sich früh durch technologische Neuerungen auf die neuen Anforderungen an Räume eingestellt. Citrix hat sich auch aus technologischer Sicht mit Raumgestaltung beschäftigt und die Bedeutung moderner Technologie hervorgehoben [6].

6.15.1 Wann umsetzen?

Wenn sich Ihr Unternehmen verändert und offener werden soll, wenn Sie Interaktion fördern und gleichzeitig Ihre Arbeitgeberattraktivität für die junge Generation erhöhen wollen, ist es Zeit, über neue Räume nachzudenken. Dabei können Sie durchaus mit Teilbereichen angefangen. Das Hamburger Unternehmen Otto hat zum Beispiel erst einmal den IT-Bereich umgestaltet.

6.15.2 Wie umsetzen?

Das ideale Raumkonzept berücksichtigt die unterschiedlichen menschlichen Bedürfnisse und setzt auf psychologischen Erkenntnissen auf. Menschen brauchen Gemeinschaftsräume, aber auch Rückzugsmöglichkeiten. Welche Räume ideal sind, hängt auch mit der Tätigkeit zusammen. Es gibt Persönlichkeiten, die arbeiten besser allein und brauchen Ruhe, andere blühen auch bei einem höheren Geräuschpegel auf. Die unterschiedlichen Bedürfnisse lassen sich inzwischen sogar in einem Großraumbüro vereinen. Es sollte Rückzugsräume für kleine und große Besprechungen geben und natürlich die Technik, die es überall ermöglicht, auch entfernt arbeitende Kollegen in einem Meetingraum dazuzuschalten.

Ohne einen kompetenten Innenarchitekten und Büroraumplaner, der bereits einige Erfahrungen in diesen neuen Raumkonzepten einbringt, geht es im größeren Rahmen kaum. Im kleineren kann manchmal schon das Umgruppieren von Tischen viel bewirken.

Binden Sie bei der Umgestaltung die Mitarbeiter ein. Wie möchten diese sitzen? Sie können zum Beispiel in einem Workshop ideale Raumkonzepte zeichnen lassen. Das können Sie daran binden, dass die Kosten begrenzt sein sollen – oder dass die Mitarbeiter nur mit den vorhandenen Möglichkeiten planen sollen. Bevor sie loslegen, sollten Sie die Kriterien gemeinsam festlegen. Sammeln Sie die Wünsche aller Mitarbeiter am Flipchart. Bilden Sie daraus gemeinsam Kriterien, denen alle zustimmen. Und dann geht's los … Sie werden staunen, wie viel Kreativität Sie auf diese Art freisetzen. Auf diese Weise ist jeder eingebunden in das Projekt. Und allein das gibt einen Riesenschub – auch dabei, schwierige Herausforderungen zu lösen, wie den Wunsch von Einzelnen, sehr ruhig zu sitzen – wohingegen andere lieber in den Austausch wollen.

6.15.3 Chancen und Risiken

Wie Sie es nicht machen sollten, erzählte mir kürzlich ein Konzernkunde. Führungskräfte, die bisher in Einzelbüros entsprechend der Hierarchie untergebracht waren, sollten von einem Tag auf den anderen plötzlich zusammen mit ihren Mitarbeitern in einem offenen Raum sitzen und arbeiten. Das sei die neue Kultur und man habe sich zu fügen. Für die Führungskräfte bedeutete das die Aufgabe von Privilegien, es kam zu erheblichen

Problemen und großen Protesten. Schließlich musste die Raumänderung teilweise rückgängig gemacht werden. Diejenigen, die besonders laut protestierten, bekamen recht.

Ich hörte aus den Schilderungen eine blau-orange geprägte Kultur heraus: Wer Leistung gebracht hatte, der wurde dafür mit Privilegien belohnt. Gleichheit und Wir-Kultur spielten außer in den Köpfen des weit entfernt sitzenden Vorstands noch keine Rolle. So konnte das Vorhaben nur scheitern. Räume müssen zu den Werten passen!

6.16 Relative Ziele

Nächstes Jahr erreichen Sie bitte zehn Prozent mehr! Wenn Sie das schaffen, erhalten Sie einen Bonus. Ob Sie das schaffen, ahnen Sie im Laufe des Jahres, wenn Sie überhaupt noch daran denken. Korrigiert wird die Zielvereinbarung jedenfalls in aller Regel nicht. Gemessen wird der Erfolg mit eher fantasielosen und ausdrucksstark benannten Key-Performance-Indikatoren (KPI) wie „Marktanteil". Was nützt eine Marktanteilssteigerung in einem Markt, der ohnehin wächst?

Management-by-Objectives arbeitet mit festen Zielen. Feste Ziele haben aber viele Nachteile. Sie sind wenig flexibel und werden oft viel zu langfristig festgelegt, außerdem sind sie häufig theoretisch und haben jenseits der täglichen Entwicklungen allein aufgrund ihrer Gültigkeitszeiträume Bestand.

Die Abstände zwischen Zielfestsetzung und Zielüberprüfung sind viel zu lang. Wenn der Mitarbeiter nur einmal jährlich Ziele festlegt und diese überprüft, verliert er sie leicht aus den Augen. Anpassung an neue Bedingungen ist so nicht möglich. Feste Ziele passen also auch nicht zu einer komplexeren Arbeitswelt.

Relative Teamziele unterscheiden sich in drei wesentlichen Punkten von festen Zielen und sind deshalb eine zeitgemäße Alternative dazu. Erstens fokussieren sie sich auf die Ebene des Teams. Es sind also Wir-Ziele. Zweitens sind sie nicht fix, sondern variabel. Drittens suchen Sie sich klare und sinnvolle Vergleichsgrößen. Auch diese Vergleichsgrößen sind veränderbar und keine unumstößlichen „KPIs". Relative Ziele entsprechen den agilen Werten Einfachheit und Fokus.

Relative Ziele fordern ein Umdenken in der Organisation sowie einen konsequenten Umgang mit der neuen Relativität. Man kann es ein wenig mit der iterativen Planung im Projektmanagement vergleichen: Schleifen aus Zielfindung und Zielanpassung wiederholen sich. Der Kerngedanke dahinter ist der einer ständigen Selbstverbesserung unter Anpassung an die aktuellen, sich verändernden Bedingungen.

Erfinder der relativen Ziele ist der Autor und Managementberater Niels Pfläging [10, 11]. Pfläging fordert, dass Entscheidungen dort stattfinden, wo sie am besten getroffen werden können – in den Teams selbst. Von Führungskräften verlangt er wiederum – wie bei allen agilen Maßnahmen –, Verantwortung in die Teams zu übertragen. Und dabei Vertrauen in die Selbstverbesserung der Teams zu beweisen. Er fordert keine Abschaffung von Führung, aber eine Neudefinition von deren Aufgabe weg vom Command & Control hin zum Dialogpartner.

6.16 Relative Ziele

Was sind nun relative Ziele? Es sind Ziele, die sich Teams selbst geben. Diese müssen relevant sein, variabel, sich messen lassen, außerdem herausfordernd sein.

6.16.1 Wann umsetzen?

Relative Ziele lassen sich in jedem Kontext umsetzen. Einzige Voraussetzung ist die Funktionalität eines Teams. Das Team muss willens sein, sich selbst zu verbessern. Aber auch in noch weniger entwickelten Umfeldern passt eine andere Zielkultur. So lassen sich Zyklen für die Zielüberprüfung deutlich verkürzen, etwa von einem Jahr auf drei Monate. Weiterhin kann es ein erster Schritt sein, Teamziele zu definieren, Einzelziele aber zunächst noch zu erhalten. Auch deren Festlegung kann aber in der Hand des Teams liegen. So kann jedes Teammitglied in der Gruppe auch Einzelziele besprechen und festlegen.

6.16.2 Wie umsetzen?

Es ist Sache des Teams, eigene Leistungsindikatoren festzulegen und sich zu fragen:

- Woran merken wir, dass wir erfolgreich gearbeitet haben?
- Woran merken es Kunden?
- Worin wollen wir besser werden?

Das Team entscheidet so selbst über Indikatoren und setzt eine eigene Messlatte zur Selbstverbesserung. Es legt dann auch selbst die konkreten Ziele fest. Zugrunde liegen die Vision des Unternehmens und dessen Strategie. Das bedeutet auch, dass hierüber Klarheit herrschen muss. Ohne eine klare und motivierende Unternehmens-Vision ist diese Form der Selbstführung durch flexible Ziele kaum möglich.

Mögliche Teamziele sind:

- Verbesserung zur Vorjahres- oder Vormonatsleistung
- Verbesserung im Vergleich zu einem anderen Team
- Verbesserung im Vergleich zu einem Team beim Wettbewerber

Haben die Teams ihre Ziele festgelegt, sind sie frei darin, was sie tun, um diese zu erreichen. Das ist ihr Aktionsplan. Hier heißt es für Sie als Führungskraft, loslassen und darauf vertrauen, dass Motivation zur Selbstoptimierung auch ein Selbstzweck ist. Menschen möchten sich verbessern – erst recht, wenn sie in einem Klima arbeiten, in dem Verbesserung positiv bewertet wird. Dieses Klima zu entwickeln, ist dann Ihre eigentliche Führungsaufgabe.

Das Team entscheidet also auch über die Maßnahmen zur Zielerreichung. Es wählt Aktionen mit der höchsten Erfolgswahrscheinlichkeit aus. Pfläging empfiehlt, einen Report über die ausgewählten Ziele erstellen zu lassen, den das Team dem Management präsentiert. Es sollte hier formulieren, wie sein Aktionsplan aussieht und was das auch für Veränderungen im Team bedeutet. Selbstverständlich sollten und müssen Sie mit dem Team darüber diskutieren, nachfragen und selbst Anregungen geben. Doch auch Änderungen sollte das Team selbst vornehmen.

Dann beurteilt das Team gemeinsam die Entwicklungen seines Plans. Es berät und entscheidet über Anpassungen der Ziele oder Maßnahmen. Die Anpassung von Zielen und Maßnahmen dokumentiert das Team und präsentiert sie der Führungskraft.

Passt das, was das eine Team macht, zu dem Vorgehen der anderen Teams? Pfläging schlägt übergeordnete Gremien vor. In diesen lässt sich das Zusammenwirken der Ziele unterschiedlicher Teams beobachten und gegebenenfalls koordinieren.

Kurze Zeiträume sind für die Zielreflexion wichtig, etwa alle drei Monate. Die Häufigkeit dieser Überprüfungsrunden hängt aber auch davon ab, ob es Ereignisse und Vorkommnisse gab, die eine Anpassung erfordern. Die Zielreflexion könnte Teil einer Retrospektive sein.

6.16.3 Chancen und Risiken

Wenn Mitarbeiter an Zielen arbeiten, mit denen sie sich identifizieren und die sie sich selbst gesetzt haben, sind sie motivierter. Das arbeitet vor allem dem agilen Wert „Fokus" zu. Wer sich auf Ziele konzentriert, ist automatisch fokussierter und mehr im Flow.

Risiken liegen nur in einer inkonsequenten Umsetzung in dysfunktionalen Teams. Wenn Teammitglieder inoffiziell am eigenen Fortkommen arbeiten und im Unternehmen Ego-Ziele nach wie vor auf einer informellen Ebene geduldet sind, kann diese Form der Zielsetzung nicht funktionieren. Lesen Sie dann noch einmal den Abschn. Kulturwandel 5.7.

6.17 Reflexion und Teamfaktorenreflexion

Reflexion meint prüfendes und vergleichendes Nachdenken. Das Geschehene soll einschließlich der gemachten Erfahrungen bewusst Revue passieren. Der Fokus liegt dabei auf der Zusammenarbeit, einem Entwicklungsthema – etwa Führung oder Selbstorganisation – oder den Prozessen. Im letzteren Fall handelt es sich um eine Retrospektive als Form der Reflexion, dazu mehr im nächsten Abschnitt.

Beim Reflektieren ist es wichtig, alle Seiten zu beleuchten, positive und negative. Oftmals gleichgesetzt mit Reflexion wird der Begriff Reflexivität. Reflexion beschreibt das Tun. Im Gegensatz dazu besagt Reflexivität das Ausmaß, in dem Teams und Gruppen gesteckte Ziele, Entscheidungsprozesse und Strategien reflektieren, kommunizieren und sie den aktuellen Gegebenheiten anpassen. Diese Methode entspricht den agilen Werten Kommunikation, Feedback und Respekt.

Eine gelungene Reflexion in der Gruppe erfordert Offenheit von allen sowie den Willen, sich verbessern zu wollen, und Regelmäßigkeit. Die im nachfolgend vorgestellten Retrospektiven sind eine Form der Reflexionsarbeit, die sich auf vorherige Projektzyklen bezieht. Es sind dann regelmäßige Rückblicke auf den letzten Zyklus. Aber auch wenn Sie nicht projektorientiert arbeiten, sind Reflexionsrunden sinnvoll – etwa als feste Zehnminuteneinheit nach Teambesprechungen. Eine Reflexionsrunde kann aber auch ad hoc einberufen werden.

Gemeinsame Reflexion ist darüber hinaus in schwierigen Situationen hilfreich, etwa wenn es Konflikte gibt oder Meilensteine zeitlich nicht eingehalten werden.

6.17.1 Wann anwenden?

Reflexionen müssen fester Bestandteil der gemeinsamen Zusammenarbeit sein. Sie können zum Beispiel wöchentliche Meetings abschließen. Themen der Reflexion sind die Zusammenarbeit, der Fortschritt, die Teamkultur und der Umgang miteinander.

6.17.2 Wie anwenden?

An Reflexionen sollte das ganze Team oder gesamte Führungskreis teilnehmen. Machen Sie eine Blitzlichtrunde und bitten Sie um ein kurzes Statement von jedem. Vor, beim oder nach Ihrem Statement können alle entsprechend ihrer Zufriedenheit ihren Daumen kurz nach oben, seitlich oder unten halten. Alternativ machen Sie eine Skalenabfrage von eins bis zehn und schreiben Sie die Zahlen für alle sichtbar auf das Whiteboard.

Reflektieren ist für viele ungewohnt. In den meisten Fällen gibt es eine Person, für die das Sprechen über Erfahrungen und eigene Einschätzungen neu und vielleicht sogar befremdlich ist. Deshalb ist es entscheidend, die Ziele der Reflexion vorab zu benennen. Moderieren Sie diese: „Wir wollen einen Blick auf die positiven und schwierigen Seiten werfen und danach Alternativen und Optimierungspotenziale entwickeln. Dadurch wollen wir unsere Zusammenarbeit verbessern." Sachlich orientierte Personen schätzen es sicher, wenn sie hören, dass Reflexion und die Leistungsfähigkeit in Teams nachweisbar Hand in Hand gehen – die Zeit ist nicht verschwendet, sondern investiert.

Der Reflexionsprozess braucht Regeln wie „aussprechen lassen" oder „nicht bewerten". Es ist wichtig, diese Regeln vor dem Beginn der Reflexionen gemeinsam zu entwickeln und jederzeit vor Augen zu haben, etwa als Plakat für alle zu platzieren. Ich rate dazu, die Ergebnisse – also gemeinsamen Vereinbarungen – einer Reflexion stets am Flipchart festzuhalten. Auch die einfache Skalenabfrage – wo stehen wir? – sollten Sie bei der nächsten Reflexion wieder aufgreifen. Achten Sie darauf, dass Sie als Leiter und Moderator sich ebenfalls zu den Punkten äußern.

6.17.3 Teamfaktorenreflexion

Eine etwas komplexere Form der Reflexion ist die Teamfaktorenreflexion, die natürlich auch als Retrospektive eingesetzt werden kann. Abb. 6.4 zeigt eine mögliche visuelle Darstellung einer Teamfaktorenreflexion.

Dafür brauchen Sie etwas mehr Zeit, je nach Teamgröße kann ein halber Tag angebracht sein, bei großen Gruppen auch ein ganzer Tag. Dabei malen Sie auf dem Flipchart ein Viereck mit einem Kreis und ein Dreieck auf, die ineinander verschachtelt sind. Das Dreieck stellt die Grundlagen der Zusammenarbeit dar: Fähigkeiten, Vorgehensweisen, Regeln. Der Kreis zeigt die dynamischen Elemente, Beziehungen, Rollen und Ziele sowie Aufgaben. Das Viereck wiederum symbolisiert den Rahmen, in dem die Zusammenarbeit stattfindet. Hier finden sich Einflüsse von außen und Schnittstellenthemen zu anderen Teams und Abteilungen.

Nun soll jedes Teammitglied alle Aspekte bewerten. Dafür stellen Sie als Moderator Fragen, die Sie individuell formulieren oder auf eine allgemeinere Ebene ziehen. Beispielfragen zu Rollen: Wie erleben wir die Rollenverteilung? Passt diese zu den Personen? Beachten wir die Stärken ausreichend?

Ziel ist es, dass jeder zu seiner Bewertung etwas sagt und sie begründet. Dadurch öffnen sich verschiedene Sichtweisen. Am Ende vereinbaren Sie gemeinsam, welche Konsequenzen Sie aus Ihrer Teamfaktorenanalyse ziehen.

Abb. 6.4 Teamfaktoren

6.17.4 Chancen und Risiken

Diese Methode hat keine Risiken, sofern Sie gut moderiert wird und die Konsequenzen besprochen. Wichtig auch: Ein Folgetermin muss vereinbart sein.

6.18 Retrospektiven

Retrospektiven sind strukturierte Prozessreflexionen. Im Scrum und anderen agilen Vorgehensmodellen sind sie fest verankert. Es sind dort Ex-post-Analysen von Arbeitsprozessen, deren Grundsatz lautet, dass jede Meinung wichtig ist und jeder zu Wort kommen muss. Retrospektiven finden im agilen Projektumfeld gewöhnlich alle zwei bis drei Wochen statt. Dabei kommen kurze und umfangreichere Varianten zum Einsatz. Längere Retrospektiven sollten außerhalb des gewohnten Umfelds stattfinden, damit die Teammitglieder einmal ganz abschalten können. Retrospektiven erhöhen auch außerhalb des Projektumfelds die Reflexivität und damit Reife eines Teams. Sie empfehlen sich deshalb für jedes Team mindestens zwei- bis viermal im Jahr. Für Retrospektiven gibt es ganz unterschiedliche Formate, beispielsweise einfache strukturierte Meetings oder Open-Space-Varianten. Was sinnvoll ist, hängt von der Größe der Gruppe und von der Häufigkeit ab. Abwechslung belebt. Wer bereits viele Retrospektiven erlebt hat, braucht auch einmal eine neue Variante oder ein anderes Format.

Unterscheiden Sie Lang- und Kurzretrospektiven. Möchten Sie Retrospektiven für die Verbesserung Ihrer Zusammenarbeit außerhalb eines Scrum-Kontextes nutzen, bietet sich ein monatlicher Rhythmus für Kurzretrospektiven an. Langretrospektiven sollten zwei- bis viermal jährlich stattfinden, möglicherweise in größerer Runde als die Kurztreffen.

Dabei gilt: Am Anfang braucht die Retrospektive mehr Raum als in einer späteren Phase. Das können Sie gut mit dem Tuckmann-Modell gewährleisten. Wenn Sie in die Performingphase eingetreten sind, bedeutet dies natürlich nicht, dass Sie sofort aufhören zu reflektieren – aber die Reflexionsschleifen müssen weniger dicht aneinander liegen.

Ich stelle Ihnen an Scrum angelehnte Methoden vor, die auch jenseits eines klassischen Projektkontextes und außerhalb der Softwareentwicklung funktionieren. Die Begrifflichkeiten habe ich dafür etwas abgewandelt.

6.18.1 Wann umsetzen?

Retrospektiven bieten sich immer an. Allerdings sollte Ihre Rolle als Teamleiter oder Führungskraft klar sein. Das Team muss wissen, was Ihre Haltung zu Führung ist, was es selbst bestimmen kann und welche Entscheidungen Sie treffen. Ist das nicht eindeutig festgelegt, sollten Sie zuerst an der Klarheit Ihrer Rolle arbeiten. Als neue Führungskraft sollte dies auf jeden Fall zu den ersten Dingen gehören, die sie tun. Arbeiten Sie bereits länger mit dem Team, kann das Führungsverständnis auch ein Workshopthema sein. Wenn Führung bedeutet zu entscheiden, so lautet das wichtigste Thema: Wie viel Selbstführung überlassen Sie dem Team? Und was genau bleibt bei Ihnen?

6.18.2 Wie umsetzen?

Für Kurzretrospektiven sollten Sie ein bis zwei Stunden ansetzen. Sie können einsetzen, wenn es bereits ein Kick-off gegeben hat. Dann kann sich die Retrospektive an drei Fragen orientieren:

- Was lief gut? Haben wir unsere Ziele erreicht?
- Was lief nicht gut?
- Wie können wir uns verbessern? Beziehen Sie dies je nach Thema auf die Zusammenarbeit, den Inhalt und die Prozesse.

Gehen Sie jede Frage einzeln durch. Sammeln Sie von jedem Teilnehmer ein Statement. Notieren Sie die Ergebnisse auf dem Flipchart oder pinnen Sie sie auf eine Metaplanwand mit Moderationskarten. „Was lief gut?" sollten Sie auf jeden Fall immer integrieren, da der Blick auf die positiven Facetten und das Erreichte eine stark motivierende Wirkung hat.

Ich beschreibe im Folgenden den Aufbau einer längeren Retrospektive, längere Retrospektiven dürfen einen halben oder ganzen Tag dauern.

Phase 1: Wo stehen wir?
Diese Phase kann auch generell als Auftakt oder Kick-off dienen. Dann sollten Sie ihr entsprechend mehr Zeit einräumen, zum Beispiel einen halben oder ganzen Tag. Das Meeting ist damit zugleich eine Standortanalyse.

Stimmen Sie alle Teilnehmer auf das Meeting ein und erläutern Sie die Vorgehensweise. Jeder Teilnehmer muss eingebunden werden. Im Scrum kennt man die „Sicherheitsfrage". Diese lautet: „Auf einer Skala von eins bis zehn: Wie frei denken Sie, in dieser Runde sprechen zu können?" Beim ersten Mal können Sie die Teilnehmer ihren Wert auf eine Karte schreiben lassen, die diese verdecken. Sammeln Sie sie ein und decken sie auf. Thematisieren Sie, wenn es Teilnehmer gibt, die einen auffällig niedrigen Wert aufgeschrieben haben. Ist das der Fall, ist möglicherweise das Vertrauen im Team oder gegenüber der Führung gering. Sie könnten nun mit der Gruppe besprechen, warum das so ist. Kommt keine Antwort, lassen Sie auch hier alle auf Karten schreiben. Organisieren Sie das so, dass nicht zugeordnet werden kann, wer was geschrieben hat.

Vielleicht geht es beim Nicht-offen-Sprechen-Können auch um Sie als Führungskraft. Sprechen Sie mit dem Team darüber. Verlangen Sie auf keinen Fall, dass jemand offenlegt, was er auf seine Karte geschrieben hat. Keine Vorwürfe! Denken Sie über externe Moderation nach, wenn Sie wenig Erfahrung haben – zumindest bei den ersten Retrospektiven.

Phase 2: Stimmungsbild

Sammeln Sie Informationen, wie die Stimmung im Team ist. Sie können das skalieren, indem Sie eine Skala von 0 bis 10 auf das Flipchart malen und das Stimmungsbild dort einkleben lassen. Am besten so durcheinander und querbeet, dass nicht zuzuordnen ist, von wem welche Information stammt. Sie können sich auch „Blitzlichter", also Stimmungsbilder und Momentaufnahmen holen. Dabei fragen Sie die Teilnehmer, wie Sie die Stimmung empfinden. Es helfen meteorologische Bilder wie Sonne, Nebel, Wind, Regen oder Sturm. Diese können Sie auch in Form von Karten und Fotos auf ein Whiteboard kleben lassen. Dafür legen Sie mehrere Sonnen, Nebelschwaden, Gewitterwolken, Regenschauer und Sturmbilder auf einen Tisch und lassen die Teilnehmer ein Wetterbild erstellen, das sie dann erläutern.

Phase 3: Optimierungsideen

Wie können wir die Zusammenarbeit verbessern? Darum geht es in Phase 3. Aufgrund der vorherigen Informationen soll das Team Verbesserungsvorschläge sammeln und Maßnahmen erarbeiten. Auch hier können Vorschläge wieder auf Moderationskarten geschrieben und dann geclustert werden. Im nächsten Schritt können die Teammitglieder die Vorschläge bewerten, mit Klebepunkten oder aber +/−. Dies kann in Form einer Tabelle auf dem Flipchart passieren, die verschiedene Spalten hat: +, / (neutral) und −. Dabei stehen die Maßnahmen ganz außen links. In die Tabellenspalten können die Teammitglieder dann mit Post-Ist Bemerkungen heften. Was daran ist positiv, was neutral, was negativ? Alternativ arbeiten Sie mit grünen (positiv), gelben (neutral) und roten (negativen) Post-its. Beispiel: Aus dem Team kommt der Optimierungsvorschlag, die Stand-up-Meetings gemeinsam mit dem Vertriebsteam durchzuführen. Nun können die Teilnehmer, sachlich nachvollziehbar, aufschreiben, was sie daran gut, neutral und negativ finden. Ein anderes Beispiel: Das Team soll die Maßnahme Homeoffice besprechen. Ist es in Ordnung, wenn Mitarbeiter frei entscheiden können, ob sie zuhause arbeiten können, wenn sie möchten, oder nicht? Möglicherweise ergeben sich aus den Post-its Widersprüche, die in einen Entscheidungsprozess münden. Hier müssen Sie für sich selbst vorher festlegen, was Sie entscheiden und was das Team. Und wie Entscheidungen getroffen werden, falls Sie es dem Team überlassen. Natürlich sollten sich solche Bewertungen nur auf komplexere Themen beschränken. Eine einfache Veränderung wie „Verkürzung der Meetingzeit von zehn auf fünf Minuten" braucht oft nur demokratische Abstimmung.

Haben Sie mehr als fünf Teilnehmer, bilden Sie in dieser Phase Kleingruppen mit zwei bis vier Personen. So kann jeder sich in einem kleineren Kreis besprechen. Dies erhöht die Wahrscheinlichkeit, dass alles Wichtige angesprochen wird, denn je größer die Gruppen sind, desto eher werden sich einige nicht trauen, etwas Kritisches einzubringen.

Eine Variante kann es sein, verschiedene Optimierungsvorschläge untereinander zu hängen und jeden davon positiv und mit einem Vorschlag zur Verbesserung zu beschriften. Während die Teammitglieder die Zettel aufhängen, können Sie sie kurz kommentieren. Diskussionen sollten jetzt aber nicht stattfinden. Die entstandenen Vorschläge priorisieren Sie als Moderator oder überlassen das einem Teammitglied.

Phase 4: To dos beschließen
Bewerten Sie die Lösungsvorschläge gemeinsam und priorisieren Sie sie. Dabei sollte das Wichtigste die Liste anführen. Natürlich lassen sich in diesem Rahmen auch „Experimente" und „Tests" beschließen. Der Beschluss hat Versuchscharakter bis zum nächsten Meeting – dann sollten die Teammitglieder über ihre Erfahrungen berichten und gemeinsam beschließen, ob damit weitergemacht wird oder nicht.

Phase 5: Lobrunde
Die letzte Phase der Retrospektive dient dazu, allen Teilnehmern ein gutes Gefühl zu geben. Hier geht es um die Würdigung jedes Einzelnen und der Zusammenarbeit. Was möchte ich einer anderen Person sagen, was sie gut gemacht hat? Was finde ich gut an der Zusammenarbeit? Dies kann auch in Form einer kleinen Übung erfolgen: Alle Teilnehmer sollen zu jedem Teammitglied einen positiven Punkt auf ein grünes Post-it schreiben. Diese Punkte werden dann feierlich überreicht und auf den Rücken geklebt, um diesen zu stärken. Eine andere Variante: Jeder Teilnehmer soll ein „Ich fand an der Zusammenarbeit mit X gut, dass, …" formulieren. Beispiel: „Ich fand gut an der Zusammenarbeit mit Peter, dass er mir geholfen hat, Herrn Meyer ruhigzustellen." Diese Variante kann in großen Gruppen aber zu langatmig werden. Wichtig: Jeder muss etwas sagen. Negatives ist nicht erlaubt.

Sie können dies auch zu einer Führungslob-Runde machen, in der Sie jedem Einzelnen ein Lob aussprechen: „Ich möchte Sie, Sarah, dafür loben, dass Sie immer wieder für ein Lachen im Team gesorgt haben."

Auch die Retrospektive selbst braucht einen Verbesserungsprozess. Deshalb ist es sinnvoll, die Teilnehmer zu fragen, ob sie das Meeting als wertvoll und sinnvoll oder als Zeitverschwendung empfunden haben. Auch diese Abfrage lässt sich skalieren von 0 bis 5 (gar nicht wertvoll bis sehr wertvoll).

6.18.2.1 Spielerische Retrospektiven-Variante

Nach einer gewissen Zeit ist immer „die Luft raus". Die Teammitglieder sind Retrospektiven gewöhnt und rufen nach etwas Neuem. Dann können Sie tiefer in den Methodenkoffer greifen. Im Internet finden Sie zahlreiche Varianten, Retrospektiven interessanter und spielerischer zu gestalten.

Eine Variante möchte ich hier skizzieren:

Sie brauchen dazu grüne und rote Moderationskarten, die Sie zusammen mit einem Stift auf dem Tisch auslegen. Ein Whiteboard oder Flipchart steht in der Nähe des Tisches.

Mit den grünen Karten geht es los. Es handelt sich um Lobkarten. Jeder sollte auf der eigenen Karte positive Erfahrungen seit der letzten Retrospektive festhalten. Nur der Platz auf der Karte beschränkt, was darauf steht. Haben alle etwas aufgeschrieben, zum Beispiel nach zehn Minuten, liest jeder vor, was er aufgeschrieben hat. Alle hören aufmerksam zu und sind aufgefordert, Feedback zu geben. Nachdem alle an der Reihe waren, beginnt die nächste Phase. Jetzt sind die roten Karten dran, auf die die Teammitglieder schreiben sollen, was nicht gut gelaufen ist. Es sind also Meckerkarten, im

Internet kursiert auch das Wort Muckerkarten für aufmucken, was ich persönlich nicht so passend finde.

Auf dieser Karte ist zwar genauso viel Platz wie auf der roten, es darf aber nur ein einziger Punkt genannt werden. Jeder Teilnehmer schiebt seine rote Karte seinem rechten Nachbarn zu. Die Karten sind somit verteilt und es ist klar, dass derjenige, der den Inhalt vorliest, ihn nicht geschrieben hat. Eine Person beginnt, das geschriebene Wort der Meckerkarte vorzutragen. Dabei soll sie es aus eigener Sicht beschreiben. Steht zum Beispiel „Unpünktlichkeit" darauf, soll der Vorlesende aus seiner Sicht etwas dazu sagen. Der Teilnehmer auf der linken Seite, also der Schreiber, soll die Interpretation bewerten. Auch hier kommt wieder unsere Skala zum Einsatz. Wie zutreffend ist die Beschreibung auf einer Skala von 0 bis 10 oder 0 bis 100 %?

Vergibt ein Teilnehmer null Prozent, liegt der Interpret komplett daneben. 100 % heißt: Volltreffer. Nun geht es darum, die auf diese Weise aufgekommenen Themen zu bearbeiten und Maßnahmen daraus abzuleiten. Auch hier arbeiten Sie mit Clusterung und Priorisierung.

6.18.3 Chancen und Risiken

Mir sind viele Unternehmen bekannt, die mit Retrospektiven oder Reflexionen angefangen haben und dies nach kurzer Zeit aufgaben. Die Widerstände waren zu groß, oder das Team empfand die Zusammenkünfte eher als Last. Das hat meist damit zu tun, dass diese nicht konsequent gefordert sind und der durchführende Moderator oder die Führungskraft selbst nicht überzeugt ist. Lassen Sie sich bei der Einführung dieser Instrumente unterstützen und bei den ersten Durchführungen supervidieren.

6.19 Simulacrum

Wie die Zukunft gestalten? Wie etwas umsetzen, das es noch gar nicht gibt? Ein Simulacrum ist ein Modell, das eine Art Kopie ohne Original ist. Wie könnte es von der Zukunft auch ein Original geben? Das wäre ja eine Reproduktion des Jetzt. Ein Simulacrum gestaltet Wirklichkeit, indem es ein Abbild von Wirklichkeit erstellt, wie sie sein sollte. Das kann man negativ als Traumwelt begreifen oder positiv als Zukunftsfantasie. Der Begriff geht zurück auf Jean Baudrillard [1], einen französischen Philosophen und Soziologen, der die Simulationstheorie entwarf. Diese ist dem Strukturalismus zuzuordnen, also einer wissenschaftlichen interdisziplinären Forschungsrichtung, die Verbindungen in sprachlichen Strukturen untersucht. Das Erstellen von Simulacren passt aus zwei Gründen in den agilen Kontext: Zum einen ist ein Simulacrum ein Mittel zur Reduktion von Komplexität. Zum anderen steht es, sofern es den Fokus auf Change Management hat, für eine menschlichere Arbeitswelt. Es spiegeln ich die agilen Werte Einfachheit und Fokus.

Nehmen wir die Zukunftsfantasie. Hier bietet das Simulacrum die Chance, eine komplexe Problemstellung in ihre einzelnen Elemente aufzufächern. Es kann somit zusammengenommen zum Leitfaden werden, verschiedene Themen im Blick zu halten und bei Veränderungsprozessen zu berücksichtigen. Im Change Management zeigt ein Simulacrum auch den Weg zur Gestaltung der Realität durch die zu berücksichtigenden, interdisziplinären Felder. Ein Simulacrum zu erstellen kann ein gemeinsamer Prozess in Unternehmen sein, die damit Wandel gestalten wollen. Welche Regularien sind notwendig? Welche Themen wollen wir abbilden?

Ein solches Modell hat ein Verbund von Instituten unter inhaltlicher Federführung des Dortmunder Forschungsbüros für Arbeit, Prävention und Politik (DoFAPP) erstellt. Ausgehend von einem Leitbild Care/Sorge haben sie in vier Feldern die regulatorische Ebene und in 16 Felder die thematische Ebene aufgeführt. Ziel ist es, Handlungshilfen zur Begleitung und Gestaltung mitarbeiterorientierter Change-Prozesse zu bieten. Ich habe die Felder für dieses Buch nachgestellt und teils etwas verständlicher übersetzt. Sie bieten aus meiner Sicht einen sehr guten Anhaltspunkt, auf welchen Ebenen Change-Prozesse jeder Art sich bewegen müssen, damit sie die Gesundheit der Mitarbeiter sicherstellen. Nicht ohne Grund sind auch agile Methoden aufgeführt. Das Modell kann auf der Website www.das-change-projekt.de im Detail betrachtet werden. Hier lässt sich jedes Quadrat anklicken und die dahinterliegenden Theorien erfassen.

Auf einige Themen kommt man nicht von selbst. Etwa die Reziprozitätsbalance, die es herzustellen oder zu behalten gilt. Diese besteht dann, wenn die Austauschbeziehungen von Arbeitgeber und Mitarbeiter als ausgewogen wahrgenommen werden.

Abb. 6.5 zeigt ein Simulacrum. Ausgehend von einem Leitbild, das entweder bereits vorhanden ist oder geschaffen werden muss, wird festgelegt welche Ziele, Regeln, Ressourcen und Beziehungen bestehen (sollen), bevor die Bereiche identifiziert werden, die in Zukunft sein bzw. existieren sollen. Jedes einzelne Kästchen muss dann mit ganz individuellem, konkretem Leben gefüllt werden. Was soll es beinhalten? Was gilt?

Das Ganze kann auch andersrum gedacht werden, dann wird die Zukunft anhand von Vorbildern simuliert.

6.19.1 Wann umsetzen?

Das Simulacrum hilft, wenn es gilt, komplexe Sachverhalte und Zusammenhänge zu erfassen und gleichzeitig zu reduzieren. Welche Themen für eine Veränderung relevant sind, sollte nicht nur ein HR-Manager oder Geschäftsführer festlegen, sondern ein Team aus verschiedenen Experten, die gemeinsam besprechen, welche Themen für das Zukunftsbild relevant sind.

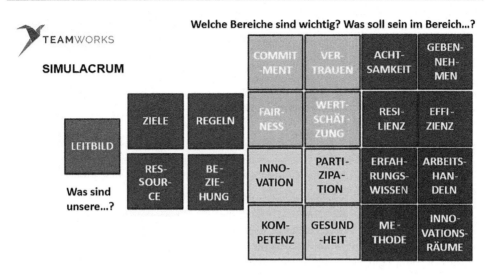

Abb. 6.5 Simulacrum

6.19.2 Wie umsetzen?

Was hilft bei psychosozialen Belastungen und hält Mitarbeiter gesund? Was wollen wir in unserer Zukunft im Blick halten? Welche Elemente müssen wir deshalb zu einem Bild zusammenfügen? Mit diesem Thema können sich interdisziplinäre Arbeitsgruppen beschäftigen, die dann auch Maßnahmen vorschlagen. Wie ist es um die Resilienz der Mitarbeiter bestellt? Welche Maßnahmen können helfen, die Widerstandskraft zu erhöhen?

Das Simulacrum ist als Abbild von etwas, das es nicht gibt, immer eine Skizze von Wirklichkeit aus der Wahrnehmung der Personen, die daran gearbeitet haben. Abbilder werden besser, nachhaltiger, tiefer, wenn sie verschiedene Blickwinkel einbeziehen. Baudrillard unterscheidet drei Ordnungen des Simulacrums. In der Vormoderne repräsentierte das Bild die Wirklichkeit. Es ist als Abbild zu erkennen. In der Moderne verschwindet der Unterschied zwischen dem Abbild und der Repräsentation. In der postmodernen Zeit „there is no longer any distinction between reality and its representation; there is only the simulacrum" [1]. Das heißt auch, es ist ein Modell, um Wirklichkeit zu erzeugen.

6.19.3 Chancen und Risiken

Die Stimmung muss gut sein und aufgeschlossen, der Boden bereitet. Alle sollten motiviert sein, an der Zukunft zu arbeiten. Es handelt sich hier um ein komplexes Projekt, das viele Arbeitsschritte erfordert. Erst geht es um die Konstruktion der Felder, dann darum, diese auszufüllen. Schließlich sind konkrete Handlungsfelder einzugrenzen und mit einem Aktionsplan in Angriff zu nehmen. Was tun wir um den modellierten Zustand von Partizipation auch zu leben?

6.20 Stand-up-Meetings und Taskboard

Sowohl zu Scrum als auch zu Kanban gehören Stand-up-Meetings und Retrospektiven. Im Scrum heißt dieses Meeting „daily scrum", also tägliches Scrum. Stand-up-Meetings sind tägliche Besprechungen, die Sie im Stehen jeden Tag zur gleichen Zeit am gleichen Ort durchführen. Sie sollten idealerweise vor einem Taskboard, auch Scrum- oder Kanban-Board genannt, stattfinden. Diese Vorgehensweise hat den Vorteil, dass dabei zusätzlich die Workflows im Team visualisiert sind. Allerdings bietet sich das nur an, wenn Sie in Projekten arbeiten. Stand-up-Meeting haben das Ziel, Hindernisse (engl. „impediments") aus dem Weg zu räumen. Zusätzlich trifft das Team in diesem Rahmen demokratische Entscheidungen zu Themen, über die es entscheiden darf.

6.20.1 Wann anwenden?

Stand-up-Meetings sind wichtig, wenn Sie in Projekten arbeiten und der Input jedes Teammitglieds gefragt ist. Sie können deshalb auch eine zeitweise Einrichtung in einem Projektteam sein. In der virtuellen Zusammenarbeit können sie ebenfalls dazugehören. Sind Sie dagegen ein Routineteam, das nicht an gemeinsamen Themen arbeitet, reicht der Jour fixe, also der feste Besprechungstag in der Woche, um aktuelle Themen zu besprechen und auch Fragen der Zusammenarbeit zu erörtern.

So genannte agile Coaches können Hilfestellungen bieten. Einmischung von außen – etwa durch eine Führungskraft – ist nicht erlaubt. Wenn Sie also kein Teamleiter sind, sondern weiter entfernt vom Team stehen, müssen Sie gar nicht dabei sein. Und Einmischen ist ohnehin nicht zulässig.

6.20.2 Wie anwenden?

Am Anfang ist es sinnvoll, das Meeting zu moderieren oder moderieren zu lassen. Wie der Name sagt, ist die Besonderheit, dass es im Stehen stattfindet. Im Stehen übernimmt jeder Teilnehmer mehr Verantwortung und verleiht dem Treffen eine höhere Ernsthaftigkeit. Solche Meetings sind auf fünf bis 15 min begrenzt, sie sind also in einer „Timebox". Es darf nicht zur Small-Talk-Runde vorkommen und braucht deshalb einen klaren Ablauf sowie Zeitwächter.

Jedes Teammitglied beantwortet in einem Stand-up-Meeting drei Leitfragen:

1. Was habe ich seit gestern geschafft?
2. Was werde ich heute tun?
3. Was hindert mich bei meiner Arbeit?

Steht eine Entscheidung an, die das Projekt betrifft? Dann kann die Entscheidung im Stand-up-Meeting getroffen werden. Hilfsmittel dabei sind rote und grüne Klebepunkte zur Bewertung einer Idee und zur Entscheidung oder Skalen von 1 bis 10, an die jedes Teammitglied seine Bewertung schreibt. Kommt es während der Besprechung zu Konflikten oder entsteht Gesprächsbedarf, so finden anschließend bilaterale Gespräche statt. Dies geschieht per Beschluss. Standup-Meetings und Taskboards passen gut zusammen, weil so auch gleich die Aufgaben transparent sind für alle, gerne auch Kunden, die stille Teilnehmer an solchen Meetings sein dürfen, ebenso wie das Management. Das, wichtig, darf zuhören, aber nichts sagen – so ist es etwa beim Daily Scrum geregelt.

6.20.3 Chancen und Risiken

Ähnlich wie bei allen Instrumenten, die Kontinuität verlangen, steht auch dieses Instrument in diesem Zeichen. Führen Sie Standup ein, so machen Sie ein Experiment daraus: Erst einmal 14 Tage testen und z. B. gegen den jour fixe austauschen, dann die Erfahrungen reflektieren. Standups könnne gut zusammen mit dem Taskboard (das erfasst „to do, doing, done") eingeführt werden, voir dem sie typischerweise stattfinde. Es spricht nichts dagegen, sich einmal gegen das Stehen und für das Sitzen zu entscheiden, allerdings bitte durch Teamentscheidung.

6.21 Teamdesign

Mit der Gruppengröße steigt die Zahl der Trittbrettfahrer und faulen Teamkollegen, für die es im Englischen den Fachbegriff „social loafing" und laienhaft ausgedrückt „lazy co-worker" gibt. Je mehr Personen an etwas beteiligt sind, desto größer die Neigung, sich auf die anderen zu verlassen. Das sagt viel über sinnvolles Teamdesign aus: Eine optimale Gruppengröße beträgt eher drei als fünf und eher fünf als sieben. Je enger Gruppen an konkreten Themen zusammenarbeiten, desto kleiner sollte die personelle Einheit sein. Je lockerer der Verbund, desto größer kann das Team sein. Sinnvoll ist aber, das Team in etwas zu integrieren. Es sollte zu etwas gehören, das innerhalb des Unternehmens Identifikation stiftet. Im Gamebereich sind das zum Beispiel die sogenannten Gilden. Der agile Wert, der hier passt, ist Einfachheit – und Kommunikation.

Üblicherweise umfassen Teams nicht mehr als neun, zehn Personen. Ratsam ist, solch große Teams in weitere kleine Einheiten zu teilen, neben Tandems kommen Teams mit drei bis vier Personen infrage. „Zellen" können sehr sinnvoll sein. Das sind zwei bis vier Personen, die sich um ein Thema oder einen Kunden kümmern. Der Begriff ist der

Bionik entlehnt: Mitarbeiter in den Zellen sind wie Organe, die in ständigem Kontakt mit den anderen Organen stehen. Eine Zelle ist also ein Team, das komplett eingebunden ist in den Unternehmensorganismus. Eine Person kann in mehreren Zellen aktiv sein – also mehrere Organe beleben, was wiederum den Austausch im Gesamtunternehmen fördert. Natürlich gibt es derzeit kaum Unternehmen, die den Zellengedanken – keine festen Teams, sondern lebendige Teilkörper – konsequent umsetzen, aber ein Gedanke dahinter ist auch für Sie in einem „normalen" Firmenkontext sinnvoll: Teams sind nie losgelöste Einheiten, sondern immer Teil des Ganzen. Eine ihrer wesentlichsten Aufgaben ist der Austausch mit den anderen Teams. Allein sind sie nicht lebensfähig.

Je geringer hierarchische Organisationshemmnisse und Bürokratie, desto effizienter kann eine solche Organisation sein. Haben Sie es also in der Hand, ein Team zu strukturieren, denken Sie an eine solche „Zell-Aufteilung".

6.21.1 Wann anwenden?

Oft beginnen Veränderungen damit, dass sich Strukturen oder Räume wandeln. Deshalb kann neues Teamdesign ein Anfang von Veränderung sein. Vor allem, wenn ihre Teams zu groß sind, macht die Neuaufteilung sein.

6.21.2 Wie anwenden?

Beschließen Sie diese Neuaufteilung aber nicht als order de mufti, sondern binden Sie die Teams ein. Informieren Sie, warum die Neuaufteilung Sinn macht. Binden Sie alle Mitarbeiter ein. Kombinieren Sie die Neuordnung wenn möglich auch mit neuen Raumkonzepten. Orientieren Sie sich an Konzepten, die Teams wie das Unternehmen Spotify in Tribes, Squads und Gilden einteilt, da dies den Mitarbeitern nicht nur Struktur, sondern auch eine besondere Identifikation gibt. Unter https://labs.spotify.com finden Sie hier zahlreiche Videos, die das System zeigen.

6.21.3 Chancen und Risiken

Wer in kleineren Teams arbeitet, ist definitiv effektiver. Aber: Es kann auch sein, dass da manch ein Teammitglied aus einer gewohnten Komfortzone katapultiert wird und seine Pfründe in Gefahr sieht. Deshalb sollte die Neuorganisation gut durchdacht sein und einem langfristigen Plan folgen. Sind Sie Teamverantwortlicher können Sie aber durchaus kleiner anfangen: mit einer Neuorganisation des Teams. Binden Sie dazu aber alle ein.

6.22 Teamentscheidungen

Allein war gestern! Heute entscheiden wir eben gemeinsam! Wenn Sie agiler führen möchten, lautet eine scheinbar einfache und praktikable Maßnahme: Geben Sie Verantwortung ab, lassen Sie Ihr Team entscheiden. Entlasten Sie sich selbst von der Last der Entscheidung und geben Sie diese an Ihr Team. Aber aufgepasst: Sie werden sehen, dass sich Ihre Mitarbeiter gar nicht um Entscheidungen reißen werden. Nicht wenige Menschen wollen gar keine Verantwortung tragen. Entscheiden ist nicht jedermanns Sache. Es fordert letztendlich eine „Alphamotivation", um im Bild des Rangdynamik-Modells nach Schindler zu bleiben. Teamentscheidungen entsprechen dem Wert Commitment – wer selbst mitbestimmt, kann die Folgen einer Entscheidung viel besser vertreten.

Entscheidungen zu treffen will gelernt sein. Es ist nicht zuletzt eine sehr persönliche Sache. Es gibt Menschen, die entscheiden aufgrund ihrer Persönlichkeit leichter. Das sind normalerweise Personen mit einer hohen emotionalen Stabilität in den Big Five und hoher Extraversion, die eingangs beschriebenen Alphamotivierten. Ein Machtmotiv ist typisch für Menschen, die gern entscheiden.

Warum wollen Menschen nicht entscheiden? Meist geht es um die Verantwortung, die damit verbunden ist. Niemand möchte den Kopf hinhalten für etwas, das er oder sie nicht hundertprozentig durchschauen kann. Erst recht nicht, wenn er am Ende mehr Ärger kassieren könnte als alles andere. Nicht zuletzt bedeutet jede Entscheidung ja auch, dass man etwas ausschließt, was man auch noch haben könnte oder was sonst noch wichtig sein könnte. Echte Teamentscheidungen können deshalb auch entlasten. Es ist nicht nur eine Person, die den Kopf hinhalten muss, es ist eine Gruppe. Somit verteilt sich das Risiko. In einer Kultur, in der eine falsche Entscheidung keine Bestrafung nach sich zieht, fällt das natürlich sehr viel leichter. Und nur in einer solchen Kultur machen Teamentscheidungen überhaupt Sinn. Ist das bei Ihnen noch so, dann gehen Sie zurück auf Start und arbeiten an der Fehlerkultur.

Bevor Sie also Ihre bisherige Entscheidungspolitik überarbeiten, überlegen Sie, was das Team vertragen kann – am besten fragen Sie es.

▶ Entscheidungen können einfach und komplex sein. Die einfachste Form einer Entscheidung läuft über ja/nein, kaufen/nicht kaufen, so oder anders, machen/nicht machen. Diese Form der Entscheidung nenne ich Optionsentscheidung. Die Optionsentscheidung birgt genauso viele Risiken wie eine komplexere, lässt sich in einer Gruppe aber leichter demokratisch treffen. Hierzu brauchen Sie nur eine Ausgangsfrage und lassen dann abstimmen. Ein einfaches Beispiel: „Gehen wir heute zum Italiener oder arbeiten wir durch?" Komplexe Entscheidungen erfordern Wissen und Vorarbeit. Erst danach gehen Sie in die Phase des ja/nein, kaufen oder nicht kaufen, so oder anders, machen/nicht machen. Diese Form der Entscheidung bezeichne ich als Wissensentscheidung. Um zwischen Optionen wählen zu können, muss erst einmal recherchiert, sich ausgetauscht und Licht ins Dunkel der verschiedenen Optionen gebracht werden.

Wenn die Fehlerkultur etabliert ist – was Sie als laufenden, nie abgeschlossenen Prozess begreifen sollten –, lohnt es sich, das Verständnis von Entscheidungen zu überdenken. Entscheidungen sind nie richtig oder falsch, sondern in der jeweiligen Situation angemessen. Das beinhaltet stets den Gedanken, dass es neben der einen noch andere Entscheidungen geben könnte. Dies zu akzeptieren, ist für Menschen, die alles richtig machen wollen, nicht einfach. „Nach bestem Wissen und Gewissen entscheiden" könnte aber ein Grundsatz sein. Weiter kann es helfen, Mindeststandards für Entscheidungen festzulegen. Es geht dann nicht darum, richtige Entscheidungen zu treffen, sondern solche, die bestimmte Mindeststandards erfüllen. Diese sind so geartet, dass sie gut genug sind für die Gruppe von Menschen, die sie betreffen. Sie haben aber keinen Anspruch an Richtigkeit oder gar Perfektion.

Was aber bedeutet es, einen Mindeststandard mit „gut genug" festzulegen? Dies ist am einfachsten anhand von Merkmalen zu untersuchen. Das Merkmal „Kosten" bei Investitionsentscheidungen könnte den Mindeststandard „maximal 100.000 Euro" haben. Das Merkmal „Informatikstudium" könnte den Mindeststandard für eine Stellenausschreibung definieren (ob das sinnvoll ist, wäre dann Thema für eine offene Diskussion). Mindeststandards geben denjenigen, die entscheiden sollen, eine Grundlage, die ihnen Sicherheit gibt. Wer im Team entscheidet, muss sich also erst einmal klar über die Merkmale werden, nach denen verschiedene Entscheidungsoptionen verglichen werden. Danach lassen sich Mindeststandards festlegen, die die Basis für Gut-genug-Entscheidungen sind. Beispiel: „Diese Software ist gut genug, um unsere Zusammenarbeit so zu organisieren, dass wir Dokumente gemeinsam bearbeiten können."

6.22.1 Wann umsetzen?

Was habe ich bisher kennengelernt? Im Wertesystem vieler Menschen hat der Chef immer noch das „Sagen". Es ist sein Job, nicht die Aufgabe der Mitarbeiter. Sind sie das über Jahre und Jahrzehnte gewohnt, mögen sie den Gedanken daran, selbst Verantwortung zu übernehmen, meist nicht. Chefs, die Teamentscheidungen wollen, nehmen sie möglicherweise nicht einmal ernst. Entscheidungen an andere abzugeben kann dann sogar als Schwäche gewertet werden. Die beschriebene ist eine typische Sicht „blauer" Mitarbeiter, die hierarchisch geprägt sind und gelernt haben, dass jeder seine Aufgabe hat, aber nur einer entscheidet.

Die Übertragung von Entscheidungskompetenzen an das Team löst also nicht automatisch überall unbändige Freude aus. Ich habe in meiner Beratung viele Menschen kennengelernt, die daran verzweifelt sind, dass ihre Führungskraft nicht entscheiden wollte. „Er muss doch sagen, was er will!", sagte ein 35-jähriger Steuerberater, den der Partner der Kanzlei in das Entscheidungsdilemma gestürzt hatte. „Entscheiden Sie", hatte der gesagt, „Sie sind ja schließlich Steuerberater." Der Steuerberater war aber aus seinen Jobs vorher gewohnt, dass sein Chef alles entschieden hatte und über kleinste Details in Kenntnis gesetzt werden wollte. Das hatte ihm gut gefallen. Die viel größere (Entscheidungs-)Freiheit machte ihm Angst.

Also nicht vergessen: Teamentscheidungen müssen zur Unternehmenskultur passen. Sie passen noch nicht in ein Umfeld, in dem das Treffen von Entscheidungen als Chefsache gewertet wird. Vor Entscheidungen haben Menschen in einem solchen Umfeld nicht nur Respekt, sondern teilweise regelrechte Angst. Denn wer entscheidet, kann immer auch Fehler machen.

Kurzum: Schauen Sie erst einmal, was die Gruppe vertragen kann. Reden Sie über das Entscheiden. Machen Sie es zum Thema eines Workshops und lassen Sie Ihre Mitarbeiter selbst herausarbeiten, wie sie entscheiden und wann und unter welchen (veränderten) Umständen sie Entscheidungskompetenzen annehmen wollen.

6.22.2 Wie umsetzen?

Ein Workshop wie oben beschrieben kann ein wichtiger erster Schritt sein. Vielleicht zeigt sich dabei, dass Sie zuerst an Ihrer Fehlerkultur arbeiten müssen.

▶ Bei der Standortanalyse helfen folgende gegenüberstellende Fragen:

- Sieht das Team Fehler als Chance zu lernen oder lösen Fehler Gefühle von Schmach oder Versagen aus?
- Werden Fehler offen behandelt oder vertuscht?
- Ist der Umgang mit Fehlern klar und besprochen oder gibt es ein nebulöses „Zwischenland" mit Unklarheit darüber, wie Fehler zu handhaben sind?

Bei Wissensentscheidungen können Sie Themen-Verantwortliche wählen, die am Ende diejenigen sind, die die endgültige Entscheidung treffen sollen. Das sollten Menschen sein, die im entsprechenden Bereich kompetent sind, aufgrund ihrer Erfahrung die endgültige Entscheidung zu treffen. Beispielsweise macht es mehr Sinn, die endgültige Entscheidung über die Location der Jahreshauptversammlung einer Person zu überlassen, die verschiedene Locations kennt und weiß, worauf es bei der Auswahl ankommt. Bei Themen, bei denen diese Kompetenz nicht offensichtlich ist, kann diese Person sich auch zur Wahl stellen oder lässt sich vorschlagen und durch Abstimmung bestätigen.

Dafür sind folgende Schritte wichtig:

1. Unterscheiden Sie: Ist es eine Options- oder Wissensentscheidung?
2. Entscheiden Sie, ob Sie nur den Prozess moderieren oder selbst mitentscheiden. Machen Sie das transparent. Auch, ob Sie ein Vetorecht in Anspruch nehmen oder nicht.
   Bei der Optionsentscheidung: Stimmen Sie demokratisch ab. Per Abstimmung oder mit grünen (ja), gelben (unentschieden) und roten (nein) Punkten an einem Board oder auf dem Flipchart. Machen Sie sowohl bei der Options- als auch bei der Wissensentscheidung die Entscheidungswege transparent.
3. Bei der Wissensentscheidung: Holen Sie sich die Meinungen und das Wissen des Teams zu einem Thema ein.

4. Gibt es Merkmale für die Entscheidung? Definieren Sie diese entweder als die Vorgabe der Führungskraft oder in einer gemeinsamen Diskussion.
5. Lassen Sie das Team bestimmen, wer weiterrecherchiert und mit weiteren Parteien spricht, um schließlich Mindeststandards zu definieren.
6. Führen Sie die Entscheidung so durch, wie es auch aus Sicht des Teams Sinn macht.

6.22.3 Chancen und Risiken

Die Teamentscheidung braucht ein reifes und lernwilliges Team, denn das Entscheiden funktioniert selten von heute auf morgen. Es ist auch nichts, das man einmal probieren und wenn es schwierig wird, sofort wieder abschaffen kann. Das Team sollte seine Erfahrungen mit der Entscheidung reflektieren und daraus gemeinsam lernen. Bevor Sie Teamentscheidungen einführen sollten Sie sich mit dem Entscheiden an sich auseinandersetzen. Was ist das? Was bedeutet es für den einzelnen und die Gemeinschaft? Welche Gefühle löst es aus? Entscheiden Sie vielleicht auch über das Entscheiden: Wollen wir das überhaupt? Oder lieber warten?

6.23 Teamrecruiting

Stellen Sie sich vor, Ihr Team würde sich die neuen Kollegen selbst auswählen. Eine erschreckende Vorstellung oder eine, über die sich nachzudenken lohnt? In einigen Firmen ist Teamrecruiting – auch Peer Recruiting – normal, beispielsweise bei der im Zusammenhang mit der neuen Arbeitswelt oft zitierten brasilianischen Firma Semco. Stellen Teams fest, dass jemand fehlt, werden sie selbst aktiv. Sie schalten Anzeigen und bearbeiten Bewerbungen selbstständig.

Ich glaube allerdings selbst nicht daran, dass das immer gut funktioniert. Ich habe einfach viele Teamgespräche mitbekommen, die eher unprofessionell waren. Meiner Meinung nach wurde das den Bewerbern nicht immer gerecht. Ganz sicher braucht ein solches Vorgehen ein Umfeld, in dem die Selbstorganisation sehr weit fortgeschritten ist – und die Teammitglieder entsprechend weit entwickelt. Andernfalls könnte es sein, dass nicht die richtigen Fragen gestellt werden. Oder jemand gesucht wird, der einfach nur mehr vom Gleichen ist und das Team weder ergänzt noch bereichert. Teamrecruiting entspricht den agilen Werten Commitment und Respekt – wenn es auch auf Vielfalt setzt.

In vielen Gesprächen mit Unternehmen, die selbst organisierte Teams haben, komme ich zu dem Schluss, dass Teamrecruiting unter drei Voraussetzungen sinnvoll sein kann:

- Das Team ist sehr reif, das heißt selbst reflektiert.
- Das Team sollte nicht alle Bewerber sehen, sondern nur eine kleine Vorauswahl.
- Es sollte jemand geben, der sich um die Suche, die Vorauswahl und das Administrative kümmert.

Schaffen Sie Ihre Personalabteilung also nicht sofort ab. Sie kann eine wichtige beratende Funktion haben. Teamkollegen denken nicht automatisch an das große Ganze und haben den eigenen Kontext stärker im Blick. Sie sind psychologisch nicht geschult – und ihnen fehlt die Erfahrung durch viele Personalprozesse, die Menschenkenntnis reifen lässt.

6.23.1 Wann einführen?

Führen Sie Teamrecruiting ein, wenn es das Team möchte. Überrollen Sie es nicht mit einem weiteren Job. Die geringste Stufe von Teamrecruiting als Form der Mitsprache ist ein gemeinsames Gespräch vor der Einstellung, nachdem das Team ein Veto aussprechen kann. Dies ist relativ risikolos für alle Parteien.

6.23.2 Wie einführen?

Wenn Sie mehr wollen als ein gemeinsames Gespräch mit anschließendem Vetorecht, müssen Sie Ihr Team schulen. Es sollte sich bewusst sein, wonach es sucht, wenn es einfach seinen Impulsen folgt – nämlich nach Ähnlichkeit. Es kann aber sein, dass gerade der Gegensatz hilfreich wäre. Wenn das Team aktiv mitwirken will und soll, muss es geschult sein, etwa auf Heuristiken und Bias. Es muss außerdem wissen, wo es selbst steht und was es braucht – zum Beispiel in den Teamrollen nach Belbin, aber auch in den Big Five.

Klären Sie mit dem Team die Anforderungen an die Stelle. Sprechen Sie auch darüber, welche Rolle der neue Kollege einnehmen soll. Noch besser ist, Sie verlagern auch die Definition der Anforderungen in einem gemeinsamen Teamgespräch. Was soll der neue Kollege können? Wie soll er sein? Was soll er vielleicht auch ausgleichen, weil zu wenig davon im Team vorhanden ist? Wenn Sie die Teamrollen nach Belbin durchgehen, die ich Ihnen in Abschn. 1.6 vorgestellt habe, so kann es zum Beispiel sein, dass dem Team ein Spezialist fehlt, jemand mit Tiefenwissen. Vielleicht ist es aber auch ein Netzwerker.

Unstrukturierte Gespräche, das wissen Personalprofis, haben eine niedrige Prognosekraft für Erfolg. Vielleicht sind die Kollegen sich nicht gleich sympathisch – aber über die gemeinsame Zukunft sagt das wenig aus. Geben Sie dem Team deshalb immer die gleichen Fragen und Einschätzungsbögen für Gespräche. Auch solche Fragebögen können Sie natürlich gemeinsam ausarbeiten, sofern sie nicht vorgegeben sind. Normalerweise haben größere Firmen ein Kompetenzmodell, an dem sie sich ausrichten. Es sagt beispielsweise, dass Einkäufer in dem Unternehmen erfolgreich sind, wenn sie A und B und C können oder mitbringen. Sich daran zu orientieren, ist hilfreich. Es kann aber auch einschränken, weil nur mehr vom Gleichen eingestellt wird.

Zur Entscheidung gibt es eine bewährte Möglichkeit – die des Votums und des Vetos. In beiden Fällen treffen Sie und/oder die Personalabteilung eine Vorauswahl. Beim Votum führen Sie Erstgespräche durch und sortieren nach Ihren Kriterien. Die besten drei Bewerber präsentieren Sie dann dem Team. Dieses darf dann ein gemeinsames Gespräch mit den Kandidaten führen und am Ende abstimmen. Eine andere Möglichkeit ist es, dem Team ein Veto-Recht einzuräumen – es soll sagen, welche Kandidaten es nicht haben will. Sie können dann mehr als drei Kandidaten vorstellen und fragen am Ende ab, wen das Team nicht möchte.

6.23.3 Chancen und Risiken

Dass Teamrecruiting in der Praxis schwer umsetzbar sein kann, wenn sehr viele Personen beteiligt sind, zeigt das Beispiel der Berliner Philharmoniker. Alle Orchestermitglieder sollten bei der Besetzung des neuen Chefdirigenten mitreden können. Bei der siebten Wahl konnten sie sich nicht auf einen Nachfolger einigen. Es dauerte einen Monat, bis dann doch Kirill Petrenko zum Chefdirigenten gewählt wurde. Klären Sie Prozesse vorher. Je mehr Personen beteiligt sind, desto wichtiger ist eine klare Moderation des Entscheidungsprozesses. Zum Beispiel hätten die Orchestermitglieder einen Entscheider oder ein Entscheidungsgremium wählen können, der oder das nach Beratung die Auswahl getroffen hätte. Auch die Papstwahl ist kein gutes Beispiel für eine gemeinschaftliche Entscheidung – die längste Konklave dauerte drei Jahre. Auch hier verderben zu viele Köche den Brei. Ich erinnere an den konsultativen Einzelentscheid. Im Zweifel bietet dieser eine bessere Methode zur guten Entscheidungsfindung.

6.24 Teampotenzialanalyse

Wir wissen zwar, dass die Gruppenleistung die Gesamtleistung überschreiten kann, aber genauso unterschreiten. Längst ist bekannt, dass der Team-IQ höher sein kann als der des intelligentesten Mitglieds. Aber wie ermittelt man, was im Team steckt?

Wo steht Ihr Team? Ist es auf dem Weg in Richtung Hochleistungsteam – oder steht dem etwas entgegen? Schöpft es seine Potenziale aus? In Abschn. 1.6 habe ich Ihnen vorgestellt, was Teams leistungsfähig macht. Sie haben dazu unsere Studie sowie eine Meta-Analyse kennengelernt, die sieben Faktoren extrahiert hat, die Innovation im Team begünstigen. Diese sieben Faktoren harmonieren mit dem Ergebnis unserer eigenen Teamklima-Studie, die agilen Teams eine höhere Innovationsbereitschaft attestiert. Es geht dabei um externe und interne Kommunikation, Vision, Wir-Gefühl, Ich-Leistungswille, gemeinsames Produkt bzw. Ergebnis und Unterstützung für Innovation.

Aus diesen sieben Faktoren habe ich eine Teampotenzialanalyse entwickelt, mit der Sie und Ihr Team den eigenen Standort ermitteln und reflektieren können. Dafür gibt es ein Poster, das wir hier in Abb. 6.6 in klein zeigen.

6.24 Teampotenzialanalyse

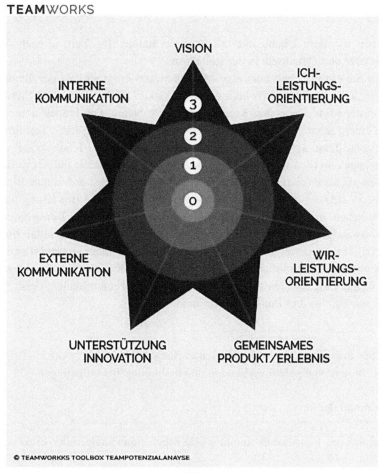

Abb. 6.6 Teampotenzialanalyse

6.24.1 Wann einsetzen?

Die Teampotenzialanalyse ist ein ideales Instrument, wenn Sie Ihr Team voranbringen und für innovatives Arbeiten (noch weiter) öffnen wollen. Gerade müde und leistungsschlaffe Teams kann sie aufwecken und ihnen bewusst machen, dass noch lange nicht alles erreicht ist.

6.24.2 Wie einsetzen?

Sie brauchen für diese Übung mindestens einen halben Tag Zeit, je nach Anzahl der Teammitglieder und Detailtiefe in der Reflexion.

Bereiten Sie ein Flipchart oder eine Metaplanwand mit dem Bild der Teampotenzialanalyse vor. Jeder Teilnehmer bekommt Klebepunkte. In der Spitze des Sterns ist alles „spitze", in der Mitte des ersten Kreises gibt es Probleme. Die Fragen notieren Sie am besten auf einem separaten Blatt für jeden oder Sie lesen Sie vor. Jedes Teammitglied soll für das gesamte Team antworten. Gibt es einzelne Ausreißer im Team, so soll dies in den Wert einbezogen werden und zu einer Abwertung führen. Damit die Antworten ehrlich erfolgen, empfiehlt es sich, dass die Teammitglieder zunächst auf einem Blatt Notizen machen, bevor sie nach vorne gehen. Wenn alle Teilnehmer ihre Bewertung für sich vorgenommen haben, bitten Sie sie, nach vorne zu kommen und ihre Bewertungen auf der Moderationswand einzutragen. Als Führungskraft tragen Sie Ihr Resultat zum Schluss ein, um mögliche Anpassungen auszuschließen. Ein miteinander vertrautes und nicht hierarchieorientiertes Team wird aber auch kein Problem haben, gleichzeitig zu punkten.

Nachfolgend ein Leitfaden für die Fragen in den einzelnen Skalen, denen die Teammitglieder mit null bis drei Punkten zustimmen.

Vision

- Wir haben eine starke, sinnstiftende gemeinsame Vision.
- Die Vision wird von jedem verstanden und bedingungslos mitgetragen.

Interne Kommunikation

- Wir reflektieren mindestens einmal wöchentlich miteinander über Prozesse, Zusammenarbeit und Ziele.
- Wir sprechen offen und fair über alle Hindernisse und finden immer gemeinsame Lösungen.

Unterstützung für Innovation

- Ideen werden von außen und innen in jeder Hinsicht und ohne Einschränkungen gefördert.
- Wir haben immer genügend Raum und Zeit für die Realisierung unserer Ideen.

Gemeinsames Ergebnis

- Wir sehen uns als Zahnrad, in dem jeder seinen essenziellen Teil zum gemeinsamen Funktionieren beträgt.
- Wir gehören mit unserem Ergebnis im Vergleich immer zu den Besten.

Ich-Leistungsorientierung

- Jeder verbessert sich ständig selbst und setzt sich dabei sehr hohe Ziele.
- Jeder möchte zu den Besten gehören.

Wir-Gefühl

- Wir sehen uns als ein Top-Team, in dem jeder den anderen braucht.
- Wir identifizieren uns miteinander: Jeder Einzelne ist hier richtig.

Externe Kommunikation

- Wir holen uns täglich Impulse von anderen Teams, anderen Unternehmen oder aus Netzwerken und integrieren diese in die Arbeit.
- Wir tauschen uns über die Teamgrenzen hinweg mit vielen Menschen aus, um von anderen zu lernen.

Blicken Sie anschließend gemeinsam mit dem Team auf die Visualisierung und lassen Sie die Ergebnisse interpretieren: „Was fällt Ihnen auf?", „Hätten Sie mit dem Ergebnis gerechnet?" „Was ist das Besondere?", „Was denken Sie?".

Erforschen Sie die Hintergründe und erkunden Sie jeden Teamfaktor separat. Das Team entscheidet, mit welchem Faktor es anfangen will. Achten Sie aber auch auf Ihr Zeitmanagement. Der erste Faktor ist meist der zeitintensivste.

Schließlich sollten Sie zu den Punkten konkrete Optimierungsmaßnahmen erarbeiten:

- Wie genau sieht der konkrete Handlungsbedarf aus?
- Was genau wollen wir tun, um das Problem erfolgreich zu meistern?
- Welche Vereinbarungen benötigen wir, damit wir es schaffen?
- Wie stellen wir sicher, dass die Umsetzung ein Erfolg wird?

6.24.3 Chancen und Risiken

Bei der Teampotenzialanalyse entscheidet der richtige Zeitpunkt und Reifegrad der Gruppe. Diese muss schon fortgeschritten sein in ihrer Entwicklung und ihre Dysfunktionen bearbeitet. Andernfalls ist das Dysfunktionen-Modell hier das passendere.

6.25 Tiefer Dialog

> ▶ I would say that in my scientific and philosophical work, my main concern has been with understanding the nature of reality in general and of consciousness in particular as a coherent whole, which is never static or complete but which is an unending process of movement and unfoldment ... (David Bohm: Wholeness and the Implicate Order).

Einer der agilen Werte lautet Kommunikation. Kommunikation ist dabei mehr als reden und dem anderen zuhören. Tiefer Dialog oder deep dialogue basiert auf dem Konzept des Physikers und Philosophen David Bohm [3]. Der Dialog ist eine Kommunikationsform, bei der die Teilnehmer vorurteilsfrei Gedanken austauschen und dadurch Ideen entwickeln. Bohm sieht die Fragmentierung der Kommunikation als eine Ursache für gesellschaftliche Probleme. Fragmentierung bedeutet dabei eine schnelle Einordnung des Gesagten, das Abschneiden von Gedanken und Zuordnen in eigene Denkschemata. Der tiefe Dialog ist deshalb eine Weiterentwicklung eines einfachen Dialogs durch den Austausch von Gedanken. Er vermeidet Diskussion und erst recht Schlagabtausch. Es geht nicht um den Sieg des besten Arguments à la Habermas, sondern um einen gleichwertigen Austausch. Tiefer Dialog basiert in diesem Sinne auf konstruktivistischen Überzeugungen: Es gibt keine Wahrheit, nur gleichwertige Wahrheiten. Damit erinnert er an Claus Otto Scharmers Modell, der das Downloading von Informationen durch intensives, echtes und ehrliches Zuhören ablösen will.

6.25.1 Wann einsetzen?

Tiefer Dialog setzt eine reife Kommunikationskultur voraus. Er eignet sich also nicht, wenn Mitarbeiter noch nicht erkannt haben, dass unterschiedliche Perspektiven ihre volle Berechtigung haben. Betrachtet man die Stufen der Ich-Entwicklung, so müsste mindestens die eigenbestimmte Stufe erreicht sein, auf der ein tiefer Dialog wirklich und echt stattfinden kann. Er kann ein Instrument zur Führungskräfteentwicklung sein, aber auch für die Entwicklungsabteilung sehr sinnvoll sowie für den unternehmensübergreifenden Dialog zur Weiterentwicklung des Bestehenden. Die Begleitung durch einen Facilitator oder Moderator ist am Anfang sinnvoll, um auf die Einhaltung der Zyklen und die Metakommunikation zu achten. Die Gruppen sollten eher klein sein, also unter zehn Personen.

6.25.2 Wie einsetzen?

Der tiefe Dialog kann sich um die eigene Arbeit als Führungskraft drehen, aber auch um die Entwicklung von Neuem oder den Umgang damit. Es sollten keine intellektuellen Themen sein, die den Wissensstand Einzelner abdecken, sondern Themen, die für jeden relevant sind – etwa „agiler führen". Der Ablauf und die Vorgehensweise müssen eingangs erläutert werden. Erfahrene Teilnehmer sollten verstehen, worin sich der tiefe Dialog von humanistischen Ansätzen wie dem „aktiven Zuhören" nach Carl Rogers unterscheidet. Er ist mehr als das. Bohms Ansatz nimmt aber das aktive Zuhören in sich auf und entwickelt es weiter.

Der Ablauf sieht folgendermaßen aus:

Selbstreflektierend zuhören: Die Teilnehmer lassen das Gehörte auf sich wirken, schweigend und mit dem Wunsch und Anliegen, wirklich alles zu verstehen. Dahinter steckt der Gedanke, dass Menschen lernen müssen, sich selbst zuzuhören, bevor sie anderen zuhören können. Was entsteht in mir? Welche inneren Gedanken, Emotionen und Bewertungen erkenne ich? Wann lehne ich ab, bewerte ich? Wann nehme ich an, akzeptiere? Was passiert, wenn ich diese Bewertungen aufgebe? In diesem Moment nur dies wahrzunehmen und dem nachzuspüren, ist die Aufgabe. Nur so kann ich dem anderen wirklich zuhören und nicht in Wahrheit nur mir selbst.

Teilhaben: Das Gehörte wird bedingungslos angenommen, es gibt keine Abwehr, Schuldzuweisung, Abwertung, Kritik oder Gegenrede. Wenn ich wirklich zuhöre, kann ich teilhaben am Wesen meines Gesprächspartners. Gemeinsam kann ein Austausch entstehen, der im Moment präsent ist und nicht aus der Erinnerung stammt und von Bewertungen überlagert ist.

Artikulieren: Die eigene so gefundene Wahrheit, also die erforschten Gedanken und Gefühle, wird ausgedrückt. Die Teilnehmer erkennen und erforschen im Dialog eigene Gedanken, Emotionen und Meinungen und entwickeln sie weiter. Jede Idee, jede Meinung ist richtig und gleichwertig. Es geht darum, das auszusprechen, was die Teilnehmer wirklich bewegt.

Für den tiefen Dialog treffen sich die Beteiligten alle zwei Wochen für zwei bis drei Stunden über einen längeren Zeitraum. Diese Struktur muss von allen Beteiligten eingehalten werden.

6.25.3 Chancen und Risiken

Der tiefe Dialog erfordert viel Disziplin und ist nicht ergebnisorientiert. Das widerspricht einem Denken, das in vielen Firmen noch vorherrschend ist. Aber genau dieses Denken könnte auch in Form eines tiefen Dialogs im Mittelpunkt stehen, auf einer nicht-fachlichen, übergeordneten Ebene.

6.26 VUCA-Management

VUCA habe ich im ersten Teil des Buchs bereits kurz angerissen, hier möchte ich die praktischen Aspekte betonen und beschreiben. VUCA – auch VUKA – steht für Volatility (Unberechenbarkeit), Uncertainty (Ungewissheit), Complexity (Komplexität) und Ambiguity (Ambivalenz). VUCA ist eine agile Strategiemethode, die das amerikanische Militär entwickelt und Managementexperten aufgegriffen haben. Die Abb. 6.7 zeigt die

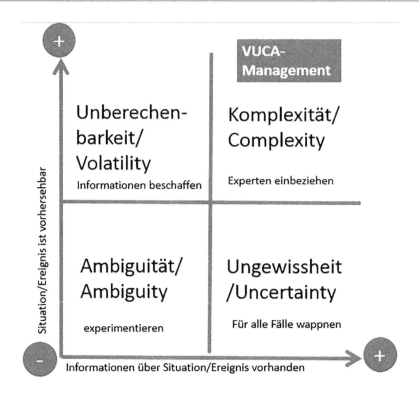

Abb. 6.7 VUCA

Parameter und Zusammenhänge. Außerdem sehen Sie, welche Empfehlungen sich aus den vier Quadranten für das Management ableiten.

Grundsätzlich können Sie VUCA-Bedingungen begegnen, indem Sie volatilen Rahmenbedingungen genügend Schwankungspuffer, ungewissen Situationen eine solide Informationsmenge und komplexen Entwicklungen Information entgegensetzen. Der Roland Berger-Berater Bouée hat das Prinzip um ein „Light-Footprint-Management" erweitert. Er fordert, angelehnt an die zentrale Steuerung kleiner Spezialkommandos beim Militär, eine modulare Aufstellung von Unternehmen statt der derzeitigen Hierarchien. VUCA-Management folgt dem agilen Wert Einfachheit.

Die einzelnen Module sind dabei interdisziplinär geprägt und verwalten sich selbst. Dennoch gibt es eine zentrale Koordinierung. Ein „Light-Footprint"-Unternehmen erweitert seine Ressourcen je nach Bedarf durch flexible Partnerschaften. Es muss flexibel und schnell sein, um schnell handeln zu können, wenn ein neues Ereignis eintritt. Hier finden sich viele Gedanken aus dem Bereich der Selbstorganisation wieder.

6.26.1 Wann umsetzen?

VUCA/VUKA kann jede Führungskraft als agiles Konzept für sich und ihr Team nutzen – auch in traditionellen und hierarchischen Umfeldern. Es fordert vor allem eine gedankliche Umstellung und eine Veränderung der Haltung: Wer mit VUCA arbeitet, muss automatisch mehr auf die Expertise anderer Personen setzen und inhaltliche Verantwortung abgeben. Führungskräfte, die mit VUCA agieren, sehen sich selbst nicht als Allwissende, sondern als Organisatoren von Zusammenarbeit.

VUCA kann ideal einhergehen mit veränderten Entscheidungsprozessen, wie dem konsultativen Einzelentscheid. Es passt auch sehr gut zu den agilen Experimenten. Um die Experimentierfreudigkeit zu stärken, muss allerdings das Bewusstsein der Beteiligten für die Chancen des Experiments geweckt oder gestärkt werden. Manchmal ist gerade dieser Punkt schwer realisierbar, denn ein Experiment ist nie perfekt. „Halbe Sachen" zu machen, ist gerade deutschen Mitarbeitern oft fremd. Das berichten sogar Unternehmen, die seit Langem agil aufgestellt sind.

6.26.2 Wie umsetzen?

Im ersten Schritt sollten Sie für sich und Ihr Team definieren, was VUCA konkret in Ihrem Fall bedeuten kann. Wie ist die Sichtweise derzeit? Und was müsste sich ändern, wenn man mehr nach VUCA denkt und handelt? Dazu müssen Sie zunächst einmal erklären, was VUCA ist und welche Handlungsempfehlungen es dazu gibt:

Komplexität (Complexity): Eine Situation ist durch viele kleine, unverbundene Teile und Variablen gekennzeichnet, die Sie als einzelne Person und auch als Team nicht alle sehen, geschweige denn interpretieren können. Es gibt Wissen und Informationen, jedoch sind diese oft unverbunden, wie kleine Punkte, denen die verbindende Linie fehlt. Die Strategie hier lautet, die Punkte zu beleuchten und zu verbinden. Praktisch heißt das: möglichst viel Expertenwissen einzubeziehen und interdisziplinär zu beleuchten. Dafür braucht es oft Menschen, die in der Lage sind, ein Puzzle zusammenzufügen, die also von verschiedenen Bereichen etwas verstehen, aber nicht unbedingt im Detail. Solche Personen könnten Sie für einzelne Projekte zu Wissenskoordinatoren machen.

Unberechenbarkeit (Volatility): Passiert A, B oder vielleicht C? Es ist unklar, was nach einem Ereignis geschieht. Wissen ist zwar verfügbar, die Auswirkungen sind aber dennoch unklar. Es könnte verschiedene Entwicklungen geben. Das ist gut an der Börse zu beobachten. Bestimmte Ereignisse führen zu einem Kursverfall, andere zu einem Kursgewinn. Und dann gibt es solche, bei denen es unklar ist, wie sie sich auswirken. In einem solchen Fall gilt es, sich für die verschiedenen, denkbaren Entwicklungen zu wappnen. Dies setzt erst einmal eine Szenarienplanung voraus, im zweiten Schritt die Entwicklung von Handlungsstrategien. Auch hier können Sie Ihr Team wunderbar einbeziehen, zum Beispiel könnten Tandems für je eine Entwicklungslinie zuständig sein und diese verantwortlich betreuen.

Unsicherheit (Uncertainty): Das Ereignis und seine Ursachen sind bekannt, aber wie wird es sich auswirken? Viele Situationen sind so geprägt, dass die Auswirkungen vollkommen unklar sind. Investieren Sie in einer solchen Situation in die Beschaffung von Informationen. Oft sind diese durchaus verfügbar, aber nicht unbedingt im Unternehmen selbst vorhanden.

Ambiguität (Ambiguity): Es gibt im VUCA-Gedankenkonzept natürliche Widersprüche, die nicht aufzulösen sind – zum Beispiel sagt die eine Studie aus, dass der Kunde selbstfahrende Fahrräder gerne kaufen wird und die andere das Gegenteil. In solchen Situationen ist das wichtigste Mittel das Experiment. Stellen Sie begründete Hypothesen auf, warum Sie beispielsweise der einen Studie mehr Glauben schenken. Entwickeln Sie Ihre Experimente so, dass Sie schnelle Learnings umsetzen können.

6.26.3 Chancen und Risiken

VUCA bedeutet konsequent angewendet eine Veränderung für das gesamte Unternehmen. So ist es schwer möglich, VUCA nur in einem Team zu nutzen – es betrifft als strategisches Instrument die ganze Unternehmung. Zieht die Unternehmensleitung nicht mit, verpufft das Engagement auf anderen Ebenen. Schließlich hat VUCA Auswirkungen auch auf das Budget und den Einsatz von Geldern. Wer sich für verschiedene Situationen wappnet, investiert immer auch ins Ungewisse. Wichtig ist es trotzdem. Was tun wir, wenn Wettbewerber A sich für C entscheidet, was wenn für B? Letztendlich fließen hier auch andere strategische Denkweisen mit ein. Dabei ist strategisches Denken definiert als die Kunst, vorherzusehen, was auf dem Markt passiert und was die Akteure tun werden. Ich überlege vor meiner Entscheidung, was der andere denken und wie er handeln könnte. Solche Überlegungen lassen sich aber unter komplexen Bedingungen immer schwerer treffen, sodass auch spieltheoretische Ansätze kaum mehr funktionieren. VUCA hat hier einen flexibleren und offeneren Ansatz. Es verlangt nicht, dass etwas zu Ende gedacht ist – was bei einer Spieltheorie-Matrix der Fall ist –, sondern lässt das Gebiet offen. Dies bietet die Chance, es nach und nach zu erschließen. Und dabei auch „Bodenveränderungen" mit einzubeziehen.

6.27 Zukunftskonferenz

Die Zukunftskonferenz (Future Search) ist eine Variante des Open Space, ebenso wie das bereits vorgestellte Appreciative Inquiry. Hier kommen 60 bis 80 Menschen unterschiedlicher Interessengruppen zusammen. Ihr Anliegen ist es, drängende Fragen zu lösen, die relevant für die Zukunft des Unternehmens sind. Angeleitet von einem Moderator entwickeln die Teilnehmer miteinander ein gemeinsames Zukunftsbild. Sie planen weiterhin konkrete Handlungsschritte zu dessen Umsetzung. Die Zukunftskonferenz leitet deshalb direkt in Projektarbeit über. Sie spiegelt die agilen Werte Offenheit und Kommunikation.

6.27.1 Wann anwenden?

Wenn es um die Entwicklung einer Vision und eines gemeinsamen Zukunftsbildes geht und Langfristigkeit im Fokus steht, ist die Zukunftskonferenz von allen Open-Space-Methoden am besten geeignet.

6.27.2 Wie anwenden?

Da es sich um eine Großgruppenmethode handelt, die viele verschiedene Interessengruppen integrieren muss, sollten Sie erfahrene Moderatoren zur Seite haben.

Damit die Zukunftskonferenz ein Erfolg wird, gilt es, folgende Prinzipien bei der Durchführung zu berücksichtigen:

1. Holen Sie alle Anwesenden in einen Raum und binden Sie alle gleich ein.
2. Setzen Sie den Fokus auf die Zukunft, bitte keine Probleme besprechen.
3. Arbeiten Sie Gemeinsamkeiten heraus, statt Konflikte zu bearbeiten.
4. Denken Sie global, aber beziehen Sie die lokale Ebene ein.
5. Arbeiten Sie in selbststeuernden Kleingruppen am Thema.
6. Planen Sie Maßnahmen erst, wenn Konsens über die gewünschte Zukunft erzielt ist.

6.27.3 Chancen und Risiken

Die Chance der Zukunftskonferenz liegt in der Einbindung vieler Menschen für die Zukunft eines Unternehmens. Es sollte jedoch das passende Großgruppenformat für Ihre Situation sein. Deshalb erhalten Sie im Anschluss noch mal eine Übersicht, der Sie den Umfang und den Fokus entnehmen können. Die Chancen steigen mit guter Vorbereitung sowie erfahrenen Moderatoren! Und natürlich einer Unternehmensführung, die voll dahinter steht.

In der Tab. 6.9 finden Sie einige Tipps und Hinweise für weitere Großgruppenformate. Wann und in welcher Situation eignet sich was?

Tab. 6.9 Moderationsmethoden

Methode	Appreciative Inquiry	Zukunftskonferenz	Real Time Strategic Change (RTSC)	Open Space	World Cafe
Fokus	Teamentwicklung Visionsentwicklung Führungskräfteentwicklung	Visionsentwicklung Gemeinsames Zukunftsbild Langfristige Zielplanung	Einführung neuer Leitlinien Fusion, Übernahme oder Zusammenschluss Konfliktlösung Management und Belegschaft	Kreative Ideenfindung Erfahrungs- und Wissensaustausch Fusion Veränderung der Unternehmenskultur	Ideenfindung Wissen und Erfahrungen zusammenzuführen Einen Vortrag diskutieren und vertiefen Steigerung des Wir-Gefühls Vernetzung
Anschließend	Projektarbeit	Projektarbeit	–	–	–
Umfang	0,5 bis 1,0 Tag	2,5 Tage	2 bis 3 Tage	2 Std. bis 3 Tage	2 Std. bis 2 Tage
Personen	15 bis 1000+	60 bis 80	40 bis 600+	20 bis 1000+	12 bis 1000+

6.28 Weitere Lesetipps für Tools und Methoden

Es gibt zahlreiche weitere agile Methoden und Tools. Und täglich entstehen neue. Einige davon sind im Internet ausführlich beschrieben. Zur Verdeutlichung der agilen Werte gibt es beispielsweise das Ballgame, das deutlich macht, dass ein Team erst etwa ab der 3. Iteration volle Leistung bringt. Damit lässt sich oft auch das Management überzeugen. Geben Sie bei Youtube „agile Games" ein, finden Sie dieses sowie viele andere Spiele beschrieben. Youtube ist auch eine Fundgrube für immer neue Varianten von Retrospektiven.

Besonders empfehlen möchte ich die Tools von Theorie-U-Erfinder Otto Scharmer, die ausführlich und ansprechend gestaltet kostenlos downloadbar sind. Dazu gehören das Dialog-Interview, Prototyping und die Learning-Journey: https://www.presencing.com/tools.

Einen Überblick über Methoden zum Umgang mit Komplexität – Komplexithoden genannt – bieten die Autoren Niels Pfläging und Silke Hermann in ihrem Buch „Komplexithoden" [11].

Möchten Sie sich mehr mit systemischen Innovationsmethoden, Design-Thinking und anderen, beschäftigen und mögen eine visuelle Herangehensweise, rate ich zu InnerInnovations [5].

Eines der fundiertesten aktuellen Bücher zu Kreativität und Team stammt von Keith Sawyer „Zig Zag" [12].

In unserem Teamworks-Blog stellen wir ebenso immer wieder Methoden vor, die helfen, agiler zu arbeiten: www.teamworks-gmbh.de.

6.28 Weitere Lesetipps für Tools und Methoden

Professionelle Bauelemente für Zukunfts- und Strategieworkshops liefert Lego Serious Play®, das zudem ein ausgereiftes Workshop-Konzept bietet.

Zum Schluss dieses Methoden-Kapitels möchte ich noch einmal warnen: Werden Sie nicht agil, weil es alle fordern und es als Wundermittel verkaufen! Sie haben in diesem Buch gelernt, dass Werte sich nicht von heute auf morgen ändern. Außerdem gilt: Nicht alles, was „alt" ist, ist schlecht. Holen Sie Ihr Unternehmen und die Menschen da ab, wo Sie sich abholen lassen. Die Kunst dabei ist es, weder zu wenig noch zu viel zu fordern. Von allen Beteiligten.

Lächerlich wirkt in diesem Zusammenhang, wenn Konzerne plötzlich als Vorstandsweisung das Duzen von allen verlangen. Zum Scheitern verurteilt sind Anordnungen, bei denen die Führungskräfte sich per order de mufti mit ihren Schreibtischen unter ihre Angestellten mischen müssen. „Gebt ab sofort alle Informationen heraus" – auch das kann nicht funktionieren. Es führt auch den agilen Gedanken ad absurdum.

Denken Sie daran: Es geht erst darum, den Boden für agile Werte zu bereiten. Daraus lassen sich Prinzipien ableiten, die immer mit der Einleitung „wir wollen/werden/sind…" beginnen, die unbedingt genau und eindeutig kommuniziert werden müssen. Und erst danach stehen konkrete Handlungen an! Wenn Sie also den Wert „Mut" haben, könnte ein Prinzip „wir wollen experimentieren" lauten, während die konkrete Handlung z. B. als „jeder Mitarbeiter bekommt 20 % Zeit für eigene Projekte" beschrieben und umgesetzt werden kann.

Viele Unternehmen fangen bei den Handlungen an! Sie denken, ein anderes Umfeld verändert auch das Denken. Das ist falsch, solange die Unternehmenskultur weiter besteht.

Unsere Empfehlung ist: Beginnen Sie mit einem Check der agilen Werte nach unserem Ampelsystem – und entscheiden Sie danach, wie und womit sie weitermachen. Agile Maßnahmen können nur greifen, wenn sich das Unternehmen und auch jedes Team überwiegend im grünen Bereich befindet.

Das bedeutet, es muss zum Beispiel bereits eine ausgereifte Kommunikationskultur geben. Wenn das nicht der Fall ist bieten sich von all den vorgestellten agilen Maßnahmen vor allem die Reflexionen und Retrospektiven sowie die Doppeleinführung von Taskboard und Daily Standup an. Ein Appreciative Inquiry kann hilfreich sein, erste Schritte mit der ganzen Belegschaft oder einem Team zu gehen. Auf Teamebene empfiehlt sich ein schlichter Workshop zum Thema „an welchem agilen Wert wollen wir arbeiten?" an.

Abb. 6.8 zeigt mein agiles Reifegradmodell, dass Sie unter http://teamworks-gmbh.de/agiles-reifegrad-grid-leadership/ als PDF herunterladen können. Es hilft schnell einzuschätzen, wo Organisation, Team und Führungskraft gemäß ihrer Reife (siehe Abschn. 3.4) stehen und welche Maßnahmen von daher angebracht sind.

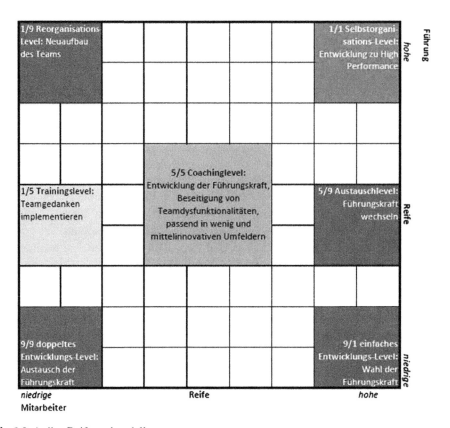

Abb. 6.8 Agiles Reifegradmodell

Literatur

1. Baudrillard, J. (1994). *Simulacra and simulation*. Ann Arbor: University of Michigan. Trans. Sheila Faria Glaser.
2. Bauer, W. (Hrsg.) (2014). *Office settings*. Stuttgart: Fraunhofer Institut für Arbeitswirtschaft und Organisation.
3. Bohm, D. (1998). *Der Dialog. Das offene Gespräch am Ende der Diskussionen*. Stuttgart: Klett-Cotta.
4. Bonsen, M., & Zubizarreta, R. (2014). *Dynamic Facilitation – Die erfolgreiche Moderationsmethode für schwierige und verfahrene Situationen*.
5. Buck, B., & Buck, U. (2014). *InnerInnovation. Innovationen aus eigenem Anbau*. Wolkersdorf: Selbstverlag.
6. Citrix. (2012). *Workplace of the future: A global market research*. Whitepaper. Fort Lauderdale.
7. Hofert, S., & Visbal, T. (2011/2014). *Ich hasse Teams/Ich hasse Teamarbeit*. Frankfurt: Eichborn/Hamburg: Kexpa.

8. Komus, A., & Kamlowski, W. (2014). *Gemeinsamkeiten und Unterschiede von Lean Management und agilen Methoden.* Working Paper des BPM-Labors Hochschule Koblenz.
9. Kontio, C. Wenn Mitarbeiter den Chef auswählen. http://www.handelsblatt.com/unternehmen/beruf-und-buero/zukunft-der-arbeit/demokratie-in-unternehmen-wenn-mitarbeiter-den-chef-auswaehlen/11106968.html. Zugegriffen: 19. Jan. 2015.
10. Pfläging, N. (2009). Keynote Beyond Budgeting – Führen mit Flexiblen Zielen, University Wuppertal, Germany. www.slideshare.net.
11. Pfläging, N., & Hermann, S. (2015). *Komplexithoden: Clevere Wege zur (Wieder)Belebung von Unternehmen und Arbeit in Komplexität.* Redline: München.
12. Sawyer, K. (2013). *Zig Zag: The suprising path to greater creativity.* Hoboken: Wiley.
13. Stadler, S. (2011). *Open Space Büros. Eine Studie über die Machbarkeit und Umsetzung offener Bürostrukturen. Abschlussbericht.* Hans Böckler Stiftung.
14. Stahl, E. (2012). *Dynamik in Gruppen. Handbuch der Gruppenleitung.* Beltz: Weinheim.

Experten-Interviews 7

> **Zusammenfassung**
>
> Im abschließenden Kapitel beleuchte ich mit vertiefenden Interviews zentrale Themen dieses Buchs. Es geht um Führung, Diversity, Ich-Entwicklung, Kulturwandel, Stärkenorientierung, agiles Arbeiten in der Praxis und Innovation. Alle Experten sind mir persönlich bekannt und ich schätze ihre Sicht auf das Thema sehr.

7.1 auticon über Inklusion und Diversität

Die Firma auticon setzt autistische IT-Spezialisten als Consultants in großen und mittelständischen Unternehmen ein, auch in agilen Teams. Damit die Zusammenarbeit optimal gelingt, stellt auticon zusätzlich Job Coachs als Ansprechpartner bereit. Ich habe Tilman Höffken von auticon für dieses Buch interviewt, weil die Firma zeigt, dass Diversity in Unternehmen ein Wettbewerbsvorteil ist. Schließlich sind Autisten nicht nur sehr konzentrierte und genaue Mitarbeiter, sondern oft auch sehr gute Querdenker. Perfekte Mitarbeiter also in einer Arbeitswelt mit zunehmender Komplexität und immer höheren Anforderungen an Spezialisierung.

Warum gibt es auticon?
Höffken: Unser Gründer Dirk Müller-Remus ist selbst Vater eines autistischen Kindes. Er sah dessen Begabungen und Talent, fragte sich aber auch, was beruflich aus seinem Sohn werden soll. Auf der anderen Seite arbeitete er jahrelang als Vorstand und Geschäftsführer in der IT-Branche. Er erkannte den Bedarf an sehr guten, spezialisierten Leuten – und dachte somit vor allem marktorientiert. Autisten sehen oft mehr und denken anders. Das kommt vor allem dem Bereich des Tests, der Qualitätssicherung, der Datenanalyse oder auch dem Reporting zugute. Natürlich ist die Intention hinter auticon aber auch eine gesellschaftlich orientierte.

Worin unterscheiden sich Autisten von anderen denn genau?
Höffken: Sie haben ein Spezialinteresse, das sehr tief gehend ist und sie 100 % fesselt. Wenn sie ein Interesse haben, so verfolgen sie dieses mit einer unglaublichen Ausdauer. Es gibt da kein links und kein rechts, sondern nur dieses Interesse, aus dem eine absolute Stärke erwächst. Gleichzeitig haben viele Menschen im Autismus-Spektrum Schwierigkeiten mit dem, was wir „Soft Skills" nennen: Small Talk, sich selbst zu verkaufen etc. Aus diesem Grund haben nur etwa 20 % von ihnen einen Job. Bei den milden Formen, bei Asperger-Autisten, sind es höchstens 40 %. Nicht alle Autisten sind jedoch IT-interessiert. Dieses Spezialinteresse haben unseren Schätzungen nach rund zehn Prozent. Neben der mathematisch-analytischen Begabung, die viele Autisten mitbringen, hat ein großer Teil auch musische oder künstlerische Talente. Viele interessieren sich auch für Geschichte oder sprechen sieben Sprachen fließend. Es gibt eine riesige Varietät an speziellen Begabungen unter Autisten.

Was vielen jedoch gleich ist: Sie gehen Dinge sehr nüchtern und logisch an und lieben es, hintergründige Muster und Kategorien zu finden. Gleichzeitig bringen viele ein enormes Qualitätsbewusstsein mit. Einer unserer Kunden hatte in einem Arbeitsauftrag extra Fehler versteckt, um unseren Consultant zu testen. Der jedoch fand mehr Fehler, als versteckt waren. Da wusste unser Kunde, dass es einiges zu tun gab … Ein anderer unserer Consultants hatte in Mathe stets schlechte Noten, obwohl er in diesem Bereich extrem begabt ist. Warum? Er hat immer eigene Lösungswege gefunden. Die Schule aber akzeptiert nur die vorgegebenen. Das ist es, was wir unter Querdenken verstehen und weshalb wir überzeugt sind, dass gemischte Teams produktiver sind.

Weil Autisten derart auf ein Thema fokussiert sind, haben sie es in der Schule, im Studium und der Arbeitswelt schwerer. Überall sind ja soziale Sills und für Autisten oft nicht nachvollziehbares Handeln gefordert, etwa Small Talk. Autisten haben auch Schwierigkeiten mit Dingen, die zur Arbeit dazugehören, etwa dem Ausfüllen von Formularen. Hier unterstützen die Job Coachs. Alltagsthemen liegen ihnen nicht, es stresst sie. Diese Überforderung ist für Außenstehende oft schwer zu erkennen. Unsere Job Coachs, die per Mail erreichbar sind, können hier entlasten und auch einen Teil der Organisation mit dem Unternehmen übernehmen.

Konzentriertes Arbeiten bedeutet ja auch Flow. Flow ist allseits ein gewünschter Zustand, gerade im agilen Kontext.
Höffken: Wenn die Rahmenbedingungen passen, ist das absolut so. Auch agiles Arbeiten ist möglich, wenn die Consultants sich darauf einstellen und daran gewöhnen, da es ja viel mit Regeln zu tun hat. Nur die sozialen Themen überfordern schnell. Hier brauchen unsere Consultants einfach die Sicherheit, dass sie sich nicht verstellen müssen – dass sie also zum Beispiel nicht über das Fußballspiel am Wochenende mitsprechen können und wollen, weil sie das einfach nicht interessiert. Dafür werden Sie unsere Kollegen mit Fachgesprächen begeistern können.

In Bereich Kommunikation sehen wir, dass beide Seiten voneinander können lernen, Autisten und Nicht-Autisten. So dauert es bei manch einem Autisten länger, bis er antwortet.

Sie sollten ihm auch keine offenen Fragen stellen, da er sie womöglich nicht versteht. Firmenpolitik und Ähnliches sind den meisten völlig unverständlich. Es gibt bei ihnen kein „durch die Blume". Das macht die Zusammenarbeit angenehm und offen. Das alles fordert eine sehr viel klarere Form der Kommunikation von allen Seiten. Viele unserer Kunden geben uns während oder nach dem Einsatz unserer Consultants das positive Feedback, dass sie zum ersten Mal ihre interne Kommunikation überdacht und vereinfacht haben. Sie erkennen, dass gut gemeinte „kommunikative Schnörkel" zum Teil das genaue Gegenteil bewirken.

Gibt es da kulturelle Unterschiede? Mir fällt dazu das Stichwort „deutsche Offenheit" ein.
Höffken: Wir haben gerade ein türkisches Unternehmen bei der Einstellung von Autisten beraten. Ich habe selbst in der Türkei studiert und würde die türkische Gesellschaft aus dieser Perspektive als in manchen Teilen „kollektivistischer" als die deutsche einschätzen. Soziale Gepflogenheiten spielen eine viel größere Rolle als im „trockenen" Deutschland.

Die neue autistische Mitarbeiterin in dem Unternehmen war sozial sehr stark involviert und kannte bald das halbe Unternehmen. Wir hatten den Verdacht, dass sie diesen „Socialising"-Part eher erlernt hatte, als dass sie ihm freiwillig nachging, weil sie das gesellschaftliche Muster erkannt hatte und wiederholte. Wir fragten sie und tatsächlich zeigte sich, dass sie dadurch sehr gestresst war. Das zeigt möglicherweise, dass sich Autisten, wie andere Menschen auch, kulturellen Gewohnheiten anpassen, aber dass das Grundverhalten gleich bleibt – das Irrationale, nicht Sachliche stresst sie. In diesen Fragen können Job Coachs helfen, indem sie dem Autisten sagen, dass er das nicht tun muss – und dem Unternehmen erklären, warum so ein Verhalten auftritt.

Coachende Führungskräfte lernen in ihren Ausbildungen, offene Fragen zu stellen, Moderatoren regen Teams zur Metakommunikation an. All das passt wohl nicht zu Autisten.
Höffken: Offene Fragen funktionieren mit Autisten schlecht. Auch Metakommunikation wird kaum ankommen. Menschen im Autismus-Spektrum nehmen Dinge oftmals sehr wörtlich. Wenn Sie einem Autisten sagen, er solle die „Helikopterperspektive" einnehmen, stellt er sich einen konkreten Helikopter vor. Das geht also nicht. Wer mit Autisten arbeitet, merkt das schnell und beginnt auch, seine Sprache daran auszurichten und konkreter zu formulieren. Die indirekte Kommunikation verschwindet, das habe ich auch bei mir selbst gemerkt.

Im Grunde ist das ja sehr hilfreich, wenn man bedenkt, was Unternehmen oft Schwierigkeiten macht: Doppeldeutigkeiten, unklare Ziele, informelle Strukturen …
Höffken: Ich finde das enorm befreiend und entlastend! Man lernt: Kommuniziere klarer und auf den Punkt. Höre auf die Sachaussage. Umgekehrt musst du aber auch Offenheit aushalten. Autisten reden nicht um den heißen Brei. Sie schreiben auch sehr klar und eindeutig, bevorzugen Mails. Auch davon lässt sich lernen. Vor allem aber auch von der

anderen Perspektive, die Teamarbeit bereichert. Viele Autisten sind Querdenker. Wenn Unternehmen das als Vorteil erkennen und annehmen, können sie sagen: „Das haben wir so noch nie gesehen." Und das ist eine extrem wichtige Erkenntnis für Innovationen!

7.2 Thomas Binder über Agilität und Ich-Entwicklung

Warum sind manche Führungskräfte bereit, sich selbst zu hinterfragen, während dieses selbstkritische Verhalten für andere ein Eingeständnis von Schwäche ist? Weshalb interpretieren einige Menschen Agilität so seltsam mechanistisch? Wie kann es sein, dass ein und dasselbe so unterschiedlich ausgelegt und verstanden wird? Die Doktorarbeit von Dr. Thomas Binder über „Ich-Entwicklung" hat mich ein ganzes Wochenende gefesselt. Dabei wurden mir vieles klar, vor allem aber dass der Aspekt der Ich-Entwicklung unbedingt in dieses Buch gehört. Der Dipl. Kaufmann und Dipl.-Psychologe Thomas Binder hat sich 20 Jahre intensiv mit der Ich-Entwicklung beschäftigt und dies in mehreren Büchern publiziert [1, 2 und 3]. Im Interview gibt er einleuchtende Antworten auf viele Fragen.

Was kennzeichnet Führung auf den verschiedenen Ich-Entwicklungsstufen?
Binder: Das ist schwierig, dies auf den Punkt zu bringen, weil jede Ich-Entwicklungsstufe aus einem Netz von verschiedenen miteinander zusammenhängenden Entwicklungsaspekten besteht. Ich illustriere es mal anhand einiger Aspekte der drei am häufigsten auftretenden Entwicklungsstufen bei Erwachsenen. Viele Führungskräfte befinden sich auf der sogenannten Rationalistischen Stufe (E5). Sie versuchen, durch Fachwissen, meist einseitige Führung und bestimmte eher starre Vorgehensweisen zu führen. Dabei agieren sie meist wenig flexibel und für sie scheinen viele der ihnen anvertrauten Aufgaben auf eine klare Art und Weise bearbeitbar zu sein. Oft verlieren sie sich in Einzelaspekten, da ein kritisches Abwägen noch nicht voll ausgebildet ist. Ein Manager, der sich auf der Eigenbestimmten Stufe (E6) befindet, hat hingegen ein Entwicklungsniveau erreicht, bei dem er stark selbstoptimierend arbeiten kann, der sich auf Ziele ausrichtet, mehr nach dem „Warum" und „Was erreichen wir dadurch?" fragt und insgesamt viele Gestaltungsspielräume für sich selbst sieht. Häufig geht ein hohes Verantwortungsgefühl damit einher, was dazu führen kann, anderen Entwicklungschancen zu nehmen. Prinzipiell achten sie dabei aber auf ein gutes Miteinander, haben einen stärkeren Sinn für Zwischentöne und wägen Entscheidungen kritisch ab. Die wenigen Führungskräfte auf der Relativierenden Stufe (E7) zeichnen sich im Allgemeinen dadurch aus, dass sie stärker auf einen Austausch verschiedener Sichtweisen achten und sich stärker selbst hinterfragen lassen. Das macht den Umgang mit ihnen leichter, da sie über einen größeren Abstand zu ihrem eigenen Ich verfügen und damit auch weniger Abwehrmechanismen einsetzen müssen, um sich zu schützen. Man könnte sagen, dass eine Führungskraft ab dieser Stufe erst wirklich geeignet ist, agil zu denken und zu führen. Denn sie spüren und erkennen mehr und mehr, dass es keinen einen richtigen Weg gibt und alles immer im Fluss ist.

Kann eine Führungskraft auf einer niedrigeren Stufe sein als der Durchschnitt seines Teams (oder der höchstentwickelte)? Wäre das in einem agilen Kontext eher möglich als in einem traditionellen?
Binder: Ja, natürlich. Das kommt sogar öfter vor, als man denkt, denn Karriere hängt ja nicht nur von Kompetenz oder Persönlichkeitsreife ab, sondern beispielsweise davon, ob Sie gut netzwerken können. Das führt dann dazu, dass nicht unbedingt die reifste Person auch an der Spitze steht. Schwierig wird es vor allem dann, wenn sich die Person auf der niedrigeren Hierarchieebene durch ihren Vorgesetzten begrenzt fühlt, vor allem, wenn dieser wenig zum Austausch bereit ist. Eine Person auf einer späteren Ich-Entwicklungsstufe verfügt ja automatisch über ein größeres Bewusstsein und mehr innere Freiheit. Wenn ihr Vorgesetzter damit nicht umgehen kann, statt das zu nutzen, kann es schwierig werden. Rooke und Torbert (1998) [8] haben solche Phänomene in ihrer Studie zum Zusammenhang von Ich-Entwicklungsniveau des Vorstands und dem Erfolg der ihnen verantworteten Transformationsprozesse beschrieben. Oft verließen die weiterentwickelteren Führungskräfte dann irgendwann im Prozess das Executive Board.

Ich will noch zum zweiten Teil Ihrer Frage kommen: Ich würde nicht sagen, dass es eher möglich ist, aber die Bedingungen dafür, dass diese Konstellation (Führungskraft auf einer früheren Entwicklungsstufe als ein Mitarbeiter) funktionieren kann, sind wahrscheinlich mehr gegeben. Denn dadurch sind ja mehr Denk- und auch Freiräume möglich, die Menschen auf späterem Ich-Entwicklungsniveau eher entgegenkommen.

Agilität konsequent gedacht bedeutet Selbstorganisation. Sind alle Teams und Menschen in der Lage, sich selbst zu organisieren?
Binder: Ab einer gewissen Stufe ihrer Persönlichkeitsentwicklung ja. Aber Selbstorganisation ist als Begriff recht unbestimmt und zudem müsste man das noch nach Kontexten differenzieren. Prinzipiell kann man sagen, dass der Grad, sich selbst zu managen, mit zunehmender Ich-Entwicklung zunimmt. Aber natürlich spielen da noch eine Reihe anderer Faktoren mit rein, beispielsweise, wie gut der Selbstzugang auf der jeweiligen Stufe gelingt, über welche Selbstregulationsmechanismen ein Mensch verfügt und inwiefern er noch kleine oder größere Spuren ungelöster Themen in sich trägt. Auf der Ebene organisatorischer Skills kommen dann beispielsweise noch Moderationsfähigkeiten und die Fähigkeit, Konflikte zu managen, dazu. Aber ich will auch noch den Kontext aufgreifen. Je komplexer dieser ist, umso leichter werden sich Menschen auf späteren Entwicklungsstufen dabei tun, da sie besser mit Komplexität umgehen können. Dies zeigt sich zum Beispiel auch in Studien zum Zusammenhang von Ich-Entwicklung und Beratungserfolg. In einfacher strukturierten, wenig komplexen Situationen kommen Unterschiede im Ich-Entwicklungsniveau weniger zum Tragen. In unbestimmteren, wenig vorhersehbaren Situationen hatten Berater auf späteren Entwicklungsstufen, vor allem wenn sie das sogenannte postkonventionelle Entwicklungsniveau (ab Stufe E7) erreicht hatten, deutliche Vorteile.

Meiner Erfahrung nach kommt es aber eher in Teams, deren Mitglieder mindestens eine stabile Eigenbestimmte Stufe (E6) erreicht haben, zu wirklicher Selbstorganisation.

Dazu sollte man sich vergegenwärtigen, was es alles an inneren Kapazitäten braucht, um dies erfolgreich bewerkstelligen zu können.

Diesen Punkt würde ich gerne aufgreifen. In Ihrem gerade in der Zeitschrift „Konfliktdynamik" veröffentlichten Artikel beschreiben Sie sehr eindrücklich, wie Menschen auf unterschiedlichen Entwicklungsstufen Konflikte lösen. Nun geht es im Agilen immer um den Konsens, wenn nicht gar Konsent. Was sind die Voraussetzungen für Konsensfähigkeit?
Binder: Ja, man redet so leicht vom Konsens. Bei einfachen Entscheidungen, wo nicht so viel auf dem Spiel steht, mag das auch sein. Aber denken Sie mal an Situationen, bei denen es heikler wird. Konsens heißt ja auch, den Möglichkeitsraum zu vergrößern. Dabei muss ich in der Lage sein, gegensätzliche Standpunkte auszuhalten, etwas nicht zu schnell als Angriff auf mich oder meine Meinung zu verstehen. Ich muss mich gut abgrenzen können, um nicht zu schnell ein schlechtes Gewissen zu haben, wenn die anderen etwas von mir erwarten, und ich muss vor allem zu einer wirklichen Perspektivübernahme in der Lage sein. Auch muss ich in der Lage sein, meine eigenen unbewussten Muster, die ich an Situationen anlege, zu suspendieren. Otto Scharmer hat dafür ja die schöne Metapher „Ebene des downloading" geprägt, d. h. wenn jemand einfach seine vorgefertigten Wahrnehmungs- und Wertungsmuster nutzt, ohne weiter zu reflektieren. Das sind doch alles ziemlich komplexe innere Kapazitäten – oder? Wenn man darüber nicht ausreichend verfügt, dann kommt es häufig zu irgendwie gearteten gegenseitigen Schlagabtauschen oder dazu, was der Paartherapeut Tobias Ruland als „Tyrannei des kleinsten gemeinsamen Nenners" bezeichnet. Das würde agiles Organisieren sicher ad absurdum führen.

In einigen Unternehmen werden agile Werte jetzt in Führungsseminaren vermittelt. Was wären die Voraussetzungen, dass das gelingen kann, aus Ihrer Sicht?
Binder: Nun, ich bin der Überzeugung, dass gut konzipierte Führungsseminare dies sicherlich sinnvoll unterstützten können. Zudem denke ich, dass dies aber sicher nicht ausreichen wird. Unternehmen, die sich nur darauf beschränken, werden da sicher keine große Ernte einfahren, wenn es nicht sogar vollkommen verpufft, wie bei so vielen anderen Managementansätzen und -moden. Das wäre sehr schade, denn meiner Meinung nach brauchen Unternehmen ein agiles Handeln mehr und mehr, wenn sie in heutigen Zeiten bestehen wollen – und zwar auf allen Hierarchieebenen. Vor allem auch im Top-Management. Die werden aber eher nicht in Schulungen gehen, das halte ich für ziemlich unwahrscheinlich.

Prinzipiell kommt es meines Erachtens darauf an, eine entsprechende Kultur der Agilität zu etablieren und dabei nicht stehen zu bleiben. Dies bedeutet daher, auch adäquate Mechanismen und Stützungssysteme dafür zu entwickeln und zu etablieren, die dies dauerhaft möglich machen. Aus meiner 20-jährigen Erfahrung als Organisationsberater heraus kann ich mir kaum vorstellen, dass dies ohne externe Unterstützung gelingen kann. Zudem braucht es meiner Meinung nach eine Person an der Unternehmensspitze, die selbst dazu in der Lage ist, dies konsequent vorlebt, einfordert und dranbleibt. Mit liebevoller Geduld und auch harten Konsequenzen, wenn es sein muss. Wie Laloux (2014) [7] in seiner fabelhaften Studie zu Organisationen der nächsten Entwicklungsstufe beschreibt, braucht es dafür Führungskräfte, die über das Entwicklungsniveau der Systemischen Stufe (E8) verfügen. Auch auf Top-Management-Level sind solche Personen aber sehr rar (ungefähr fünf Prozent). Wenn das aber der Fall ist, dann kann eine Transformation zu einer agilen Organisation sicher gelingen und kraftvoll und weise geführt werden.

Mehr Informationen zu Ich-Entwicklung, dem Messinstrument dazu (Ich-Entwicklungs-Profil) sowie dessen Einsatzmöglichkeiten finden Sie auf der Website zum Ich-Entwicklungs-Profil: www.I-E-Profil.de.

7.3 Gunter Dueck über Innovation und Agilität

Der Mathematik-Professor Gunter Dueck (www.omnisophie.de) ist Autor zahlreicher Bestseller (u. a. „Das Neue und seine Feinde" [4] und „Schwarmdumm. So dumm sind wir nur gemeinsam" [5]). Mehr als zwei Jahrzehnte hat er bei IBM im Management gelernt, worauf es bei der Förderung von Menschen, Kreativität und Führung wirklich ankommt. Bloß von oben verordnete Agilität ist für ihn kein Wirkstoff für mehr Kreativität. Er sagt vielmehr: „Kulturen muss man da abholen, wo sie entstehen." Nicht alle Menschen können auf dieselbe Art und Weise arbeiten. Nicht alle sind innovativ. Und zur Kreativität braucht man doch wohl Talent?

Unternehmen brauchen Innovation. Und weil Innovation nur aus Kreativität entstehen kann, wollen sie, dass die Menschen jetzt alle schön kreativ sind. Da man jedoch gemerkt hat, dass verordnete Kreativität nicht funktioniert, gibt es jetzt Kreativität von unten, aus den Teams heraus. Ist das so einfach?
Dueck: Kreativität lässt sich nicht verordnen. Innovation erfordert höhere Intelligenzen oder Talente, die etwas erschaffen wollen. Ich meine wollen, nicht müssen. Neues ist wie Wollen. Erfindungen kommen von bestimmten Menschen, meist sind es die gleichen, die Business daraus machen. Ich bewundere gerade ein aktuelles Beispiel: Da hat jemand eine neue Top-Digitalkamera entwickelt, die fast so klein wie ein Smartphone ist! Sie hat 16(!) kleine Aufnahmelinsen, deren Simultanbilder intern mit Mathematik zu einem Superbild verschmolzen werden. Mathematisch ist auch ein Zoombild erzeugbar! Damit hat man nun eine Kamera, die ganz klein ist, mit Billiglinsen auskommt und keine Wechselobjektive mehr braucht. Sie müssen nie mehr einen Rucksack mit Ausrüstung tragen! Schauen Sie einmal auf der Webseite light.co! Das Ganze hat ein Erfinder von der Idee bis zum Prototypen getrieben – jetzt sammeln sie Vorbestellungen für die Produkte, die sie in China fertigen lassen. Es sieht so aus, als würde die gesamte Kamera-Industrie dadurch geschreddert. Nach Kodak nun auch Canon und Nikon? Verstehen Sie, was dieser Erfinder nun in der nächsten Zeit vor sich hat – den Kampf mit den Giganten? Findet er geniale Mitstreiter, die das Produkt rasch technisch weiterentwickeln, bevor andere

kommen? Ist seine Freiwilligenarmee zeitlich schnell genug? Kann er ein kommendes Milliardenbusiness als Erfinder überhaupt stemmen? Hat er Schneid? Fortune? Versetzen Sie sich in seine Lage. Mal ehrlich, ich würde es an den Nerven bekommen. So etwas stemmen nur wirkliche Entrepreneure. Wenn die Erfinder selbst nicht solche sind, macht es später jemand anders. Es gab viele Buchläden im Netz, viele Suchmaschinen, viele Datingportale, bevor Bezos, Page oder Zuckerberg kamen. Elon Musk hat es in etwa zehn Jahren von null auf Weltraumraketenbau geschafft – SpaceX ist heute profitabel! In Deutschland gibt es solche Helden ja auch: Daimler, Otto, Krupp, Bosch, Neckermann, Bertelsmann etc. Wenn nun aber Unternehmen plötzlich innovativ sein wollen, kümmern sie sich fast nie um die Unternehmertypen in den eigenen Reihen, sondern sammeln lauter meist zu kleine oder halbherzige Ideen, die keine Probleme machen, sie führen Prozesse ein und managen wieder einmal Zahlen. Es geht aber absolut nicht um die Ideen, sondern um das Umsetzen! Jedes Unternehmen jammert zurzeit herum, dass sie alle doch so viele schöne Ideen gesammelt und gemanagt haben, aber leider „hapert es mit der Umsetzung". Jetzt versuchen sie es mit „agil", also wieder einer neuen Methode, wieder nicht mit Unternehmertypen. Wetten, dass? Es wieder „hapert"? Unternehmer ranlassen! (Die haben vor Frust wahrscheinlich schon gekündigt.)

An Innovation sind immer mehrere beteiligt. Der Erfinder braucht seine Umsetzer und dann braucht es noch jemand mit Business-Entschlossenheit, wie Sie es nennen. Wie aber erkennt man Leute, die so etwas können?
Dueck: Wie lassen sich Unternehmer, Kreative und Innovatoren erkennen? Gute Frage! Ich versuche eine Erklärung mit gutem Essen. Wenn Sie jemanden, der nur deutsche bürgerliche Küche mag, beibringen wollen, Fünfsterneköche zu beurteilen, dann würden Sie doch sagen, er müsste erst einmal Gourmet werden, oder? Er muss nicht selbst kochen können, aber doch wissen, wie es schmecken soll. Ebenso muss eine Personalabteilung nicht selbst Innovationen vorantreiben können, aber doch Unternehmer von Erbsenzählern unterscheiden können und möglichst spüren, wann wer ein Unternehmertalent ist. Bitte: Sie wissen, dass man nicht in zwei Zeilen sagen kann, wer ein Gourmet ist. Aber ich soll dauernd sagen, wer Unternehmer sein kann. Das ist nicht so einfach, andererseits aber schon einfach. Man sieht es ja einfach, aber man kann es nicht über Kriterien erkennen. „Welche zehn Faktoren garantieren, dass ich Charisma habe?" Schwere Frage, aber Charisma sieht doch jeder!

Die etwas traurige Lehre sagt, dass der Erfinder am besten auch Unternehmer ist und niemanden noch zum Umsetzen braucht. Sonst muss eben ein Unternehmer zum „Tandem" gesucht werden, so wie ein Steve Balmer für den Bill Gates. Es ist auch hilfreich, wenn das Anfangsteam bis zur Verrücktheit entschlossen ist, das Ganze voll durchzuziehen. Es sollte also nicht nur „intrinsisch motiviert" sein, sondern eher schon ein bisschen hypomanisch. „Passion for the business" nennen das die Personaler, aber sie meinen meistens sehr vordergründig das extrinsische „Leidenschaft für immer gerade den Job, den mir die Firma gibt". Das meine ich nicht. Man ist Unternehmer für „das eigene Baby", nicht für die zugewiesene Rolle. Schon das mögen die Chefs nicht, wenn

7.3 Gunter Dueck über Innovation und Agilität

sie überhaupt den Unterschied verstehen. Ich habe mich einmal bei einer großen Firma über die Formulierung „demonstrates genuine interest in what his people do" mokiert. Ich schlug vor, diese Führungsattitüde in „has genuine interest" abzuwandeln, worauf ich die Antwort bekam, das sei doch ungefähr dasselbe. Da ist er eben – der tiefe Graben zwischen Management und Unternehmertum!

Hoffentlich hat ein Unternehmen Talent Scouts, die den Unterschied verstehen. Dann könnte es etwas mit den Innnovationen werden! Man nehme die internen Unternehmertypen und schule sie! Schickt sie ein paar Monate nach Silicon Valley! Nein, nur die Chefs selbst lassen sich einen Tag lang Silicon Valley zeigen, kaufen dann wieder daheim flippige Möbel für einen Freihirnbereich und lassen alle Mitarbeiter auswendig lernen, wie Design-Thinking geht. Und wenn das auch nichts hilft, kommen teure Berater und üben „how to innovate if you must" oder „wie du unter Schreibblockade schnell Bestseller hinhaust". Die Berater und Kompetenzzentren kosten weit mehr als das echte Coaching von ein paar internen Zuckerbergs.

Leicht gesagt, wenn schon Talente in der Schule verkannt werden. Kinder, die sich für etwas interessieren, werden schnell mundtot gemacht. Leistung wird mit Checklisten bewertet, viele Lehrer könnten das Außergewöhnliche gar nicht erkennen. Das ist der Dunning-Kruger-Effekt, den Sie in Ihrem letzten Buch „Schwarmdummheit" auch genannt haben: Lehrer oder Manager können schwerlich Leute identifizieren, die schlauer sind als sie selbst.

Dueck: Die Mutter eines talentierten Grundschulkindes erzählte mir, dass ihr Kind Freude am Umgang mit Mathematik habe. Das Kind fragte die Mutter: „Was ist eins minus zwei?" Die Mutter erklärte es mit einem Thermometer. Das Kind fragte dann stolz in der Schulklasse: „Wisst ihr, was eins minus zwei ist?" Die Lehrerin reagierte erschrocken und wiegelte ab. „Es ist null." Das Kind zog eine fragende Miene und murmelte noch „minus eins", da gebot ihm die Lehrerin Schweigen. Nach der Stunde sagte sie dem Kind, es habe zwar recht, aber das sei noch nicht dran. Die Mutter protestierte später – man empfahl ihr, das Kind möglichst von neuem Wissen fernzuhalten, sonst sei es schwierig, das Kind zu kanalisieren.

Hilfe, lasst sie doch alles lernen, was sie interessiert. Schickt sie in kleine Silicon Valleys! Keiner kümmert sich um die Talente, dafür sorgen sich ganz viele um „Benachteiligte". Das ist nicht falsch, aber doch nicht unter Aufopferung der Talente? Kinder, die schon geborene Unternehmer sind, werden wahrscheinlich damit leben müssen, dass man ihnen Attribute des Hyperaktiven oder Ungezogenen anhängt. Wieder stelle ich fest: Man müsste wie die Personaler in Unternehmen wissen, was ein Talent ist. Schauen Sie doch auf die Großen unseres Landes! Die sagen oft, sie haben die Schule geschmissen. Wer von denen hat sie gemocht oder richtig eingeschätzt? Lehrer müssen ja nicht selbst ein Genie sein, aber sie sollten es erkennen können oder jemanden kennen, der es kann.

Nein, es wird viel mehr honoriert, wenn man brav leistet. „Ordnung, Fleiß, Mitarbeit und Betragen" werden im Zeugnis bewertet, nicht Tatkraft, Energie oder Fähigkeit zur Hingabe an große Ziele.

Im Moment, so mein Eindruck, herrscht ein wenig der Glaube vor, man könne Leistung methodisch fördern, also durch regel- und prozessorientierte Vorgehensweisen. Da gibt es Facilitating, Design-Thinking und eben agile Methoden oder auch Frameworks. Agile Methoden sollen die Innovation von unten fördern. Kann das funktionieren?
Dueck: Es gibt Menschen, die kreativ sind und andere nicht. Das hat mit der Persönlichkeit zu tun. Die ist, wie sie ist. Ich glaube nicht, dass eine Methode daran etwas ändern kann. Künstlerische, also nach manchen Theorien „rechtshirnige" Menschen denken einfach anders. Sie sind oft visueller, „hören nicht". Sie sehen etwas, dann haben sie Ideen. Kreativität hat viel mit Intuition zu tun, mit einer Gabe, ein Ganzes zu sehen oder einem Ganzen eine gute Gestalt zu geben. Man könnte nun daran gehen, sich zu überlegen, wie Intuition oder Geschäftssinn zu erziehen wäre, aber nein, man versucht es mit Methoden, die dann doch wieder auf Wissensaustausch und Prozessieren von Ideen hinauslaufen. Intuition entsteht nicht einfach durch einen Tag Lehrgang in Design-Thinking. Sie ist ein bisschen so etwas wie die Summe alles bisherigen assoziativen Denkens im Leben …

Viele der neuen Generation Y-Vordenker berufen sich auf das Modell von Douglas McGregor von 1960. Das habe ich schon vor 20 Jahren im Führungskräftetraining gelernt, ich habe mir neulich die Unterlagen mit meinen Kreuzen rausgeholt. Damals lehrte man es uns andersrum: Man solle X- und Y-Menschen kennen und entsprechend ihrer Möglichkeiten führen. Die Vertreter der Management Y-Generation denken heute, alles ist Y, alle müssten also gleich geführt werden.
Dueck: McGregor spricht von X-Menschen, denen man Aufgaben zuteilt, die sie möglichst schnell und perfekt durchführen sollen – dazu feuert man sie an, verteilt Lob und Strafe. So sieht man den klassischen Arbeiter, der für Geld arbeitet und eigentlich nur für das Geld. Wenn ich etwas sarkastisch sein darf? Da hat der gemeine Arbeiter motivationale Verwandtschaft mit dem Top-Management, das nach dem entsetzlichen Incentive-Gedöns auch nur unter Anreiz den Hintern hochbekommt (so sehen das offenbar die Designer der Incentives). Mensch Y sind solche, die ihre Aufgaben lieben und sie um ihrer selbst willen durchführen – ja, und sie möchten auch Geld dafür, was aber nicht die Hauptsache ist. Alle Großen dieser Welt arbeiteten für „ihr Baby", nicht für die Millionen. Top-Fußballer lieben Spielfreude und geniale Tore weit vor den Handgeldern. McGregor stellte in den 60er Jahren fest, dass ALLE Mitarbeiter, also auch die Y-Art, total im Griff von X-Systemen wären. Das ist heute auch noch so. Schulen sind auch klassische X-Systeme! Es ist eine große gesellschaftliche Aufgabe, das zu ändern – denn die Arbeitswelt verändert sich rapide. Früher war sehr, sehr viele Arbeit wie „Abarbeiten". Heute wandelt sich die Arbeit zu „Engagement beim Hinbekommen vor etwas Neuem".

Diese Notwendigkeit wird heute immer besser erkannt, und sofort kommen Leute, die nun „Management Y" hypen und wieder, auch hier, Agilität predigen.

So weit ist unsere X-Kultur aber nicht. Sehen Sie sich nur X-Manager an („command & control"), wie sie beim bloßen Anhören der typischen Y-Vokabeln „Freiraum, Flow,

7.3 Gunter Dueck über Innovation und Agilität

Nachhaltigkeit, Arbeitsfreude, Selbstwirksamkeit" etc. zusammenzucken. Die Manager sind sich einig, dass es Geld für Ergebnisse geben sollte, aber in der Praxis werden harte Arbeit und Loyalität belohnt, also X-Habits. Wenn jemand die gleichen Ergebnisse unter totaler Arbeitsfreude erzielt, „hat er sich nicht genügend angestrengt und hätte somit mehr tun können". Das zwingt Y-Menschen dann doch oft in die X-Mühle zurück. Und dabei kommt auch wieder einmal heraus: „Ade, Innovation." Innovation ist nicht X-Abarbeitung nach Prozess.

Verstanden: Man kann Innovation nicht erzwingen. Man braucht die richtigen Leute. Sie sagen aber, es sei schwer, die richtigen Leute zu finden.
Dueck: Bis 2011 war ich bei IBM für Cloud Computing zuständig, wir sollten mit einem Super-Kernteam anfangen. Es war für mich gar nicht schwierig, Top-Leute zu finden, aber in überhaupt allen großen Firmen gibt es Ärger, wenn jemand ein Top-Team neu zusammenstellen will, weil die derzeitigen Manager herbe Probleme bekommen, wenn man ihnen die Besten für eine Innovation quasi wegnimmt. Da sind Projektziele und auch Gehaltsziele in Gefahr. Es ist also nicht so schwer, die richtigen Leute zu finden – man muss sie auch bekommen. Der Innovator muss gleichermaßen die Fähigkeit haben, so anziehende Arbeit bieten zu können, dass genügend Top-Leute zu ihm kommen. Es hilft alles nichts: Innovationen sind mit normalen Leuten nicht durchzubringen – ja, sonst könnte es jeder! Wenn ein Unternehmen Innovationen will, muss es aber seine Helden zusammenbringen, mit denen alles auf den Kiel setzen und ein Team zusammenschweißen.

Wie aber reagiert ein Unternehmen, wenn ein Innovator Held/innen braucht? Anträge bei HR stellen, Anforderungsprofile erstellen etc. Dann schicken sie einem Leute, die gerade anderswo nicht gebraucht werden. Hey, so stirbt die Entschlossenheit noch vor der Geburt. Was sagt mein Lehrer Gifford Pinchot? „Work only with the best." Und: „Have the ability to attract the best to work with you." Ein paar Genies für den Anfang und los!

Ganz schöne Anforderung, Herr Dueck: Ein Genie ist ja nun mal die Ausnahme. Im Sinne der eher statisch orientierten Persönlichkeitspsychologie würde man sehr vereinfacht sagen: Man hat es oder nicht. Helfen Methoden nicht doch?
Ausnahme? Meinetwegen – na und? Denken Sie, dass nach Methoden für jedermann planmäßig die Milliarden regnen? Noch schlimmer: Selbst wenn Sie heute die Besten bekommen, dann kommen die nächsten Probleme: Die Digitalisierung erfordert unter Umständen ganz andere Genies! Im Zuge der Industrie-4.0-Bewegung und des Internets der Dinge prallen nun Ingenieurwesen und Informatik aufeinander. Auto-Ingenieure sollen Software entwickeln, Energie-Ingenieure ein Smart Grid programmieren, alle SAP-Spezialisten sollen neben Stücklisten und Workflows jetzt auch Realtime Roboter managen. Maschinen kommen mit Software zusammen. Diesen Kultur-Clash müssen wir erst einmal hinbekommen – also Leute finden, die das lösen. Und das ist zum Beispiel gar nie ein Thema von Design-Thinking, das ja auf das gemeinsame Denken mit dem Kunden abzielt. Es wär dabei schon gut, es würden sich Manager, Ingenieure und Softwarespezialisten verstehen.

Um etwas wirklich zu drehen, braucht es große Entschlossenheit, keine Workshops und Meetings. Hier geht es oft darum, die ganze Kultur einer Company zu kippen. So etwas schafft kein designtes Team, kein Design-Thinking, sondern nur eine kleine Urgruppe mit Entschlossenheit und klarem Ziel, Welten zu erobern.

Sie haben sich mit Spiral Dynamics beschäftigt, der Vortrag dazu auf der republica findet sich noch bei YouTube. Was hat dieses Entwicklungssystem mit agilem Arbeiten zu tun?
Spiral Dynamics unterscheidet verschiedene Kulturen, die traditionell mit Farben bezeichnet werden. Ganz kurz und vielleicht nicht super-korrekt erklärt! Blau: hierarchische Pflichtgesellschaft (Kopfmensch). Orange: Erfolgsorientierter Markt der künftigen Millionäre (Instinkt, Erfolgswille). Grün: Menschenwertorientierung (Herzmenschen). Gelb: Systemdenken – „die Menschheit ist ein Zoo aller möglichen Arten und Kulturen, man muss in diesem wabernden System der Werte AGIL Kurs halten, jeder soll aus eigener Freiheit verantwortlich handeln" (be responsibly free). Das Tagesgeschäft in Unternehmen ist heute „blau" oder „orange", aber die „grüne" Kultur versteht die Kunden und die „gelbe" alles rund um Innovation. Das Problem in diesen Begriffen ist: „Gelb und Grün gedeihen nicht gut inmitten von Blau und Orange." Blau ist zum Beispiel absolut nicht agil, Orange ist eher stresssüchtig. Verstehen Sie, wie schwer es ist, eine „Innovationskultur" zu etablieren? Da kommen die Chefs in Blau und Orange und versuchen es. Blau sagt: „Wir brauchen eine Methode." Orange sagt: „Wir brauchen ein ehrgeiziges Ziel und KPIs." So fängt es immer an, und so geht Gelb/Grün bzw. agil eben nicht.

7.4 Bernd Geropp: Führung als Dienstleistung

Dr. Bernd Geropp ist Geschäftsführercoach, Führungstrainer und Gründer einer Online-Leadership-Plattform im Internet. Mit seinen Podcasts zu Führungsthemen lässt er uns immer wieder an interessanten Gesprächen teilnehmen. Ich habe ihn angesprochen, weil er einen breiteren Blick auf Führung in unterschiedlichen Kontexten hat. Im Web zu finden unter www.mehr-fuehren.de.

Welche Erfahrung hast Du mit Agilität?
Geropp: Ich habe in verschiedenen Organisationen gearbeitet: im Start-up wie auch im Großkonzern. Wenn man Agilität als die Fähigkeit einer Organisation definiert, möglichst aktiv, flexibel, schnell und anpassungsfähig auf Umgebungsänderungen zu agieren, dann ist Agilität in allen Organisationsformen wünschenswert.

Allerdings habe ich beobachtet: Je größer die Organisation, desto schwieriger ist es, agil zu bleiben, da das Misstrauen gegenüber den Mitarbeitern und der Wunsch des Managements nach Regeln und Kontrollmechanismen mit der Größe der Organisation leider zunimmt.

Muss das so sein? Nein, aber leider ist es meine Beobachtung. Der Versuch, Unternehmen zu dezentralisieren und weiter unten zu entscheiden, scheitert häufig daran, dass das Top-Management kein Vertrauen hat, deswegen alles kontrollieren will und seine Macht nicht abgeben will. Durch bürokratische Hürden und Mikromanagement wird Agilität in solchen Organisationen fast unmöglich.

Du definierst die Werte Integrität, Fairness und Verlässlichkeit als wesentlich für Führung. Das sind auch agile Werte. Warum sind diese wichtig?
Geropp: Es geht um Vertrauen. In dem heutigen meist komplexen Berufsumfeld kann ich nicht und sollte ich als Führungskraft auch nicht alles wissen, planen und kontrollieren. Das geht nicht. Ich muss möglichst viele Entscheidungen in die Hand meiner Mitarbeiter übergeben. Ich muss delegieren und da dann auch das Vertrauen in meine Mitarbeiter haben. Ich muss darauf vertrauen, dass sie eigenverantwortlich zum Wohle des Unternehmens handeln, und darauf vertrauen, dass ich informiert werde, wenn etwas aus dem Ruder läuft und Fehler auftreten.

Das wird aber nur passieren, wenn meine Mitarbeiter mir vertrauen. Ich muss vertrauenswürdig sein. Ich muss meine Werte offen kommunizieren und leben, muss meine Integrität bewahren und verlässlich und berechenbar für meine Mitarbeiter sein. Wenn ich mich so verhalte, habe ich eine große Chance, dass auch meine Mitarbeiter sich mir gegenüber so verhalten.

Glaubst Du an Selbstorganisation? Und unter welchen Voraussetzungen?
Geropp: Bei Selbstorganisation werden alle oder zumindest Teile der Hierarchie und Entscheidungen in die unterlagerten Organisationseinheiten delegiert. In komplexen Situationen scheint mir das meist sinnvoll zu sein. Sich selbst organisierende Teams müssen allerdings auch die Bereitschaft und die Fähigkeit haben, sich selbst zu organisieren.

Agile Theorien „glauben" an die Fähigkeit aller Menschen, selbst Verantwortung zu übernehmen. Denkst Du, diese ist bei allen gleich ausgeprägt?
Geropp: Ich glaube, die Bereitschaft, selbst Verantwortung zu übernehmen, ist nicht bei allen Menschen gleich ausgeprägt. Sie wird zum großen Teil erlernt. Ob Menschen selbst Verantwortung übernehmen oder nicht, hängt stark damit zusammen, welche Erfahrungen sie in der Kindheit, in der Schule und im späteren Berufsleben damit gemacht haben.

Ich erlebe das beispielsweise bei Change-Prozessen in Unternehmen. Da wurden Mitarbeiter 20 Jahre lang autoritär geführt. Ihnen wurde genau gesagt, was sie zu tun und was sie zu lassen haben. Eigene Ideen und Mitdenken waren nicht gefordert.

Wenn dann ein neuer Chef kommt, der kooperativ führen will, Entscheidungen delegiert und Selbstverantwortung wünscht, hat er es mit solchen Mitarbeitern erst mal meist schwer. Schließlich müssen die umlernen. Was 20 Jahre lang unnötig oder sogar verpönt war, wird nun von ihnen erwartet. Die Mitarbeiter werden sich nicht von heute auf morgen verändern und auf einmal selbst Verantwortung übernehmen. Das braucht Zeit und es wird da auch Mitarbeiter geben, die diese Art von Verantwortung nicht annehmen wollen.

Was hältst Du von der Idee der Führung als Dienstleistung?
Geropp: Unter Führung als Dienstleistung verstehe ich, dass die Führungskraft dem Mitarbeiter dabei hilft, sich weiterzuentwickeln und die eigenen Stärken zu entfalten. Das halte ich für richtig und wichtig. Bis zu einem gewissen Grad ist das ein Coaching des Mitarbeiters.

7.5 Stephan Grabmeier: Kulturwandel schaffen

Stephan Grabmeier habe ich zum Interview gebeten, weil er mir sofort eingefallen ist, als ich darüber nachdachte, wen ich zum Thema Kulturwandel im Zeichen der Digitalisierung befragen könnte. Grabmeier ist Chief Innovation Evangelist bei Haufe-Umantis und verantwortet gerade den Auf- und Ausbau der Transformationsberatungs-Tochter Verse. Zuvor bei der Telekom AG als Head of Culture Initiatives und bei Start-ups wie Yourcha AG tätig, verfügt der Betriebswirt nicht nur über reichlich Erfahrung, sondern auch über unterschiedlichste Perspektiven. Mehr Info: http://vision.haufe.de/.

Was ist Kultur eigentlich – Unternehmenskultur?
Grabmeier: Kultur ist das, was am Ende dabei rauskommt. Klingt sehr einfach. Je einfacher etwas wirkt, umso schwieriger ist es aber, das zu erreichen.

Unternehmenskultur hat viele verschiedene Artefakte. Unternehmenskultur ist sichtbar – man erkennt sie an den Räumen in den Firmengebäuden. Kultur hat Sprache – jedes Unternehmen ist geprägt durch seine Firmen-Sprache, ob bewusst oder unbewusst. Kultur hat Ausstrahlung – beobachten Sie, wie sich Mitarbeiter eines Unternehmens kleiden oder in sozialen Medien wirken oder nicht. Kultur hat Kompetenz – wie wahrnehmbar sind Menschen einer Organisation und deren Fähigkeiten, Fertigkeiten und Skills? Kultur wird durch Arbeitsplätze ausgedrückt – wie modern dürfen Mitarbeiter arbeiten, wo dürfen sie arbeiten, wie geht ein Unternehmen mit Zeitsouveränität um? Verhalten der Mitarbeiter drückt Kultur aus – denken Sie an großartige Serviceorganisationen, von denen Sie zuvorkommend behandelt werden, und vergleichen Sie diese mit Ihren schlechtesten Service-Erlebnissen. Kultur ist divers – wie viel Vielfalt hat eine Organisation – Frauen/Männer, national/international, Religionen und nicht zuletzt die Vielfalt von LGBT, also lesbian, gay, bisexuell und transgender. Kultur schafft Sinn – altruistische Weltbilder prägen die Unternehmen, die einen hohen gesellschaftlichen Beitrag liefern, gegenüber rein kapitalmarktgetriebenen Renditegesellschaften.

Das Wichtigste ist: Die Unternehmenskultur wird von den Menschen geprägt und nicht von Power-Point-Folien, Manifesten im Intranet oder Leitbildflyern. Kultur ist das Ergebnis von gewünschtem oder unbewusstem Verhalten aller Mitarbeiter zueinander und gegenüber Kunden, Partnern oder Lieferanten.

Wie geht Kulturwandel aus Ihrer Sicht?
Grabmeier: Dazu habe ich eine klare Sicht und viel Erfahrungen sammeln dürfen, wann ein Kulturwandel gelingt und vor allen Dingen wann nicht. Nicht nur, was Sie

tun, sondern, wie Sie es tun, ist der entscheidende Aspekt darin. Drei Schwerpunkte sollten Sie dabei beachten, wenn es um das Wie geht: Kooperation, Transparenz und Konsequenz.

Um Kultur nachhaltig zu gestalten, sollten Sie auf vier Dinge achten

a) Culture-Framework
Dazu gehört die Definition der Vision des Unternehmens, der Art und Weise, was als Führung verstanden werden soll, sowie die ethischen und moralischen Werte für das Handeln aller Mitarbeiter. Arbeiten Sie diese Themen mit allen Mitarbeitern aus. Dann haben Sie schon eines der wichtigsten Elemente für eine nachhaltige Kultur umgesetzt – Commitment durch Kooperationsbereitschaft.

b) Haltung und Verhalten
Definitionen eines Culture-Frameworks alleine reichen höchstens für Hochglanzbroschüren und Internetauftritte – zu mehr auch nicht. Die Arbeit fängt damit an, diese Elemente in das tägliche Handeln und Tun zu integrieren und sich u. a. folgende Fragen zu beantworten: Mit welchem Verhalten setzen wir unser Culture-Framework um? Welche Haltung brauchen wir dafür? Welche Konsequenzen üben wir aus, wenn sich jemand nicht an unsere kulturellen Spielregeln hält? Wie erzeugen wir täglich Wirkung damit, unsere Kultur sichtbar zu machen? Welche Rahmenbedingungen, z. B. Prozesse, Methoden, Arbeitsplatzausstattung, brauchen wir, um das zu erreichen? Welches Menschenbild brauchen wir, um unsere Kultur zum Leben zu erwecken? … Und diese Fragen sind nur ein kleiner Ausschnitt.

c) Vorbilder und Believe-Updates
Menschen lernen am besten, wenn sie Vorbilder haben. Vorbilder müssen auf allen Ebenen einer Organisation wirken und haben keine reine hierarchische Sicht. Culture-Champions sind Menschen, die mit beispielhafter Haltung das umsetzen, was sie als Culture-Framework definiert haben.
Sorgen Sie für Transparenz, Wertschätzung und Sichtbarkeit, und ermöglichen Sie alles, dass die Culture-Champions Wirkung erzeugen können. So werden aus Champions Vorbilder und erzeugen den Glauben für alle anderen, dass die gewünschte Kultur auch tatsächlich gelebt wird.

d) Konsequenzenmanagement
Der wichtigste Punkt in der Umsetzung ist das Konsequenzenmanagement. 80 % von allen Change-, Kultur- oder Transformationsprojekten scheitern, weil die Konsequenz fehlt, die Kultur unter allen Umständen auch zum Leben zu erwecken. In der Regel gibt es in jeder Organisation ca. zehn bis 15 % Egoisten, die nicht kooperationsbereit sind. Je nachdem, in welcher Machtposition die Egoisten sitzen, können sie jede Veränderung blockieren. Nur wenn eine Organisation klare Konsequenzen zieht, wenn sich jemand nicht an die definierten Spielregeln hält, wird sie sich entwickeln können und ein einheitliches Verständnis für Kultur prägen. Zur Not muss man sich von den Menschen trennen, die diese Spielregeln nicht akzeptieren wollen. Nur das ist konsequent und erzeugt Believe-Updates für alle anderen.

Was sind die wichtigsten Werkzeuge für einen solchen Wandel? Gibt es die überhaupt? Und: Braucht man Werkzeuge oder etwas anderes?
Grabmeier: Die wichtigsten Punkte sind unter Punkt 2 beschrieben. Was Sie darüber hinaus brauchen sind Werkzeuge, weil nur auf der Handlungs- und Verhaltensebene sichtbar wird, wie Kultur wirkt. Kultur ist ein Ergebnis von erlebten Methoden. Die Umsetzung von agilen Methoden setzt neue Verhaltensweisen voraus. Im agilen Kontext haben wir sehr viele Methoden von Scrum bis Canvases über Lean-Start-up bis Lego Serious Play®. Diese Ansätze sind ausreichend beschrieben und vorhanden. Was in allen Methoden Voraussetzung ist – wir müssen anders vorgehen, uns anders verhalten und wir brauchen in Teilen ein neues Mindset.

Große Firmen haben oft gewachsene Strukturen und eine starke informelle Werteebene, die etwa das Command & Control verankert. Wie verändert man so ein Umfeld? Und wie lange dauert es?
Grabmeier: Die Länge der Umsetzung hängt von dem Umfang des Change ab und dem Reifegrad für Transformation. Da gibt es keine pauschale Regel. Je größer Unternehmen, umso länger dauert es. Je weniger Krise ebenso.

Früher hat man noch Change-Modelle nach Lewin umgesetzt wie Freeze-Unfreeze-Move und Zeit gehabt, Veränderungen zu festigen. In den heutigen Paradigmen sind diese Modelle längst überholt. Wir leben in permanenter Transformation, d. h., wir haben nur noch Unfreeze- und Move-Szenarien. Die Notwendigkeit der Transformationsgeschwindigkeit ist noch nicht bei allen Unternehmen angekommen. Gut, viele davon gibt es auch nicht mehr und einige wird es bald nicht mehr geben. Die Halbwertszeit von Unternehmen sinkt dramatisch.

Wir haben mit unserem Haufe Quadranten (http://vision.haufe.de/quadrant.html) einen Orientierungsrahmen geschaffen, der Unternehmen hilft, das Upgrade der Organisation strukturiert angehen zu können. In vielen Unternehmen fehlt oft noch die Orientierung, wohin die Reise gehen soll. Wir sehen die Notwendigkeit der Upgrades – je eher, umso besser.

Alle sagen, Veränderung ist nur von oben möglich. Ist das wirklich so?
Grabmeier: Ja. Nur wenn es absolut gewollt ist und die Konsequenzen gezogen werden, wenn sich jemand nicht an die Spielregeln der Veränderung hält, wird eine Transformation gelingen. Dazu ist Macht notwendig. Ist die Macht von oben nicht ein Bestandteil der Veränderung, brauchen Sie erst gar nicht zu beginnen.

Kultur hat ja viel mit Werten zu tun. Ist Kulturwandel deshalb auch Wertewandel?
Grabmeier: Nichts anderes. Werte, Einstellungen, Ethik und Moral sind Bestandteile einer Unternehmenskultur.

Was waren Ihre prägendsten Erlebnisse beim Kulturwandel? Was gelang überraschend leicht, was war schwer?
Grabmeier: Am prägendsten waren meine Erfahrungen in Krisensituationen. Je größer die Krise, umso höher die Bereitschaft, sich zu wandeln. Ich hatte einmal für einen

Dax-Vorstand gearbeitet, der gesagt hat: „Wenn wir keine Krise haben, dann müssen wir künstlich eine schaffen, sonst bewegt sich hier niemand."

Das Positivste waren und sind für mich Vorbilder, echte Leader, Veränderer mit Herz und Leidenschaft. Menschen, denen Sie folgen, weil sie den Mut und Verstand haben, Berge zu versetzen. Vorbilder, die mehr sind als angestellte Konzernmanager – echte Unternehmer, egal in welcher Organisation.

Was raten Sie Unternehmen, die sich ändern wollen, zuallererst zu tun?
Grabmeier: Es gibt zwei Dinge. Auf der einen Seite ist es die inhaltliche Notwendigkeit der Veränderung – warum und was wollen Sie ändern und in welcher Geschwindigkeit?

Wenn Ihnen das klar ist, dann fragen Sie sich auf der anderen Seite, wie konsequent Sie sein wollen. Wenn Sie entscheiden, sich zu verändern, dann sollten Sie alles danach ausrichten und zwar mit allen Konsequenzen. Gelingt Ihnen das nicht, wird Ihnen kein Mitarbeiter im Unternehmen glauben, dass Sie es ernst meinen. Dann sind Sie kein Leader, dem man folgt, und somit auch kein Vorbild.

Denken Sie daran: Veränderung fängt bei Ihnen selbst an, nur wenn Sie das Feuer der Veränderung in sich entfachen, können Sie das auch bei anderen tun.

7.6 Veronika Hucke: Diversity ist mehr als Frauenförderung

Veronika Hucke ist Expertin für Diversity und als solche weltweit gefragt. Über Stationen bei Alcatel und Hewlett-Packard gelangte sie zu Philips und war Global Head Diversity & Inclusion. Heute berät sie Unternehmen bei ihrer DI-Strategie und ist eine gefragte Rednerin auf Kongressen in der ganzen Welt. Ich habe sie angesprochen, denn eine breit interpretierte Diversity ist ein zentraler Aspekt agilen Arbeitens. Mehr Info: www.di-strategies.com.

Was bedeutet eigentlich Diversity konkret?
Hucke: „Diversity" steht für „Vielfalt". „Diversity Management" bedeutet, dass sich Unternehmen aktiv darum bemühen, dass ihre Belegschaft vielfältig ist – und zwar auf allen Ebenen. In Deutschland wird oft sofort an Frauenförderung gedacht, wenn man von Diversity spricht, aber das ist zu kurz gesprungen. Erstens geht es bei Vielfalt natürlich nicht nur ums Geschlecht. „Vielfältig" heißt: Menschen verschiedener Altersgruppen und Nationalitäten, mit unterschiedlicher Herkunft und Sozialisation, Religion, sexueller Orientierung, Menschen mit und ohne Behinderungen, mit verschiedenen Erfahrungen, persönlichem Stil und Denkweisen.

Zudem ist der Begriff „Förderung" irreführend, weil er den Eindruck erwecken kann, dass Frauen – oder andere Zielgruppen – spezieller Unterstützung und Hilfestellung bedürfen, damit sie den Anforderungen an eine Position gerecht werden. Dabei ist es eigentlich genau umgekehrt. Ein Beispiel: 2014 wurde im Rahmen einer repräsentativen Untersuchung 3600 identische Bewerbungen jeweils mit einem türkischen und einem deutschen Namen an knapp 1800 Betriebe verschickt. Um zu einem Vorstellungsgespräch als Kfz-Mechatroniker eingeladen zu werden, waren für einen „Mohammed" 1,5-mal so viele Bewerbungen erforderlich wie für einen „Michael", wohlgemerkt, mit dem exakt gleichen Lebenslauf. Ziel sogenannter „Fördermaßnahmen", muss also weniger der Betroffene sein als vielmehr dessen Umfeld. Das ist der Schwerpunkt von „Inclusion".

„Inclusion" bedeutet, eine Kultur zu schaffen, in der Unterschiede wertgeschätzt werden, in der alle gleiche Möglichkeiten und Chancen haben und in der sich alle Beschäftigten eingeladen fühlen, ihre Erfahrungen und Kenntnisse beizutragen. Was sich wie eine Selbstverständlichkeit guten Unternehmertums anhören mag – wir haben viele schlaue Köpfe und davon wollen wir profitieren –, findet im täglichen Arbeitsleben leider häufig nicht statt. Mohammed, der potenziell ein toller Mitarbeiter wäre, es aber nicht einmal zum Vorstellungsgespräch schafft, ist dafür nur ein Beispiel.

Wie schafft man es, dass Menschen mit unterschiedlicher Weltsicht zusammenarbeiten?
Hucke: Die größte Barriere in der Zusammenarbeit entsteht, wenn sich jeder sicher ist, dass seine Sichtweise die einzig richtige ist und die Kollegen das auch erkennen könnten, wenn sie nur ebenso klug, einsichtig und objektiv wären wie man selbst – oder halt einfach mal richtig zuhören würden. Leider ist diese Vorstellung falsch. Aus verschiedenen Perspektiven kann sich die gleiche Sache ganz unterschiedlich darstellen, ohne dass ein Standpunkt „richtiger" wäre als ein anderer.

Statt auf der eigenen Meinung zu beharren, lohnt es sich daher zu versuchen, die Positionen der anderen zu verstehen und die Erkenntnisse zu nutzen, die sich aus verschiedenen Perspektiven ergeben. Denn dann entsteht aus unterschiedlichen Sichtweisen kein Hindernis für eine erfolgreiche Zusammenarbeit, sondern ein für alle erkennbarer Mehrwert.

Zusammenarbeit wird global sehr unterschiedlich interpretiert, wie z. B. die GLOBE-Studie zeigt. So sind Deutsche „von Haus aus" individualistischer. Ist es möglich, ein gemeinsames Verständnis zu etablieren?
Hucke: Klar. Man muss es nur wollen. Wichtig ist, sich bewusst zu machen, dass sich die Verhaltensweisen unterscheiden und wie sich das in unterschiedlichen Situationen auswirkt. Das bedeutet zum Beispiel, dass eine Deutsche zumeist keine Probleme haben wird, in einer Diskussion die eigenen Ideen vorzubringen. Ein Chinese – „von Haus aus" kollektivistischer – wird zumeist sehr viel zurückhaltender reagieren, weil es unüblich ist, sich in den Mittelpunkt zu stellen.

Diese kulturellen Unterschiede sind im wahrsten Sinne sprichwörtlich: In Deutschland und den USA – beides individualistische Kulturen – stellt man „das Licht nicht unter den Scheffel" bzw. wird „das am lautesten quietschende Rad geölt". In China und Japan – kollektivistisch – wird dagegen die „lauteste Ente erschossen" und „der Nagel, der raussteht, eingeschlagen".

Wenn mir diese Unterschiede bewusst sind, kann ich Arbeits- und Verhaltensweisen so adaptieren, dass alle gewinnen.

Manche, mit denen ich gesprochen habe, vertreten den Standpunkt, dass in Teams die intellektuelle Reife ähnlich sein sollte. Auch Unterschiede in der Leistungsmotivation seien problematisch. Ist das so?

Hucke: Teams mit ähnlicher intellektueller Reife und vergleichbarer – hoher – Leistungsmotivation kommen sicher schneller zu Ergebnissen. Sie fühlen sich dabei wohler und ihr Chef ist weniger gefordert. Das hat Vorteile. Leider bleiben allerdings ihre Ergebnisse hinter ihren Möglichkeiten zurück.

Es gibt reihenweise Untersuchungen, die belegen, dass weniger die individuelle Intelligenz als die Vielfalt einer Gruppe für die besten Teamergebnisse sorgt. Dafür gibt es zwei Gründe: Zum einen bringen verschiedene Menschen auch unterschiedliche Perspektiven, Erfahrungen und Ideen mit in eine Diskussion. Mindestens ebenso wichtig ist es aber, dass die vorhandenen Informationen sorgfältiger durchdacht werden. Das liegt daran, dass in homogenen Teams Meinungsverschiedenheiten nicht adressiert werden, weil Unstimmigkeiten als unangenehm und konfliktreich wahrgenommen werden. Abweichende Meinungen kommen also nicht auf den Tisch. „Andere" Teammitglieder können dieses Verhalten durchbrechen und dafür sorgen, dass die unterschiedlichen Ideen im Team besprochen werden.

Der Haken an der Sache: Vielfältige Teams haben – trotz besserer Ergebnisse – größere Zweifel bezüglich der Qualität ihrer Arbeit, weil sie die offene Diskussion verunsichert. Homogene Teams liegen mit ihren Entscheidungen zwar häufiger daneben, aber weil keiner in der Gruppe das Ergebnis hinterfragt, sind sie mit ihrer Arbeitsleistung weit zufriedener. Vielfältige Teams bedürfen also besserer Führung.

Die meisten Unternehmen, gerade im Mittelstand, sind sehr homogen. Wie lässt sich das ändern?

Hucke: Kanadas Ministerpräsident Justin Trudeau antwortete auf die Frage, warum in seinem Kabinett gleich viele Männer und Frauen vertreten sind: „Weil es 2015 ist." Obwohl mir das Argument gefällt, reicht es nach meiner Erfahrung bei den meisten Unternehmen nicht aus. Diversity & Inclusion (D&I) werden erst aktiv adressiert, wenn eine Organisation für sich definiert hat, welche Bedeutung eine vielfältige Belegschaft für das Erreichen der Geschäftsziele hat – und dann macht sie auch Fortschritte.

Die messbaren Vorteile einer vielfältigen Belegschaft und einer „inklusiven" Kultur sind: größere Innovationskraft, besseres Verständnis von Kundenanforderungen, Zugang zu den besten Mitarbeiterinnen und Mitarbeitern, eine stärkere Identifikation der Beschäftigten mit ihrem Unternehmen und eine größere Bereitschaft, Veränderungen im Unternehmen mitzutragen. Jede Organisation muss für sich selbst entscheiden, ob diese Aspekte für sie eine Rolle spielen, dann mögliche Barrieren identifizieren und sich daran machen, sie zu adressieren. Das gilt unabhängig von der Unternehmensgröße. Wer in keinem Feld Bedarf sieht, wird Diversity & Inclusion vermutlich nicht hoch auf die Agenda setzen.

Angesichts von Globalisierung und immer schnellerem Wandel würde ich bei Bedarf aber empfehlen, sich Ross Ashbys „Gesetz von der erforderlichen Varietät" vor Augen zu führen: Wenn die Vielfalt oder Komplexität des Umfelds die Fähigkeit einer Organisation übersteigt, auf diese Herausforderungen angemessen zu reagieren, ist das Unternehmen zum Scheitern verurteilt. Kurz: Je komplexer oder schnelllebiger ein Markt ist, desto vielfältiger muss eine Organisation sein. Das lässt sich mit einem Blick auf die führenden Konzerne der 80er Jahre leicht belegen: Von den Top 15 haben innerhalb einer Generation nur noch zwei eine Spitzenposition, ein Drittel ist nicht mal mehr unter den Top 100.

Was können Führungskräfte tun, um nicht immer mehr „vom Gleichen" einzustellen. Worauf muss man beim Recruiting achten?
Theoretisch ist das ziemlich simpel: Ich muss dafür sorgen, dass ich unterschiedliche Kandidaten zu Gesicht bekomme und dass ich ihnen im Gespräch gleiche Chancen einräume. Wie das gelingen kann, damit haben sich US-amerikanische Symphonie-Orchester in den 70er und 80er Jahren auseinandergesetzt.

Frauen hatten in der Musik traditionell mit erheblichen Vorurteilen zu kämpfen, hatten angeblich „weniger Technik", waren „launenhaft" und „für Orchester schlicht ungeeignet", mit der Konsequenz, dass nur gut fünf Prozent der Musiker in den führenden Orchestern weiblich waren. Um diese Situation zu ändern, entschied man sich, den Auswahlprozess grundsätzlich zu verändern.

Hinweise zu offenen Stellen wurden nicht länger per „Flurfunk" verbreitet, sondern in relevanten Medien geschaltet. Dadurch stiegen die Bewerberzahlen und die Kandidaten wurden vielfältiger. Parallel wurden die Auswahlkomitees um Musiker des Orchesters ergänzt, um mehr unterschiedliche Meinungen zu hören. Den größten Einfluss auf die Besetzung hatte allerdings die Einführung des sogenannten „blinden" Vorspielens. Dabei waren die Musiker – die in einigen Orchestern übrigens in Socken auf die Bühne kamen, um verräterische Geräusche zu vermeiden – hinter einem Schirm verborgen, sodass die Auswahl tatsächlich ausschließlich auf dem Können des jeweiligen Kandidaten basierte. Wie viel das verändert hat, kann jeder sehen, der heute in ein klassisches Konzert geht.

Diese Erfahrungen lassen sich auch auf die Praxis in Unternehmen übertragen: Präsentiere ich mich an den richtigen Stellen und in der richtigen Form, spricht also meine Kommunikation neue Zielgruppen an, die ich adressieren möchte? Ist mein Bewerbungsprozess „barrierefrei", d. h., kriege ich interessante Kandidaten tatsächlich zu Gesicht oder scheitern sie wie Mohammed schon vor dem Interview? Und dann gilt es noch sicherzustellen, dass ich Bewerberinnen und Bewerber entsprechend dem Anforderungsprofil und auf Basis ihrer Fähigkeiten bewerte. Dabei helfen ein gemischtes Interview-Team und klar definierte Anforderungen an die Position, die systematisch abgefragt werden.

Wichtig ist es aber auch, sich bewusst zu machen, wie ich eventuell Gesprächspartnern, die mir sympathisch sind, unbewusst Vorteile verschaffe. Ein „Kein Grund, nervös zu sein, fangen wir doch einfach noch mal an" kann schon reichen, um einem Bewerber die Sicherheit zu geben, die einem anderen im Gespräch dann fehlt.

Einige Unternehmen gehen inzwischen dazu über, dass Kandidaten die Interviewfragen geschickt bekommen, ihre Antworten selbst per Video aufnehmen und dann die Fassung, die ihnen am besten gefällt, einschicken. Mikro-Ungleichheiten, die im Interview aufgrund des Sympathiefaktors entstehen, werden damit ausgeschlossen. Verfechter des Verfahrens argumentieren darüber hinaus, dass man – im Vergleich zu einem regulären Bewerbungsgespräch – eher die inhaltliche Kompetenz des Bewerbers abklopft als die Fähigkeit, eine stressige Interviewsituation gut zu meistern. Für Unternehmen, die das Verfahren einfach nur schräg finden, gibt es andere Wege, um mehr Chancengleichheit zu schaffen.

Was muss ein Unternehmen tun, das diverser werden will?
Zunächst eine klare Vorstellung gewinnen, was man erreichen will und warum. Im zweiten Schritt geht es dann darum, bestehende Barrieren zu identifizieren. Auf der Basis lässt sich schließlich eine D&I-Strategie entwickeln, die sich auf eine überschaubare Anzahl an Maßnahmen beschränkt, die die größte Wirkung haben. Welche das sind, sieht für jedes Unternehmen anders aus, aber wie oft im Leben hilft „viel nicht viel". Zu versuchen, alle Maßnahmen zu implementieren, von denen man mal gehört hat, wirkt engagiert, macht aber nur müde.

7.7 Susanne Kaiser: Führung aus dem Hintergrund

Susanne Kaiser ist Chief Technical Office bei der Just Software AG. Just Social bietet Kollaborations-Apps, die es Teams erleichtert zusammenzuarbeiten. Das Unternehmen arbeitet seit seiner Gründung 2010 mit agilen Prozessen – und flachen Hierarchien. Ich habe Susanne Kaiser angesprochen, weil sie eine der wenigen Führungsfrauen in der Informatik ist und seit vielen Jahren agil arbeitende Teams führt.

Was ist wichtig für die Kommunikation in einem agilen Team?
Kaiser: Wichtig für die Kommunikation im Team ist, eine Kultur und Atmosphäre zu schaffen, die es erlaubt, offen Ideen, Kritik und Meinungen zu äußern, Fehler zuzulassen. Mitarbeiter blühen auf, sind motivierter, wenn sie ein Miteinander erleben, das auf gegenseitigem Respekt und Vertrauen basiert. Transparenz ist ein weiteres wichtiges Stichwort. Jeder muss sehen und verstehen, warum etwas passiert und wie die Dinge zusammenhängen. Schließlich ist es das Ziel und die Vision, die da vorhanden sein müssen. Wenn dies auch emotional verankert ist, folgen die Mitarbeiter ihm gern.

Was ist Ihre persönliche Interpretation von Führung?
Kaiser: Für mich bedeutet Führung, dass im Hintergrund unterstützend statt vordergründig kontrollierend zu agieren. Sie passt sich dynamisch den Zielen und Team-Anforderungen an.

Sie erarbeitet zusammen mit dem Team eine Gesamt-Vision und stellt Team-Autonomie her. Das bedeutet, der Weg zum Ziel kann und soll vom Team entschieden werden. Dabei kann die Führungsperson Hilfestellung bei Entscheidungen geben. Beschreitet das Team einen Weg, der mit den Zielen kollidiert, so sollte die Führungsperson ein Veto-Recht haben. So handhaben wir das und sind damit bisher sehr gut gefahren.

Und wie interpretieren Ihre Mitarbeiter Führung? Brauchen Sie einen CTO?
Kaiser: Meine Kollegen interpretieren Führung als unternehmerische Funktion, die ihnen das Umfeld für Ideenentwicklung bietet und ihnen freie Wahl in den Entscheidungen und Entscheidungsprozessen innerhalb des Teams lässt. Die Führung soll aber teamübergreifend oder bei Team- und Zielkollisionen das letzte Wort haben. Für das Aus-dem-Weg-Räumen von Hindernissen und das letzte Wort bei diesen Zielkollisionen helfe derzeit ich als CTO, aber ich persönlich kann mir gut vorstellen, dass meine Führungsposition in dieser Hinsicht irgendwann überflüssig wird und die Aufgaben dann auch komplett vom Team übernommen werden können. Meine Erfahrung ist, dass Selbstorganisation auch ein Lernprozess ist. Je reifer das Team, desto mehr ist Führung entbehrlich, die sich auf Entscheidungen bezieht. Wichtig bleibt jedoch eine coachende Führung. Es hilft auch, wenn jemand da ist, der bei der Konfliktlösung unterstützt.

Wäre der komplette Verzicht auf Führung denkbar?
Kaiser: Führung hat sich in den letzten Jahren stark verändert. Die klassische, hierarchische Führung ist obsolet – zum Glück! Ich bin der Meinung, dass autonome Teams den Verzicht auf Führung möglich machen, und bin gespannt auf die Zukunft!

Was motiviert Menschen, bei der Just Software AG zu arbeiten?
Kaiser: Wir bei der Just Software AG versuchen, tagtäglich ein Umfeld schaffen, in dem Team-Autonomie mit Entscheidungsfreiheit, frühes Involvement, Wertschätzung, Fehlertoleranz, offene Kommunikation, Transparenz, agile Prozesse, Vereinbarkeit von Familie und Beruf, kontinuierliches Hinterfragen und Verbessern wesentliche Bestandteile der Unternehmenskultur sind, die auch intensiv gelebt werden. Und nicht zu vergessen: Guter Kaffee! Ganz wichtig!

Warum arbeiten so wenige Frauen in der Softwareentwicklung?
Kaiser: Die Softwareentwicklungs-Branche hat immer noch mit einem Image-Problem zu kämpfen. Einerseits lastet dieser Branche das Stigma des Einzelkämpfertums ohne soziale Interaktion im dunklen Kämmerlein an. Andererseits gibt es den Mythos, dass sehr gute Mathe-Noten und die Begeisterung für Technik, die bereits im zarten Kindesalter entfacht wurde, zwingend notwendig sind, um in dieser Branche zu bestehen. Das führt dazu, dass gerade Mädchen bzw. junge Frauen in der Berufsfindung von der IT-Branche abgeschreckt werden. Es fehlt zudem an weiblichen Vorbildern. Hier kann die Entwicklung zu mehr Agilität, die auch zu Kooperation und damit mehr Interaktion und sozialem Miteinander führt, sicher sehr helfen.

Welcher agile Prozess ist am einfachsten einzuführen – auch für eine Firma ohne Erfahrung und außerhalb der IT?
Kaiser: Ich kenne nicht alle agilen Prozesse, aber ich würde sagen, dass sich Kanban recht einfach in einer Organisation etablieren lässt, da es unterschiedliche Levels zur Einführung bietet, um die gesamte Wertschöpfungskette eines Unternehmens zu optimieren. Man kann es schnell verstehen und es hat nur wenige Regeln.

7.8 Rainer Krumm: Agil und Werte

Im Kapitel „Kulturwandel initiieren" haben Sie das Wertesystem 9Levels kennengelernt. Rainer Krumm ist Wirtschaftspädagoge und Gründer des 9-Levels-Instituts. Er hat in 23 Ländern mit 50 Nationen zusammengearbeitet und kennt und erkennt interkulturelle Unterschiede. Darüber hinaus hat er verschiedene Bücher publiziert [6]. Lesen Sie, wie sich agile Werte auf den Levels abbilden und was in der Zusammenarbeit mit unterschiedlichen Nationalitäten zu berücksichtigen ist. Auf YouTube können Sie unter https://youtu.be/4LPb8bJ-CKc ein Interview zum Thema werteorientierte Führung abrufen.

Agile Werte lauten Fokus, Kommunikation, Respekt, Verantwortung, Mut, Commitment, Feedback. Auf welchem Level spielt sich das ab?
Krumm: Klassischerweise tritt das Thema Agilität erst jenseits von Blau auf. In blauen Organisationen ist alles perfekt geregelt, es gibt klare Kompetenzbereiche, Vorschriften, Regelkommunikation und Planbarkeit. Das sind alles Themen, die nicht wirklich agil sind. Genau aus der Unzufriedenheit oder der Erkenntnis, dass die Welt und die Herausforderungen eben etwas Neueres benötigen, ist der Wunsch nach Agilität entstanden. In Orange sind Proaktivität, Mut, Selbstverantwortung und Regelinterpretation statt Regeltreue gefragt und wertvoll. Bei Grün kommen dann eben noch Respekt, kollektive Verantwortung und Wertschätzung hinzu. Hier ist der Austausch auf Augenhöhe eben in den Wertesystemen verankert und muss nicht per Regel geplant werden. In Gelb kommt die Multiperspektivität und Unabhängigkeit hinzu, die per se schon agil ist.

Ist ein agiler Wertewandel aus jedem Level heraus möglich? Kann also auch ein rotes Unternehmen wirksam selbst organisierte, dezentrale Teams einführen?
Krumm: Im Level Rot wird man unter agil etwas ganz anderes verstehen, hier interpretiert man dies mit spontanen und unkoordinierten Aktionen, also ohne dahinterliegendem System oder Struktur. Agilität setzt die Kenntnis von Regelwerken und Strukturen (Blau) voraus, geht aber ab Orange eben leichtfüßiger und eleganter damit um. Selbst organisierte und dezentrale Teams im agilen Sinne streben aber ein Ziel an, das im Vorfeld in Fokus genommen wurde. Bei Rot hingegen würden die Teams selbst ernannte Ziele verfolgen und nicht wirklich mit den anderen Teams kooperieren.

Einige Unternehmen versuchen im Moment, ihren Managern agile Kompetenzen zu vermitteln. Kann das funktionieren ohne Blick auf die Werte?
Krumm: Aus meiner Erfahrung ein klares Nein. Nur wenn ein Bewusstsein für Werte und Wertesysteme von Personen, Gruppen den Organisationen besteht, kann die Notwendigkeit von agilen Kompetenzen erkannt werden und wirklich erlernt und gelebt werden. Manager werden dann auch die Organisation mit den Gestaltelementen der Organisation anpassen, um agiles Arbeiten in der Organisation zu ermöglichen. Wir kombinieren hier gerne das Personal-Value-System der Manager mit dem Organisation-Value-System der Organisation, basierend auf den neun Levels (www.9levels.de). Diese

Vermittlung von agilen Kompetenzen muss ganzheitlich und nachhaltig erfolgen – gerne in Kombination mit VUCA-Kompetenzen.

Gefordert wird oft auch mehr Diversität. Kann ein Team funktionieren, wenn es einen roten, blauen, grünen und gelben Mitarbeiter gibt? Wie muss dann die Führung sein?
Krumm: Grundsätzlich kann jedes Team funktionieren. Auch hier ist das Bewusstsein für die anderen Werte eben elementar, um Akzeptanz und Verständnis zu erzielen. Je nach Aufgabenstellungen und Themen, die sich dem Team stellen, kann eine so „bunte Truppe" sehr schlagkräftig sein. Wenn sie es schafft, die Themen und Aufgaben den Werten der Personen zuzuordnen und zu verteilen. Werteorientierte Führung ist hier das Stichwort. Neben den persönlichen Wertesystemen ist natürlich das Wertesystem des Teams relevant. Wie interagiert die Gruppe und was ist der Gruppe als Gemeinschaft wichtig? Dies kann durchaus von den individuellen Wertesystemen abweichen. Nach meiner Erfahrung sind Teams dann erfolgreich, wenn das Team ein gleiches Verständnis der Zusammenarbeit hat – unabhängig von den persönlichen Wertesystemen.

Stellst Du fest, dass sich die Werte je nach Kulturkreis unterscheiden?
Krumm: Ich hatte das Vergnügen, in 23 verschiedenen Ländern Seminare und Workshops durchzuführen, und habe dabei über 50 verschiedene Nationen erleben können. Es gibt sehr auffällige Unterschiede in den Wertesystemen bei verschiedenen Kulturkreisen. Beispielsweise erlebe ich die skandinavischen Länder von den Levels am weitesten. Hier ist Grün weit ausgeprägt, was man auch in Gesellschaftssystemen und politischen Reaktionen sieht. Hingegen gibt es gerade in den asiatischen Ländern einige sehr expansive Nationen, die sicher viel Rot in sich leben, oder durch klare Regeln und Gesetze regulierte arabische Länder. Wichtig ist hier aber die Anmerkung, dass die Level ja grundsätzlich inhaltsleer sind. Dies ist gerade in den aktuellen Diskussionen zu den Weltreligionen und den internationalen Konflikten zu betonen. Hier trifft häufig Blau auf Blau. Es treffen also klare Ansichten und klare Denkweise, was richtig und was falsch, ist aufeinander. Diese sind nur mit unterschiedlichen Inhalten gefüllt.

Was rätst Du Unternehmen, die sich ändern wollen, zuallererst zu tun?
Krumm: Zunächst gilt es ein Bewusstsein zu schaffen, welche Kultur und welche Werte aktuell vorherrschen und dies erheben wir mit den Fragebögen von 9Levels. Wenn dieses Bewusstsein geschaffen ist und die Landkarte für eine mögliche Veränderung vorliegt, dann kann ein Plan geschaffen werden, um zu einer agileren Kultur zu kommen. Aber bitte nur wenn dies Sinn macht, also wenn die Markterfordernisse dies fordern. Bitte nicht agil um des Agil-Willens.

Ich nenne dies in Vorträgen gerne „Erfolg durch Unternehmenskultur" – also welche Kultur passt denn zu uns und unserem Markt? Erfolg setzt Passung der Werte voraus. Und das lässt sich messen und erarbeiten. Meist arbeiten wir intensiv mit den Führungskräften.

7.9 Güven Manay zum Thema Agil im Projekt: Agil motiviert Mitarbeiter

Güven Manay ist Betriebswirt, lernte Leadership am Malik Management Institut St. Gallen und leitete Projekte in internationalen Konzernen. Er war auch tätig als Change-Manager und ist nun Head of Business Excellence. Manay kennt sowohl das traditionelle Projekt- und Programmmanagement mit Prince 2 und MSP als auch agile Vorgehensweisen wie Scrum sowie das Managementsystem zur Prozessverbesserung, Six Sigma. Zugleich ist er ehrenamtliches Vorstandsmitglied der Türkischen Akademiker Deutschlands e. V. Seine Sicht auf agiles Arbeiten interessierte mich für dieses Buch besonders, da er beide Seiten kennt, konzernerfahren ist und als Türke zudem einen Blick für die interkulturellen Herausforderungen hat.

Welche Vor- und Nachteile sehen Sie im agilen Arbeiten?
Manay: Der Vorteil liegt eindeutig in kurzfristigen Erfolgserlebnissen, wie sie vor allem beim agilen Arbeiten möglich sind. Diese sind enorm motivierend für Mitarbeiter, Stakeholder, Shareholder, Unternehmensführung – und vor allem für die Kunden. Noch prägnanter formuliert: In dem Maße, in dem die Kundenbindung beim agilen Arbeiten steigt, sinkt die Kapitalbindung und -verschwendung. Letztendlich hilft es einem Unternehmen, bessere Dienstleistungen für Kunden zu bringen und gleichzeitig die Mitarbeiter stärker zu motivieren.

Möglicher Nachteil und manchmal auch eine Hürde ist, dass ein Teil der Mitarbeiter und Führungskräfte unter agilem Arbeiten irrtümlicherweise hemdsärmelige Vorgehensweisen versteht, bei denen sie sich an fast keine Vorgaben halten müssen. Dies kann zu einer unerwünschten Eigendynamik führen. Daher sind hier Verantwortungsbewusstsein und bereichsübergreifendes Denken der Mitarbeiter gefordert. Und natürlich auch gute Führung.

Was bedeutet Führung für Sie?
Manay: Für mich heißt das, die Menschen dahin zu bringen, dass das Unternehmen kurz-, mittel- und langfristig von ihnen profitieren kann. Mitarbeiter müssen von innen motiviert und von ihrer Arbeit überzeugt sein, nur dann leisten sie etwas und sind auch bereit, sich selbst zu verbessern. Das beinhaltet Wertschätzung, Vertrauen und die Vermittlung von Erfolgserlebnissen als die wichtigsten Signale, die man hierzu setzen kann. Die Nähe zum internen oder externen Kunden muss den Teams ebenso vermittelt werden. Es gilt, diese auf ihrem Weg nach vorne zu begleiten, sowohl bei mittelfristigen Zielen (Projekte, Programme, Kampagnen etc.) als auch bei ihrer Selbstverwirklichung. Nur so kann eine Organisation von ihnen profitieren.

Auf welche agilen Elemente kann man auf keinen Fall verzichten?
Manay: Das agile Manifest kann nicht nur für die Softwareentwicklung genutzt werden, sondern vielerorts. Aus meiner Sicht sind diese hier hervorzuheben: „Zusammenarbeit mit dem Kunden hat Vorrang vor Vertragsverhandlungen" sowie „Das Eingehen

auf Änderungen hat Vorrang vor strikter Planverfolgung". Das lässt sich auch auf die Mitarbeiterführung übertragen. Ersetzen Sie „Kunden" einfach durch „Kollegen", dann bedeutet das „Zusammenarbeit mit dem Kollegen hat Vorrang". Darauf kann man nicht verzichten.

Was sind spezielle Herausforderungen in interkulturellen Teams?
Manay: Ohne interkulturell genauere Betrachtung der Mitarbeiter und des Kulturkreises, zu dem diese sich emotional verbunden fühlen, ist nachhaltige Führung kaum möglich. Jede Handlung, jede Geste kann in jeder Kultur anders verstanden werden. Wer behauptet: „Wir arbeiten eben in einer deutschen/niederländischen/schwedischen etc. Company und alle haben sich danach zu richten", verschließt die Augen. Interkulturelles Arbeiten ist eine Schlüsselqualifikation. Mal ganz abgesehen davon, dass die meisten Unternehmen schon morgen von Investoren aus einem anderen Land übernommen werden können. Menschen haben eine emotionale Bindung zu dem Kulturkreis, aus dem ihre Eltern stammen. Hinzu können rein technische Herausforderungen kommen, wenn die Teams nicht in einer Zeitzone sind, wie Telefon- und Videokonferenzen zu unchristlichen, unmuslimischen oder unbuddhistischen Zeiten. Darauf müssen sich alle einstellen, es hat viel mit Respekt zu tun. Auf unterschiedliche Bedürfnisse muss eingegangen werden, wenn man mehr von den Menschen haben will. Ohne Berücksichtigung der Diversity sind nachhaltige Erfolge bei internationalen Vorhaben lediglich Glückssache.

Was schlagen Sie vor, um diese interkulturellen Herausforderungen zu meistern?
Manay: Aus betriebswirtschaftlicher Sicht ist eine kulturell übergreifend gelebte Willkommenskultur das A und O. Das ist mehr als die halbe Miete, damit die Teammitglieder so produktiv wie möglich arbeiten können. Man sollte sagen: „Hier bis Du willkommen, auch wenn Du anders als wir erzogen bist oder andere Überzeugung und Perspektiven hast." Natürlich muss dieser Respekt aber gegenseitig sein. Es geht ja um Zusammenarbeit und Miteinander. Die meisten meiner bisherigen Arbeitgeber haben hier eine positive Entwicklung hinter sich, sehr gut ist jedoch diesbezüglich mein neuer Arbeitgeber NGK Spark Plug Europe GmbH aufgestellt.

7.10 Ministry zum Thema Agil im Unternehmen: „Machtmenschen haben bei uns keine Chance"

Die Ministry GmbH aus Hamburg gehört zu den Top 100 Digitalagenturen und wächst stark. Zum Zeitpunkt des Interviews arbeiteten 50 Mitarbeiter für das Unternehmen. Das Gespräch führte ich im September 2015 mit zwei der vier Geschäftsführer: mit dem Amerikaner R. David Cummins und Andreas Ollmann. Ollmann und Cummins sind auch Gründer der Hacker School, die 11- bis 18-Jährige IT-Talente fördert. Dabei war außerdem der „agile Coach & Flow Minister" des Unternehmens, Susanne Reppin.

Viele denken, Teamklima hat mit Glückseligkeit zu tun und dauernder Schönwetterlage. Sind bei euch immer alle glücklich und zufrieden?
Reppin: Natürlich nicht. Agiles Arbeiten hat nichts mit Kuschelkultur zu tun. Es geht nicht immer nur freundlich zu. Aber wir pflegen ein respektvolles Miteinander, und wir vertrauen uns. Es gibt einen freundlichen Umgang miteinander, sogar Umarmungen zur Begrüßung können dazugehören. Wenn es jemand mag. Das schließt Meinungsverschiedenheiten nicht aus, im Gegenteil, die gehören dazu.

Agil ist ja nicht gleich agil. Wie sieht ein agiles Team bei euch aus?
Reppin/Ollmann: Wir haben seit einem Jahr crossfunktionale Teams, sogenannte X-Teams. Hier arbeiten Mitarbeiter mit unterschiedlichem Themenfokus und auch räumlich eng zusammen, also beispielsweise der Account Manager, Designer und Softwareentwickler. Diese Teams organisieren sich selbst. Sie treffen eigene Entscheidungen. Dabei sind sie unglaublich kompetent. Wir, die Geschäftsführung, verstehen uns als Serviceteams für sie. Wir unterstützen mit unserem Know-how, wenn das gewünscht ist. Zum Serviceteam gehören Controlling, Sales, Personalentwicklung, System Administration, Office Management und auch das Flow Management.

Und ihr seid wirklich auf der gleichen Ebene wie die Mitarbeiter? Sehen sie das auch so?
Ollmann/Cummins: Das ist ganz sicher ein Learning für alle. Es ist immer noch so, dass Mitarbeiter sich anders verhalten, wenn „die Vier" anwesend sind, so nennen alle die vier Geschäftsführer. Ein bisschen, als wäre der König da. Vielleicht ändert sich das noch, aber im Moment ist es doch noch spürbar. Obwohl wir nichts tun, was diesen Eindruck prägt. Wir verhalten uns nicht wie Könige. Oder, Susanne? (stimmt zu).

Wer in einem konservativen Unternehmen arbeitet, kann oft nicht nachvollziehen, wie man so arbeiten kann. Die sagen mir zum Beispiel: „Meine Mitarbeiter wollen gar nicht entscheiden."
Cummins: Das hat mit der Haltung zu tun und unseren Werten. Von Anfang an haben wir die Kernwerte Vertrauen, Selbstverantwortung und Respekt gelebt. Das sind die Stützen unserer Unternehmenskultur. Die Mitarbeiter selbst leben die zwei Säulen „Involvement" und „Commitment". Das sind sicher Buzzwords, man muss sie mit Leben füllen. Die Leute sind eingebunden und verantwortlich, für sich und andere. Sie treffen gemeinsame Entscheidungen, hinter denen alle stehen. Das ist Involvement. Sie sind sich selbst und den anderen verpflichtet, ihre Arbeit zu machen und sich kontinuierlich zu verbessern; das ist Commitment.

Werden auch neue Mitarbeiter vom Team eingestellt? Peer Recruiting wird gerade in der HR als neuer Trend gehandelt.
Ollmann: Wir treffen als Serviceteam eine Vorauswahl und führen auch erste Gespräche mit den Bewerbern. Das ist so von den Teams gewünscht, die gar keine Zeit hätten, sich

durch Bewerbungsstapel zu arbeiten. Schließlich möchten wir auch schnell sein, innerhalb von ein bis zwei Tagen, maximal einer Woche einladen. Das ginge gar nicht, wenn das ausschließlich vom Team erledigt würde. Außerdem haben wir nach mehr als einem Jahrzehnt schon eine Nase dafür entwickelt, wer zu unserer Kultur passt und wer nicht. Diese Intuition ist bei jemand, der erstmals oder nur selten ein Gespräch führt, einfach noch nicht so da. Vorstellungsgespräche führen und Bewerber auswählen braucht auch Übung. Am Ende bleiben zwei bis drei Kandidaten übrig. Diese Kandidaten sieht sich dann das Team an und trifft die letztendliche Entscheidung.

In vielen Unternehmen kommen Alphamenschen weiter, die besser blenden, sich besser durchsetzen und andere dominieren. Wie ist das bei euch?
Cummins: Wir brauchen unterschiedliche Persönlichkeiten, lautere und leisere. Wer sich aber über Grundwerte hinwegsetzt, hat bei uns keine Chance. Er wird sich auch selbst kaum wohlfühlen, denn er kann nicht weiterkommen, es gibt ja keine Hierarchien und keine Belohnungen für so ein Verhalten. So betrachtet, haben Machtmenschen bei uns keine Chance.

Wie werden bei euch Mitarbeiter entlassen? Auch als Teamentscheidung?
Alle lachen, Andreas Ollmann antwortet: Das passiert eher selten. Bei Problemen im Team haben wir einen dreistufigen Prozess. Zunächst soll das Team das Problem selbst lösen. Im zweiten Schritt kann sich jemand intern einschalten, der Erfahrung in der Konfliktmoderation hat, dafür haben wir Michael Kirchhoff. Wenn alles nicht funktioniert, das kam bisher einmal vor, schalten „die Vier" sich ein.

Oft wird ja über die Notwendigkeit einer guten Fehlerkultur gesprochen. Man soll Fehler machen dürfen. Ist das eine Herausforderung?
Cummins: Ich unterteile in drei Stufen: 1) Darf man Fehler machen? (ja, bei uns natürlich), 2) berichtet man von den Fehlern, die man gemacht hat, damit andere lernen kann – das geht Hand in Hand damit, vom Erfolg zu erzählen – und 3) gehen die Mitarbeiter mit wenig Angst vor Fehlern voran, damit sie schnell zu kreativen Lösungen kommen. Das Letzte ist Experimentierkultur – da wollen wir hin. Es geht oft mehr um Perfektionismus, das ist die Herausforderung: die Leute erkennen zu lassen, dass nicht alles perfekt sein muss. In so einer Kultur kann man das Unperfekte zulassen und natürlich gehören Fehler dazu. Aber da müssen auch wir noch lernen …

In New-Work-Unternehmen herrschen ja unterschiedliche Konzepte beim Thema Geld: Selbstfestlegung, Beteiligung oder „alle bekommen dasselbe". Wie seht ihr das? Und: Welche Rolle spielt das Gehalt?
Reppin/Ollmann: Geld ist wichtig. Die Menschen wollen ordentlich bezahlt werden, um gut leben können. Mehr Geld macht aber nicht glücklicher. Unserer Erfahrung nach braucht man eine angemessene Bezahlung, aber keine finanziellen Anreize, selbst im Sales nicht – auch wenn einige Experten behaupten, gute Vertriebler bekäme man nur

übers Geld. Wir haben andere Erfahrungen gemacht, zumal der Vertrieb bei uns ja auch in den Teams sitzt. Unser Ziel ist es, in Sachen Finanzen alles transparent zu halten. Wir möchten demnächst auch Mitarbeiter am Gewinn beteiligen. Bevor das passiert, müssen wir am betriebswirtschaftlichen Verständnis der Kollegen arbeiten. Sie müssen verstehen, was eigentlich übrig bleibt, warum wir eine soundso hohe Liquidität brauchen und so weiter. Das ist nicht immer ganz einfach. BWL ist nicht ohne Grund ein ganzes Studium.

Schaut man in Richtung Holakratie, gibt es dort gar keine Titel mehr, sondern nur noch Rollen. Menschen sind zum Beispiel „Rep Links". Wie ist das bei euch? Gibt es Job-Titel?
Ollmann: Auf den Visitenkarten stehen keine Titel, in den Xing-Profilen und im Mailabspann schon. Diese kennzeichnen aber keine Hierarchien, sondern Erfahrungen. Deshalb gibt es bei uns auch einen „Senior", der einfach mehr Know-how hat als ein Einsteiger. Das ist auch für die Kunden nicht ganz unwichtig. Eine große Bedeutung hat es aber nicht. Die Mitarbeiter sind nicht wegen der Titel hier, sondern aufgrund unserer Kultur.

Apropos Titel: Susanne, was macht ein „agile Coach & Flow Minister"?
Reppin: Als agile Coach befähige ich die Teams, sich selbst zu organisieren und Probleme allein zu lösen. Flow steht für die Frage „Wie arbeiten wir zusammen?" – konzentriert und im Fluss ohne Unterbrechung, Störung und Ärger. In welchem Team ich gerade bin, entscheiden wir gemeinsam.

Welche Rolle spielt die Größe von Teams? Mit vier Geschäftsführern seid ihr laut der Trio-Theorie einer zu viel …
Ollmann: Die Theorie bezieht sich vielleicht darauf, dass sich demokratische Entscheidungen leichter bei ungeraden Zahlen erzielen lassen. Bei uns muss das nicht sein. Wir gleichen uns gegenseitig aus, haben alle ganz unterschiedliche Stärken. Also, mit vier geht es sehr gut, schon mehr als ein Jahrzehnt. Ich kenne das auch anders, da waren wir zu elft. Das waren eindeutig zu viele.

Und die Größe der Teams?
Cummins: Eine richtige Regel haben wir dafür nicht. Im Moment sind die Teams maximal neun Personen groß. Kleinere Teams arbeiten schon effektiver. Mit mehr Personen wird es oft schwieriger, gerade auch wenn es um Veränderungen geht.

Wie wichtig ist das agile Element des Boards, das den Arbeitsprozess visualisiert und transparent macht?
Ollmann: Sehr wichtig. Alle haben das gleiche Bild, es ist immer klar, wer was macht. Man sieht den Fortschritt und wo etwas hakt. Vielleicht kann nicht jeder eine derartige Transparenz ertragen oder muss sich daran gewöhnen, aber in unserem Kontext gehört es

dazu. Einige Teams experimentieren schon mit Online-Lösungen statt mit Papier-Boards. Ob das eine praktikable Alternative ist, wird sich zeigen.

Und die Retrospektiven?
Cummins/Reppin: Sind elementar wichtig. Susanne hat sie eingeführt. Es ist vielleicht eine Berufskrankheit, dass wir nicht zurückblicken, aber genau das gehört dazu, um besser werden zu können. Wir führen Retrospektiven zwei- bis dreimal im Monat durch. Nur durch den Rückblick können wir sehen, was wir verändern wollen. Dazu gehört, sich anzuschauen, was gut, aber auch was schlecht gelaufen ist. Dann folgt der Ausblick in die Zukunft „Was nehmen wir uns konkret vor?".

Was wird in ein, zwei, drei Jahren sein?
Alle: Wir wissen es nicht. Ganz bestimmt wird sich viel verändert haben. Aber unsere Werte bleiben wahrscheinlich gleich.

Literatur

1. Binder, T. (2014). Das Ich und seine Facetten. Change Professionals unter einer Entwicklungsperspektive. Organisationsentwicklung. *Zeitschrift für Unternehmensentwicklung und Change Management, 1,* 9–15.
2. Binder, T. (2015). *Ich-Entwicklung für effektives Beraten.* Göttingen: Vandenhoeck & Ruprecht.
3. Binder, T., & Türk, E. (2015). Reifegrad der Persönlichkeit und Mediation. Was ändert sich für die Mediation, wenn wir Reife mitdenken? *Konfliktdynamik, 4,* 314–323.
4. Dueck, G. (2013). *Das Neue und seine Feinde.* Frankfurt a. M.: Campus.
5. Dueck, G. (2015). *Schwarmdumm. So blöd sind wir nur gemeinsam.* Frankfurt a. M.: Campus.
6. Krumm, R. (2014). *9 Levels of Value Systems: Ein Entwicklungsmodell für die Persönlichkeitsentfaltung und die Evolution von Organisationen.* Mittenar-Bikcen: Werdewelt.
7. Laloux. (2014). *Reinventing organzations.* Millis: Parker Nelson.
8. Rooke, D., & Torbert, W. R. (1998). Organizational transformation as a function of CEO's developmental stage. *Organization Development Journal, 16*(1), 11–28.

ERFOLGREICH STUDIEREN: NEBEN DEM BERUF!

EBS Bachelor of Science in General Management – Part-time.

Entscheiden Sie sich für ein BWL-Studium an der EBS und verbinden Sie die Eigenschaften eines qualitativ hochwertigen Universitätsstudiums mit den speziellen Anforderungen eines Teilzeitstudiums in Bezug auf Studienstruktur, Lernformate, Flexibilität und Service.

In Kooperation mit

**INFOS UND ANMELDUNG:
springer-campus.de**

- exzellente und praxisnahe Lehre
- umfangreiche Kontakte in die Wirtschaft
- optionaler Auslandsaufenthalt an renommierten Partneruniversitäten
- flexibles Programm, ausgerichtet auf Ihre Bedürfnisse
- intensive Betreuung, Coaching und Career Service
- kleine Lerngruppen und Campus-Atmosphäre
- umfangreiches Lehrmaterial aus der Online-Bibliothek des Springer Verlages

EBS Business School
Rheingaustraße 1
65375 Oestrich-Winkel/Germany
www.ebs.edu

EBS≡ Universität

Printed by Printforce, the Netherlands